実感する世界史
現代史

同時代的
感覚で
読む

The world history
I realize
Modern history

大橋康一
Koichi Ohashi

はじめに

歴史に学ぶ価値があるのを否定する人はいないだろう。そして多くの人は、もともと歴史が嫌いではない。しかし、高校生の頃にはいったん嫌いになり、社会人になってから歴史を勉強できなかったことを後悔する。そんなおかしな状況が何十年も続いているようだ。この本は、そうした状況を少しでも変えようとして書きはじめた。

歴史嫌いを生むのは、暗記を強いる授業や試験勉強と考えられている。しかし入試を突破するには記憶は重要であり、授業を変えるのも難しい。しかし一方で、読みものとして教科書は優れているとは言えない。もし教科書が理解しやすく中身が自然に覚えられるようなものなら、学習者は助かるのではないだろうか。そこで私は授業用に、教科書では省かれがちな事件や人物の状況を補い、教科書の行間が読みとれるようなテキストを書きはじめた。ある程度詳しいほうが状況が理解しやすくなり、歴史が深く理解できて忘れにくくなるからである。

執筆にあたって注意したのは、以下の3点である。

①関係性――事件や現象間の因果関係を重視し、人名や地名は教科書程度に抑えた。

②数――たとえば「東京ドーム○○個分」という喩えは、見たことのない人には実感しにくい。そうした数値や単位の言い換えに配慮した。

③経済――現代の歴史は経済の影響が大きいので、経済的側面からの解説を多く盛り込んだ。結果、

現代の世界経済の解説にもなった。他にも哲学など、一般的に分野が異なるとされているものも、理解に役立つ場合はとり入れた。

また状況の説明には、できるだけ最新の解釈を取り入れた。「よくできた話」や「偉人・賢人が歴史を動かす」という歴史観を排除でき、個人や集団の成功や失敗を分析し評価とする「科学としての歴史」が理解しやすくなり、現代に生きる我々には役立つからである。

それに加えて私が新たに試みたのが、たまたま大学時代から研究してきた認知心理学の応用である。近年の認知心理学の発展はめざましく、特に「理解」の特性が解明されたことは重要だろう。これについてはあとがきで概要を述べたい。

果たして私の試みが成功しているかどうかは、この本を手に取った読者が、判断してほしい。

２０１８年7月　大橋康一

実感する現代史　目次

第一章　冷戦時代の先進諸国

勝者と敗者が直面したもの……018
ヨーロッパ復興の条件……020
冷戦開始のボタンを押したマーシャル・プラン……021
米ソ二極化に対抗するヨーロッパ――欧州統合……023
東欧の社会主義化を加速した冷戦……026
戦場で生まれた国際連合……027
大戦の残り火①――ベルリン封鎖……032
大戦の残り火②――国共内戦と中華人民共和国の成立……035
大戦の残り火③――朝鮮戦争……038
大戦の残り火④――インドシナ戦争……042
大戦の残り火が早めた日本の独立……043

アメリカの繁栄始まる――トルーマンとアイゼンハワー……046
残り火が消えた後――朝鮮半島とインドシナ半島……050
戦勝国の苦しみ――戦後のイギリス……052
戦後の混迷が生んだド・ゴール政権……054
奇跡の復興を遂げた西ドイツ……057
好条件のもとで復活した日本……059
社会主義陣営はなぜ分裂したのか――スターリン批判……060
動揺する東欧諸国――スターリン批判の衝撃①……062
世界同時危機――ハンガリーとスエズ……064
動揺する中国共産党――スターリン批判の衝撃②……066
西側左翼の分裂――スターリン批判の衝撃③……069
奇跡の復興を遂げた日本――第一次高度経済成長……070
アメリカの戦後時代の終わり――アイゼンハワーからケネディへ……072
ソ連が封じ込めようとしたもの――ベルリンの壁……074
世界を救った誤報――キューバ危機……076
米ソ和解の機運――核兵器制限交渉……083
ソ連の夏――社会主義国栄光の時代……084

理想と現実――ケネディとジョンソン時代のアメリカ……087
ソ連の冬――フルシチョフの失脚……091
北風が吹き消した「プラハの春」……091
嵐の前の小春日和――ブレジネフ時代の「停滞」……093

第二章　冷戦と東アジア

日本経済の再加速――第二次高度経済成長……098
韓国を作った朝鮮戦争……101
スターリン批判が北朝鮮の運命を決めた……108
スターリン批判が生んだ中ソ対立……111
文化大革命という名の大災害……115
中ソ対立が米中和解を生んだ……120
米中和解が台湾を自立させた……123
中国を支えた香港……126

第三章　冷戦と東南アジア

大戦後の東南アジア……130
東南アジア諸国の模範タイ……130
マレーシアとシンガポールの分裂……133
戦後生まれた「インドネシア」……136
ベトナム戦争が生み出したもの……141
ベトナム戦争の拡大と終結……145
ベトナム戦争後のタイ……147
ベトナム戦争後のマレーシアとシンガポール……148

第四章　冷戦と西アジア

2000年ぶりに復活した国――イスラエル……154
世界同時危機――スエズ危機……159

第五章　冷戦と南アジア
ナセルの夢――アラブ統一運動……161
湾岸首長国からテロリストが生まれる理由……164
イラン民主主義の挫折……166
けんか別れした兄弟国――インド・パキスタンの分離独立……170
独立後のインド……176
パキスタンとバングラデシュの分離……180
第六章　冷戦体制の解体
アメリカ社会の変化……184
ベトナム戦争はアメリカも変えた……188
1968年の「世界革命」……198

世界経済を混乱させたドル・ショック……207
大統領の力を削いだウォーターゲート事件……210
石油危機の始まり――第四次中東戦争と第一次石油危機……211
危機の中のアメリカ――フォードとカーター……216
イラン革命と第二次石油危機……218
イラン革命が生みだしたもの……223
経済危機が自由主義を復活させた――新自由主義の台頭……225
経済危機が産業を高度化させた……227
変化に苦しむアメリカ……233

第七章　危機と革命後の世界

右傾化するアメリカ――レーガン政権の成立……242
蘇るアメリカ――レーガノミクス……245
経済危機が産業構造を変えた……250
経済危機を乗り切った日本――バブル景気……256

苦難に直面するヨーロッパ……259
病から回復したイギリス……260
左右に揺れるフランス……263
「緑」の風が吹く西ドイツ……265
危機を乗り切るための道――ヨーロッパ統合……270
危機を乗り越えたＮＩＥｓ諸国……272
危機がもたらした韓国の民主化……274
危機を乗り越えた台湾……281
独裁国家シンガポールの成功……284
タイの成功をもたらしたもの……286
イスラーム国家インドネシアの成功……290
イスラーム国家マレーシアの経済発展……292
ベトナムとカンボジアの復興……295
巨龍中国の目覚め……299
中国政治の大転換――改革開放政策……303
天安門事件の衝撃……309
南アジア世界の過激化……312

アフガニスタン問題の始まり……317
パキスタンの苦難と混乱……323
オイルマネーに溺れる湾岸諸国……325
「停滞」するエジプト……328
イスラーム世界の危機の源――イラン・イラク戦争……330

第八章 冷戦の終わり

「停滞」から抜け出ようとするソ連……336
見捨てられた東欧諸国……340
壁に立ち向かうゴルバチョフ……343
東欧改革の成功と失敗……348
民主化の熱気が壊したベルリンの壁……350
マルタ会談秘話……358
東欧の逆ドミノ倒し……359
ユーゴスラビアの混乱……362

壁に押しつぶされたゴルバチョフ……365
ソ連とロシアの対立……369
ソ連なきあとに……373

第九章 冷戦後の世界

冷戦の勝者アメリカ――ブッシュとクリントン……382
北朝鮮核問題の始まり……386
喪失感に苦しむイギリス……388
イラン・イラク戦争は終わったが……390
湾岸戦争が始まった……392
湾岸戦争が原理主義を広げた……398
ビンラディンが始めた「戦争」……401
金融危機時代の到来……403
アジア通貨危機……405
通貨危機が韓国を変えた……408

通貨危機の他のアジア諸国への影響……411
通貨危機が生んだプーチン政権……412

第十章 21世紀の世界

同時多発テロの発生……418
日本の「失われた20年」……424
生まれ変わった韓国……428
変貌する中国……430
国営企業の民営化……431
農民工問題……434
中国の不動産問題……437
中国伝統社会の復活……439
必要悪としての反日運動……442
中国の中産階級と科学技術……447
リーマン・ショックの発生……449

リーマン・ショック後の世界……455
ポピュリズムの時代……459
21世紀の課題……463
あとがきにかえて――「理解」について……469
参考文献……472

第一章 冷戦時代の先進諸国

勝者と敗者が直面したもの

1945年9月2日、日本の降伏文書調印で第二次世界大戦は終結した。しかし第一次世界大戦後と同じく、戦いはすぐには終わらなかった。しかも戦争終結を待たずに、新たな戦いさえ始まっていた。アメリカとソ連の争いである。

大戦前に、両国は干渉戦争で戦っていたが、共通の敵ファシズム勢力の脅威にさらされると、第二次世界大戦では同盟を組んだ。ところが勝利の機運が漂いはじめた途端にその関係はおかしくなった。最初のつまずきは、ヨーロッパ戦線の方針だった。ソ連軍がドイツを破って東欧を占領すると、東地中海地域に鉱山や鉄道などの多くの利権を持つイギリスが脅威を抱いた。イギリス首相ウィンストン・チャーチルは急遽モスクワに飛び、事実上の東欧分割協定を結んだ。

一方、米英側はソ連が必死に訴えていたフランス上陸作戦をなかなか開始しなかった。自分の利益には必死になるのに、相手の利益には配慮しない英米。戦前の対立の記憶も生々しい中、ソ連の最高指導者スターリンが不信感を持つのは当然だった。

そして、1945年ヤルタ会談の成功で第二次世界大戦の終わりが始まった。すでにこの時点でドイツとの戦争は終わっており、日本との戦争も最終段階に入っていた。

ところがアメリカ大統領フランクリン・ローズヴェルトは、会談後に体調が急速に悪化した。彼はヤルタから帰国して2カ月後に、脳卒中で亡くなった。大戦での勝利のわずか4カ月前だった。

チャーチルも大戦末期に大きな挫折を経験する。彼は戦時中、絶望を感じた国民を何度も勇気づけていた。しかし大戦が終わりに近づくと、国民は彼の戦後に向けての政策に冷たい目を向けた。ポツダム会談の直前に行われた総選挙で、与党保守党は大敗した。このため彼は英国代表の役を、途中で労働党のクレメント・アトリー次期首相に譲る羽目になった。

大戦によるヨーロッパの被害は、史上最悪とされた第一次世界大戦をはるかに超えるものだった。人的被害は数倍に達し、兵士以上に民間人の被害が大きかった。物的にも、ロンドン市やワルシャワ市などが大きな被害を被ったが、ドイツ東部のドレスデン市（写真1）に比べれば、まだほとんどの建物の形が残っているだけ、ましだった。ドイツでは戦前の生産能力の7割近くが失われていた。一方イギリスでは、発電設備や工業機械といった生産設備の被害がそれほどひどくなく、予想より早めに復旧した。戦後2年目の1947年段階では、戦前と変わらない程度に戻っていた。

もっともこれは、よいことばかりではない。たしかに被害が小さかったことは、生活の再建には好都合である。しかしそれは、戦前の古い産業やインフラが温存され、新産業の創

写真1　戦争直後のドレスデン市
©ドイツ連邦公文書館

出の妨げとなることを意味していた。逆にドイツや日本の被害が大きかったことは、復興が加速する要因となった。

ヨーロッパ復興の条件

ヨーロッパの復興が本格化したのは、アメリカが１９４７年にマーシャル・プランを発表してからである。マーシャル・プランの正式名称は「ヨーロッパ復興計画（または欧州復興計画）」である。立案者であるアメリカの国務長官（日本の外務大臣にあたる）ジョージ・マーシャルの名をとって、こう呼ばれた。これは欧州の復興のために、１９４７年から４年間で総額１３０億ドルの援助を行うものだった。それは当時のアメリカのＧＤＰとほぼ同額という巨額の支援であり、外貨をほぼ使い尽くしていた各国にとって恵みの雨だった。そのほとんどは生産能力が無傷であったアメリカから輸入される物資の購入に充てられた。

この計画は、善意だけで始まったものではない。経済的困難を放置すると、大戦前のドイツのように、再びナチスのような集団が台頭する危険性があったからである。援助は、当初は連合国だけでなく、対立しはじめていたソ連や東欧圏をも対象にした。援助でアメリカ製品が売れれば、将来的にアメリカ製品の市場開拓につながるという思惑もあった。しかし何より、援助資金がなければヨーロッパ経済が再起動しないという現実があったのである。

大戦後、各国で経済再建計画が作られたが、そこであらためて明らかになったのは、ドイツの存在の大きさだった。戦前のヨーロッパ諸国にとって、ドイツ向けの輸出が大きな外貨獲得源であり、ドイツは工業製品の輸入元であり原料輸出先だった。各国の経済はドイツと深く結びついており、すぐにそうした構造を変えることは非常に困難だったのである。

だからといって戦前と同じ構造を続けることは、最近までナチスの過酷な支配を経験していた各国には抵抗が大きすぎた。要するにヨーロッパ各国は、八方ふさがりに陥っていた。変化を待つ時間も限られていた。現実的に、経済的困難が続くことで、国内で内戦や革命といった混乱が起こる危険性が高まっていた。

冷戦開始のボタンを押したマーシャル・プラン

結局この状況を打開するには、アメリカの仲介が必要だった。それは一方では各国に復興資金を提供しながら、もう一方で各国の抵抗を和らげるためドイツに徹底的な非ナチ化・民主化と軍の弱体化を促すことだった。マーシャル・プランは、その資金面の解決策でもあった。非ナチ化については、すでに1945年11月にニュルンベルク国際軍事裁判で開始され、「人道に対する罪」と「平和に対する罪」という法概念が成立していた。またその主旨に基づいて、西ドイツはナチスのホロコースト行為に関する時効を廃止した。

マーシャル・プランは、もとはといえばアメリカ政府の発想ではなく、イギリスから持ち込まれた提案から生まれたものだった。イギリスは大戦末期に、ギリシアにある18世紀以来の利権を、ソ連の影響下にあるギリシア共産党に奪われまいと軍事介入を行った。ソ連が米英の地中海方面の作戦に加わろうと、トルコに対しボスフォラス・ダーダネルス両海峡の通行を申し出たときも強硬に反対し、トルコへの軍事支援を開始した。

しかしイギリス政府は財務省の反対を押し切って行動したものの、まもなく財政が破綻寸前であることが判明した。そこでイギリスは、やむなくアメリカ政府に泣きついたのである。

これはアメリカにとっても悩みどころだった。すでにソ連との対立は誰の目にも明らかになっていた。首相を辞めて自由な立場になっていたチャーチルも、１９４６年に「バルト海のシュテッティンからアドリア海のトリエステまで、鉄のカーテンが大陸を横切って下りている」という、「鉄のカーテン」演説で東西対立を暴露していた。

アメリカからすれば、本来はイギリスの政策である「ソ連封じ込め」の主役を引き受ける義務はなかったが、放置するのも国内事情から困難だった。というのも、国内では戦後すぐに政府支出、特に巨額の対外援助を減らし、減税せよという意見が強まっていたからである。政府はこれに対し、イギリスへの援助は戦時中だけのもので、かつてのような自由貿易体制に戻れば、すぐに不要になるはずだと弁明していた。しかし現実にはイギリスは財政破綻寸前であり、アメリカは援助どころか戦時借款を回収するためにも、何としてもイギリスが欧州各地に持つ利権を、ソ連側の手から守らねばならなかった。

そこでトルーマンはイギリス政府に対し、援助の必要がない国になることを要求した。それはブロック経済を解除して植民地市場を開放し、経費のかかる対外政策を縮小することだった。イギリスからすれば19世紀以来の政策の大転換であり、それを弟分の国から命令されたことになる。このことがイギリスで報道されると、案の定、大きな反発が起こった。しかしイギリスが破滅を避けるためには、この条件を呑むしかなかったのである。

その一方でトルーマンは、国内の説得にも取りかかっていた。彼は議会において、アメリカは「自由の守り手」であり、共産主義による脅威には断固とした態度で臨むという強い決意（トルーマン・ドクトリン）を表明し、人々の愛国心に訴えて反対意見を押さえ込んだ。

その後ギリシアの内戦が激化すると、さっそくアメリカはギリシアとトルコへ軍事援助を開始した。マーシャル・プランもまずこの両国に提供された。こうした変化は、アメリカがイギリスの地位を引き受け、第一次大戦後に各国が尻込みしていた世界の調整役を引き受けることを表していた。それはパクス・アメリカーナ、つまりアメリカの覇権時代の始まりを意味していた。

米ソ二極化に対抗するヨーロッパ――欧州統合

マーシャル・プランが始まると、ヨーロッパ側では受け入れ機関のＯＥＥＣ（ヨーロッパ経済協力機構）が発足した。そして復興が軌道に乗りはじめると、各国間で統合に向かう協議が始まった。

この欧州統合というアイデアは、第一次大戦後のヨーロッパの荒廃に衝撃を受けたリヒャルト・クーデンホフ・カレルギーらが提唱したものである。それが第二次大戦の、より深刻な惨劇を受けて再燃した。それは物質的なものもさることながら、文明の中心と自負していたヨーロッパにおいてナチスによるユダヤ人のホロコースト（大量虐殺）という蛮行が行われたことへの反省でもあった。

まず1949年に、政治的統合を目指す欧州評議会が作られたが、フランスの反対でその目論見は挫かれた。フランスは人口が西ドイツの半分しかないため、政治の主導権を失うことを恐れたのである。このため19世紀のドイツ関税同盟のときのように、難しい政治上の統合は後回しにし、まず経済統合から進める動きへと転換された。

すでに前年の1948年に、戦場となったベルギー・オランダ・ルクセンブルク（ベネルクス3国）が関税同盟を結成していた。そこで、これを足場にして西ドイツ・フランス・イタリアが加わり、資源を共同利用する動きが始まった。当時、経済と軍事で最も重要な資源は石炭と鉄だった。これらはルール地方やシュレジェン地方などドイツの東西国境地帯に遍在し、これまでも領有権をめぐる戦争の原因となってきた。この同盟は歴史的な因縁を乗り越えようとする理想に加え、自由貿易体制による経済発展と西ドイツの再軍備防止という現実的利害を両立させるもので、各国世論に好意的に受けとめられた。

これを発案したのは国際連盟の事務局にいたフランス人ジャン・モネで、これを現実レベルの案に引き上げたのが、同じフランス人のロベール・シューマンだった。そして1952年には石炭鉄鋼共同体（ECSC）が成立した。今日この2人はEUの父と呼ばれている。

1957年のローマ条約でヨーロッパ経済共同体（EEC）と欧州原子力共同体（EURATOM）の二つの共同体も結成され、経済分野において共同歩調をとる体制が確立した。1967年に3者は統合され、ヨーロッパ共同体（EC、European Community）になった。

このとき問題となったのがイギリスの加盟だった。イギリスは戦後、植民地を手放したため世界に対する影響力が低下し、アメリカにも相手にされなくなってきたと感じていた。一方でヨーロッパの復興需要は旺盛で、対ヨーロッパ貿易額が対米貿易額を上回るようになった。ゆえにイギリスはECへの加盟を求めるようになったのである。

しかし、これまでイギリスはアメリカと親密な路線をとってきた。そのためヨーロッパ側では、イギリスの加盟によって間接的にアメリカの影響力が強まるとして、特にフランスのド・ゴール大統領が反対し、イギリスの加盟は認められなかった。このためイギリスは1960年に欧州自由貿易連合（EFTA、European Free Trade Association）を結成して対抗したが、イギリス以外の国は経済小国が多く、効果はあまりなかった。

しかし1968年にド・ゴールが五月革命で失脚すると、次は経済を重視する立場からイギリスの加盟に好意的な政権になった。結局イギリスのEC加盟は、1973年に実現した（拡大EC）。

東欧の社会主義化を加速した冷戦

東ヨーロッパは、大戦末期にユーゴスラビアを除くほとんどの地域でソ連軍の進駐を経験した。大戦後のソ連は自国の復興を優先し、敵対しないかぎり東欧各国の政治体制には干渉しなかった。ほとんどの国では共産党が優勢となったが、社会主義の要素が強いだけで自由は抑圧されず、議会制民主主義が続いたのである（人民民主主義）。

しかしそれも１９４７年までだった。この年マーシャル・プランが発表されると、喉から手が出るほど経済支援が欲しい多くの東欧諸国は、強い関心を示した。しかしソ連は米英への警戒感から、ようやく生まれた同盟国を奪われるのを恐れ、ユーゴスラビアと共同で欧州共産党情報局（コミンフォルム）を設立して締め付けを強化した。

こうしたユーゴスラビアの強硬姿勢にはギリシア情勢が影響していた。ギリシアの共産党は大戦中はユーゴスラビアと密接な交流があったが、大戦後にイギリスにつぶされた。これに反発したユーゴスラビア共産党は、ソ連に対して西側に厳しい態度をとるよう訴えた。しかしソ連は、まだ原爆も保有しておらず、厳しい態度をとることに躊躇した。両者の立場の違いは次第にすれ違いを大きくし、最終的にスターリンは、１９４８年にコミンフォルムからユーゴスラビアを追放する。それは以前の親密さからすれば、信じられないほどの変化だった。

ソ連はこれ以後、アメリカに対して本格的に対策をとりはじめた。スターリンは一方で東欧各国にユーゴスラビアの同調者の追放を指令し、もう一方ではマーシャル・プランに対抗して計画経済と農業集団化、そして宗教や自由の弾圧といった「スターリン化」を強制した。こうした動きは西側には、トルーマン・ドクトリンを裏付けるものに思われた。それはアメリカの狙いどおりであった。

こうしてヨーロッパの中央を挟んで東西で対立する両陣営の姿が明確になった。大戦が終わったばかりだというのに、再びヨーロッパにはきな臭い匂いが漂いはじめたのである。

戦場で生まれた国際連合

そんな時期に生まれたのが国際連合で、国際連盟の後継組織である。国際連盟は、1933年に日独がヴェルサイユ・ワシントン体制を破壊した時点で存在意義がなくなり、大戦勃発で完全に機能も停止した。戦後はアメリカ以外の国はいずれも満身創痍であり、アメリカも単独で世界を取り仕切る自信はなかった。このため連盟に代わる平和機構が必要だった。

その動きはすでに大戦中に始まっていた。1941年8月、西部戦線が膠着状態になり、東部戦線で独ソ戦が始まってドイツの関心が東に向いていた時期に、イギリスのチャーチルとアメリカのローズヴェルトの両首脳が、カナダのニューファンドランド島沖の軍艦上で会談を行ったのである。これが大西洋上会談であり、この会談で大西洋憲章が締結された。これは戦後、様々な形で世界に影響を与えた文書となった。

計8項目の中で注目すべきは最後の項目である。ここで両国は「一般的安全保障のためのしくみの必要性」を認めた。これは新たな平和機関の結成を意味していた。憲章は、両国とともに大戦を戦った連合国United Nationsが、翌年にかけて承認し、組織の正式名称もUnited Nations（国際連合）とすることが決まった。

次に大きな動きがあったのは大戦末期の1944年7月である。この頃すでに東部戦線でドイツ軍の主力が壊滅し、西部戦線でも連合軍の上陸作戦（ノルマンディー上陸作戦）が成功していた。そんな状況の中、カナダ国境に近いアメリカのニューハンプシャー州のブレトン・ウッズ・ホテルに44カ国が集まり、ブレトン・ウッズ協定が結ばれた。ここで国際通貨基金（ＩＭＦ）、国際復興開発銀行（現在は世界銀行）の設立が決定された。

国際通貨基金は、国際的な通貨システムを守るため、経済が悪化した国に助言や融資をする機関で、国際復興開発銀行は、戦後の復興を援助するのが目的の機関である。つまりこの44年の段階で、大戦の終結と世界の復興は完全に見えていたのである。

このとき成立したブレトン・ウッズ体制（図1）は、圧倒的なアメリカの金保有量を背景にした新たな世界経済のシステムだった。これは固定比率での金とドルの交換を保証することで米ドルに対する信頼を高め、金の代わりにドル紙幣を世界中に流通させることで世界経済の安定を図る体制だった。つまりこれは、もはや機能していないが世界が慣れ親しんだ金本位制のようなものだった。このときは金1オンス（重さの単位、約28ｇ）が35ドルに設定され、各国通貨とドルとの交換比率が固定された。

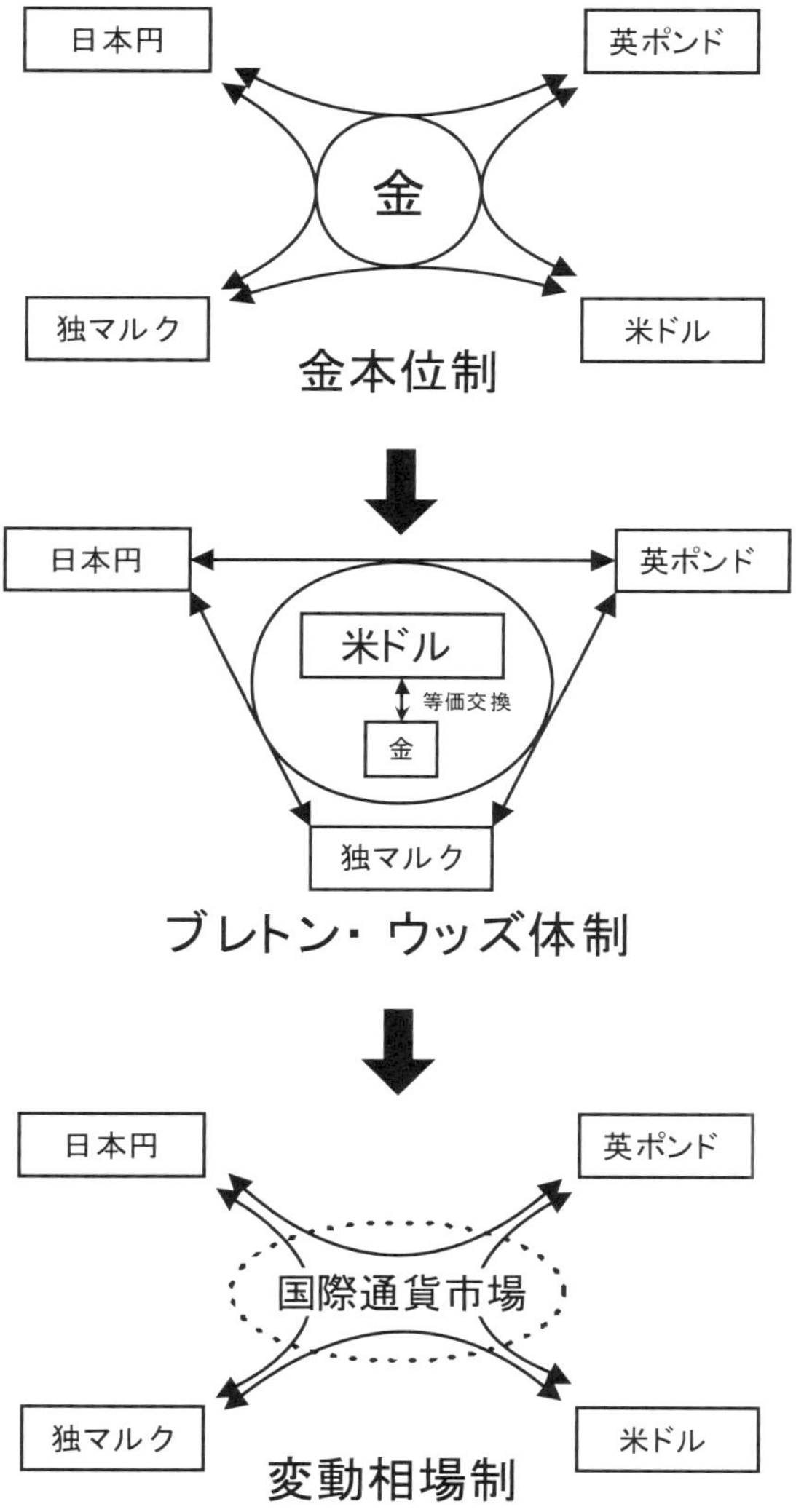

図1　国際金融体制の変遷

これには世界恐慌の原因となった投機行為（通貨の売買や、保有目的でない株式や証券の売買）を防ぐ目的もあった。

なぜこのようなしくみが必要なのかといえば、大戦で先進国のほとんどが経済に壊滅的な打撃を受けて復興資金が不足しており、金本位制の復活が不可能だったからである。こうした中で国際経済を立て直すには、金に代わる世界経済を支える存在が必要だった。そのため最大の金保有国アメリカが、自国の金を担保にして金と等価のドルを世界に流通させ、世界経済を支えようとしたのである。ドルは紙幣だから、その価値さえ維持できれば、金と違って発行に物理的制限はなく、金本位制の最大の欠点が解消できるのである。

もちろん、本来1国の通貨にすぎないものを世界通貨にすれば問題が起こる。そのドルは他国には必要でも、アメリカには不要である。もしこれが大量にアメリカ国内に持ち込まれれば、通貨価値の低下でインフレが発生する。しかも世界に必要とされている莫大な額からすると、かなりひどいインフレとなるだろう。しかしそれでもこのシステムを実施する覚悟がアメリカにはあった。つまりアメリカはようやく一人前の国になったのである。それは経済面でのパクス・アメリカーナの成立を意味していた。

こうしてドルは世界中にまかれた。先述のマーシャル・プランで使われたのも、この金交換保証が付いたドルだった。このドルは海外限定で、可能なかぎりアメリカに戻ることがないように、各国が管理を義務付けられた。各国通貨とドルとの交換比率（通貨レート）は、経済指標を参考にして調整された（管理通貨制度）。また投機行為などの国境を越えた資金の移動も厳しく制限された。

続いて翌１９４４年8月には、首都ワシントンに近い有名な大邸宅ダンバートン・オークスで国際連合の設立が協議され、国連憲章の原案が決まった（ダンバートン・オークス会談）。

そしてドイツの敗戦を目前にした１９４５年の４月末から開かれたのが、サンフランシスコ会議である。ここで正式に国際連合（United Nations）が発足する。それはUnited Nations（連合国）最後の敵日本が降伏した直後の10月だった。

国連の加盟国は当初51カ国だった（２０１８年６月現在１９３カ国）。事務局はニューヨーク市に置かれた。組織面では、前身の国際連盟と同じく総会は重視されるが、連盟の欠点を反省して安全保障理事会（安保理）に拒否権が与えられ、その決定に強制力が与えられた。安保理は、常任理事国５カ国と非常任理事国10カ国から構成されているが、拒否権を持つのは常任理事国のみである。また、連盟の反省から、国連軍も設けられた。連盟時代は、強制力といってもせいぜい経済制裁のみで、それも形だけに終わっていた。これに対し、国連軍は、安保理の決議で結成された。

国連の下部組織も、同時期に整備された。まず１９４５年10月には世界の食糧問題解決を目的とする国際連合食糧農業機関（ＦＡＯ）、翌年には教育・科学・文化の発展と推進を目的とする国際連合教育科学文化機関（ユネスコ）が成立し、12月には戦前からあった国際労働機関（ＩＬＯ）が国連の傘下に入った。１９４７年10月には関税と貿易に関する一般協定（通称、ＧＡＴＴ）が結ばれ、自由貿易の促進を目指した。あとは平和さえ続けば、すぐにでも世界は立ち直っただろう。だが、そうはすんなりと行かなかった。きな臭い匂いがさらに強くなりはじめたのである。

大戦の残り火①——ベルリン封鎖

ドイツは1943年のテヘラン会談で、連合国に分割統治されることになっていた。戦争末期の首都ベルリンには、米英仏ソ4カ国の軍隊が進駐して軍政が始まった。ベルリン以外の東部ドイツはソ連軍が占領し、西部ドイツはおもにアメリカ軍が占領していた。

当時ソ連はドイツとの戦いで膨大な被害を被っており、少しでも損失を取り返したいと考えていた。ドイツ占領は、またとない損失回収のチャンスだった。ソ連は戦後賠償の先取りとばかり、戦後すぐに機械や人的資源の接収を行った。しかし米英仏の側からすれば、協議もなしに一方的に資産を持ち去るのは略奪に等しい行為であり、見過ごすことはできなかった。両陣営の対立は強まった。

しかし当時、両陣営は決裂することができなかった。ソ連は国内の復興が始まったばかりで、ドイツ占領軍を維持するのが手一杯であり、アメリカも破産寸前の英仏を支えるのに必死だった。つまり両者とも最優先課題が他にあり、どんなに不満があろうが決裂だけは避けねばならなかったのである。誕生まもない国際連合が、よちよち歩きながらもスタートしたのは、こうした事情によっていた。

1947年のマーシャル・プランの発表はそんな中で行われたのであり、ソ連の反発からベルリンでも両陣営の対立が深まった。これは次第にエスカレートし、翌1948年にはソ連軍が市内外の人や物資の出入りを制限したため、西ベルリンは孤立した。物資不足でインフレが深刻化し、経済的には一体の東ベルリンにも影響が広がった。

このインフレに対し、かつての「レンテンマルクの奇跡」の再現を狙い、通貨改革が行われた。このとき、経済的に弱体な東側は、価値保証のない独自通貨を発行するだけだったが、西側の通貨は、価値が保証された米ドルにリンクしていた。ベルリン市民のほとんどは当然のように西側通貨を選び、インフレも収まった。東側の改革は完全に失敗だった。

この結果に怒ったソ連は、１９４８年6月に西ベルリンを軍事的に封鎖した（ベルリン封鎖）。ソ連軍は鉄道も運河も道路も通行を禁止し、西ベルリンは孤立した。唯一空路だけは封鎖しなかったが、これはソ連側が、少しだけ穴を残しておき、それをうまく使えない西側にベルリン市民の不満を集中させ、内紛を起こさせようとする意図からだった。

これに対し西側は、ベルリン大空輸作戦（図２）を実行して対抗した。物資不足が深刻化しないうちから作戦は始まり、毎日４５００トンもの食料や生活物資が、最新鋭の超大型輸送機で空輸された。このとき、飛行機同士の衝突を避けたり、乗務員の過密労働を避けるため、大戦中に実用化されたばかりのレーダー装置や、経営学を応用した航空管制システムが使用され、最盛期には1日17万トンもの物資が滞りなく運ばれた。ソ連の作戦はここでも失敗だった。この作戦はソ連の財政をも圧迫したため、開始からほぼ1年後に封鎖は解除された。

この間のソ連の行動に怒った西側は、封鎖解除直後の１９４９年の5月23日に西ドイツのボン市を

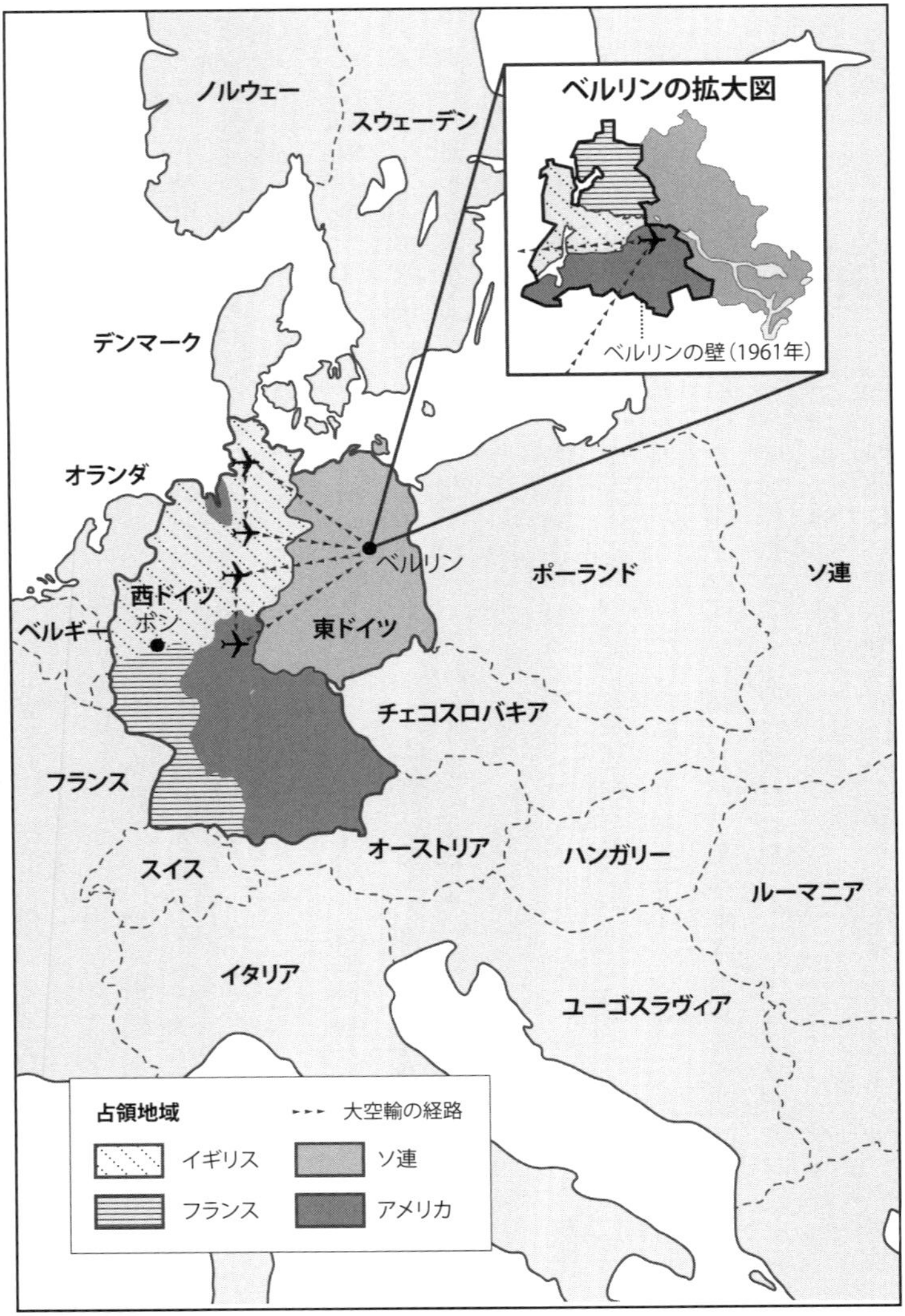

図2　ドイツ東西分割とベルリン大空輸

首都とするドイツ連邦共和国（通称は西ドイツ）を建国させた。初代首相は結成されたばかりの中道右派政党キリスト教民主同盟のコンラート・アデナウアーだった。

これに対抗して東側も、東ベルリンを首都とするドイツ民主共和国（通称は東ドイツ）を建国した。ドイツは冷戦の最前線として、東西に分割された形での再出発となった。ただどちらも独立はしたものの、外国軍が駐留し、経済はガタガタであった。またナチスの記憶が生々しく、周辺諸国の不信の目にさらされながらの出発で、前途はどちらも多難であった。

一方で、東ドイツが成立するひと月ほど前の１９４９年８月末にソ連が初の核実験に成功した。ただし発表されたのは実験成功の事実と数値のみで、場所は秘密にされた。ソ連の核爆弾は、当時最強の爆発力を持つＴＮＴ火薬２万２０００トン分の破壊力を持っていた。アメリカのみが核兵器を独占した時代の終わりであった。

大戦の残り火②——国共内戦と中華人民共和国の成立

第二次世界大戦で中国は、膨大な戦死者を出しながらも大日本帝国に勝利した。その時点で中国の政局を主導していたのは蒋介石率いる中国国民党であり、それと比べると中国共産党は、その他の少数派の中での最大会派にすぎなかった。

このため戦後すぐに対立をはじめた米英ソは、中国を国民党に任せ、ヨーロッパ情勢の解決に集中しようとした。これには毛沢東率いる共産党が反発したが、誰が考えても国民党優位の状況が変わることはないと思われた。

それでも共産党は、長年の不信感から国民党との対決姿勢を維持し続けた。そこでアメリカはわざわざ国務長官を派遣して両者を仲介しようとし、ソ連もスターリンが毛に、自制を促すメッセージを送った。しかし共産党は、せっかくのお膳立てを拒否し、1946年から国共内戦が始まった。この時点では誰もが共産党の壊滅を予想した。ところがその状況が1947年頃から一変する。

じつは大戦中の中国は、戦争被害に加えて政府による物資徴発で著しい物資不足となり、内戦期の3年間で1000倍という猛烈な物価上昇に襲われた。国民党政府も民生に無関心ではなかったが、本来の根拠地である沿海部を日本軍に奪われている中では、よい解決法は見つからなかった。それでも米英の支援があるうちはまだましだった。

人々は生存可能なギリギリまで追い詰められた。そのため自らが生きるためには国民党政府の徴発物資の横領や、徴兵免れのための役人の買収などに手を染めざるを得なかった。国民党も、庶民の抵抗を少しでも和らげようと、中国史上初の、民意をくみ上げる機関を設置した。そうした努力のうえで、何とか戦争を勝利の形で終えられた。

ところが内戦勃発で、過酷な戦時負担が再開されてしまう。おまけに戦争被害で輸出力が低下したため、対外貿易は大赤字となり、国民党政府は輸入を制限した。これが事情を知らないアメリカ経済界の反発を招き、その声に押されたアメリカ政府が援助を削減した。さらにイギリスの支援も、本国の財政危機で停止された。米英の経済支援に支えられていた国民党政府発行の紙幣の信用は低下し、猛烈な物価上昇が再び庶民を襲ったのである。

インフレは、戦後の混乱を背景に、個人的な収入減を補おうとする富裕層や支配層の腐敗の誘惑を高めてしまう。しかも国民党が作った民意機関は、富裕層や支配層を激しく攻撃し、党は猛烈な逆風の前で自信を失った。やむを得ず富裕層からの徴発に踏みきったが、今度は党内から不公平な課税であるという反発にさらされた。こうして国民党は内外からの反発を受け、急速に勢力が弱体化した。そして反比例するように共産党への参加者が増加し続けた。これが史上まれに見る勢力逆転劇の内情だったのである。

その後、共産党は重要な戦闘にすべて勝利し、1949年、国民党は、ついに首都南京を捨て、台湾への逃亡を余儀なくされた。1949年10月1日、毛沢東は北京の天安門で中華人民共和国の建国を宣言した（写真2）。約1カ月前のソ連の原爆実験成功もあり、アジア情勢は大きく共産主義陣営に有利に傾き、資本主義陣営は大きな圧力を感じることになったのである。

写真2　建国を宣言する毛沢東

大戦の残り火③——朝鮮戦争

連合国はカイロ会談で朝鮮の独立に合意し、北緯38度線を境に、北部はソ連軍、南部はアメリカ軍による占領統治を行うことを決めていた。

その少し前、大戦終了直前に、朝鮮国内では日本の朝鮮総督府が、満州に攻め込んだソ連軍の恐ろしさを知った。彼らは、すぐに朝鮮人の抗日独立運動家と交渉し、日本人の安全と引き換えに彼らを牢から解放した。運動家らはさっそく首都ソウルで、朝鮮人民共和国の建国を宣言した。

米ソの進駐軍が南北からやって来たのはその頃だった。ソ連は戦時中から、すでに国境の山岳地帯でゲリラ活動を行っていた金日成《キムイルソン》の一派を支援していた。金日成は援助をもとに、政権作りを進めていた。一方のアメリカ軍は、総督府から権限を奪って日本人を追放すると、さっそく軍政府を設立した。ところが問題は、朝鮮側の交渉相手を誰にするかであった。

朝鮮に来たアメリカ軍は、もともと日本の占領統治のバックアップ役だったため、朝鮮半島の内情を理解していなかった。彼らにとって朝鮮人民共和国などは、左派というだけでソ連や北朝鮮の仲間という認識しかなく、初めから交渉相手とは考えていなかった。軍政府は、有名な活動家でアメリカに亡命していた李承晩《イスンマン》を呼び寄せて新政府を作らせた。

李承晩という人物は、第一次大戦後に朝鮮臨時政府を作ったりして、たしかに国外では名が知られていた。しかし30年近い亡命生活で、国内事情には疎くなっていた。さらに、いきなり新政府の長になったものの、彼の周りに集まったのは、総督府に勤めていた統治協力者である官僚か、もしくはアメリカ軍政の利権のおこぼれを狙う資産家ばかりであった。彼は、こうした勢力と手を結んで新政府を作り、形ばかりの選挙を実施して勝利し、1948年8月に大韓民国（韓国）建国を宣言した。

一方、十分な時間とソ連の支援を得ていた金日成は、対抗して朝鮮民主主義人民共和国（北朝鮮）の建国宣言を行った。こうなれば占領統治時代は終わらざるを得ない。半島からは外国軍が撤退していった。ソ連軍は意気揚々と、アメリカ軍は不安を抱えながら。

翌1949年には、ソ連が原爆実験を行った。続いて中国の内戦が共産党の勝利で終わった。アメリカの同盟国イギリスさえ、国民党を見限って早々と中華人民共和国を承認した。東アジアをめぐる情勢は共産主義陣営が優勢であり、北朝鮮による半島統一の機は熟していると思われた。

ソ連・中国・北朝鮮の3者は統一計画を立てた。北朝鮮軍の兵力は11万6000人に達し、統一の悲願に燃えて一丸となっていた。これに対し、韓国軍はその半分ほどの6万5000人。しかも政府も軍も内部はバラバラで、陸軍には戦車が1台もなく、空軍も飛行機が足らず、兵士も元日本軍兵士以外は新兵ばかりだった。これで北朝鮮側が負けるはずがない。金日成らは自信満々のまま、準備が整うのを待ったのである。

1950年6月25日。偶発的な軍事衝突をきっかけに、準備を終えていた北朝鮮軍が38度線を越えた。朝鮮戦争の勃発である。北朝鮮軍は韓国軍を圧倒し、首都ソウルも制圧した。李承晩らは兵士を見捨てて半島南端の釜山《プサン》市まで撤退し、韓国は国家存亡の機に直面した。一方、北朝鮮の半島統一は目前であった。金日成らは韓国の人々に対し、李承晩政権に反旗をひるがえすよう呼びかけた。

ところが北朝鮮軍は快進撃の中で、各地で強制的な労役や物資の徴発を行って、抵抗する者は容赦なく処刑していた。この話が伝わって、パニックが広がった。このため北朝鮮軍に呼応する韓国民は少なく、難民が生まれただけだった。これでは革命ではなく、ただの内戦である。革命ならば部外者が介入する余地はないが、内戦となれば国連の出番だった。アメリカは国連安全保障理事会に、国連軍の派遣を提案した。しかしこれは、ソ連の拒否権一つで葬り去られるはずだった。ところが国連では、予期しない事態が起きていた。

安保理事会では、1949年に中国共産党が全土を制圧したことで「中国代表は中華民国か、中華人民共和国か」という議論が起こっていた。ここでやっかいだったのは、当事者の中華民国代表が会議のメンバーであり、中華民国が同意しないかぎり中華人民共和国は代表になれないということだった。そんなことを中華民国が認めるはずがない。

行き詰まりを打開するため、ソ連はすべての会議を欠席し、国連を麻痺させてアメリカに心理的な圧力を掛けようとした。これは労働運動でおなじみの、ストライキ戦術である。スターリンにとって、中国代表の件は朝鮮問題以上に重要であった。このため朝鮮戦争が起こってもストは続けられた。これが北朝鮮にとって裏目に出た。アメリカの提案はソ連が欠席する中で可決された。史上初の国連軍が日本駐留のアメリカ軍を中心に編成され、朝鮮半島に送られた。

しかし戦争は、予想どおりには進まなかった。まず本国と現地のアメリカ軍との連絡がうまくいっておらず、日本では誰も戦争勃発を予想していなかった。マッカーサー司令官などは、国連決議を知って慌てて準備を始める始末だった。対日戦争を経験したベテラン兵も大半が帰国しており、戦場に送られたのは平和に慣れた兵か新兵ばかりであった。このため一時は国連軍が南部に追いつめられる場面もあったが、何とか押し返すことに成功した。

勢いに乗ったマッカーサーは、内外の反対を押し切って38度線を越え、半島全域の制圧を目論んだ。しかし国境にアメリカ軍が迫ったことで中ソが危機感を抱いた。中国は政府内で対応を議論したが、毛沢東らが強硬に主張して、人民解放軍兵士を義勇兵として、つまり個人の資格で参戦させた。さらにソ連も、朝鮮系ソ連兵に北朝鮮軍の格好をさせて参戦させた。このため再びアメリカ軍は押し戻されてしまう。

衝撃を受けたマッカーサーは、中国に打撃を加えるため、大統領に満州への原爆投下を進言した。しかしトルーマン政権は、これ以上の介入はヨーロッパ方面の戦力を低下させるとして提案を却下した。マッカーサーはこれがきっかけで解任されてしまう。

その後アメリカ軍は何とか態勢を立て直し、北緯38度線付近で踏みとどまることに成功した。しかし、冬の朝鮮半島での戦いを続けることは困難だった。これは中国軍も同様であり、結局戦線は、第一次大戦と似た塹壕戦に陥り、膠着状態が続いたのである。とはいえ、気になる存在であるソ連があからさまな介入姿勢を見せなかったことが、アメリカ側に一定の安心感を与えていた。

大戦の残り火④――インドシナ戦争

朝鮮戦争と並行してベトナムで起こっていたのが、フランスからの独立を目指すインドシナ戦争だった。これもアメリカの覇権と世界の動きに大きな影響を与えた戦争であり、朝鮮戦争同様、第二次世界大戦の延長戦のような戦争だった。

ベトナムでは、日本の敗戦と同時にホー・チ・ミン率いる独立組織ベトミンがベトナム民主共和国(以後は北ベトナムと書く)の建国を宣言し、日本軍が樹立した親日政権が倒された。しかし多くの国は旧宗主国フランスに遠慮して承認しなかった。その後、日本軍撤退後の権力の空白を埋めるため、北から中国国民党軍、南からはイギリス軍が進駐した。当時の北ベトナムには、これをはね返すだけの力を持っていなかった。

しかしまもなく中国での国共内戦勃発で国民党軍が撤退した。北ベトナムはすぐにベトナム北部を制圧したが、南部にはイギリス軍と交替してフランス軍が進駐し、直接対決することとなった。フランスは北ベトナムを脅したが、これは世界中から植民地主義の再来だとして非難されてしまう。このためフランスは北ベトナムと交渉での解決を探ったが、最終的に決裂して1946年11月からインドシナ戦争が勃発した。

開戦後の北ベトナム軍はゲリラ戦で根強く抵抗を続け、山岳部やジャングル地帯を確保した。これに対しフランス側は、遠いアジアでの戦争に国民が関心を示さず、軍の増強が拒否された。このため現地フランス軍は、中・南部沿岸の都市部を確保する以上のことができなかった。さらに１９４９年には、内戦に勝利した中国共産党がソ連と手を組んで北ベトナム支援に乗り出してきた。一方でフランス軍に対しても、冷淡なフランス国民に代わって、１９５０年頃からアメリカが援助を開始した。こうしてこの戦争は米ソの代理戦争の様相を示しはじめた。

ベトミンは次第にフランス軍に激しい攻勢をかけるようになった。フランス側も何とか植民地から援軍を送って抵抗するものの、劣勢を覆せるほどではなく、次々と支配圏を失った。ただし、ベトミン側が得たのはジャングルや農村部といった人口密度の低い地域であり、まだ都市部ではフランス側が優勢だった。

一方、アメリカでは朝鮮戦争の膠着状態とインドシナ戦争の劣勢が、再選を控えたトルーマンに厳しい状況をもたらしていた。第二次大戦が終わったばかりなのに、軍事費が再び膨張しはじめ、何か改善のめどを立てる必要があった。そこで進められたのが、日本の独立回復という案だった。

大戦の残り火が早めた日本の独立

連合軍は戦後、日本を統治下において民主化を進め、右派の指導者を追放した。このため必然的に左派が強くなり、労働運動が激化した。こうした動きに、日本を占領していた連合軍最高司令官総司令部（ＧＨＱ）は警戒を強めたが、最終的には民主化を促進する立場から容認した。

日本はアメリカの援助なしではやっていけないほど財政が窮乏していた。予算を生産力増強に集中させて工業力を回復させようとしたが、効果はなかった。大戦で生産設備が打撃を受けていたうえ、15年続いた戦争中に、欧米との技術差が大きく開いていた。また、戦前の主要市場であったアジアで戦争が続いたことも影響が大きかった。つまり19世紀以来のグローバル化が、このときの日本の復興を阻害していた最大の要因だったのである。

１９４６年から中国では国共内戦が始まり、朝鮮半島では南北のあいだで緊張が高まった。日本でも左右の対立が激化した。１９４７年2月に共産党が全国的なストライキを呼びかけたときなどは、まるで革命前夜のような雰囲気だった。日本政府に力がないため、ＧＨＱが組合幹部に圧力をかけ、なんとか直前に中止されるほどだった。このように当時は新聞や街頭で革命を叫ぶ派手な動きが目立っていた。しかしこうした動きは表面的なもので、国民が真に望んでいたのは平和であった。

朝鮮戦争直前に、東大助教授の丸山眞男ら3人の知識人が「平和四原則」を発表した。これは全面講和、中立堅持、軍事基地提供反対、再軍備反対を訴えるもので、国民の広汎な支持を獲得した。野党や労働組合は、ＧＨＱによって急進的な運動家がレッドパージ（赤狩り）で追放され、活動基盤である企業が強制的な財政均衡策ドッジラインで打撃を受けたにもかかわらず、四原則を支持した。教員組合も「二度と教え子を戦場に送らない」と表明した。日本の民意は連合国側が想像する以上に平和主義を支持していた。これはアメリカやヨーロッパの世論に強烈な印象を与え、彼らの日本人観を大きく変えた。その後ＧＨＱが日本への賠償要求を緩和することを表明したことや、大企業の分割を中止したことで、保守派とのあいだで妥協が成立した。左派が弱体化したことも保守派の不安を和らげた。

朝鮮戦争は、そんな中で発生した。当時、アメリカ政府は、ベルリン封鎖や国共内戦、インドシナ戦争など、世界各地での情勢悪化への対応で軍事費増大に苦しんでおり、日本統治の負担軽減が必要だった。戦争を嫌う日本の世論の支持と、保守派や経済界の協力を両立させる方法は、独立回復しかなかった。一方で、朝鮮戦争勃発でGHQ内には、日本軍を復活させる計画が浮上した。とりあえず旧軍人が集められ、警察予備隊の結成と海上保安庁の「職員」の増員が行われた。海上保安庁の艦艇は、実際に米軍の上陸作戦を補助した。ただしこの計画は失敗する。アメリカの国務省、そして連合軍の多くが反対したのである。反対の理由は先述した日本人の平和志向だった。

1951年9月にサンフランシスコ講和条約が成立した。当時の独立国はほとんどが招待されたが、インドとビルマ（現ミャンマー）、ユーゴスラビアは参加しなかった。中国は、国民党と共産党が国連代表の件で揉めていたため、どちらも招待されなかった。ソ連は参加したが、調印しなかった。

ただしソ連の参加には大きな意味があった。これはソ連が、独立後の日本を承認しないものの、話し合う用意があることを意味していた。つまりソ連は日本の独立を黙認していたのである。ただ中華人民共和国をさしおいて承認することを避けたのだった。

独立と同時に連合軍は日本から撤退した形になったが、その大半は沖縄や横須賀などの基地に移動しただけで、相変わらず朝鮮とベトナムの戦いに向かう基地としての役割は続いた。とはいえ、アメリカ軍が中心となって行った日本の民主化は成功したと認識された。このため、アメリカ軍政は南北戦争後の南部占領に続いて2度目の成功例となり、２００3年のイラク戦争後に3度目（イラク占領政策）が遂行されるきっかけとなった。

アメリカの繁栄始まる――トルーマンとアイゼンハワー

１９５3年から55年にかけては世界で様々な変化が起こったが、結果として平和への機運が高まった時代となった。この時期は、１９１４年以来続いた、チャーチルがいうところの「現代の三十年戦争」が、その余韻の戦争を含めて一段落した時期だった。その結果、旧連合国はようやく本格的に総力戦体制から脱却することが可能になった。

アメリカ合衆国では、この時期に政権が民主党から共和党へ交代したが、まずは民主党ハリー・トルーマン政権時代から見ていこう。

トルーマンは、ローズヴェルトの不慮の死によって大統領に昇格して以降、トルーマン・ドクトリンやマーシャル・プランを実施して西側の戦後復興を積極的に推進した。海外の復興需要が国内経済を刺激したため、消費ブームが起こった。自動車や電気冷蔵庫が爆発的に売れ、１９４０年代末からはテレビが国内に行き渡るようになった。テレビの普及は、このあとの政治に大きな影響を与えていく。

しかし大統領としてのトルーマンは不運であった。彼は第二次世界大戦の勝利宣言者として好スタートを切ったのに、その後は、1949年8月にソ連が原爆を完成させ、続いて中国で圧倒的優勢なはずだった国民党が共産党に敗れて台湾に逃亡し、10月には中華人民共和国が成立し、敗北に等しい結果の責任を引き受けることになる。

また共産主義陣営の躍進は、結果として、マッカーシズム（赤狩り）を引き起こしてしまう。それは、1950年2月にジョゼフ・マッカーシー上院議員が、政府内の205人の共産党員リストを持っていると発言したことから始まった。

当時アメリカでは故ローズヴェルト大統領の側近がソ連のスパイだったという衝撃的な事実が発覚していた。前年のソ連の原爆開発についても、アメリカ人は、東側にそんな力はないと考えていたので、すべてがスパイのしわざだといわれて納得した。

一時期マッカーシーの影響力は絶大だった。このことは1952年の大統領選挙でトルーマンが敗北し、共和党のドワイト・アイゼンハワー政権が誕生する最大の要因となった。

また国民は、マッカーシーがすべての真相を知っていると考えていたので、彼にスパイの疑いをかけられることは社会的地位を失うことを意味した。そのため彼は、多くの人に恐れられ、地位を守ろうとする多くの協力者を得られたのである。後に大統領となる、上院議員ジョン・F・ケネディや、俳優組合の委員長ロナルド・レーガンらも、そうした一人だった。

ただし彼はやりすぎた。彼の政府攻撃は、共和党政権になっても続けられ、大統領を怒らせた。また喜劇王チャーリー・チャプリンをはじめ、多くの文化人や政治家を追放に追い込んでしまい、著名人に反発が広がった。さらに陸軍首脳とも激しく対立した。そのため1954年に、上院で彼の責任を問う決議がなされ事実上失脚してしまう。しかしそれでも彼に対する大衆の支持は根強く残り、1957年に病死したときは葬儀が国葬の扱いを受けたうえ、1万人を超える弔問者が駆けつけた。

アイゼンハワー政権期は冷戦が最も激しかった時代である。アメリカ経済は絶好調だったので、特に対策をしなくても問題はないと思われた。このため彼は共和党の伝統もあって経済政策では自由放任策をとり、そのぶん外交に力を注いだ。

彼が取り組まねばならなかったのは、朝鮮戦争などの軍事行動がもたらした財政赤字を解消し、それにともなうインフレの悪化を食い止めることだった。そのためには戦争を早期に終わらせる必要があった。

幸い政権初期には、彼に追い風が吹いていた。詳しくはあとで触れるが、政権発足まもない1953年3月にソ連ではスターリンが亡くなり、後継者争いが発生した。このため米ソともに休戦への機運が増し、朝鮮戦争では板門店休戦協定、インドシナ戦争ではジュネーヴ休戦協定が成立した。さらにその後1956年に成立したフルシチョフ政権が、スターリン批判とともに平和共存政策を打ち出した。これもアメリカにとっては歓迎できるものだったので、以後の両国関係は改善し「雪どけ」時代を迎えた。危機の時代は去ったのである。

一方で、世界各地では英仏が植民地経営から撤退したため、現地の傀儡《かいらい》政権が弱体化し、力の空白状態が生まれていた。これを埋めようとしたのが、独立解放を目指す勢力であったが、その力はまだ弱かった。そこで、直接対決できない米ソは、こうした勢力のどちらかに肩入れし、代理戦争を行わせた。第二次世界大戦とその後の5年余りで勢力を拡大した共産勢力に対抗するため、副大統領リチャード・ニクソンと国務長官ジョン・ダレスは、大統領の片腕となって「巻き返し政策」を遂行した。特にダレスはドミノ理論を主張して共産主義の拡大を止めようとした。

朝鮮半島情勢が落ち着いていたこともあって、アイゼンハワーは外交の重点を、ベトナムと中東に置いた。ベトナムではフランスの傀儡バオ・ダイに替えて1955年にゴ・ディン・ジェム政権を成立させた。このことが、その後にアメリカがベトナムにのめり込む原因となった。

中東では1956年にスエズ危機が発生したが、このときは英仏の植民地主義を非難し、紛争の平和的解決に尽力した。しかしこのことによって、大国の動きに翻弄されるアラブ各国の指導者の無力さが民衆に露呈することとなった。またアメリカ主導で新秩序を形成しようとしたことが、アラブ人の反発を招いてしまう。その結果、エジプトのナセル政権がソ連に接近し、エジプト型の軍事政権がアラブ各地に成立したため、アメリカがこの地域に深く関わる原因となった。

アイゼンハワーは、軍人出身者でありながら、大統領としては財政赤字削減のため、軍事費を抑制せねばならず、「巻き返し政策」でも、できるだけ安価な方法で共産主義の拡大を防がねばならなかった。そのため重視されたのは、一つには核抑止論を根拠に、威力のわりに安価な核兵器を大量配備し、圧倒的な報復能力を持つことであり、もう一つは費用のかかる軍事行動の代わりに、ＣＩＡなどの情報機関によって、時には暗殺や買収といった手段を使って現地政府を支援し、各国に自力で軍隊を整備させることだった。この点、1951年の日本の独立と、自衛隊の発足は、彼の政権にとって好ましい成果だった。

ただしこうした方針があまりに露骨だったため、各国では反発が生まれた。アジア・アフリカで非同盟運動が盛り上がり、日本で60年反安保闘争が起こった背景にはこうしたアメリカの政権交代による方針転換があったのである。

残り火が消えた後——朝鮮半島とインドシナ半島

1953年7月、板門店休戦協定の成立で、朝鮮戦争が終結した。その後も大した戦闘は発生せず、協定はこの点で成功だった。

ただし朝鮮戦争は両陣営に甚大な被害を与えた。兵士の死者はあわせて120万人に達し、民間人の死者も同じくらい発生した。韓国国民の半分が家を失い、戦火を逃れた北朝鮮からの避難民も400万人もいた。また戦争中に家族と生き別れになった離散家族も何百万人もいた。

しかし戦争期の混乱は、韓国の社会を大きく変えた。植民地以前の韓国は、両班《ヤンバン》を中心とする厳格な身分制社会だった。しかしそれは、戦後の混乱が落ち着いた頃には一掃されていた。頼るべき支配層を失ったことによって、政府は官僚養成に取り組むこととなった。韓国はもともと、儒教の影響で教育に熱心だったこともあって、教育制度が整備された。

これに対し、インドシナ戦争休戦のためのジュネーヴ協定は、和平協定としては失敗だった。たしかに協定成立後にフランス軍は撤退した。しかし当時、ベトナム南部を支配していた傀儡のベトナム国を実際に支えていたのは、アメリカだった。そしてそのベトナム国は、あまりに国家として弱すぎた。そこでアメリカのアイゼンハワー政権は協定を無視し、ゴ・ディン・ジェム大統領を中心とする新たな傀儡国ベトナム共和国を作らせた。

ただしジュネーヴ協定は、まったく意味がなかったわけではない。協定締結直前の、各国が原案を持ち帰って協議するため会議が一時中断した6月に、中国代表の周恩来が帰途インドに立ち寄った。その際に、インド首相のネルーと合意したのが平和五原則である。

五原則はたちまち国際社会、特に植民地から独立したばかりの国々の共感を呼び、翌1955年にインドネシアのバンドン市でアジア・アフリカ会議（A・A会議）が開かれるきっかけとなった。そこにはネルーと周以外に、主催国インドネシアの指導者スカルノ、エジプトのナセル、ユーゴスラビアのティトーらが集まった。旧植民地以外にも、大戦中独立を守ったタイや、日本も招待され出席した。参加国は平和五原則を拡大し、平和十原則（バンドン精神）を決議した。

これを機会に彼らは、米ソの対立とは一定の距離を置こうとした。その後中国とインドが対立した結果、会議が継続して開かれることはなかったが、彼らは自らを「第三勢力」と呼び、1961年には、あらためて作られた組織、非同盟諸国首脳会議に結集することになる。

西側諸国でも、後述するフルシチョフの平和共存姿勢を評価し、これに応えようとする動きが起こった。1955年には米ソに加え、イギリス・フランスの、旧連合軍4国首脳によるジュネーヴ四巨頭会談が開催された。ただしこれは翌年のスターリン批判がもたらした衝撃と、その後のハンガリー危機とスエズ危機でご破算となってしまう。それでもその理念は生き残り、たとえばのちに東南アジアで、ＡＳＥＡＮが生まれるきっかけとなったのである。

戦勝国の苦しみ――戦後のイギリス

和平機運の高まりによって、イギリスは破綻寸前の財政をどう立て直すかが最大の問題となった。財政悪化の原因は三つある。まず戦勝国ではあったが、第一次大戦後の反省で、被害に見合う賠償金を得られなかったこと。さらに戦勝国であったがために、戦後も平和維持活動に一定の役割が求められ、軍事費が縮小できなかったこと。そして、大戦中のイギリスを支えたアメリカの経済援助が戦後大幅に削減されたうえに、ブロック経済を放棄させられたため旧大英帝国領の市場を独占できなくなったことである。特に戦争直後は、戦後処理のために、経費削減と増税が行われたため、戦争中以上に物資不足に苦しんだ。

ただしイギリスの産業はまだ、金融や海運などの分野で他国より優位にあったため、経済は成長を続けられた。

帝国解体後のイギリスをどうするかという課題に対し、答えを出したのが、史上初めて議会で過半数をとった労働党政権だった。彼らは戦前から示されていた福祉国家の道を選択した。社会主義的な「ゆりかごから墓場まで」、つまり国民の面倒を国が見る高福祉政策が取り入れられ、過当競争を防ぐという名目で、石炭・鉄道・通信部門などの重要産業が国有化された。これらは政府と労働者の対立を緩和し、国民の痛みを和らげる効果があったため、1970年代までは政権が変わっても続けられた。

こうした体制で最大の恩恵を得たのは国営企業や巨大労働組合であった。両者は保守と左翼両方の基盤だったため、この体制は強固となった。イギリス企業の優位は戦後しばらく続いたため、社会の中にしだいに既得権を持つ者による馴れ合いの風潮が生まれ、非効率な官僚主義がまん延した。また、自由競争が避けられたため既存の企業が優遇される代わり、新規の起業が難しくなった。

結果としてすでに職を持っている世代の生活は安定したが、若者の失業率は高止まりした。イギリス人は70年代までこうした社会状況に苦しめられ、「英国病」「ヨーロッパの病人」と呼ばれた。多くの家庭で親のすねをかじらざるを得ない若者が増え、「成人

写真3　セックス・ピストルズ
©Nationaal Archief

後は独立するのが当然」と考える親世代との対立が増した。そして若者の多くが社会から疎外された感覚を持つようになる。そんな彼らの苦悩を表現したのがミュージシャンたちだった。

1960年代には産業革命発祥の地でありながら衰退が目立っていたリヴァプール市出身のビートルズが、1970年代にはロンドンのセックス・ピストルズ（写真3）らのパンク・ムーブメントが、人気を集めた。彼らの熱狂的な人気は、実力はもちろんのこと、時代を反映したものでもあったのである。

戦後の混迷が生んだド・ゴール政権

フランスの状況も、帝国解体という点でイギリスと似ていた。戦後成立した第四共和政は保守と左派の対立が激しく、大きな改革ができない状況が続き、国民の政治への不満が鬱積した。これを嘆いた第二次世界大戦の英雄ド・ゴール（写真4）は、嫌気がさして政界を引退してしまう。経済面でもマーシャル・プランのおかげで回復は早かったが、古いインフラのままで復興されたため、それが新産業の足を引っ張った。革命以来の小農保護政策が続き、保守的な政治風土が続いたことも改革を妨げた。

外交面でも戦後まもなくインドシナ戦争が発生して世界の非難を浴びつづけ、国家の威信が地に堕ちた。しかしそれも敗戦と1954年7月のジュネーヴ協定締結で一段落するはずだった。しかし、一息つくまもなくアルジェリア独立戦争が勃発してしまう。

　地中海対岸の植民地アルジェリアでは、フランス軍の弱体化とエジプトの支援によって独立運動が活発化していた。しかしフランス本国では左右の対立が、この問題に対する決断を遅らせた。これがアルジェリアに住むフランス系住民に不満を抱かせた。１９５８年に彼らの支持を得た駐留軍が突然反乱を起こし、本国に攻め込む姿勢を見せた。内戦に発展しかねない事態だったが、本国には反乱側の半分しか兵力がなかった。万策尽きた政府は、やむなく軍に顔の利くド・ゴールに、政界復帰と事態の収拾を要請した。

　彼はこれを受諾して首相に復帰し、１９５８年10月に新憲法を制定し、強い権限を持つ大統領制（第五共和政）を開始した。ド・ゴールは一方ではアルジェリアの独立を承認し、もう一方で反乱軍の処罰は穏便に済ませた。軍も国民も、こうした措置を歓迎し、圧倒的な支持をド・ゴールに与え、危機は収束に向かった。

　第五共和政は、日本のように民意に影響されない官僚が力を握った。植民地を放棄したことで、維持費のかかるフランス帝国がほぼ解体され、財政は好転した。またヨーロッパ統合への参加で経済が成長した。しかしその副産物であるインフレが発生したため、それを防ぐため労働者の

写真4　ド・ゴール
©ドイツ連邦公文書館

賃金を抑制する政策がとられ、それが国民に不満を募らせた。

ド・ゴールは帝国喪失によって傷ついた国の威信を回復しようとし、国内の不満をそらすためにナショナリズムを利用した。彼は偉大なフランスの復活を訴え、国内政治が難しい時期ほど過激な態度を示した。ベトナム戦争ではアメリカを非難し、中華人民共和国を承認した。スエズ危機が米ソ主導で解決されたことにも反発し、フランス軍をNATOから脱退させた。さらに1960年には核兵器開発を成功させた。一方で彼は、たとえばキューバ危機のときには、外交の裏側でケネディの決断を支持するなど、現実的な対応を示したのである。

こうしたド・ゴールの強気の姿勢が支持されたのは、スターリン批判をきっかけに中ソや中印が対立し、第三勢力が分裂していたからである。彼は新たな第三極の中心となって自国を軸に世界を動かそうとしたのである。

しかし彼は、肝心の国内政治で失敗した。帝国解体後の新たな経済政策を構築できなかったのである。イギリスと同様、フランス産業の競争力は、まだ途上国に対して比較的優位であったため、彼は高福祉政策をとった。その結果、高齢世代には手厚い保障が与えられたが、若者など若年労働者が高失業率に苦しむようになり、その反発がのちに彼に向かってくることとなるのである。

奇跡の復興を遂げた西ドイツ

戦後のドイツは連合軍によって東西に分割され、異なった歴史を歩むことになった。西ドイツは日本と同様、廃墟の中からの再出発となった。このためドイツ経済は戦後5年ほどは厳しい状態が続いたが、マーシャル・プランによるアメリカ資本の流入が経済を急速に回復させた。また大戦後に東方の旧東プロイセン地方や旧ポーランド領から追放された人々が帰国し、彼らが安い給料で働いてくれたおかげで、ちょうどイギリス産業革命時の労働者と同じ役割を果たし、西ドイツ経済の発展を支えた。

そして西ドイツは1950年代に「奇跡」の経済発展を経験する。1955年にはGDPが戦前を超え、59年にはイギリスを抜いて世界第2位の経済大国の座に返り咲いた。

しかし帰国者の生活の向上は、賃金コストを上昇させる。そのため政府は、50年代後半はイタリア、続いて60年代にはギリシアやトルコなどと協定を結んで賃金の安い移民労働者(ガストアルバイター)を募集し、彼らが帰国者に代わって経済発展を支えた。

こうした順調な経済復興を背景に、西ドイツは被害を与えた周辺諸国に自発的に賠償を行い、国内ではナチスを肯定する発言をするだけでも犯罪とするほど、戦争責任に厳しく対応した。支払った賠償金の総額は、マーシャル・プランで西ドイツが得た額を超えるほどだった。またナチスのような勢力の議会への進出を防ぐため、一定の得票率がない政党や民主主義を否定する主張を持つ政党が議席を持てないようにした。

ただし実際には旧ナチス党員の数が膨大だったため、完全に政府から追放すれば現実の政治運営に支障が出るのは明らかだった。このため、よほど大物でないかぎり旧党員の官僚は再雇用された。1950～53年の官僚の局長以上の6割以上が旧党員だった。

文化人らもナチス時代を厳しく反省した。哲学者のマルティン・ハイデッガーは、熱心なナチス党員だったため大学から追放された。一方で、哲学者カール・ヤスパースは、反省のしすぎという周囲の批判にもめげず、激しく戦前の自国を批判した。やがて1960年代末には、責任追及の動きが民衆レベルでも行われるようになり、戦争責任の取り方に対する世界のモデルとなった。

戦後外交では、独立当初の保守派の首相コンラート・アデナウアーが、東側と対立する政策をとり、欧州統合ではフランスとともに推進の中心となった。これは国土の縮小で国力が低下したため、欧州共同体の指導的地位を得ることが得策だったからである。

ただし、西ドイツは東西対立の最前線にあるため、米ソが対立するたびごとに、それに振り回されてしまう。これはどうしようもない現実だった。この現実を直視したヤスパースは、第一次大戦後まで無名であった19世紀のセーレン・キェルケゴールの思想を引用し、乗り越えるのが困難な現実（限界状況）は、国家だけでなく個々の人間にも存在し、それでも何とか乗り越えるためにはそれぞれの主義主張を超えた理性的な行動をするしかないと訴えた。

好条件のもとで復活した日本

独立後の日本の復興は苦難の連続だった。政治的には世界でも珍しい戦争放棄条項（第9条）を持つ平和憲法が制定され、平和を志向する日本人の動きは周辺諸国に安心を与えた。諸国にとって朝鮮戦争後の自衛隊創設は、軍国主義復活を想像させる不安要素だった。しかし、1951年の日米安全保障条約によってアメリカ軍が日本を守ることになったことで、軍国主義復活の抑えとなると期待され、諸国の不安は解消された。

経済的には、アメリカは日本経済の復興を助けるためもあって、朝鮮戦争の特需を日本にもたらした。またサンフランシスコ講和条約で日本の賠償内容が確定し、1952年から実際に各国に対する賠償が始まった。ただしその内容は経済援助の意味合いが強く、この時代では一般的であった「ひも付き援助」方式だった。これは言葉の印象は悪いが、マーシャル・プラン同様、援助する側にとっては資金が最終的には回収できて損失は少なく名誉が得られ、援助される側も他国の負担でインフラ等の整備が進むという利点があった。また1955年のアジア・アフリカ会議とその後の非同盟諸国の発展は、もともと東南アジアと経済的につながりが強い日本に有利に働いた。

社会主義陣営はなぜ分裂したのか――スターリン批判

さて1953年に起こった出来事で、世界に最も大きな影響を与えたのが、3月5日のスターリンの死であった。73歳で死因は脳卒中だった。その死は、ソ連国民を恐怖政治から解放した。党内では、さっそく後継者争いが始まった。しかしスターリンは生前、有能なライバル政治家を次々と粛正していた。そのため、誰が後継者となるにしても、その地位も能力も、彼に匹敵する者はいなかった。さらにスターリンが主導したソ連の社会・経済体制が、もはや維持できないことは明らかになっていた。そんな状態でアメリカを相手に対立を続けることなど、スターリン以外には不可能だった。

結局、朝鮮戦争については1953年7月に板門店休戦協定が結ばれた。そしてインドシナ戦争は、1954年4月にディエンビエンフーの戦いにフランス軍が敗れたことで、5月にジュネーヴ休戦協定が成立した。また、日本との関係でも安定が求められ、それが1956年の日ソ共同宣言につながった。これは平和条約ではないものの、1951年に承認しなかった新生日本国を承認するものだった。

一方、ソ連国内では、スターリンの後継者の座をめぐって激しい権力闘争が行われていた。そして選ばれたのが、非スターリン化路線を強く打ち出したニキータ・フルシチョフだった。ただし党内にはスターリン体制下で利益を得ていた勢力が多く残り、彼の権力は盤石ではなかった。彼の地位を安定させるには、どうしても旧スターリン派を排除する必要があった。

そこで彼は、国内で支持を得やすい政策、すなわち宇宙進出や遅れた地域への経済援助、そして国民生活重視策を打ち出した。これらは素直に受け取るなら、これまでの軍事・重工業重視からの転換を意味している。しかし実際には、軍と重工業系企業に根を張る旧スターリン派との対決を意味していたのであった。

旧スターリン派は、ほとんどが大粛正に手を染めていたから、彼らを追い落とすにはその悪行を暴くのが最善の方法だった。ただし彼自身も含め、指導者層で粛正に関わっていない者はいなかったから、そこは慎重に行わねばならなかった。

こうして1956年の2月に行われた党大会の最終日、周到に準備された極秘会議で、スターリン批判が展開された。それはスターリンの過去の悪行の暴露と政治上の判断の誤りの指摘であった。そして方針転換の大義名分として、アメリカなど西側との平和共存の呼びかけが実施された。

その後の反対派の反撃を何とかしのいだフルシチョフの権力は、1958年には安定した。ただし集団指導体制のおかげで反対派は生き残った。彼らはその後、しばらく大人しくし、じっとフルシチョフの失政を待ち続けた。つまりスターリン批判は、ソ連国内では権力闘争の一環にすぎなかったのである。

しかし海外での反響の大きさは、ソ連とは比べものにならなかった。アメリカ国務省などはスターリン批判の全文を入手し、6月にはわざわざ英訳して配布したほどだった。

偉大なる政治家か、それとも冷酷な独裁者か、評価が二分されていたとはいえ、つい最近まで世界を動かしていた人物が、死後わずか3年で後継者に徹底的に批判されたのである。文字どおり世界は仰天した。しかもそれは、フルシチョフが想像できなかったほどの影響を世界に与えたのである。

動揺する東欧諸国――スターリン批判の衝撃①

東ヨーロッパ各国（図3）はスターリンの死によって、強烈な圧力であり支えでもあったものを突然失った。そしてフルシチョフによる批判は、昨日までの絶対基準を全否定してしまった。ついていけない国が出てくるのは当然だった。

こうした混乱の収拾に成功したのは、比較的早く大戦後の混乱が収まったブルガリア・ルーマニア・チェコスロバキア、そしてユーゴスラビアといった国々だった。こうした国々では、独裁体制が敷かれることで混乱が収拾した。中でもユーゴスラビアでは、スターリン批判は自国の主張が認められた形となり、大いに歓迎された。フルシチョフにとってもユーゴとの関係改善は、幸先のよいスタートとなった。ユーゴとの対決の場であったコミンフォルムは解散され、関係改善が本物だということが示された。

これに対し、東ドイツやハンガリー、ポーランドといった国々は、もともと資本主義や工業化が進んでいたため、社会主義移行にともなう混乱に加えて、スターリン批判による混乱が重なった。

東ドイツは東西冷戦の最前線だっただけに、戦後のソ連の締めつけが最も強かった。このためスターリン批判は大きな反動を引き起こし、労働者のデモをきっかけに全国にデモが広がった。ソ連軍が出

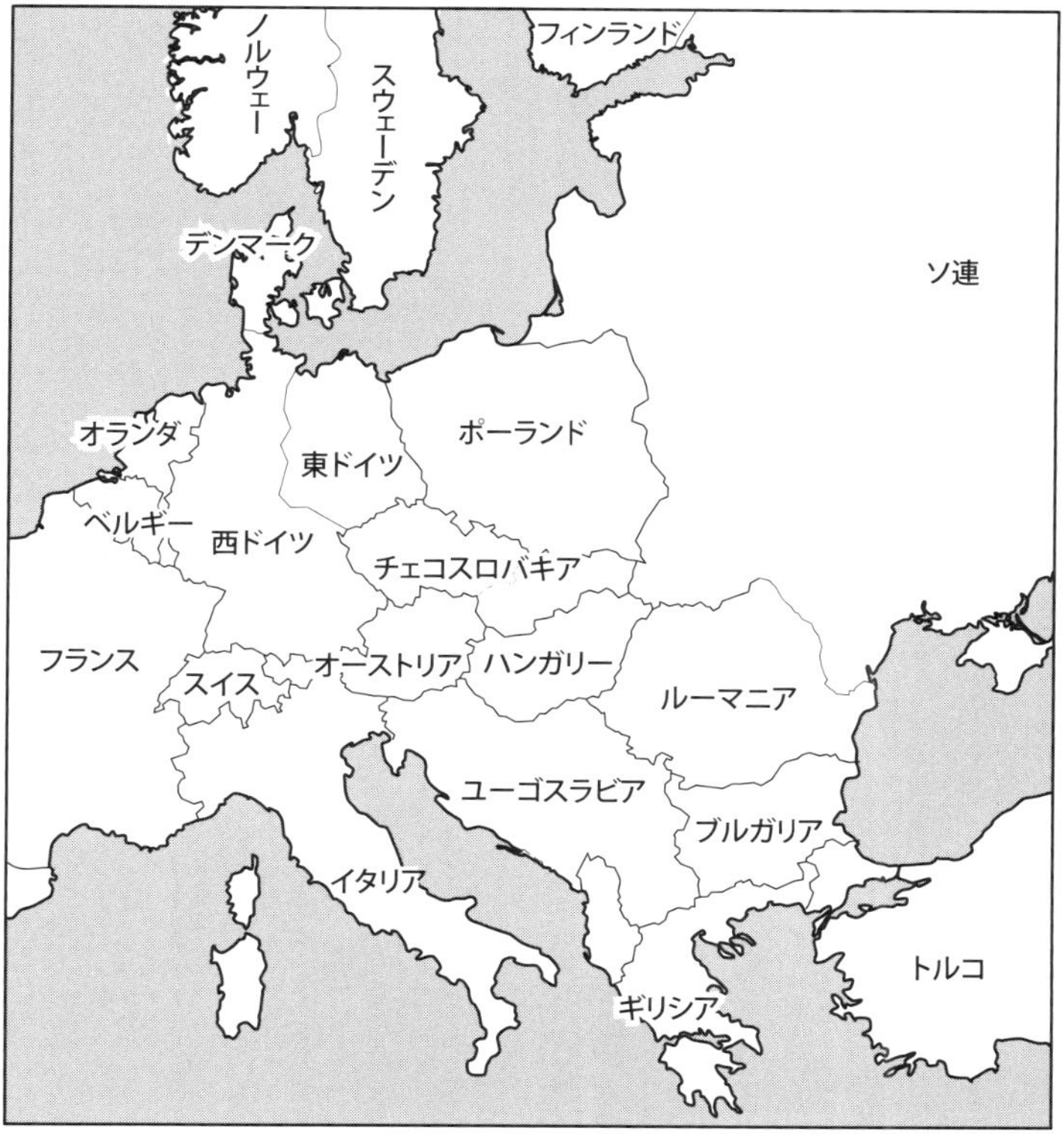

図3　第二次世界大戦後の東ヨーロッパ諸国（1945年頃）

動し、多数の死者が出る事態となり、数千人が逮捕された。政府の対応に失望した人々は、次々と西ドイツに移住しようとし、その足がかりとして西ベルリン市内に流入した。これを防ぐため、東ドイツ政府が建設を始めたのがベルリンの壁である。

ポーランドでは共産党が、戦後の混乱を収めるために、ソ連と違ってローマ・カトリック教会を保護した。さらに、700年前に西から東にカトリックが広められたのとは逆に、東部から西部の旧ドイツ領プロテスタント地域への布教が進められた。しかしスターリン批判にともなうソ連政府内の混乱が知られると、大都市ポズナニ市で、労働者の大規模デモが発生した（ポズナニ暴動）。動揺した共産党は、かつてスターリンに抵抗して失脚したものの、国民には人気があったゴムウカを指導者に復帰させ、難局を乗り切ろうとした。彼は政治や言論の自由化を行って国民の支持を集め、事態を収拾して党の期待に応えた。ただゴムウカの改革はその程度だったため、国民には期待はずれだった。しかしそれが結果的に、後のハンガリーのような事態を回避することになったのである。

世界同時危機――ハンガリーとスエズ

東欧で大事件となったのがハンガリーの混乱だった。1956年10月23日、首都ブダペスト市民の抗議運動がきっかけとなって、ソ連軍の撤退や言論自由化を要求するデモが全土に広がった。そして一部の参加者の行動がきっかけとなって民衆とソ連軍の衝突が始まった。共産党は急遽、国民に人気があった前首相ナジ・イムレを復帰させ、事態を収拾しようとした。ここまではポーランドと似たような経過だった。

しかし市内での、市民とソ連軍の衝突を憂慮したナジ首相が、勇み足の発言をしてしまう。彼は、ゴムウカと違って、ソ連が認めるはずがない複数政党制導入やワルシャワ条約機構からの脱退を表明しただけでなく、第三次世界大戦を招くおそれのある西側の軍事支援まで求めたのである。そんな要求にアメリカが応えるはずもなかったが、市民はこれを大歓迎した。

驚いたポーランド共産党は、急いでナジ首相を解任し、処刑してしまう。そしてカーダール・ヤーノシュ内務省長官を中心に新政府を結成し、ワルシャワ条約機構に介入を要請した。11月4日、条約機構軍は市民に対し、武力を行使して鎮圧した。

この事件は、東側から見れば鎮圧されて当然のものだった。しかし、内情を知らない西側から見れば、冷戦体制を揺るがす危機と思われた。しかも西側の報道に軍事介入を促す論調のものがあったため、ブダペスト市民に期待を抱かせてしまい、被害が拡大した。

だが、たとえ西側に介入の意図があったとしても、現実には不可能だった。ハンガリー危機は10月23日に始まったが、その1週間後にエジプトでスエズ危機が発生した。二つの危機はほぼ同時に進行し、米ソはそれぞれ目前の危機への対応で手一杯だった。結局両者のあいだで情報交換がなされ、ソ連はスエズ危機を放置してハンガリー問題に、アメリカはスエズ問題に注力することで決着した。

こうした内情は、外交機密として隠されたため、外部の目には、米ソがそれぞれ相手の了解を得たうえで、自分の勢力範囲を守ろうとしているように見えた。つまり両国は、一見対立しながら、じつは世界を山分けしようとしている、そんな風に勘ぐられてしまう状況だったのである。それは世界の人々には、19世紀の大英帝国とフランス帝国の姿に重なって見えた。そして、これはその後の世界を多極化に向かわせる、大きな心理的背景となったのである。

動揺する中国共産党——スターリン批判の衝撃②

中国においても、スターリン批判の影響は大きかった。それを理解するためには、当時の中国を取り巻く状況を理解する必要がある。

中国共産党は1950年段階で、東方では朝鮮戦争、南方でインドシナ戦争を支援し、両方ともアメリカ相手に、一歩も引けをとらなかった。そこで共産党は、勢いに乗じて、アメリカが関与していない西方のチベットに軍を送り、その領有を宣言した。

清朝が滅亡した1912年に独立を宣言していたチベット人は、この突然の行動に反発したが、世界の関心は二つの戦争に注がれて、ほとんど注目されなかった。やむを得ずチベットの指導者ダライ・ラマ14世は北京に交渉に出向いたが、中国はそれを、チベット側が中国支配を受け入れた証拠と受け取った。

その後、朝鮮戦争は1953年、インドシナ戦争は54年に休戦協定が成立して終了した。これらは中国にとって、1931年の満州事変以来の20年にわたる対外戦争の終わりを意味していた。また党内の異論を押し切って一連の戦争を勝利に導いた毛沢東の権威は高まった。中国経済も企業国有化や統制経済でインフレが抑えられた結果、1952年には戦前のレベルに戻り、彼の権威を下支えした。

ただしそれでも彼の権威は、ソ連、そしてスターリンのお墨付きに支えられていたものだった。毛沢東はこの権威を背景に、ソ連が示す成功への道からの遅れを取り戻そうとした。

当時の中国共産党の最大の課題は、民衆の政府に対する不信感だった。前の国民党政府は戦時中、まがりなりにも日本との戦争を行うための総力戦体制を作り上げた。しかし国民党政府は、満州事変から国共内戦までの19年間に、民衆に対する厳しい徴税や徴兵によって、激しい反発と抵抗を生んでしまった。国民党が内戦に敗れたのは、あまりに長い戦争に対する国民の不平不満の嵐をまともに受けたためだった。

しかし、共産党が、政権獲得後に統治機構の人間を総替えすることなど、現実的には不可能である。共産党政府は、よほどひどい人物でなければ、国民党時代の役人を採用した。これは共産党が国民党から、政権と一緒に鬱積した民衆の不満をも引き継ぐことを意味していた。おまけに共産党は、国民に「匪賊《ひぞく》」つまり盗賊の一種という偏見を持たれており、それを払拭する必要があった。そこで彼らは、公務員や私企業を対象に、汚職や国費のむだ遣いなどの、官僚主義を払拭するキャンペーンを行った。

こうした試行錯誤を経て、共産党が、社会主義政策の第一歩である第一次五カ年計画を始められたのは、朝鮮戦争後の1953年からだった。それはソ連と同じく、重工業の発展と農業集団化を目指していた。すでに土地改革は大戦中から行われ、集団化はソ連で実績がある。党内には、厳しい冬が去り、春が、中国の新時代が始まるという期待が溢れていた。

スターリン批判は、そんな最中、何の予兆もなく襲来した大寒波であった。中国共産党を支えていたのは、ソ連というモデルと、スターリンの支持だった。その二本柱の一つが、もう片方を否定したのである。混乱しないほうがおかしかった。また最近まで朝鮮戦争で戦火を交えたにもかかわらず、アメリカと和解しようとするフルシチョフ外交を、中国は許すことができなかった。毛はフルシチョフ路線を激しく批判し、両者の対立は次第にエスカレートしていった。長征以来の成功体験が、ソ連が敷いた道を外れる自信を毛に与えたのだった。

ただし、それでも中国共産党におけるソ連の威光はまだ根強く、不満を抱きつつも当面はその方針に従おうとする意見が強かった。

毛は、とりあえず「スターリンは功績7割、誤り3割」という、部分的なスターリン批判を行って矛盾を解消しようとしたが、そんなものでは混乱は収まらなかった。そこで毛は、世論の動向を探るため、限定的な言論の自由化を認めてみた。しかしこれは、スターリン流の社会主義化を進めているのにスターリン批判を受け入れるという矛盾を生んでしまい、その批判が自らを苦しめることとなったのである。

そこで毛は、翌年から反右派闘争を開始し、共産党批判を封じた。その結果、55万人以上が公職から追放されるなどの弾圧を受けた。共産党を批判した人にとっては、毛の騙し討ちに遭ったも同然だった。これで中国の人民民主主義時代は終わりとなった。

肝心の第一次五カ年計画も、焦った毛らが非現実的な目標を掲げたため失速し、途中から実務に長けた幹部「実権派」が修正した。実権派からすれば、被害を軽減して毛や党の権威を傷つけない措置だったが、毛からすれば足を引っ張られた形となった。毛はやむなく従ったが、このときの感情の対立が、のちの党内抗争や文化大革命の原因となった。

西側左翼の分裂――スターリン批判の衝撃③

当時、世界中で見られた、他国の主権を無視するかのようなアメリカの姿勢は、新帝国主義と呼ばれ、大きな反発を呼んでいた。そしてアメリカに反発する人々の期待は、社会主義に集まっていた。西側先進諸国においても、社会主義勢力は大きな存在となっていた。戦後の順調な経済発展も、労働者の協力が必要であるという点で、労働者階級＝社会主義勢力に追い風となっていた。

スターリン批判はそんな中で、突然押し寄せた逆風だった。西側の社会主義勢力の中には、スターリン批判に目をつぶって既存の路線を維持しようとする動きと、批判に反発し、毛沢東主義などの新たな社会主義に転換する動きに分裂した。後者は自らを「新左翼」と呼び、学生など若者の存在が目立っていた。やがて彼らの活動は、１９６８年に一気に表面化するのである。

奇跡の復興を遂げた日本――第一次高度経済成長

スターリン批判によって世界が混乱していた頃、日本では高度経済成長が始まった。日本は大戦終結以来、資本不足と需要不足に苦しんでいた。経済が成長するためには、製品の需要と、それを支える生産力や資本の存在、そして十分な労働力の確保が必要だった。

敗戦後の日本には、戦前から官営「郵便貯金」という巨大資金源が存在した。また戦後に復活した民間銀行も、戦後復興を支援するという公的な性格を付与され、「護送船団方式」で守られながら運営された。また労働力として、農村部に多くの若年層がおり、戦後の海外からの復員者がそれに加わった。国内経済や社会制度も、経済の民主化のおかげで、経済発展の成果が比較的平等に分配される態勢が整っていた。政府資金も、巨額の軍事費負担から解放され、国内経済の発展に投入できる準備が整っていた。さらに製品の輸出に関しても、ブレトン・ウッズ体制下で円安の恩恵を受けられた。

しかし戦争による被害と、それにともなう需要不足が、経済復活の足を引っ張っていた。つまり日本経済は、速く走れる能力があるのに、燃料不足で低速度運転を強いられている自動車のようなものだった。

そこに朝鮮特需という燃料が注がれたのである。アメリカから注入された資本は、当時の日本の貿易額をはるかに超える額だった。また軍事関連であるため、アメリカ軍は高い技術水準を要求し、それは日本企業が国際的な技術水準に追いつくよい機会となった。ただし朝鮮特需による税収自体は、アメリカが戦時駐留費を日本政府等に負担させたため、ほとんど残らなかったが、それは国内経済にとって非常に大きな刺激となった。

これをきっかけに、企業は、銀行融資を受けて欧米の最新技術を導入して生産設備を整えた。それが他の企業の設備投資を生み、投資が投資を呼ぶ景気拡大の好循環が始まった。その結果、雇用の増加と生産性の向上がもたらされた。また工業の拡大は、農村部の若年労働者を都市に呼び寄せ、高度成長を支えた。さらに労働者の都市流入は、産業構造に変化をもたらし、都市化は文化にも影響した。こうした経済成長は、多くの都市が大空襲によって破壊され、結果的に変化を妨げるものが少なかったことも要因だった。

こうして1955年頃から日本の驚異的な経済成長が始まった。年率10％近い経済成長が長く続き、戦争で荒廃していた東京や大阪は、瞬く間に近代的な町並みに変貌した。生活レベルも向上し、国連からの援助なしにやっていけなかった国とは思えないほど豊かになった。それはまさに「平和の配当」だった。1人あたりGDPも1960年代に入ると4000ドルを超え、消費ブームが起こって国民の多くが「三種の神器」、すなわちテレビ、冷蔵庫、洗濯機などの家電製品を持ち、その実需が勤労意欲をさらに高めたのである。

こうした成功体験が、その後の日本に与えた影響は大きかった。それは、戦前から続く我慢や勤勉を徳と見なし、集団行動を評価する価値観や、世界的にも高い貯蓄率、さらには、少ない天然資源や人的資源を効率的に活かすための資源リサイクルといった、日本の文化や社会・経済面の特徴を、確固たるものとしたのである。

アメリカの戦後時代の終わり――アイゼンハワーからケネディへ

アイゼンハワー政権の軍事費削減の努力は、結果的に報われなかった。まず政権末期の1957年には、ソ連が大陸間弾道弾の開発と人工衛星スプートニク1号の打ち上げに成功し、国民に大きなショックを与えた。また1959年には、隣国でキューバ革命が起こり、社会主義政権の成立を阻止できなかった。これらはアメリカの威信を傷つけたと思われ、大統領選挙中の共和党に不利に働いた。さらに好調であったはずの経済が、この頃から失速し、彼の足を引っ張った。経済発展の中で労働者の賃金が高騰し、特に繊維製品や鉄鋼・自動車などの伝統産業が海外に工場を移しはじめたからである。結果として失業率が高まり、景気が鈍化した。アイゼンハワーは、こうした問題を解決できないまま任期を終えねばならなかった。

アイゼンハワーの次を狙う大統領選は激戦となった。共和党は副大統領ニクソン、民主党は若手のジョン・F・ケネディが候補となった。アイゼンハワー政権は任期全体を通した支持率が高かったため、その一員であるニクソンが優勢なはずだった。ただし彼は政権内で、マッカーシー議員との連絡役などを務めていて暗いイメージがあったうえ、キューバ問題の対応をしながら選挙活動を行うという不利な立場に立たされていた。しかしそれを差し引いても支持率はニクソンの方が高く、ケネディ側は様々な試みをせざるを得なかった。幸い彼の父は世界恐慌を乗り切ったことで有名な大富豪で、妹の夫もハリウッド映画界と関係があり、有名人の応援を得ることができた。また選挙戦中に当時の有名な黒人運動家キング牧師が逮捕されると、すぐに動いて釈放に尽力したため、黒人たちの心を摑むことができた。

選挙戦の最大の山場は、史上初のテレビ討論会だった。候補者2人がテレビカメラの前で討論をする姿は、斬新だった。ケネディは事前に十分な対策を練り、休息をとったうえ、テレビ映りを良くするため、当時の男性が恥ずかしがった化粧をし、映える色のスーツを着て出演した。一方ニクソンは、テレビ映りの悪い地味なスーツを着ていたうえ、キューバ問題への対応の疲れや、運動中にした怪我の痛みから、やつれて元気のない表情で臨まねばならなかった。放送で際立ったのはケネディの若々しさだった。ただし、それで意見を変えるアメリカ人はそれほど多くなかった。結局この時点ではケネディは逆転することができなかった。

しかしその後もケネディ側の攻勢は続き、選挙は歴史に残る接戦となり、得票率わずか0・2ポイント差でケネディが勝利した。選挙で選ばれた合衆国史上最も若い大統領の誕生だった。

1961年1月17日、アイゼンハワーの退任演説とケネディの就任演説が行われた。アイゼンハワーは持論である軍事費膨脹の危険性を訴えた。冷戦で膨れあがったアメリカの軍事費は予算の聖域となり、そこから生まれる利権に軍人や政治家、企業や研究者らが群がっていた。そうした人々は利権のために動き、市民のために働かない集団となる。彼の演説は、そうした体制を作ったことを反省するものでもあった。

しかしこの演説は、続くケネディ演説の印象にかき消され、ほとんど記憶に残らなかった。ケネディは「国が何をしてくれるかを問うのでなく、国のために何ができるか考えて欲しい」と訴えた。それはけっして政府の責任逃れでなく、フロンティア・スピリット（自立心）を尊ぶアメリカ人の心の琴線に触れるものだった。人々は党派を超えて大統領の若さに期待した。

ソ連が封じ込めようとしたもの――ベルリンの壁

政権が発足してまもない1961年6月、ケネディはフルシチョフとウィーンで初めて会談した。このときフルシチョフは、スターリン批判が呼び起こした混乱を抑えるため、自分の息子より若いケネディに対し、強い態度を見せねばならなかった。彼はケネディに、なめてかかるような態度で、西ベルリンからアメリカ軍を撤退させるよう要求した。しかしこの若造は、生意気にも断固として拒否したのである。この対応が、当時ベルリンで起こっていた事態で追い詰められていたフルシチョフを決心させた。

当時のソ連と東ドイツは、東ドイツ人の西側への大量亡命に悩んでいた。ベルリン市民は、戦後のベルリン封鎖解除のあと、東西間を自由に行き来できるようになっていた。飛び地の西ベルリンと西ドイツのあいだも、専用の道路と鉄道で結ばれていた。

しかし戦後、東西ドイツのあいだで経済発展に差がつきはじめると、これが亡命ルートとなった。最盛期には、年に20万人が西側へ亡命した。東ドイツはルートを遮断したかったが、ソ連はベルリン封鎖失敗の記憶から、強硬手段に訴えることをためらっていた。

そんな中で起こったのが、スターリン批判である。これをきっかけに、東ベルリンでも民主化を求める暴動が起こった。これはソ連軍によって鎮圧されたが、その直後から亡命者が急増した。このままでは東ドイツが国家として成り立たなくなる恐れが出はじめた。

東ドイツ政府は、ソ連に、強硬手段がだめなら壁を作るよう求めたが、フルシチョフはアメリカの対応を確かめるまで待たせたのである。そしてケネディの態度をきっかけにベルリンの壁（写真5）が建設された。つまり「壁」は東を守るためではなく、東の住民を閉じ込めるためのものだった。

写真5　ベルリンの壁　©Noir

会談直後から両者は準戦時体制で睨み合い、世界は緊張の渦に巻き込まれた。ただ実際には壁が完成する8月まで何も起こらなかった。ところが翌年、世界はこのときとは比べものにならないほどに緊張する事態を経験するのである。

世界を救った誤報――キューバ危機

アメリカの南に浮かぶキューバ島は、19世紀末に帝国主義時代のアメリカの支援でスペインから独立した。その際、アメリカの内政干渉を認める憲法が制定され、事実上の植民地となっていた。

当時、ラテンアメリカでは多くの国が、キューバと似た事情を抱えていた。各国は、インフラが不十分なため商工業の発展が遅れており、16世紀の大航海時代と変わらない大土地所有制度に基づく大農園（プランテーション）や鉱物資源の輸出に依存していた。ラテンアメリカ諸国は、アフリカとともに、グローバル経済の底辺を支えていたのである。

キューバの主産業は砂糖生産だった。それは昔よりは機械化が進んでいたが、いまだ生産から製糖に至るまで「甘い地獄」と呼ばれる過酷な作業が残っていた。また生産や輸送に必要な技術や資本は、アメリカ資本に依存していた。アメリカ政府も自国資本家を守るため、キューバの親米派に軍事・財政援助を行った。

その結果キューバでは、利益のほとんどがアメリカ資本に吸収され、彼らと結託した大地主や鉱山主が支配層となった。支配層は非民主的な政治システムを使って政治を私物化したため、民衆との貧富の格差は開く一方だった。

一方で、当時キューバ経済の一端を担っていたヨーロッパからの移民労働者は、格差社会や支配層の腐敗に怒り、ヨーロッパから持ち込んだナショナリズムや社会主義思想を広めた。

1952年にフルヘンシオ・バティスタが政権に就くと、独裁を行って大資本優遇策を強化した。彼は政権に就く前にアメリカで、マフィアとの関係を築いており、政権にその人脈が入った結果、金と暴力がキューバを支配した。

これに対し、翌年フィデル・カストロ率いるグループが武装蜂起した。しかしこれは失敗に終わり、一時は仲間が12名にまで減った。それでも彼らは、5年後に再蜂起し、政府を倒すことに成功した。カストロは1959年1月にキューバ革命を宣言した。

当時カストロは、政権内部に政治方針の異なる諸派を抱えていたうえ、キューバの領土がアメリカに近すぎるので、アメリカを刺激するような社会主義政策は、口には出しても行動は保留するつもりだった。しかし近すぎる場所で革命が起こったことに、アメリカの政府や資本家が衝撃を受け、カストロの発言に過剰反応した。

アメリカ政府はカストロに対し、強硬な姿勢を示し、砂糖の輸入禁止をちらつかせたり、革命の停止を要求した。キューバ政府は激怒したが、砂糖を輸出する以外に外貨を得る手段がないため、要求を退けることは難しかった。

キューバは小国である。この国がもっと遠くにあったなら、アメリカは無視することもできただろう。しかしアメリカは、モーターボートで3～4時間もあれば着く距離にある。そんな所に社会主義国の成立を許してしまったことは、アメリカ政府にとって屈辱的だった。革命が大統領選挙戦が始まっていた時期に起こったこともあり、不況とスプートニク・ショックにさらされていた政府は、これを穏便に済ますわけにはいかなかったのである。

このときカストロに手をさしのべたのが、フルシチョフだった。ソ連にとってキューバ革命は、自分たちが知らない所で起きたものだった。寝耳に水でもアメリカの屈辱が心地よかったソ連は、喜んで大量の砂糖を買った。しかしこれはますますアイゼンハワーを怒らせた。

アメリカはキューバとの国交を断絶し、経済制裁を発動した。キューバではすべての輸入が停止した。戦争を恐れて、全人口の1・4％に相当する10万人の難民が舟でアメリカに逃れた。さらにアメリカ政府は、カストロ政権を倒すため、亡命キューバ人に武器を与えて送り込んだ（ピッグス湾事件）。これを撃退したキューバ政府は、とうとう保留していた社会主義化を開始する。キューバを本物の社会主義政権にしたのは、アメリカだった。

カストロはソ連に武器援助を求め、フルシチョフは喜んで応じた。当時ソ連は、アメリカがトルコに配備したミサイル基地の存在に反発しており、その撤去を要求していた。キューバのミサイル基地は、絶好の取引き材料だった。ただしあまり大規模な基地はアメリカへの刺激が強すぎるので、いつでも撤去可能なように小規模なものにされた。そしてさっそく極秘にミサイル数発が運び込まれた。アメリカは基地の存在には気づいたが、ソ連がミサイル搬入を断固として否定したため、とりあえずは信用した。

その後、アメリカでは政権がケネディに替わった。彼にとってこの危機は、前政権の厄介な置きみやげとなったのである。

本格的なキューバ危機の始まりは1962年10月16日であった。ケネディはこの日の朝、突然CIA（アメリカ中央情報局）からの電話でたたき起こされた。彼が2日前に命じたキューバ上空からの偵察写真の分析が終わり、ミサイル基地の存在が明らかになったのである。フルシチョフはアメリカを騙していたのだ。これはソ連と戦争になるかもしれない事態であった。

急いで全閣僚と軍の首脳がホワイトハウスに集められた。平均年齢50歳の、史上最も若いメンバーに世界の運命がかかっていた。

会議では、強硬派がキューバへの即時の奇襲攻撃を主張し、穏健派は基地の黙認を主張するというように、意見が両極端に分かれた。しかし奇襲というものは、必ず成功するものではない。実際アメリカはピッグス湾で失敗したばかりである。失敗して万が一、核ミサイルが発射される事態となれば、アメリカ全土が何万年も人が住めない地獄のような土地になってしまうかもしれない。ケネディは悩んだ。事が事だけに、会議のメンバー以外に相談はできない。そして最終判断をするのは自分以外にいないのである。

週末が近づく頃には、対応策がまとまった。キューバを海上封鎖すること、さらにソ連にミサイルと基地を撤去することを要求すること。撤去が確認されるまで、キューバ領海に入る船はすべて徹底的に検査することになった。一方で、最悪の事態に備えて、臨戦態勢も整えられた。

NATO同盟国にアメリカ政府の密使が飛び、すべての国から同意が得られた。国内でも上下両院の選挙期間中だったが、野党共和党の代表との極秘の会談で、大筋で支持された。次は国民へ告知をする番である。

10月22日月曜日午後7時、ケネディはテレビで特別放送を行い、危機の全貌を初めて国民の前に明らかにした。アメリカはキューバを海上封鎖し、ソ連がミサイル基地を撤去しないかぎり戦争という手段をとること、そして最悪の場合は全面核戦争になる、と。全世界は、初めて全面核戦争の危機を目の当たりにした。そしてそれを防ぐことができるのは、米ソの指導者だけだった。ジリジリとした恐怖の中で、ただ待つしかない日々が始まった。

その頃、ソ連でもフルシチョフら指導部が放送を聴いていた。彼らはアメリカ政府の発言の具体的な行動を示す語句に注目したが、それは「封鎖」だけだったので、ひと安心した。まだ交渉の余地があるとわかったのである。

その後、南北アメリカ大陸諸国会議（米州機構）は公式にアメリカの対応策を承認した。ヨーロッパ諸国も同様だった。普段は何かとアメリカを非難するフランスのド・ゴール大統領さえ、「１００パーセント支持する」と断言した。

同じ頃キューバでは、カストロが国民に対し、戦争が近いことを伝えていた。全土で避難訓練が開始され、戦争開始後の行動が示された。

ところがキューバ国内のソ連軍基地には、3日ほど前から本国からの指令がまったく来ていなかった。基地では、とまどいの中で臨戦態勢が整えられていった。

放送3日後の25日、ソ連船が一隻、キューバに向かっているのが確認された。停船命令が出されたことが報道され、世界中が緊張した。もしその船に武器でもあったらどうなるのか。しかし幸いそれは見つからなかった。世界がこんなにホッとしたニュースはなかった。

放送4日後の26日。キューバのソ連軍基地では、あちこちで感情を爆発させる兵士が出てきていた。彼らが緊張の限界に達しているのは明らかだった。やむを得ず基地司令官は、米軍の飛行機の攻撃を許可する指令を出した。それが戦争の引き金になるかもしれないことはわかっていたが、現場を落ち着かせて暴発を防ぐにはそれしかなかった。本国からは相変わらず大した指示はなく、攻撃を禁止するような命令は来なかった。

放送5日後の27日午後3時30分。アメリカ政府のもとに、キューバ上空で軍の偵察機が撃墜され、乗組員が死亡したという知らせが入った。明らかにソ連軍の仕業だった。その日の午前、ソ連政府は公式声明で、アメリカを非難しつつも、交渉の呼びかけをしたばかりだった。アメリカ側はとまどった。ソ連は何を考えているのかわからなかった。強硬派は直ちに戦争に踏み切ることを主張した。

悩みに悩んだ挙げ句、ケネディはもう1日だけ待つことにした。しかし一方で、日本やイギリスなど、世界中のアメリカ軍基地に即時戦闘態勢に移ることが命じられた。核弾頭を搭載した大陸間弾道弾（ICBM）の発射準備が完了し、世界中の海に展開している原子力潜水艦も海中からソ連に向けてミサイル発射管を開けた。B－52戦略爆撃機もソ連軍の基地に爆撃をするため飛び立った。あとは、大統領の戦争開始の合図を待つだけだった。

ただしケネディは、戦争に向けた指示をする一方、国務長官に密かにソ連大使と接触させ、トルコのミサイル基地の撤去をほのめかした。大使は喜んだものの、戦争停止に間に合うかと焦った。当時の技術では、情報がモスクワに届くのは、どんなに早くても翌日だった。

その頃フルシチョフは偵察機撃墜の知らせに驚き、現場の勝手な判断に激怒していた。そんなとき、情報部から知らせが入った。翌朝9時にケネディがテレビに出ること、さらに放送前に教会に行く予定が入っている、と。これまでアメリカ大統領は、開戦前に必ず教会に行って許しを請うていた。アメリカは第三次世界大戦を決意したのだ。側近の一人はまわりに内緒で妻に電話し、何も聞かずに、いますぐモスクワを離れるように伝えた。

同じ頃、キューバのカストロも米軍機の撃墜を知って、国民に向けて悲痛なまでの最後の演説を行っていた。その態度に、国民のすべてが死を覚悟した。

悩みに悩んだ挙げ句、フルシチョフはキューバからのミサイル撤去を決意した。しかしそれをアメリカに伝える時間がない。通常ルートでは、アメリカ大統領にメッセージが伝えられるまで、どれだけ早くても8時間はかかる。しかしケネディの番組は7時間後だった。どう考えても間に合わないのである。そんな状況の中で、決定を事前にキューバに通知しておこうなどとは、誰の頭にも浮かばなかった。

そしてその時間、28日午前9時が来た。ソ連の海外向けラジオ放送が、突然通常のロシア語放送を止め、英語でフルシチョフのメッセージを流した。それは短いものだったが、キューバのミサイル基地の撤去を公言していた。つまり危機は去ったのである。世界中がこの知らせに歓喜した。

しかしその陰で、砂糖の島のことは忘れられていた。危機のあいだも後も、カストロに対して、ソ連政府からは一言も説明はなかった。彼も一般国民同様、放送を聞いて驚いた一人の人間にすぎなかった。アメリカとの戦争まで覚悟したというのに、自分たちは結局、単なる取引材料でしかないことがわかったのである。

後日わかったことだが、じつは当日ケネディが放送に出る予定はなかった。ケネディが画面に映る予定はあったが、それは危機を説明する演説の再放送だった。またキリスト教徒が日曜日に教会に行くのは当然で、この日に限ったことではない。フルシチョフに届いたのは、部分的に正しい情報が合わさってできた誤報だった。しかし、それが世界を救ったのである。

米ソ和解の機運——核兵器制限交渉

こうして、世界を滅ぼす武器を持つ超大国同士に直接連絡する手段がないことが、いかに危険なことかが明白になった。米ソ間には、指導者同士が直接腹を割って話し合うための、盗聴の危険のない直通電話（ホットライン）が引かれることになった。またケネディとフルシチョフ両首脳は、これを機会に核兵器の制限交渉に真剣に取り組むようになった。

１９５４年にアメリカが水爆実験を南太平洋のビキニ環礁で行ったとき、日本の漁船第五福竜丸の乗組員が死の灰を浴びて被爆したが、これをきっかけにして、すでに同盟国日本から原水爆禁止運動が世界に広がっていた。さらに翌年には有名な科学者アルバート・アインシュタインと哲学者バートランド・ラッセルがラッセル・アインシュタイン宣言を発し、1957年には日本人のノーベル賞科学者の湯川秀樹や朝永振一郎らを含む11名の科学者がパグウォッシュ会議を開いていた。しかしアメリカは、これらをいっさい無視していた。

しかしキューバ危機を受けて、翌1963年に、まず部分的核実験停止条約PTBT(Partial Test Ban Treaty)が結ばれ、大気圏以外での核実験が禁止された。続いて1968年には核拡散防止条約NPT(Nuclear Non-Proliferation Treaty)が結ばれ、核兵器保有国が増えないよう、国際原子力機関IAEAによる監視と査察が核技術を持つ国に義務づけられることになった。1972年には、米ソのあいだで核ミサイルの総数を制限しようとする第一次戦略兵器制限交渉SALT1(Strategic Arms Limitation Talks 1)が結ばれた。これらは人類にとっては核兵器に満ちた世界から脱出する出口と思われた。しかしそれは、フルシチョフにとっては破滅の道への入り口だったのである。

ソ連の夏――社会主義国栄光の時代

キューバ危機後にアメリカとの対話が再開され、雪解け路線が復活したことで、ソ連は軍事費を節減でき、その分の資源は国民生活の向上に振り向けられるはずだった。ところが、そううまくは行かなかった。

ロシア革命後のソ連は、戦いと縁のない時期がほとんどなかった。五カ年計画も宇宙開発も、名目上は産業の発展や国威発揚だったが、実態は軍事力の強化と国民の不満解消という面が強かった。これまでソ連は、本当に国民生活の充実という方向に踏み出したことがなかったのである。フルシチョフの改革も場当たり的で、しかも集団指導体制という時間のかかる方式で行われ、中央指令方式しか知らない官僚や組織に計画と実行がまかされていた。

まずは最も人口の多い農民の意欲をかき立てるため、農産物買い上げ価格が引き上げられた。しかしそれが一律、一斉に行われたため、問題が発生した。これまで農民はソ連の税収の柱であったが、以後は財政上の重荷になってしまう。

また農業自由化は生産効率を向上させたため、農業生産自体は増加したが、別の問題を引き起こした。中央アジアのアラル海周辺でも農地開拓が試みられたが、経費がかかるわりに成果は上がらず、過剰な河水のくみ上げで広大なアラル海が縮小した（写真6）。自由化が自然環境に負荷を与え、環境破壊をもたらしたのである。また中国で清朝時代に実績を上げた、やせ地でも育つトウ

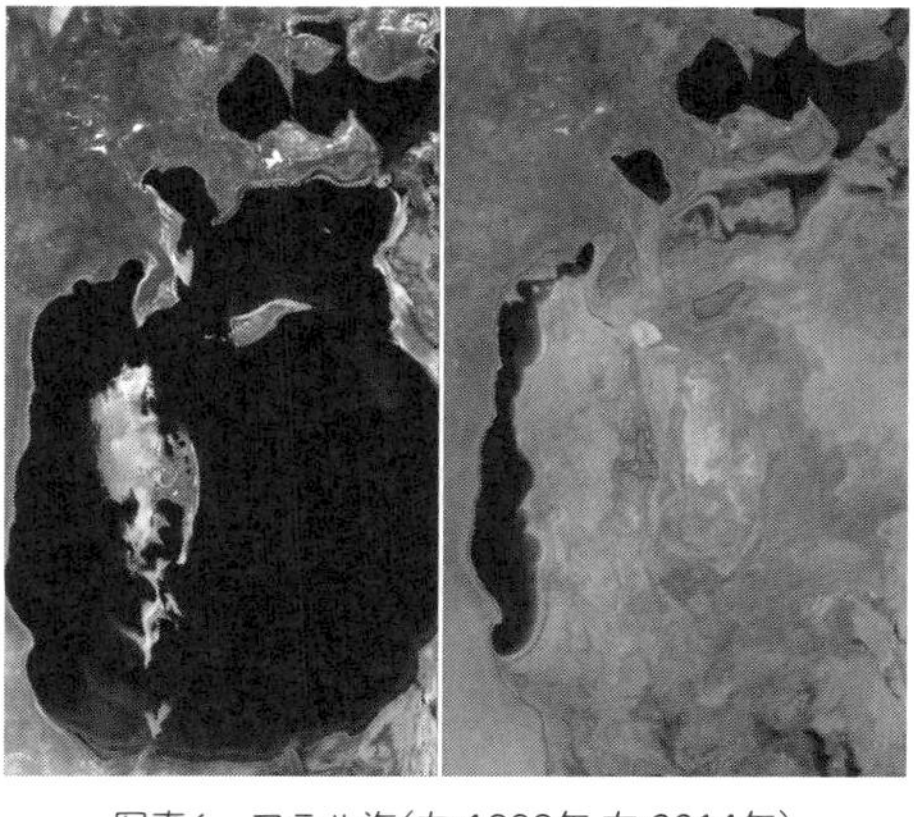

写真6　アラル海（左:1989年 右:2014年）
©NASA

モロコシ栽培が広められたが、中国より緯度が高いソ連には向いていなかった。

しかも農業効率化の結果として、仕事にあぶれた農民が都市に流入し、都市化が進行した。都市化は世界中どこでも共通の現象をもたらす。1950年代後半には1人当たりGDPが3500ドルを超え、消費ブームが発生した。都市化は肉食を増やし、家畜は増産量をはるかに上回る穀物を消費した。結局、ソ連は1963年には敵国アメリカから小麦を輸入するという、屈辱的な事態に陥ってしまう。

ただし科学技術の面では、ソ連は栄光に包まれた。まず1957年8月に、アメリカに先駆けて世界初の大陸間弾道弾（ICBMと略される超巨大ミサイル）の実験に成功し、核兵器を直接アメリカに撃ち込むことが可能になった。さらにその2カ月後には、アメリカに先駆けて世界初の人工衛星スプートニク1号の打ち上げに成功した（スプートニク・ショック）。さらに翌月には犬がロケットに乗せられ、初めて生命体が宇宙で生きられることを証明した。

1961年のボストーク1号は、人類史上初めてユーリイ・ガガーリン空軍中尉を宇宙に送り込んだ。さらに2カ月後には、女性飛行士ワレンチナ・テレシコワが宇宙に飛び、どちらも無事帰還した。彼女が宇宙での任務中に使った言葉「私はカモメ」も有名になった。

これに対しアメリカ人は、将来ソ連のミサイルが、直接宇宙からアメリカに撃ち込まれるという恐怖に襲われることになった。このためケネディは、1960年代のうちにアメリカ人を月に送り込むという、当時とすれば非現実的な目標を打ち出さざるを得なかった。

またフルシチョフは、非効率や腐敗の原因であった、党組織の改革にも取り組んだ。まず事実上の終身制であった党中央委員会や幹部会に任期制を導入した。また縦割り組織の弊害で、組織間の連携が難しくなっている問題を、現場に則した柔軟な体制に変える改革を行った。しかし柔軟な体制というのは、幹部にとっては地位に付随した特権を失うことを意味したので、彼らの強い反発を招いた。また地方への分権化にも取り組んだが、抵抗によって中途半端に終わってしまい、混乱を生んだだけとなった。困ったことにフルシチョフは、改革の成果をじっくりと待てない性格だった。

ただし政府が改革を現場に求めたことで、比較的自由に意見がいえる時代になった。彼は文化芸術の自由化も推進し、その象徴としてスターリン時代に弾圧された文学者アレクサンドル・ソルジェニーツィンを収容所から釈放させ『イワン・デニーソヴィチの一日』の出版を許可するなどした。改革はやがて挫折するが、この時代の空気を吸った人々が、のちのゴルバチョフ時代に活躍するという結果をもたらすのである。

理想と現実――ケネディとジョンソン時代のアメリカ

一方のアメリカでは、ケネディ政権が国民から好意を持って迎えられるという、絶好の条件の中でスタートした。キューバ危機も、直前で妥協しようとしたことを国民に知られずに済み、政権の致命傷にはならなかった。

しかし彼が政権を握ってまもなく起こったのが、先述したガガーリンによるソ連の有人宇宙飛行の成功だった。これはアメリカが宇宙開発で完全にソ連に後れを取ったと受け取られ、スプートニクに続くショックを与えた。ケネディは「1960年代にアメリカは他の天体に人類を送り込む」と宣言し、これまでアメリカの教育で軽視されていた数学など理数系科目が強化された。月面着陸を目指すアポロ計画が開始され、宇宙船を月まで運ぶ巨大ロケットの開発計画も開始された。アメリカの威信をかけたこれらの計画は、その後のジョンソン・ニクソン政権でも受け継がれ、1969年にアポロ11号が初めて月に着陸するという快挙を成し遂げた。

政治においてケネディは、就任当初、外交を中心にしようとした。彼は世界を変える目標を立て、これに賛同する若手の優秀なブレーンを政権に集めた。彼らのほとんどは良家に生まれ最高の教育を受け、ベスト・アンド・ブライテストと呼ばれていた。大学卒の若者を、途上国への支援に派遣する「平和部隊」が作られたのも、その一環だった。

ケネディ政権は、貧困や近代化の遅れが社会主義国を生み出すという認識から、途上国の近代化を進めようとした。さらに急な事態に対応できるようグリーンベレーと呼ばれる陸軍特殊部隊が創設された。またCIAによるスパイ活動や裏工作も継続された。しかしこの活動によって提供された資金が、よりいっそうの政権の腐敗を招き、国民の不満が高まって政治が不安定化する原因になった。ケネディは理想に燃えて政権に就いたが、外交についてはキューバ危機など突発的な事件もあってソ連との妥協を余儀なくされ、よい結果を出すことができなかった。

当初は重視していなかったのに、ケネディの独自性が発揮されたのが経済政策だった。彼はローズヴェルト以来のケインズ政策を引き継ぎ、ニューフロンティア政策と呼ばれる金融・財政政策を行って経済成長をもたらそうとした。多額の政府資金が使われたため財政赤字は恒常的になったが、経済成長が続いて失業率も低く抑えられ、国民の支持率は高かった。

彼の時代に表面化した最大の問題が、人種問題だった。詳しくはあとで述べるが、1950年代末以降、全米各地で黒人の抗議行動が起き、根本的な解決が求められることになる。その解決のため彼は、任期3年目の1963年から「貧困に対する戦い」を宣言し、公民権法の制定を目指した。これは、州などの自治体が差別的な立法や命令を行ったり市民権を妨害することができないようにし、黒人が政治参加するうえで最も重要な権利である投票権を具体的に保障するという画期的なものだった。しかしこれは一方で、建国以来の州の独立性を侵害するという批判にも直面した。

市民運動の高まりで、8月には首都ワシントン市に黒人やリベラル（自由主義）思想を持つ白人など20数万人が集まるワシントン大行進が起こり、大集団でアピールが行われた。参加者を前に指導者キング牧師が行ったのが、有名な「I have a dream」の演説だった。こうした運動の盛り上がりは、ケネディに対する最大の応援になるかと思われた。しかしケネディが政策を実現する日は来なかった。1963年11月22日、彼は遊説先のテキサス州ダラス市で暗殺されてしまったのである。

ケネディの残した仕事に取り組んだのが、大統領に昇格した副大統領のリンドン・ジョンソンだった。暗殺事件当時はすでに大統領選挙の前哨戦が始まっていたため、そのまま選挙戦は続けられ、彼は1964年に正式に大統領に選ばれた。

ケネディの政策は継承され、「貧困のための戦い」は、「偉大な社会」と名前だけ変えられた。公民権法も、1965年に成立した。これで黒人の投票率は大幅に向上した。貧困対策についても、初等・中等教育への国の補助が実現した。環境保護や文化活動への支援も始まった。人種に対する偏見を含んだ内容を改めた新移民法が成立した。この移民法改正によって、海外から優れた能力を持つ移民が集まったり、低賃金労働者をメキシコや中南米から呼び寄せる効果が生まれ、その後のアメリカの発展を支えた。こうして、1965年という年は、アメリカの民主主義にとって大きな意味を持つ年になった。

このような改革が支持された背景には、アメリカ経済の好調があった。「衣食足りて礼節を知る」の言葉どおり、豊かになって将来を考える余裕ができるようになった結果、アメリカ人の多くが自国に自信を持ち、世界に対する責任感を抱くようになった。若者たちが平和部隊に参加し、世界に飛び出して得た経験も、アメリカ人の責任感を強めたのである。すべてがよい方向に回転し、アメリカの民主化運動は最高潮に達した。1960年代は、アメリカが最も自信を持ち、世界に関心を広げ、前向きになった時期だった。

しかしその自信を揺るがす影が、ベトナムから忍び寄っていた。すでに北の中国では1949年に、最初の共産主義のドミノが倒れていた。政府内では、緊張しながら地球儀を見つめる日々が始まった。

ソ連の冬――フルシチョフの失脚

ケネディが暗殺された頃、ソ連ではフルシチョフの改革が行き詰まっていた。彼の改革は、のちの時代から見れば必要なものであったが、党内には反発が広がり、次第に反対派が増えていった。スターリン批判は海外でも反発を生み、西側でも左翼勢力の分裂をもたらした。キューバ危機も、アメリカとの妥協で弱腰という印象を持たれてしまう。その結果起きた中国との対立は次第に激しくなり、東側の団結を揺るがした。そうした動きの陰で反フルシチョフ派は陰謀をめぐらし続けていたが、フルシチョフはまったく気が付かなかった。

1964年10月、彼は突然休暇中の別荘から呼び戻され、中央委員会のほぼ全員から辞任を要求された。すでに根回しは終わっていたのである。彼には逆らう術はなかった。彼は失脚後、事実上の軟禁生活に置かれた。後任の第5代の最高指導者は、解任劇の立役者の一人レオニード・ブレジネフとなった。ソ連に再び冬の時代が訪れたのである。

北風が吹き消した「プラハの春」

フルシチョフの失脚は、チェコスロバキアに波紋を呼び起こした。フルシチョフ時代の後半は言論が比較的自由な時代であったこともあり、チェコでは国民が政府の経済政策の失敗を激しく批判していた。フルシチョフの失脚後もそれは続き、1967年末には首都プラハで激しい学生デモが発生した。しかし対応をめぐって、政府は揉め続けた。

チェコ政府はソ連の支持を得て強硬策をとろうとした。しかしブレジネフ政権は、いまのチェコ指導部では事態を収拾できないと判断し、新たに国民に支持される政府を作り、それをお膳立てすることで社会主義体制を守ろうと考えた。もっとも念のためワルシャワ条約機構軍にチェコ国内で軍事演習を行わせ、ハンガリー事件のときのようにいつでも軍事介入できるという態度も示した。ところが、事態はソ連の予想どおりにはならなかった。

1968年の1月にチェコ指導部は総辞職に追い込まれ、アレクサンデル・ドゥプチェクが新たな指導者となった。彼は「人間の顔をした社会主義」と称する改革を行い、一党独裁の見直しや経済改革を約束し、言論の自由も認めた。それだけでなく彼は、ソ連が要求した反政府運動への取り締まりを頑固に拒否し続けた。これがソ連の予想を超える事態をもたらした。

彼の行動はチェコ人の期待を一気にふくらませた。それは、有名な音楽家ベドルジハ・スメタナの5月の命日に行われる音楽祭「プラハの春」の頃にピークに達した。6月には反体制側が新体制への期待を示す「二千語宣言」を公表した。その内容は政権側のものと大差はなかったのだが、東側諸国は内容を確認もせずに軍事介入を決断した。

1968年8月、ワルシャワ条約機構軍が全土を制圧した（チェコ事件）。ドゥプチェクら指導部は全員逮捕された。ソ連は一連の行動を正当化するため、「制限主権論（ブレジネフ・ドクトリン）」

を打ち出した。これは社会主義全体の利益のためには、一国の主権は制限されるというものである。この介入は、東側の言論の自由にとどめを刺し、米ソ間の「雪どけ」を終わらせるかに思われた。

こうした状況に悲観し、東側からは多くの若者が海外に逃れた。ハンガリー人のシモニ・カーロイ（アメリカ名チャールズ・シモニー）はアメリカに留学し、1981年にマイクロソフト社に就職してWordやExcelといったオフィスソフトを開発した。またグローフ・アンドラーシュ（アンドリュー・グローヴ）はアメリカに亡命し、その後インテル社の共同創立者となってパソコンのCPUを開発した。チェコ事件がなければ、パソコンの歴史も変わっていたかもしれない。

嵐の前の小春日和――ブレジネフ時代の「停滞」

さて、チェコ事件による混乱を乗り越えたブレジネフ（写真7）だったが、彼の政権は反フルシチョフという点だけで集まっていた集団だった。その中には旧スターリン派も反スターリン派もおり、筋の通った政策を打ち出すことは困難だった。さらにブレジネフ自身も、集団の和を重視するタ

写真7　ブレジネフ
©ドイツ連邦公文書館

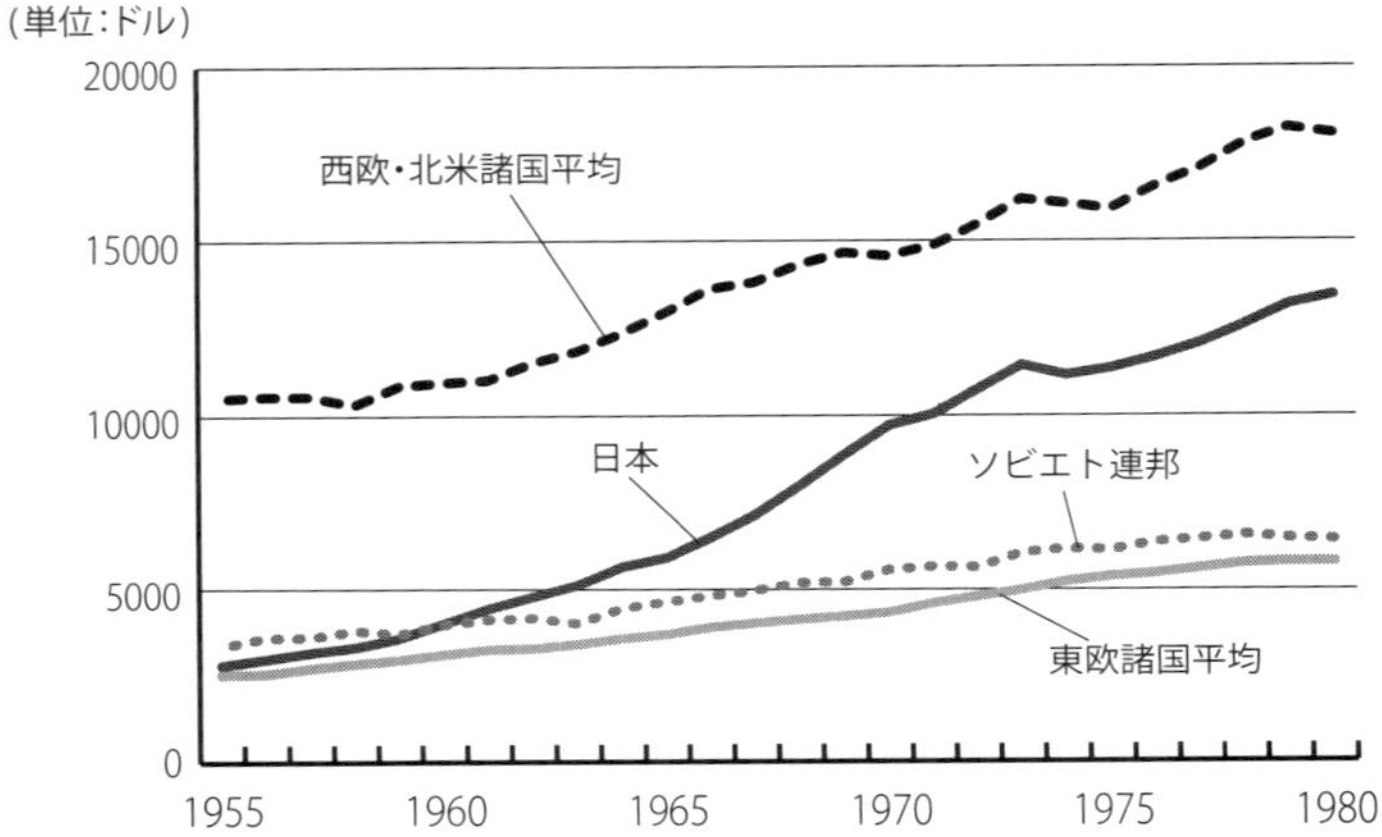

図4　1人あたりGDPの推移

「Historical Statistics of World Economy:1-2008 AD」より

イプの人間だったため、当然、利害調整型の政治を行った。このためスターリン時代の犠牲者の名誉回復はなされたが、スターリンの罪は不問にされた。フルシチョフの改革も、不満が多かった幹部の任期制は廃止されたが、その他は無害化されて継続された。「雪どけ」時代の外交政策も基本的には継続されたが、その後ド・ゴールが名付けたデタント（緊張緩和）と呼ばれるようになった。

ブレジネフ時代のソ連では、官僚の地位が向上した。西側では、ソ連の社会主義体制は官僚が動かしていると思われていたが、実際にはスターリン時代からフルシチョフ時代まで40年近く頻繁に組織改革が行われた結果、その職務や地位は混乱していた。ブレジネフは彼らに初めて安定した地位を与え、本物の官僚主義をもたらしたのである。

また政権内の対立を避けるため、これまで行われてきたイデオロギーの強制が行われなくなった。さらに国民に対しては、抑圧を緩める代わりに抗議をしないことを暗に求めた。つまり、それと引き換えに政府が国民の生活向上を保障するという一種の社会契約が成立し、政治が安定したのである。環境問題など、政治批判の原因となるものが検閲で封印されたことも、政治の安定を促した。

しかしこの「安定」には問題点もあった。自由の喪失や官僚主義は、たしかに政権の安定をもたらしたが、体制の方針転換を困難にした。また官僚の在任期間の延長の結果、首都モスクワの目が届きにくい遠隔地では、地位や権力の私物化が進み、地方の独立傾向を強めてしまった。これはソ連崩壊後にウズベキスタンやベラルーシなどで独裁者が出現する原因となった。そして何より、環境問題が放置される結果をもたらした。

一方で政治の安定はＧＤＰを増大させ（図４）、国民の生活水準を向上させた。すでにソ連国内で普及していたテレビやラジオが、西側の情報をもたらしていた。このため、生活レベルにおいて東側が劣っていることが明らかになった。北朝鮮のように西側の情報をシャットアウトすることは、広大なソ連では不可能だった。

こうして１９７０年代のソ連では、安定と引き換えに経済は時代遅れのまま停滞し、国民は次第に政府の振りまくバラ色の未来を信じなくなった。経済の遅れは徐々に、ソ連や東側国家の崩壊の危機を進めたのである。要するに、社会主義国は１９６０年代末の段階で、破綻を運命づけられていた。ところが破綻はこのときには起こらなかった。ソ連を救ったのは、１９７０年代の二度の石油危機であった。

第二章
冷戦と東アジア

日本経済の再加速――第二次高度経済成長

日本は平和を求める国家として、国際社会に新たな一歩を踏み出した。1955年頃からは高度成長が始まった。しかしアジアにおける戦前の侵略の記憶はまだ生々しく、警戒されながらの歩みとなった。

1961年にアメリカがケネディ政権に変わると、対外援助が減額された。これも結果的には日本に追い風となった。アメリカが、アジアにおいて日本の資金をあてにする以上、それなりの見返りを用意する必要がある。そこで東南アジア市場が日本企業に開放され、多数の企業が進出したのである。日本のアジア地域への投資（図5）は60年代半ばから増加した。そして70年代の2度の石油危機で産業構造の転換が迫られる中、日本企業の海外進出が本格的に始まるのである。

ただしこの高度成長も、1965年には一時中断した。なぜなら、それまでの高度成長が、おもに国や企業の設備投資を中心としたものだったため、好況で輸入が増加すると国際決済用のドルが海外に流出し、その対策として政府は金利を上げ、経済にブレーキをかけざるを得なかったからである。しかし、それ以上に、1964年の東京オリンピックに合わせて東海道新幹線や名神高速道路などのインフラが整備されたが、その反動減が大きかったからである。

敗戦で失った自信を回復するため、政府から企業まで一丸となって惜しみなく投資し、オリンピックは「大成功」と評価された。しかしその結果、1965年に反動不況が発生し、大企業がいくつも

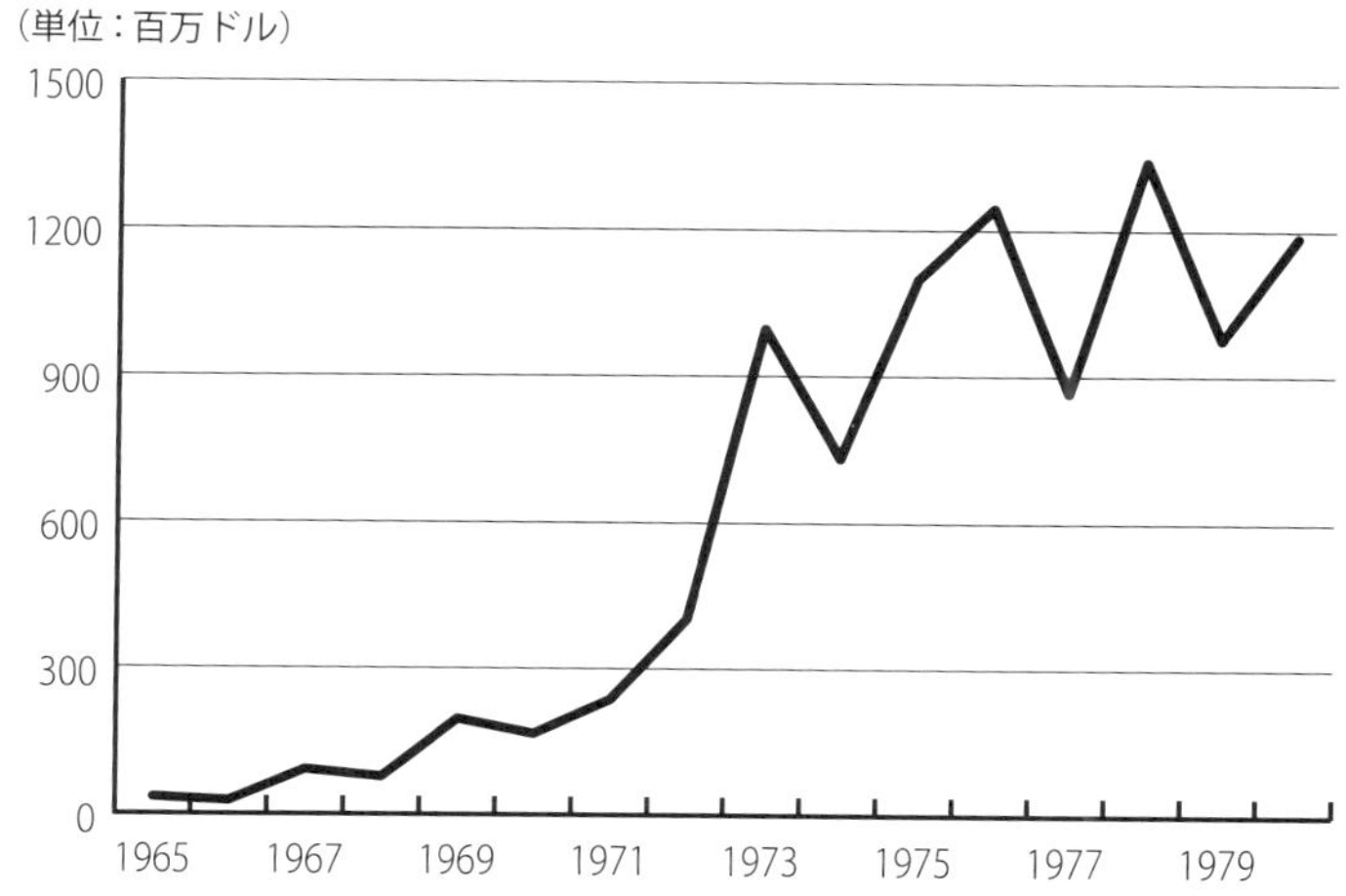

図5　日本の対外投資額の推移
「JETRO」より

倒産し、山一証券などの主要な金融機関も倒産の危機に陥った。

これを救ったのが、田中角栄大蔵大臣が主導して打ち出した対策だった。中でも、それまで財政法で禁止されていた赤字国債の特例発行に踏み切ったことは、ケインズ主義政策の典型となる不況脱出策となった。ただしこの成功は、のちの石油危機やバブル崩壊時に財源不足対策として多用され、世界に類を見ない赤字国債依存体質を生むきっかけとなった。

また高度成長は、労働者不足を生み出した。その解決策として、大正時代に生まれた終身雇用制度が広まった。若年人口が多い中で賃金を抑えながら労働力を安定確保するのに都合がよかったからである。多くの企業が、若い頃は低賃金でも長く勤めるほど有利になる年功序列型賃金と、基本的に解雇をしない労働協約を労働組合と締結した。世界的に例のない日本特有の企業別労働組合も、雇用の安定を歓迎してこれを受け入れた。

しかし終身雇用制度は、雇った労働者の定着には役立つが、労働力不足は解消できない。そこで企業は労働者の長時間労働によってこれを補った。厳しい戦後不況の記憶がまだ生々しく残っていたため、労組などと協定を結べば長時間労働が可能になる条項（36条）が労働基準法に設けられていたこともあり、労働組合側も企業側の要求を受け入れた。さらに、戦争中に流布された自己犠牲や団結心、根性を尊ぶ価値観が東京オリンピックにおける多くの金メダル獲得に結びついたとされたことも、これを後押しした。そうして、「巨人の星」などのスポーツ根性アニメなども大ヒットした。

これらの結果として日本の製造業は、安価で高品質な製品を生み出すことができた。国内市場は、当時はまだ小さかったので、製品はおもに輸出に回された。その最大のターゲットは、世界最大のアメリカ市場だった。勤勉な労働者が長時間労働で生み出した大量の商品による「集中豪雨的輸出」は、アメリカ企業を圧迫して「貿易摩擦」問題を生み出した。

日米の貿易摩擦は、すでに繊維部門で1950年代後半から問題になっていた（日米繊維摩擦）。しかし当時、日本政府は沖縄の行政権の返還をアメリカ側に求めており、政府はアメリカの世論に配慮し、のちに1972年の日米繊維協定で、輸出を自主規制した。

紛争は、繊維摩擦が決着する前の1960年代後半から鉄鋼部門に飛び火した。日本の鉄鋼メーカーは、当時発明されたばかりの製鉄技術（純酸素上吹転炉）を導入した。この製法はエネルギー消費量が少なく、安価に大量の鉄を生産できるものだった。ところがアメリカのメーカーは、たまたまこの技術が広まる少し前に従来型の装置を大量導入し、新製法導入には消極的だった。そこでアメリカの鉄鋼業界は、繊維業界のやり方にならって政治力を駆使し、日本製品を自主規制に追い込んだ。

しかし結果は、アメリカ側には逆効果であった。割高な国産品を使わざるを得なくなった自動車などのアメリカの鉄鋼関連製品が競争力を弱め、その後の衰退につながったのである。

韓国を作った朝鮮戦争

韓国の歴史において朝鮮戦争（韓国では「韓国戦争」）は重要である。戦争自体は1953年に板門店休戦協定が成立して事実上終結した。韓国政府にとっては、待ちに待った瞬間であり、一息つけるはずだった。

ところが李大統領は、自分の理想とする政治体制にこだわるあまり、アメリカが求めた社会主義者取り締まりの指示を都合よく解釈し、戒厳令を発布して反対派議員を逮捕したり、政府を批判した新聞を発行停止にしたりした。さらには警察官に国会を包囲させて議員らを脅すなどして改憲案を通し、大統領職の終身化に成功した。政府の閣僚の3分の1、警官の6割が植民地時代から残留していた人々だったため、そうした環境が非民主的な手段を許していたのである。

李大統領は強権を振るう一方で、国民の支持を得るため、「親日派」すなわち植民地時代に大日本帝国に協力した者を犯罪者とし、取り締まる法律を成立させた。しかし「親日」の定義や、どこまでの協力を罪とするかはあいまいにされた。こうした「親日派」をめぐる問題は、その後の政権に引き継がれる政治問題となった。

一方で国民は、朝鮮戦争後の混乱によるインフレに苦しんだ。政府も財政の整備のため中央銀行を設立し、通貨下落についてはドイツの「マルクの奇跡」の再現を狙い、植民地時代の円（韓国語でウォン）を廃止して新通貨「圜（カン）」を発行したが、ほとんど効果はなかった。

唯一最大の産業である農業についても、活性化策として、日本で効果を上げた土地改革が行われたが、議員に地主出身者が多かったため骨抜きにされた。さらに韓国の農産物は、援助物資として入ってきたアメリカ産農産物に価格競争で敗れてしまい、経営が成り立たなくなって土地を売り、都市で労働者となる農民が多数生まれた。

工業の育成も難航した。もともと韓国が位置する半島南部は、植民地時代は農業地帯だった。このため、工業化に必要なインフラがぜい弱だった。それを整備するための資本も足りず、アメリカの援助だけが頼みの綱だった。しかし援助物資は政府高官とつながりのある企業に優先的に売却され、物資や資金の横流しが横行し、実際に必要なところに届くことはまれだった。政府の財源不足とインフレによる給与の目減りも、不正への誘惑を高めていた。

せっかく独立を回復したというのに、政治がこのような有り様だったため、国民のあいだには不満が広がった。それが１９５６年の大統領選挙で驚くべき結果を生み出した。李が指名した副大統領候補が落選し、野党候補が当選したのである。事情を知ったアメリカのアイゼンハワー大統領は、李に最大限の警告を行った。しかし彼はそれを無視し、次の1960年の大統領選挙では、とれる手段はすべて使って副大統領を落選させようとした。こうした姿勢が、ついに国民の怒りに火をつけてしまう。

3月に釜山市近くの町で、野党側運動員に警官が発砲する事件が起こり、これをきっかけに大規模なデモが全国に広がった。4月には数万人の学生が大統領官邸を包囲し、各地で派出所や政府系新聞社が襲われた。政府は軍に鎮圧を命じたが、現場司令官は市民の行動を傍観し、国連軍司令官も大統領を無視して軍と話し合った。国会でも彼のいいなりのはずの議員たちが、大統領弾劾決議を採択した。気がつけば、李は完全に孤立していた。ようやく事情がわかった彼には、アメリカに亡命する以外の道は残っていなかった。これが四月革命である。

さっそく反大統領派の新政権が成立し、憲法が改正されて、議院内閣制に基づく第二共和政が始まった。しかし新政府は寄せ集め集団で、内部対立を繰り返し、何も決定できなかった。このため腐敗した警察や軍高官を一掃できず、彼らの報復で革命派軍人が左遷される例が相次いだ。また一方で、言論の自由が回復したことで社会主義者の運動が活発化し、左派中心の新内閣は、統一を焦って北朝鮮に迎合的に接した。このため国民や軍内には、新政府は中の敵（腐敗）にも外の敵（北朝鮮）にも対応できず、危機を救えないと思う者が増えていった。

1961年5月、軍の若手将校らは朴正熙《パクチョンヒ》（写真8）司令官を担いで5・16クーデターを起こし、政府を倒した。朴は首都制圧後に非常事態を宣言し、独裁体制を築き上げた。

当時発足したばかりのアメリカのケネディ政権は朴政権を支持した。アメリカでは、前アイゼンハワー政権の援助策が、多額の援助の割には社会主義を止められず、援助に使った海外用ドルが還流してインフレが発生するばかりで効果が少ないと思われていた。ケネディは総額を減額したうえ、経済発展と国民の支持を集める努力をすることを援助の条件とした。

朴は大統領就任後、さっそく国家再建最高会議を組織して内閣の代わりとし、国民の支持を高めるために腐敗政治家や李承晩元大統領の不正を追及させた。しかし、容疑者は政府に政治資金を提供するとたちまち放免された。

新体制で強化されたのは、社会主義勢力への対策だった。朴の片腕の金鍾泌《キムジョンピル》が率いた中央情報部（ＫＣＩＡ）が、諜報活動や政治の裏工作を行った。また日本の治安維持法のような、思想や政治活動を取り締る法律が制定された。他にもアメリカの要求に応えて民政への移行が発表された。新憲法も作成され、一院制の国会と政党政治の復活が宣言された。

写真8　朴正熙

新憲法の是非を問う国民投票は、裏で利益誘導や脅迫が行われたが、不正追及や政治安定への期待もあって、賛成多数で成立した。しかし民政移行の時期が近づくと、朴が軍を退役して出馬し、結局は朴の独裁政権が続いた。

しかし朴政権の船出は多難であった。アメリカが援助を削減したため、韓国経済の再建が必須となった。まずは何としてもインフレを抑える必要があったため、対策の一つである通貨切替を行い、圜から円《ウォン》に戻したが、大した効果はなかった。それはインフレの原因が国民の韓国経済への不信感、つまり国内資本が十分でないためで、通貨の名前を変えたくらいではどうにもならないものだったからである。足りない資本を補うには、外国の援助しかない。

しかし資本の導入は難航した。アメリカの財布のひもは固く、他の西側諸国も貸す余裕がないといってきた。しかしそれは建前で、本音は韓国への投資が不安だったからである。

当時、そんな韓国に財布のひもを緩められる国は、高度経済成長中の隣国日本しかいない。幸い朴は旧帝国軍にいたことがあり、日本に知り合いが多かった。もちろん日本の援助に対する国民の反感は予想できた。しかし現実に、日本以外に貸し手は存在しなかった。

交渉の手がかりは、まだ締結されていない和平条約だった。援助を減らしたいアメリカも熱心に仲介し、日本も名誉回復のため乗り気だった。交渉は3年におよんだ。

最終的に、投資については日本人が朝鮮から奪った資産を返還する形で8億ドルが供与された。その代わりに韓国政府は賠償請求権を放棄し、日本政府は韓国を朝鮮半島の唯一の合法的な政府と認めた。これで政府間では、日本の植民地支配に対する責任問題や、李承晩政権時代に発生した領土問題が解決された形になった。

ところが条約の内容が明らかになるにつれ、韓国内では激しい反対運動が発生し、数万人の学生や市民が警察署などを襲撃した。日本は公式に植民地時代の謝罪さえしていないのに、彼は大した要求もせずに援助を受け入れた。また、暫定国境（李承晩ライン）を見直し、領土（独島・竹島）を失った。そんな弱腰の一方で、彼は国民の悲願である朝鮮統一問題に無関心であり、国民の不満には強圧的だった。国民にとって朴の姿勢は、民族への裏切り行為としか思えなかったのである。

結局、朴政権は強硬姿勢を崩さなかった。そして１９６５年８月に日韓基本条約が調印されて、国交は回復した。しかし、両国政府がこのとき歴史問題をはっきり解決しなかったツケはあとに回ってくることになる。それは１９９０年代以降に、従軍慰安婦や歴史教科書をめぐって、両国が対立する原因となったのである。

朴政権はアメリカの要請を受け、国民の目をそらせる目的もあって、ベトナム戦争に参戦した。韓国が派兵する理由はなかったが、アメリカは報酬として特需と借款を約束した。これで得た24億ドルという巨額の資金が、日本の賠償8億ドルとともに経済を活性化させた。また政府の狙いどおり、ベトナム戦争や反戦運動につられ、反日・反政府運動も収束した。

ベトナム戦争に派遣された韓国人は、参戦後の10年間で、兵士と民間人を合わせ、のべ40万人近くに上った。彼らはアメリカ兵以上に勇猛と評価され、アメリカが撤退した後も最後まで南ベトナムを支えた。また韓国企業も物資輸送や兵舎建設のために進出し、貴重な海外進出の経験を得た。

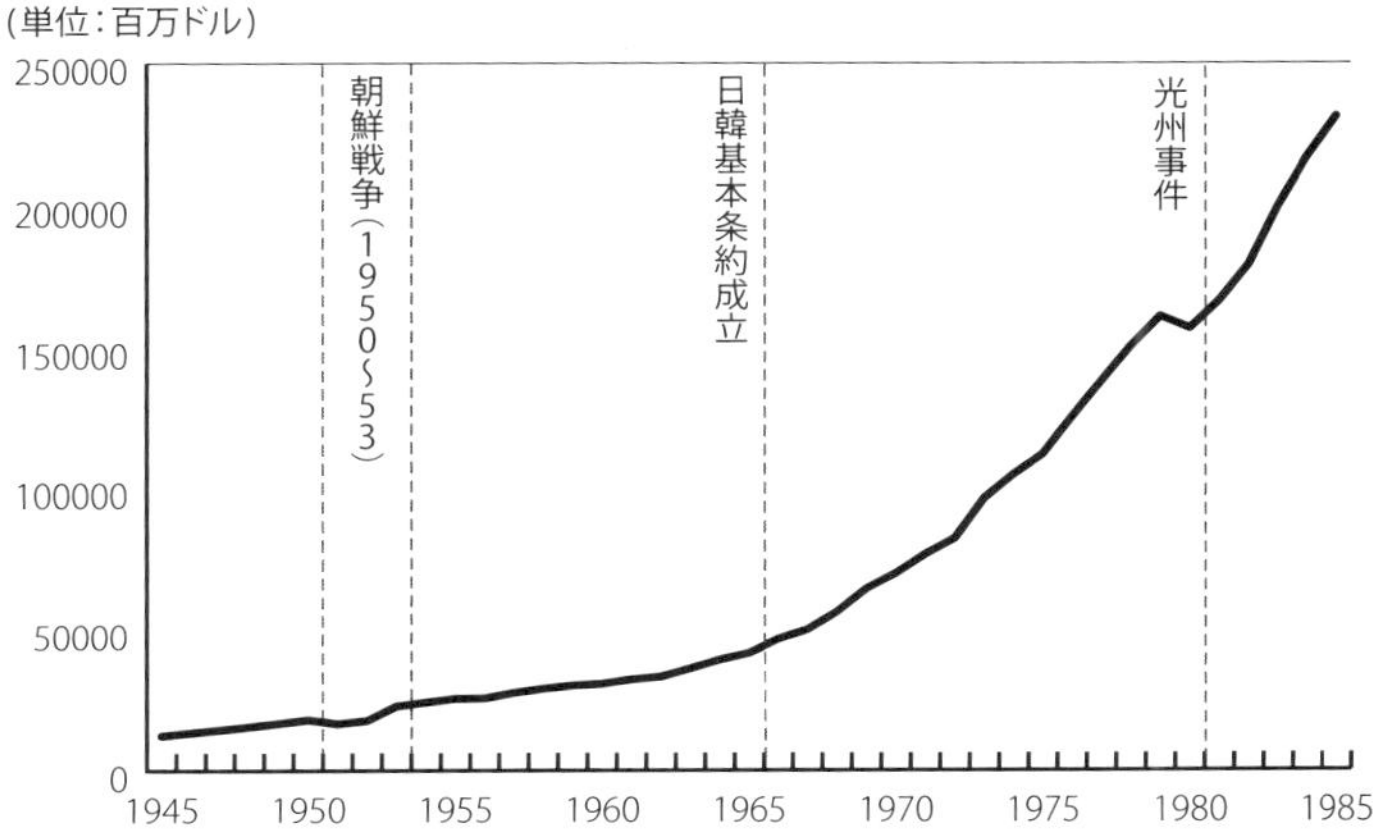

図6　韓国のGDPの推移
「Angus Maddison Project:Historical Statistics of the World Economy」より

こうした資金によって、1962年に作られたものの、うまく機能していなかった五カ年計画が動き出した。安い労働力を生かして軽工業が発展し、特に繊維産業が日本からの中古機械と技術導入によって発展した。また重化学工業の発展も図られ、鉄鋼業には力が入れられた。完成が危ぶまれていた巨大な浦項《ポハン》製鉄所も、日本の援助で完成させることができた。当時は安かった資源価格も韓国の経済発展を後押しした。

戦後の韓国経済を引っ張ったのは、現代《ヒュンデ》、三星《サムスン》などの大財閥である。彼らは朴政権と深く結びつき、インフレを利用した多額の借金によって設備投資に励んだ。インフレは通貨価値を下げるので、借りたときより返すときの方が価値は低くなり、利子を払っても儲かった。この点が、同じ植民地から発展した国でありながら、自己資金を使って発展した台湾との大きな違いとなった。

韓国経済は60年代後半から右肩上がりで成長し（図6）、首都ソウル市内を流れる大河の名をとって「漢江《ハンガン》の奇跡」と呼ばれた。国民生活も見る間に向上し、朴の地位も安定したかに思われた。その彼を襲ったのが、70年代の資源価格の急騰だった。

スターリン批判が北朝鮮の運命を決めた

北朝鮮は韓国と違い、植民地時代の工業地帯を領土としていたうえ、ソ連と中国の支援を得て好発進できた。韓国との差は圧倒的で、近い将来に半島を統一する自信に溢れていた。

北朝鮮唯一の政党である朝鮮労働党（共産党）は、当初は四つの派閥の寄り合い所帯だった。それは金日成《キムイルソン》ら中ソ国境地帯で活動していた武装集団の他に、植民地時代の地下活動家、そして中国とソ連にそれぞれ亡命していた活動家グループから成っていた。軍を掌握していた金日成派は朝鮮戦争によって力を強めた。戦争後は中国同様、計画経済を採用し、重工業を重視した。植民地時代に工業地帯だった北朝鮮の状況からして当然の選択だった。

しかし金日成らにとっても１９５６年のスターリン批判は、衝撃的だった。権力闘争で敗れたグループが、フルシチョフに倣って金日成批判を始めたのである。しかし東欧と同様、金は力で押さえ込み、逆に中枢部を自派で固めることに成功した。他国では失敗することが多かった農業集団化や工業の国営化も、この頃には完了した。ここまでは順調だった。

ところが1960年代に入ると中ソ対立が激しくなり、一方でキューバ危機後に米ソの和解が進んだ。北朝鮮にとって味方であった隣国が対立し、その片方が敵と手を結んだのである。北朝鮮は倣うべき目標をどこに置くか、難しい選択を迫られた。

最終的に金は、中ソ両国から距離をおき、紛争に巻き込まれまいとした。またそれを理論づけるため主体思想という北朝鮮版の一国社会主義理論を打ち出した。しかし理論では現状を打開できない。両国から帰属を迫られた金は、劉少奇《りゅうしょうき》政権の中国の側に立つことに決めた。当然、ソ連は報復として北朝鮮への援助を中止した。この選択がつまずきの始まりとなった。

その後、中国では1966年から文化大革命が始まった。金が選んだ劉少奇は失脚し、復権した毛は、北朝鮮への援助を減額した。すると金は、今度はソ連に接近したが、一度離反した北朝鮮が得た援助額は、以前の5分の1だった。ただしこうした事態は、結果的に北朝鮮への中ソの影響を低下させることになる。

事態を打開しようとして実施されたのが七カ年計画である。新計画を確実に実施するため、成功パターンを金日成自らが全国に広げることになった。つまり当時、中国で毛沢東が始めた「農業は大寨《だいさい》に、工業は大慶《だいけい》に学べ」方式の北朝鮮版である。

こうした方式は、一つのモデルを各地の事情に合わせていくことが重要だが、計画経済にこだわって硬直的に原則を守らせると、失敗する場合が多い。実際、中国では計画がオリジナルのまま強制さ

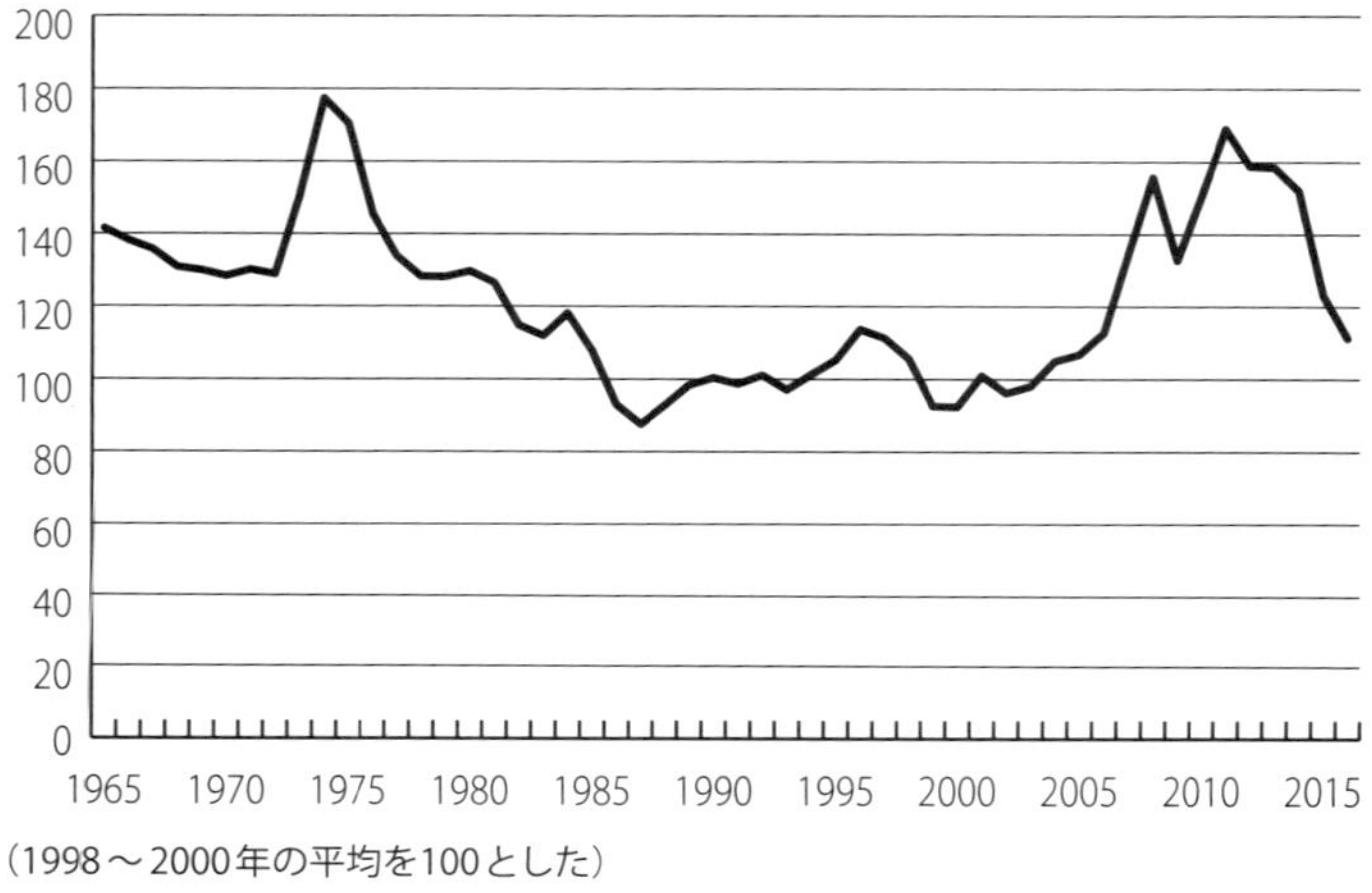

図7　世界の食料価格の推移

「FAO統計」より

れて、失敗した。

運が悪いことに、１９７２年には20世紀最大級のエルニーニョ現象が起こり、世界的な天候不順が発生した。北朝鮮も農・工業ともに不振となり、食料価格上昇が国民を苦しめた（図7）。政府は状況を国民から隠すようになり、プロパガンダ（政治的宣伝）が繰り返されるようになる。

この間、中ソ対立に動揺せず政権を維持するため、軍が強化された。軍事費は１９６０年代後半には国家予算の30％に達した。金政権は政府と軍を一体化した。それは中ソと似ているが、国が小さく資源に恵まれない北朝鮮には荷が重すぎた。特に資源は、朝鮮戦争当時には有用であった石炭や水はあるが、現代の軍事や産業に必須な石油を欠いていた。石油はソ連から輸入できたが、その他の資源や民生品は中国に依存した。しかし70年代の中ソは、ともに内政の混乱や産業の不振が続いたため、不安があった。だからといって韓国のように恥を忍んで日米から資本を導入するなど、論外だった。

結局金政権が行った対策は、国外の情報を遮断して国民の耳と目をふさぎ、プロパガンダで現状に満足させ、体制への忠誠を強要することだった。皮肉なことに、それらはかつての敵である大日本帝国が戦時中に行った政策とよく似ていた。

スターリン批判が生んだ中ソ対立

スターリン批判は中国では、スターリンが示してきたソ連型社会主義の道を歩んでいた毛沢東の権威の基盤を揺るがした。この危機を乗り切るには、何らかの新たな成果が必要だった。そのため行われたのが農業の集団化だった。

中国の農業は伝統的に、大土地所有に基づく大農経営が一般的だった。建国期の土地改革で農民に土地が与えられたが、1000年近く大農経営でやってきた中国では、少人数経営が不向きなことが、明らかになっていた。農業生産性を上げるために土地改革方針は撤回され、農家は十数軒ごとに合作社という組合に所属させられて、経営規模が拡大された。しかしさらに効率を上げるためには、ソ連のような機械化が必要だった。しかしアメリカと対立し、ソ連とも不仲な中では、工業化を進める資本を得る方法が見つからず、第一次五カ年計画は不十分なままで終わってしまう。

このため1958年からの第二次五カ年計画は、何としても成功させねばならなかった。毛は、農業だけでなく重工業の育成も重視し、計画達成のために「大躍進」運動を展開した。村単位で複数の合作社が合併させられ、平均1万人規模という巨大組織の人民公社が作られた。公社では、現場作業から食事まで共同で行われ、平等化が徹底された。また公社での労働に集中させるため、個人資産や副業を持つこと、さらには公社以外での商品の取引が禁止された。中国社会を大きく変えるこの改革には、形だけとはいえ政権に加わっていた他政党を中心に、内部批判の声が上がった。しかし毛は、政権内から反対勢力を追放し、共産党一党独裁を完成させた。共産党が国家を指導する形が完成したのである。

毛は焦りの反動からか、計画に対する絶対の自信を表明した。フルシチョフが「15年以内に重要物資の生産量でアメリカに追いつき追い越す」と宣言すると、直後に「15年でイギリスに追いつき追い越す」と豪語し、後でさらに3年に短縮された。政治組織も、これまでのソ連モデルから、毛の考えに従った形に変えられた。さらに核兵器の開発さえ開始した。

ソ連からすれば、これらは明らかにソ連の権威に対する挑発であり、ソ連が導く正しい道からの逸脱だった。そこでソ連は中国への経済援助を打ち切った。これは中国の近代化にとって、大きな打撃であった。1960年頃には両者の対立は誰の目にも明らかになった。

しかしこれだけ力を入れたにもかかわらず、「大躍進」は失敗だった。労働の現場で優秀な者がそうでない者と同じに扱われれば、やる気を失うのは当然だった。食事の場において、多く食べる者と少ない者が平等であれば、たくさん食べた方が得であり、結果として食べ放題の場となった。公社内で頻繁に開かれる学習会は、熱心にやるほど作業時間が減り、種まきや収穫の時期を逃してしまった。機械を作るための鉄の増産を目指して、素人でもできる製鉄法が広められたが、できたものは素人技のクズ鉄で、農民が持つまともな鉄鎌や鉄鍋が、鉄不足を補うために溶かされてしまった。

結果として農業生産は激減し、２０００万人とも４０００万人ともいわれる多くの餓死者が発生した。特にその被害は内モンゴルやチベットに多かった。チベットでは、これまでの強圧的な共産党支配に対する不満が爆発し、チベット大反乱が発生した。しかし近代兵器を装備した中国軍の前には無力であり、多くの犠牲者（中国側の発表で9万人、チベット側は１２０万人）を出して鎮圧された。チベット地方政府は解散させられ、身の危険を感じたダライ・ラマ14世はインドに亡命した。さらにこのとき、中国軍がインド国境まで迫ってインド軍と交戦した結果、中印関係まで悪化した。

「大躍進」の失敗の原因は、毛が現実を無視したからである。彼は、自らの思想の重要概念「実事求是」、すなわち現実に基づく方針を示すべきだった。五カ年計画は撤回され、毛の権威は損なわれた。最高指導者は実権派の劉少奇に交替した。人民公社は大農経営に適していたため、そのままにされたが、個人の能力を評価する制度が導入された。

「大躍進」で悲惨な目に遭った党員の多くが、毛に対する批判者となった。後に最高指導者となる鄧小平《とうしょうへい》も、「白い猫でも黒い猫でもネズミを捕る猫がよい猫だ」とする白猫黒猫論を語り、劉少奇の片腕に鞍替えした。以前、彼の方針を批判して処罰された人々の名誉回復が始まり、毛をからかう演劇が人気となった。経済再建が新体制では重視され、大戦中の敵であった日本とさえ、国民に極秘で貿易（ＬＴ貿易）が開始された。

ただし、いくら経済再建のためとはいえ、個人の能力を重視すれば、格差が生まれてしまうのは当然である。共産党は格差をなくす党なのか、広げる党なのか。毛は自分に対する批判の嵐の中においても、この点を訴えた。毛に批判的な人々も、まだ十分に共産党の権威が確立していない以上、彼の威光は必要であると判断した。彼の地位は首の皮一枚でつながり、彼が実権を手放し、軍の最高司令官を彼の腹心の林彪《りんぴょう》にすることで妥協が成立した。

こうして最高指導者は交替したが、毛の失脚の影響は政権内部にとどまり、外交には影響しなかった。しかし、１９６2年のキューバ危機では、土壇場で和解の姿勢を示したフルシチョフに毛が激しい非難を浴びせた。それが原因でソ連の東側陣営への締めつけが強まり、中国の孤立感が深まった。残る友好国は、東欧の小国アルバニアのみという有様だった。

中国の孤立は東側の中だけではなかった。キューバ危機と同時期の１９６2年10月には中国とインドの国境で大規模な軍事衝突が発生した（中印国境紛争）。かつて世界平和の実現を高らかに呼びかけた周恩来とネルーが、辺境の地をめぐって激しい非難の応酬をする姿に、世界の人々は幻滅した。それはせっかく盛り上がっていた非同盟勢力に冷水を浴びせた。さらに中印が国境近くに大軍を集結させたことで、両国と国境を接するパキスタンとの関係も緊張した。その結果インド・パキスタンの衝突が発生し、１９６5年には第二次インド・パキスタン戦争（印パ戦争）に発展した。

当時インドシナ半島では、アメリカが支援する南ベトナム（ベトナム共和国）軍が苦戦を強いられており、アメリカ軍の直接介入も懸念されていた。もしそうなれば、中国の南の国境が危うくなる。つまり１９６０年代前半の中国は、北と西はソ連、さらに西南はインドと、周囲のほとんどで緊張を強いられ、孤立感に覆われていたのである。

ちなみに、先述したフルシチョフの失脚は１９６４年10月14日のことだった。偶然の一致だろうが、中国政府は、彼の失脚が公表された翌日に、初の核実験を成功させて核兵器の保有を高らかに宣言した。それは、まるで自分たちを苦しめた張本人の不幸をあざ笑うかのようだった。

文化大革命という名の大災害

「大躍進」の悲惨な結果の衝撃も薄らいだ１９６５年、突然、上海市の地方新聞に、毛をからかう内容の劇を批判する論文が掲載された。まだ政府内に彼に対する厳しい目が残る中、彼を擁護するのは政治的に勇気が要ることだった。毛が何らかの形で関わっている可能性も存在した。しかし、それがどのような意図を持つのか。そしてなぜそれが上海でなのか、当時は誰にもわからなかった。

ところが翌年に毛は自ら声を上げ、学問や教育の世界におけるブルジョワや知識人に対する批判を開始した。彼の批判の焦点は、やはり格差の問題だった。革命後の中国では、革命参加者を出した家や、労働者や農民出身者がよい出身階級とされ、ブルジョワや地主など裕福な家の出身者が蔑まれる、逆差別社会となっていた。また教育界には社会の指導者を養成するための特別な学校があり、学校間の差別が存在した。労働者には常時雇用者と臨時雇用者のあいだに差別があり、農民と都市労働者の差別も存在した。

毛はこうした差別を批判し、原点に帰って平等な社会を目指そうと主張した。もちろんこの問題は、彼にも大いに責任がある。しかし彼は、自分が政権内にいないという立場を利用した。彼には、政権内の人間が反論することが困難なのをわかっていたのである。

彼の声に、社会の矛盾に敏感な若者たちが刺激された。すると、さっそく行動に移す動きが現れた。1966年5月、中国を代表する名門校、北京の清華大学附属高校の学生が、「紅衛兵」を名乗って毛を支持する運動を起こしたのである。彼らは赤い表紙の『毛沢東語録』を掲げ、古い思想や文化の打破を叫んでデモ行進し、毛にならってブルジョワや知識人を攻撃した。たちまち全国各地に、彼ら同様赤い布を腕に巻いた学生集団が出現し、8月には100万人の若者の大集会が開かれ、9月から10月にかけて1300万人以上の紅衛兵が北京の毛のもとに集まった。

彼がここまで若者を動員できた要因に、建国前後の共産党の事情があった。当時の共産党は弱体な勢力を補うため、庶民の素朴な信仰心を利用した。農村では毛の肖像を神像の代わりに配布して拝ませた。また模範的な兵士を表彰するときは、かつての科挙合格者にならって行った。毛に対する、信仰にも似た心理は、こうした方法で作りあげられたものだった。そして彼はこの信仰心を利用し、上海から北京に攻め上がったのである。上海の論文は、反撃を告げるのろしであった。つまり文革とは毛が、自分を追い払った「実権派」、すなわち周恩来を頂点とする約10万人の官僚たちから、権力を奪還しようとした体制内クーデターだったのである。

こうして文化大革命（文革）が始まった。紅衛兵は、古いものはすべて悪と見なして攻撃した。明王朝の万暦帝陵や孔子廟などの文化財はおろか老舗の商店まで破壊された。教師や町の長老も、昔からの権威であるというだけで悪とされた。紅衛兵に追い詰められた者は、自己批判を強制されたり、集団的な暴力を受けて殺された。それらは若者の反乱という点で欧米と似ていたが、はるかに暴力的なものだった。文革のあいだ、中国社会の権威はひっくり返された。文字どおりそれは革命＝revolution（原義は転覆を意味する）だった。

反乱なら警察や軍の出番だが、毛は先手を打って「造反有理」（かれらの暴挙には正当な理由がある）を宣言し、紅衛兵への支持を求めた。警官や軍が党の下部組織である中国では、党の英雄に逆らうことは不可能だった。

共産党指導部は困惑した。毛の行為は明らかな反乱だった。そして紅衛兵を止めるには軍を動かさねばならなかった。しかし軍の総司令官は彼の腹心だったので、軍がどう動くかわからなかった。結局誰もが様子見に終始した結果、紅衛兵を止めることはできなかった。やがて毛が党の中央委員会に現れ、公式に革命を宣言して劉少奇の一派を非難した。軍を握る彼に逆らえるものはいなかった。

革命のあいだ、学校は機能せず、卒業式や入学試験もできなくなった結果、大量の学生が学校に滞留した。うっぷんのたまった若者たちの行動は次第にエスカレートし、活動方針をめぐって集団同士の抗争も発生した。

そこで毛は、若者たちに農村体験（下放）を勧めた。それは暴走しがちな若者を、都市から追い出すためだった。彼を信じて農村に向かった１８００万人の若者を待っていたのは、彼の指示を受けた党組織による監視と、自尊心を破壊する思想改造という名の再教育だった。用が済んだ道具は片付けられるのである。ただし下放は、全体的な計画性を欠いていたため、計画どおりには実施されなかった。

他にも文革は、甚大な損害をもたらした。実数はいまだに不明だが、中国全土で死者だけでも40万人から２０００万人、行方不明者も含めれば数千万人。何らかの肉体的・社会的な被害を受けた者は1億人に達するといわれている。数以上に問題だったのは、その多くが町の長老や地方の実力者、学校教員など中国の社会を根底から支えていた人々だったことである。また下放が10年間も続いたため、１６００万人もの若者が、中学レベルで学業を終えねばならなかった。これは中国の発展において、数値に表せない損失をもたらした。

さらにこの時期の中国では、部下が上司を、子が親を、弟子が師を攻撃することが頻繁になされ、人間関係と社会に深刻な亀裂を残した。その後、中国が失われた人材を回復するだけでも一世代30年以上かかってしまい、その傷はいまも癒えていないといわれている。

混乱を回復するのは林彪率いる軍の仕事であった。軍は全国を事実上の戒厳令下に置いた。劉少奇は逮捕され、翌年牢内で病死した。鄧小平も地位を奪われ、農村に送られて監視された。周恩来は毛に忠誠を誓ったため処罰はされなかった。毛はいまや、独裁的な権力を手にしたのである。

毛は１９７０年頃から、混乱の沈静化と党の再建にとりかかった。復権に力を貸した林彪が彼に次ぐ地位に就任し、各省の長官（県知事にあたる）も軍出身者に変えられた。その顔ぶれは、まるで軍事政権のようだった。

ただしこの一連の権力闘争で、林彪の一派はあまりに勝ちすぎていた。しかも、この頃には毛沢東が健康を害していることが明らかになっていた。このため林彪は、毛の後継者となる野心を抱くようになった。こうして、毛の後継争いが始まった。

争ったのは、林彪派に加え、失脚中も毛に忠実であった妻の江青《こうせい》や張春橋《ちょうしゅんきょう》らの一派、そして周恩来ら官僚派という三つの派閥だった。彼らは毛に媚びへつらうことで争いを有利にしようとした。毛も3者を翻弄することで権力を維持し、残された時間を使って、少しでも中国を自分の理想の方向に進めようとした。

こうした中、次第に林彪は劣勢となった。彼は１９７１年9月にクーデターを起こし、一気に権力を握ろうとした。しかし事前に計画が洩れて失敗した。そのため彼は一時ソ連に亡命しようとしたが、逃亡中に飛行機がモンゴル領内で墜落し、死亡した（林彪事件）。この事件に関与したとして軍出身の幹部が大量に左遷され、その穴を埋めるために失脚中の幹部の復活が許された。このとき、周恩来のお膳立てで鄧小平も復権を認められた。

中ソ対立が米中和解を生んだ

文革のあいだも、中ソ対立は続いていた。１９６９年に中ソ国境の珍宝島（ソ連ではダマンスキー島、図８）で、ついに両軍の戦闘が発生した（珍宝島事件、ダマンスキー島事件）。これ以後中ソ国境では数十万人の兵が配置されるようになり、衝突事件が頻発して、両国の関係は戦争一歩手前まで悪化した。

しかし、たまたまこの頃、北ベトナムの最高指導者ホー・チ・ミンが亡くなったため、葬儀に集まった両国代表が会談を行い、最悪の事態だけは回避された。それでも両国関係は改善されず、もはやかつての蜜月時代は昔話となった。

このため中国が取り組んだのがアメリカとの関係改善だった。１９７１年に中国は、日本で開かれる卓球の世界選手権への参加を決定した。主催者の日本卓球協会の活動が実を結んだといわれている。ただし、中国側は一つ難しい条件を出してきた。彼らは「中国の正統な代表」にこだわり、中華民国（台湾）チームの除名を求めたのである（ピンポン外交）。スポーツと政治は本来は違う次元の話だが、政治は次元を超えてくるのである。

協議の結果、国際卓球連盟は中華民国の除名を決定し、中華人民共和国の参加が決まった。大会中にアメリカチームは中国チームとの対戦後、中国への遠征を要望した。これを聞いた中国政府内の多くは反対したが、毛沢東の一声で招待が決まった。こうした一連の経過を、多くの人は、ただ中国の

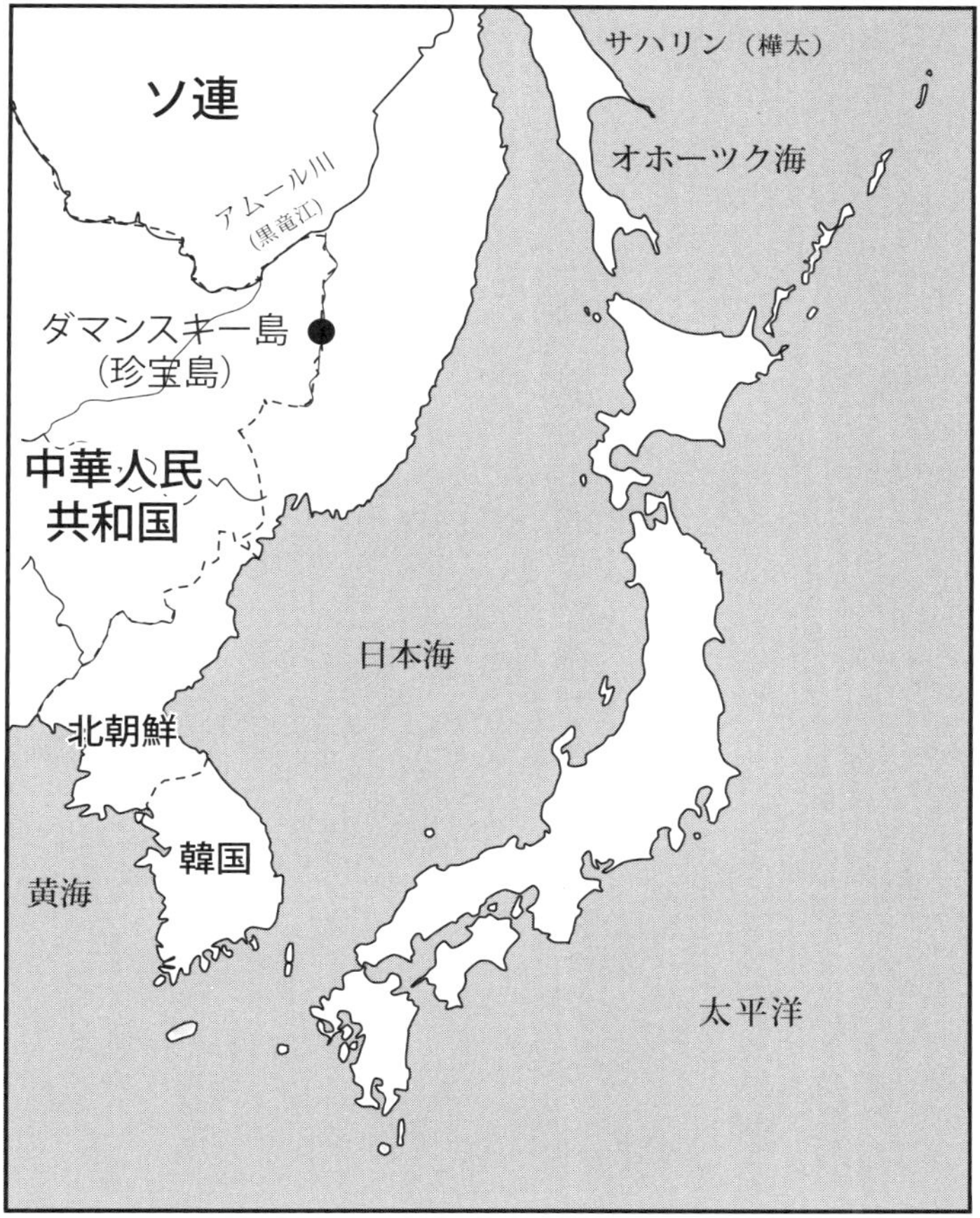

図8　ダマンスキー島事件

態度が軟化しただけとしか思わなかった。じつはこれが毛の敷いた伏線だった。

当時アメリカのニクソン政権の抱えていた最大の問題は、ベトナム戦争を終わらせることだった。中国の態度軟化をきっかけに、米中和解交渉が始まった。大統領は関係各国にヘンリー・キッシンジャー大統領補佐官を訪問させ、緊密に連絡を取り合った。キッシンジャーの訪問は極秘にされ、関わった国々も何も公表しなかった。たとえ訪問の事実がわかったとしても、ベトナム問題以外の目的があるとは誰も思わなかっただろう。

そのうえで1971年10月、国連総会において中華人民共和国を正当な代表とし、安保理事会の席を与える決議（アルバニア決議）が出された。その場でアメリカが拒否権を使わなかったことで米中和解が明らかになり、世界は驚いた。これで両国間の障害はなくなった。

1972年、ニクソン大統領の訪中が発表され、世界は前年の金ドル交換停止に次ぐ大きなショックを受けた。特にこれまで米中間の対話を一貫して仲介し、アルバニア決議にも反対してきた日本政府のショックは大きかった。日本は大急ぎで台湾との経済関係は維持しながらの国交断絶、そして田中角栄首相の訪中と国家の承認へと方針を転換した。

こうした変化で、中華民国（台湾政府）の立場は大きく揺らいだ。孤立感を深めた台湾政府に対し、アメリカは代償として軍事技術の支援を強化したが、台湾駐留米軍がベトナムからの撤兵のどさくさにまぎれて減らされるなど、明らかに中国への配慮が強くなっていった。

米中和解が台湾を自立させた

台湾は大戦後、国民党が日本の統治機構や工場を引き継いだ。しかし彼ら大陸出身者「外省人」は、「本省人」つまり台湾現地出身者の政治参加には冷淡で、被征服者扱いした。こうした扱いに対する台湾人の反発から、1947年2月に二・二八虐殺事件が発生し、以後45年間も戒厳令が続くことになる。

一方大陸では、国民党が共産党に敗れ、1949年に台湾に本拠を移してきた。当時の国民党の力では、台湾島を守るには十分でも、大陸に攻め入るには不十分なことは明らかだった。となれば、当面は台湾に腰を据えねばならない。そのために必要なことは、台湾人との関係を正常化することである。その切り札となったのが土地改革だった。大陸時代の国民党は、地主出身者の党員に遠慮し、改革には及び腰だった。しかし台湾では外来者であったことが幸いし、反対者がいなかった。結局土地改革は成功し、食糧の増産にめどがつき、次第に台湾人の信頼が高まっていく。

国民党が次に取り組んだのが通貨改革だった。これまで使っていた通貨「元」は、インフレで価値が急落し、かといって新通貨をすぐ用意するのは不可能である。結局、台湾で流通していた日本の通貨「圓」がそのまま使用され、呼称だけ「元」(英語表記は台湾ドル、写真9)とされた。も

写真9　台湾ドル紙幣

ともと二つの通貨の起源と中国語の発音が同じであったことが、混乱が少なく済んだ要因であった。ただし通貨というものは、経済がうまく行かなければ価値が低下する。日本の植民地時代に農業基地とされた台湾には、輸出できるものはコメと砂糖くらいしかなかった。そこから得られる収入だけでは、政府を維持するのにさえ足りない。こうした状況は韓国と同じであり、その差を埋めたのは、やはりアメリカの援助であった。援助額は一時、国家収入の40％を占めていた。

しかし、こうした状況は、アメリカのアイゼンハワー政権の成立で変化した。彼らは膨張する軍事費や援助を削減しようとし、国民党にも経済的自立を求めてきた。やむなく台湾政府は、韓国と同じく1950年代後半から経済改革に取りかかった。

このとき、台湾の自立を助けたのは、韓国と同様、日本の存在だった。日本とは1951年のサンフランシスコ講和条約で国交を正常化し、アメリカのあっ旋で経済交流が再開した。企業が自立するための技術や情報、中古の機械などが日本から流入した。特に繊維製品の生産の伸びは目覚ましく、外貨獲得の大きな手段となった。韓国の経済発展は政府と結びついた財閥が主役だったが、台湾の輸出は中小企業の独壇場であったことが対照的だった。

次第に台湾の貿易収支は改善し、アメリカの財政支援は減少した。軍事支援も通常の武器購入に代わった。長年続いたインフレも60年代後半には収まった。インフレの沈静化は、借金頼みの経営を困難にし、健全経営を促す効果を生みだした。台湾の経済状況は、アメリカにとって理想的だった。パイナップルや台湾茶の輸出も外貨獲得に貢献した。

ちなみに1960年代のケネディ政権から70年代のニクソン政権まで続けられた圧力によって、日本は農産物の輸入自由化を開始したが、おかげで当初は高級食材だったバナナが、安価な台湾産の輸入で大衆食品化した。

戦後の外交も、順調だった。中国との関係は言葉のやりとりこそ緊張をはらむものだったが、現場は平穏そのものだった。アメリカ軍が沖縄・フィリピンの基地からにらみをきかせ、中国も建国後の体制の試行錯誤の最中であり、対外行動に出ることなど考えられなかった。おかげで台湾の経済状況は改善され、停滞する大陸中国との差は開き続けた。

ただしこうした状態は、米中和解までだった。米中の取り引きで台湾の国連常任理事国の座が狙われ、親中派のアルバニアの提案で常任理事国が中華人民共和国へと変わった。さらに日本を含めた親米派の国々も次々と共産党中国を承認し、台湾は外交的に孤立した。

それでも、このときの提案は常任理事国の座だけであり、台湾が国連に席を維持することは可能だった。しかし蒋介石はそれを潔しとせず、自ら国連を脱退して孤立の道を選んだのである。

こうして日本との公式の外交関係はなくなったが、両国は民間交流団体を事実上の大使館とし、経済関係を維持した。これが上手くいったため、その後アメリカも、この方式を取り入れた。

しかし国連離脱は、台湾経済に困難な道を歩ませた。国連の一員なら、たとえ政府の経済政策が失敗しても、ＩＭＦなどが救済してくれる。しかし離脱した台湾には、この方法がとれない。つまり台湾政府と企業は、何としても大幅赤字だけは避けねばならなかなった。いざというときに頼れるのは、民間金融機関だけだった。台湾にとって貿易黒字は絶対に必要だったのである。

こうして台湾は、現実主義に徹せねばならなくなった。赤字を避けるために、利益を得る手段を必死に探らねばならない。情報への敏感さと経営手段の充実が、国を挙げて必須となった。そのため、東南アジアに張りめぐらされた華僑のネットワークも利用された。

中国との経済関係でも、対岸のイギリス領香港を経由した貿易が開始された。中国が対外開放に踏み切った１９８０年代以降には、企業が直接中国本土に進出した。こうして台湾は、安定した経済発展を遂げるようになるのである。

中国を支えた香港

香港は１８４２年の南京条約で、イギリスが植民地として奪った場所であり、その後も１８６０年に九龍《クーロン》半島南部が、そして１８９８年には半島北部の新界地区と周辺諸島が植民地に加わった。

しかし国境があるのは地図の上だけの話であり、実際には大陸とつながり続けていた。大陸で何が起ころうと、中国の輸出の半分は20世紀中頃まで香港経由であった。中国製品の価格は、食品などは他国の半額以下、原材料や衣料は7～8割程度と激安で、香港の最大の強みであり続けた。

中国にとっても香港の存在は、外交的に鎖国状態が続く中で、外貨や情報の獲得に必須の存在だった。大躍進の失敗で飢餓が広がったときでさえ、香港への食品供給は継続された。それでも不安視する香港市民が多かったため、食品輸出専用列車が用意されるほどだった。こうした香港の地位は、中国が建国後にイギリスと確認したものだった。

当時、中国が軍事的に香港を回復することは不可能ではなかったが、戦後のイギリスの力が弱すぎたため、実力行使におよぶにはアメリカとの戦争を覚悟する必要があった。このため中国にとって、弱いイギリスに統治を任せておいた方が賢明だったのである。

文化大革命期には紅衛兵が香港にも出現し、香港市警との市街戦が行われ、一時は中国軍とにらみ合う事態となった。

このときは結局、それ以上の事態にはならなかったが、大陸との交流が一時停止し、東アジア3国で香港の経済だけが大きく落ち込んだ。それは1973年の第一次石油危機のときと同じくらい大きな停滞だったのである。

第三章
冷戦と東南アジア

大戦後の東南アジア

第二次大戦後の東南アジア（図9）では、戦後すぐに旧宗主国が戻ってきたが、彼らは戦争で大打撃を受け、兵力や資金が不足したため、現地人の協力を必要とした。一方で独立運動側も、旧宗主国に取って代わるほどの信頼や実力を持っていなかった。両者は鉱山や鉄道などの利権収入を奪い合い、宗主国は自国復興のため、植民地側は独立後の自国のために確保しようとした。

しかし両者はともに決定的な力を持たなかったため、不安定な状態が続いた。そこにアメリカが、そして60年代以降は日本が関与する余地があったのである。

東南アジア諸国の模範タイ

大戦中のタイは、1932年のタイ立憲革命の中心の一人プレーク・ピブーンソンクラーム（ピブーン）が政権を握っていた。彼は巧妙に日本軍と応対し、終戦時は戦勝国となっていた。

戦後、彼は経済の自立を目指した。しかし自立を急ぐあまり、外国資本の導入に消極的で、国内経済を牛耳っていた華僑を排除し、国家主導の経済発展策を採用した。

しかし実際にタイが自立するには、政治や経済を動かす人材が足りなかった。また外資を拒んだことで、進んだ技術を取り入れられなかった。さらに政権内部の統制も甘く、政治腐敗が抑えられ

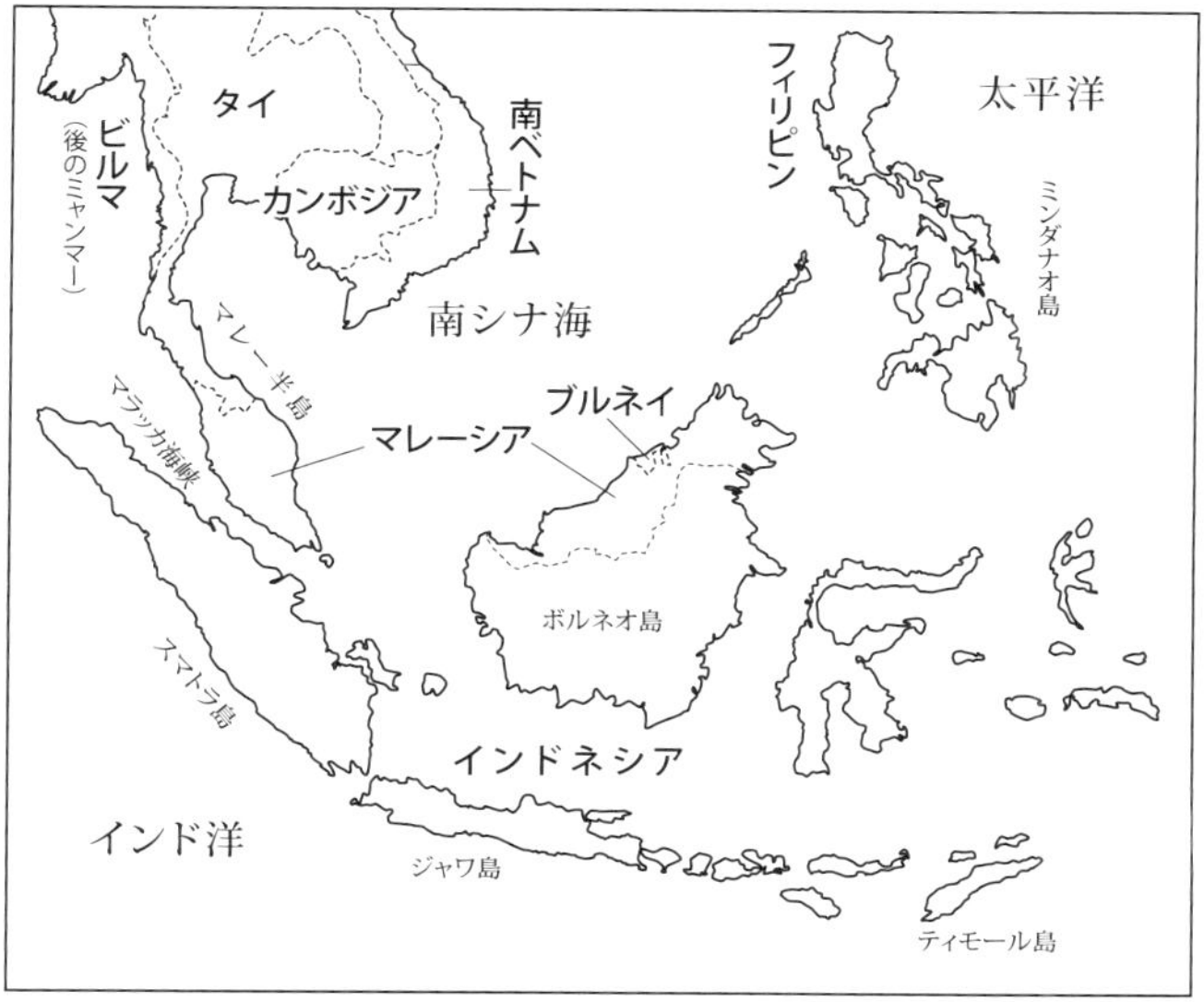

図9　第二次世界大戦後の東南アジア諸国（1950年頃）

なかった。このため経済の不振が続いて国民の不満が高まり、結果的に社会主義運動が活発化した。1957年の総選挙時には大規模な汚職が発覚し、さらに市民の抗議運動と共産党の活動が勢いを増すこととなった。

ピブーン政権では事態を収拾できないと考えた軍は、クーデターを起こして政府を倒し、翌1958年にサリット・タナラット司令官が新政権を立ち上げた。彼は欧米風の民主主義こそ腐敗と混乱の原因だと考えていた。そこで憲法や政党などの民主主義的なしくみを禁止し、タイの伝統に則った王を元首とし、仏教理念を中心とする体制を築き上げた。

彼は、経済政策では国家主導をやめ、外国資本の導入によって民間企業を育成しようとした。またこれまで複数の省庁が分担していた経済開発政策をとりまとめ、専門機関を設置して自らその大臣を兼任した。さらに都市環境を整備し、首都から暴力組織を追放して風紀や治安を向上させ、外国人に好感を持たれるようにした。

一方で彼はピブーンの反共政策を継続し、アメリカとの親密な関係を築いて資本家を安心させた。また共産党の基盤をつぶす狙いもあって、地方の開発や人材育成を行う委員会を設け、インフラや生活環境の改善を行った。教育も重視し、義務教育が延長され、教員の質の向上や大学の全国配置などの政策が実施された。これは、以後のタイ政治の基本方針となった。

開発の成果を実感した国民は、彼の独裁体制を受け入れた。これは開発独裁と呼ばれ、その後の世界の独裁政権の支配モデルとなった。幸い、彼が政権を握る少し前にソ連でフルシチョフ政権が途上国支援を打ち出し、これに対抗したアメリカが支援を強化したことも、政策の成功の一因となった。

マレーシアとシンガポールの分裂

イギリス領マラヤ（以後はマレーと表記）は、ゴムや錫《スズ》の産地であった。これらは当時の工業製品にとって重要な資源だった。錫鉱山には19世紀に中国人が鉱夫として連れてこられ、そのあとに華僑商人が続いた。またゴム農園にはインド人労働者が連れてこられ、インド人商人（華僑に対して印僑という）があとに続いた。先住民は、人種的には多様だがイスラーム教徒でマレー語を話す点で共通し、総称してマレー人と呼ばれていた。彼らは農民が多く、所得は低かった。そうした状況下でマレーは、英領時代に多民族化していった。

マレー人は、華僑や印僑が買い上げる農産物価格は、売値に比べて安すぎるという不満を持っていた。イギリス植民地政府はそうした反感を統治に利用するため、彼らを下級官僚に採用して特権を与えた。それはローマ帝国以来の分割統治方式だった。

またイギリスは、マレー海域に15世紀からあった交易網を、世界の交易網と接続した。交易網のしくみ（図10）は、東南アジアから、シンガポール港を経由して各地の産物が欧米に輸出され、同じくシンガポール経由で食料がビルマやタイから各地に輸出されるというものである。イギリスは同じくシンガポール港経由で、工業製品を各地に輸出し、最終的に決済された利益を国際決済通貨であった

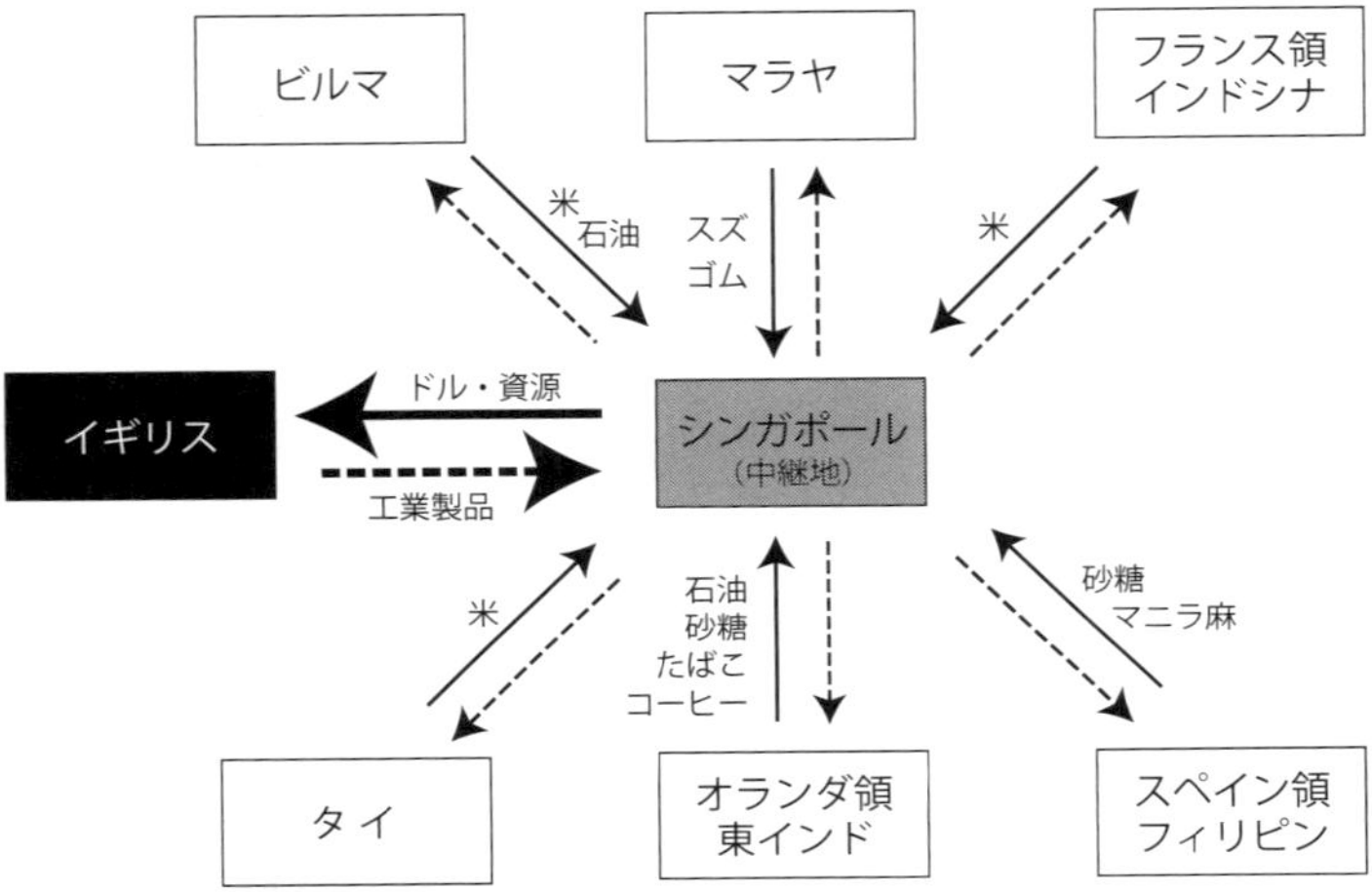

図10　戦前の東南アジア交易網

メキシコ銀ドル貨で受け取るのである。イギリスにとってシンガポールは、英領マレーの最重要拠点であり、文字どおり「ドル箱」だった。シンガポールは自由貿易港とされ、イギリス海軍の地域最大の拠点としても発展した。

太平洋戦争が始まると、マレーの重要さを知っていた日本軍が侵攻し、シンガポールを中心に支配した。日本はイギリス時代の民族対立も利用したが、人種的偏見から華僑を追放し、マレー人やインド人に特権を与えた。しかし日本は経済運営に失敗し、イギリス以上の反発を招いた。すると、これまで対立していた諸民族が協力し、日本軍支配に抵抗した。日本の敗北後にイギリス軍が帰還し、マレーは解放された。

ドル箱のこの地は本国再建になくてはならなかった。さっそくイギリスは交易網再建に取りかかった。マレーでは戦後世界の理想に沿って民族平等が実現された。華僑や印僑への差別扱いも解消された。イスラーム教徒の旧支配者層も構想には同意した。こうして現地の了解も得られ、民族自決原則もクリアできた。最小の経費で利権も確保でき、どこにも落度はないはずだった。

しかし実際には、これは失敗した。構想が発表されると、まずマレー人が反発した。その理由は、民族が平等になると、日本さえ保障した特権が失われるだけでなく、華僑が帰還すれば自分たちが経済弱者になることがわかっていたからである。旧支配者層だけに相談したことも不満だった。つまりイギリスの構想は、机上の空論だったのである。

こうなると、抗日ゲリラが反英ゲリラに変わるのは簡単だった。1948年にはマレー共産党が武装闘争を開始した。次第にイギリスは反発の理由を理解し、構想を撤回した。そしてマレー人への特権を回復し、あらためて優遇策として公布した。しかしそれが今度は、華僑や印僑の反発を生んでしまう。その後イギリスは財政破綻が表面化し、インドやパレスティナと同じく、対立の火種を残したまま植民地から撤退した。

1957年、イギリス領マレーはマレー連邦として独立し、その後1963年にシンガポールとボルネオ島北部領域と合邦してマレーシア連邦となった。

しかし民族対立は収まらなかった。華僑が多いシンガポールでは、優遇策の廃止を求める声が多数派だったが、マレーでは少数派で、両者の意見の調整は困難だった。結局、これ以上シンガポールを抱え込むことは、マレーシア全体を不安定にするということで、合邦から2年後の1965年に両国は分離した。対立の余波で、隣国インドネシアとの関係まで悪化した。

シンガポール分離後のマレーシアでは、対立が収まらず、その後1969年に大暴動が発生した。しかしこれをアブドゥル・ラザク政権は抑えきり、長年の悲願ブミプトラ政策の実施にこぎつけた。政府はマレー人以外の反発を避けるためと、マレー人の貧困問題を解決するため、タイで始まった開発独裁政策を採用することにした。

戦後生まれた「インドネシア」

第二次大戦前に自らを「インドネシア人」と自覚していた者はいなかった。オランダ領東インドにあったのは数十の地方政権であり、それをオランダがつないでいただけだった。大戦中に日本軍が支配したときも、その状況を理解した軍政府は、スカルノとモハンメド・ハッタらを代表とする独立運動勢力の協力を求めた。これに対して独立運動側も、自分たちの政治勢力としての未熟さを感じていたため、この機会を利用しようとして受け入れた。

日本は人種的偏見からオランダ人を排除したため、植民地統治の官僚が不足した。このとき独立運動勢力の姿勢が協力的だったことから、彼らを信用して多数の運動家を官僚として採用した。独立運動勢力は、支配者の手先となりながらも、植民地時代にはできなかった統治の経験を積んだのである。

日本の統治政策では、共産主義勢力の抑圧が重視された。ただしスカルノらは、彼らを追いつめることはせず、共産党も反発しながらも強硬策には出ることはなかった。

行政においては、マラッカ海峡地域の言葉が公用語インドネシア語と定められ、広められた。これがのちに「インドネシア」を生む基盤となる。日本の統治は過酷だったが、国民の多数を占めるイスラーム教徒が最も屈辱を感じたのは、メッカでなく皇居の方角に礼拝させられることだった。

大戦末期、本土空襲などで海外での戦闘を支援する力を失った日本は、よりいっそう現地の協力を得るため、1945年3月に独立準備委員会を設置した。「インドネシア」にとって、日本軍は、なんともありがたい存在だった。

1945年8月に日本が降伏すると、すべての準備が整っていたインドネシアは独立を宣言した。すでに政治機構は整備され、スカルノ・ハッタ二頭体制の下で憲法が制定された。残留していた日本軍は、自分たちが育てた政府に権限を譲り、国軍に武器を手渡した。ただしこの国は、まだ国民としての意識をほとんどもっていない人々からなる、16もの地方政権の連合体だった。

しかし国連は、日本軍の武装解除と治安維持のため、最初にイギリス軍とオーストラリア軍、その後、交替してオランダ軍を派遣した。当然、同じ目的を持つインドネシア軍とは対立する。オランダ軍との戦闘（インドネシア独立戦争）が始まったが、大戦の痛手から回復していないオランダに十分な軍事費はない。ならば、植民地に負担させるしかない。当然、植民地人は一斉に反発した。

これで初めてスカルノ政権への支持が集まった。しかし戦闘においてオランダ軍は強力で、インドネシア側は数では圧倒したが、内紛を抱えながら不利な戦いを強いられた。

そこでスカルノらは賭けに出た。事態を打開するため、わざとオランダに逮捕されたのである。逮捕劇は世界に報道され、国際世論の目にオランダの抑圧姿勢を印象づけることになった。結局安全保障理事会でオランダ非難決議が採択されることになり、2人の賭けは成功した。詳しい内情を知らないアメリカも、スカルノが反共姿勢を打ち出していることを評価し、オランダとのあいだを仲介してくれた。こうして1949年インドネシアの独立は達成された。

しかし「インドネシア」の統合は困難だった。いまだオランダに親近感を持つ勢力もあれば、イスラーム勢力もあり、旧王族勢力さえいた。当時スカルノが唱えたナサコム体制（NASAKOM）や「指導される民主主義」という概念も、困難さをごまかすためのものだった。

さらに独立時に、最後まで植民地として残っていた北ボルネオ地区をめぐり、フィリピン・マレーシアとのあいだで植民地時代から続いていた国境紛争（ボルネオ紛争、図11）が再発した。一時3国は戦争の危機に直面した。しかし、戦争となれば東南アジア交易網が深刻な打撃を受け、各国が共倒れになることは明らかだった。このためインドネシア以外の各国、特にアメリカのケネディ政権が仲介し、戦争回避の交渉を行った。その際の妥協でブルネイ王国は独立が認められたが、フィリピン南部ミンダナオ地方は独立が認められず、イスラーム圏から切り離され、住民の不満を残してしまった。これがその後のミンダナオ紛争につながった。

スカルノはこの紛争を、国内分裂の危機を隠すために利用しようとした。国民には外国への敵意をあおり、民族の団結を呼びかけて軍を強化した。しかし軍事支出が増大したのに、収入を増やす方法

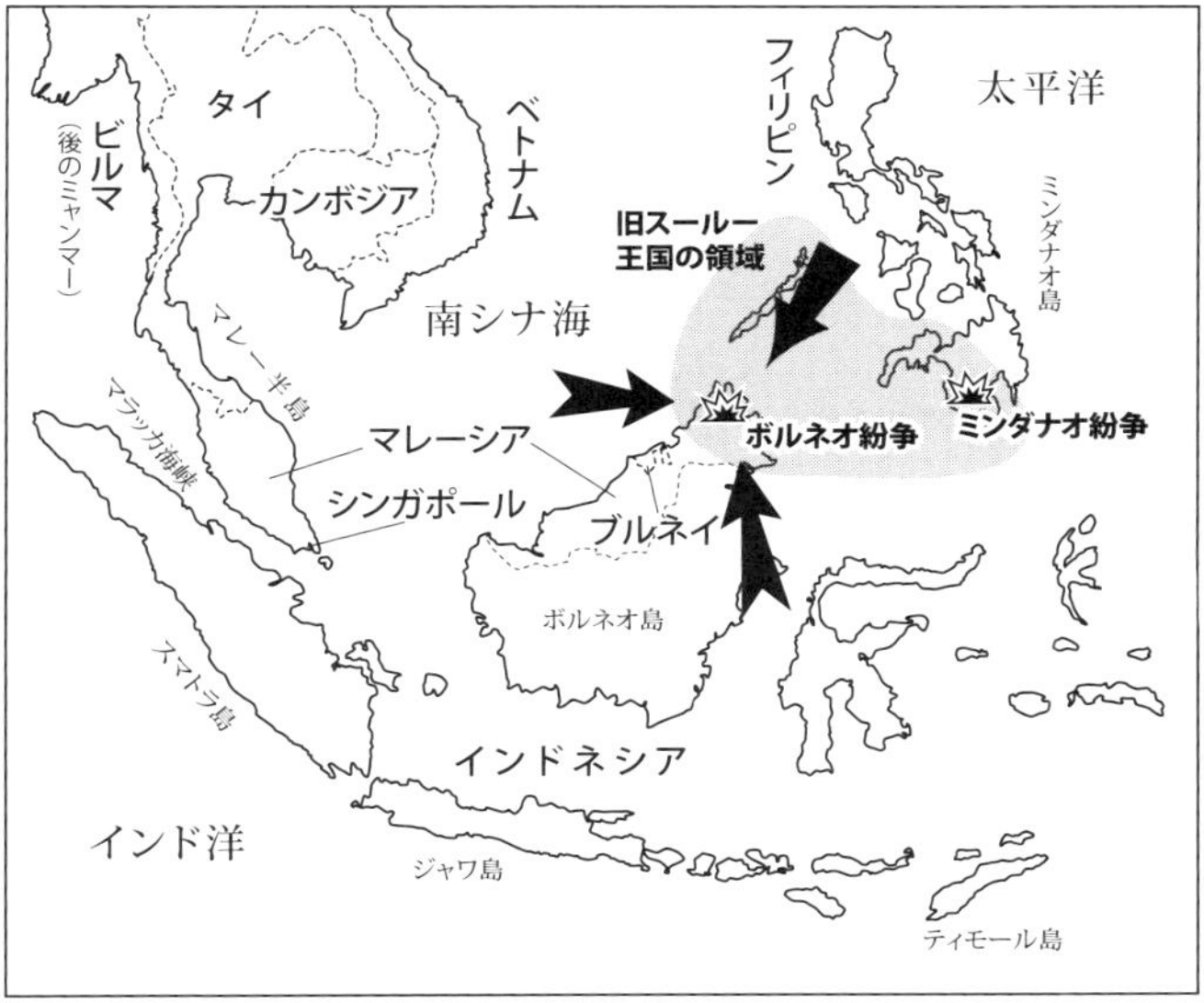
タイ
ビルマ
(後のミャンマー)
カンボジア
ベトナム
フィリピン
太平洋
ミンダナオ島
旧スールー
王国の領域
南シナ海
マレー半島
マラッカ海峡
マレーシア
シンガポール
ブルネイ
ボルネオ紛争
ミンダナオ紛争
ボルネオ島
スマトラ島
インドネシア
インド洋
ジャワ島
ティモール島

図11　ボルネオ紛争

は見つからない。彼は財政危機を隠すために独裁化を進め、１９６３年には終身大統領に就任した。その後、国家財政が破綻寸前になると、欧米企業を敵対勢力と決めつけ、国有化と称して資産を没収した。これで財政は一時的に改善したが、問題解決にはほど遠く、欧米との対立や外貨の枯渇という副作用をもたらした。

政府の負債は時間とともに膨張し、紙幣の乱発でインフレが悪化した。これまでスカルノは、都市部を掌握する共産党と、地方を掌握する国軍のバランスをとって権力を保っていたが、彼の力の源泉は国家財政を握っていることだった。財源の枯渇は、権力の喪失を意味していた。

１９６５年、彼は先述したマレーシア・シンガポールの対立に干渉しようと軍を動員したり、国連を脱退するなど派手に振る舞った。これらは彼の精一杯のパフォーマンスだった。その結果、国際社会は愛想を尽かし、アメリカは経済援助を停止した。結局、財政は破綻し、南シナ海一帯に不安が漂った。

危機を回避するため１９６５年9月30日に軍の一部がクーデター（9・30事件）を起こしたが、対立する一派のスハルト将軍らが鎮圧した。これで諸勢力のバランスは一気に崩壊した。

スハルトらは軍部を掌握すると、直ちに共産党に大弾圧を加えた。紛争の巻き添えを食って数十万人の犠牲者が発生し、スカルノも軟禁状態に置かれ、5年後に亡くなった。

権力奪取後、スハルトはすぐスカルノ路線を修正し、マレーシアやアメリカ、国際社会との対立を終わらせた。シンガポールの分離で、マレーシアの内紛も収束した。スハルトはその後、経済の再建を進めると同時に、国内対立を抑えるため、タイに始まり他の国々でも採用された開発独裁体制を採用した。

こうして社会主義路線を歩みはじめたインドシナ3国を除き、タイ、インドネシア、シンガポール、フィリピン、マレーシアの5カ国は対立の火種が解消された。また5カ国は、経緯は違うが、似た政策をとっていたため急接近し、1967年東南アジア諸国連合（ASEAN）を結成した。そして彼らは日本をはじめとする西側先進国の援助や企業進出を積極的に受け入れた。

これでようやく東南アジア情勢が安定に向かうと思われたが、その期待は裏切られた。ベトナム戦争が始まったからである。東南アジア諸国の経済成長が世界に注目されるのは、この戦争の終結を待たねばならない。

ベトナム戦争が生み出したもの

ベトナム戦争は、大戦後フランスが起こしたインドシナ戦争をアメリカが引き継いだものだった。ジュネーヴ協定に従ってフランス軍が撤退したとき、ベトナム南部を支配していたのは傀儡のベトナム国だった。アメリカのアイゼンハワー政権は協定を無視し、支えを失ったこの国を作り替え、ゴ・ディン・ジェム大統領を中心とする第二の傀儡国ベトナム共和国を作らせた。

アメリカの支援額は莫大で、南ベトナム国民1人あたりの年収の半分に相当した。しかし南ベトナムには電気も水道も引かれず、新生児の3割が生後まもなく死ぬような状況だった。一方で政府や軍の高官は、フランス時代からの特権として税や援助を流用し、国外に別荘を持ったり子弟を海外に留学させ、軍用機を私用で使うような連中だった。

南と違って、北ベトナムはジュネーヴ協定を遵守した。しかし中ソの支援があっても兵力的には南に劣るため、協定を守っているだけでは事態を打開できなかった。そのため彼らは南の国内に、南ベトナム解放民族戦線（アメリカ側の蔑称はベトコン）という傀儡組織を立ち上げた。

インドシナ戦争後の北ベトナムでは、共産党が土地改革と農業の集団化を開始した。それはソ連の指導で行われ、大地主から取り上げた土地を貧農に分配するというものだったが、もともと独立した小農民がほとんどであったベトナムの現実を無視したものだった。しかしそれが強行された結果、1956年に大暴動が起き、改革は中止された。これをきっかけに内政が安定に向かったことが、南との大きな違いとなった。また同じ頃、南隣のカンボジアでは30代のノロドム・シハヌーク王が、土地改革で農民の支持を獲得し、安定した内政を行っていた。

さて、南では、ジェム政権が1963年11月2日に軍内の反対派に倒され、新たな軍事政権が成立した。その背景には、腐敗を嫌うケネディ政権の意志が反映されていた。しかしこの政権も軍内にしか基盤を持たず、不安定さは変わらなかった。ケネディは傀儡による対応をあきらめたが、そのケネディはジェム失脚後わずか20日後の11月22日に暗殺された。このため大統領に昇格したジョンソンが、直接介入の決定を下す立場になったのである。

1964年8月、アメリカ政府は北ベトナムのトンキン湾でアメリカの軍艦が攻撃されたと発表し（トンキン湾事件）、戦争に踏み切った。これがベトナム戦争の始まりだった。アメリカにとっては朝鮮戦争以来の戦争だった。実際の戦闘は1965年から始まる。陸軍が中部ベトナムに上陸し、空軍は直接北ベトナムを爆撃（北爆）した。

アメリカはこの戦争に、お金も武器も惜しみなく注ぎ込んだ。1965年から73年まで、のべ200万人の兵士を送り込み、落とした爆弾の総量は755万トンに達した。これは第二次大戦中にアジアとヨーロッパで使われた量の2・5倍であり、それがたった一国に落とされたのである。またこの戦争でヘリコプターが本格的に導入された結果、ヘリコプターといえばベトナムを連想するほどになった。

この戦争ではアメリカ側も死者が4万人を超えたが、ベトナム側は兵士だけで13万人を超え、民間人の死傷者も含めると300万人近くにのぼったといわれている。

戦力は、その規模だけならアメリカ側が圧倒した。さらにアメリカ側には、韓国やオーストラリア、ニュージーランドの軍が加わった。特に韓国兵はアメリカ兵以上に勇猛といわれていた。彼らはこの戦いで活躍することで、アメリカが母国を支援し、安全になると信じていた。

アメリカ軍の兵器は、第二次大戦時のように平地で見通しのよい場所では効果が大きいが、山地やジャングルの多いベトナムには不向きなものが多かった。また、こうした地形は物資や兵員の補給の面でも不利だった。そこでアメリカ軍は、こうした障害を除去するため、農薬の一種「枯葉剤」を使用した。しかし、これが播かれた地域では人間にも悪影響をおよぼし、死者や異常出産が多発し、アメリカ兵にさえ被害が出た。

一方の北ベトナム側はフランスとの戦いの経験で、ゲリラ戦の有効性を知っていた。アメリカ兵は、初めのうちこそ吹き矢や落とし穴といった原始的な武器や戦法を笑っていたが、その被害の大きさに対し、次第に笑いは引きつったものになっていった。

また北ベトナム側には、ソ連や中国の支援もあった。つまりベトナム戦争は、第二次世界大戦以来、最大の国際的な戦争だったのである。

戦争の分岐点が、１９６８年1月30日の旧正月（ベトナム語でテト）の「テト攻勢」だった。この戦闘は、双方に大きな打撃を与えた。解放戦線側は、作戦を準備不足なまま始めたため、戦死者が多くなりすぎた。そのため以後は北ベトナム軍が、直接乗り出すようになった。

一方でアメリカ側もダメージは大きかったが、特に傷ついたのは「イメージ」だった。これまでアメリカ政府は、作戦が効果を発揮していると分析し、それがマスコミを通じて国民に伝わっていた。しかしテト攻勢でテレビに映し出されたのは、絶対安全なはずのアメリカ大使館を舞台にした銃撃戦だった。

写真10　沢田教一氏とピューリツァー賞受賞作品
『安全への逃避』
©Nationaal Archief

アメリカの一般市民にとって、戦争はこれまで遠い世界のものだった。激戦として戦史に残る南北戦争でさえ、兵士以外で戦場を見た人はわずかであった。それがベトナム戦争では、自国の兵が民間人を射殺したり、村を焼き払う場面を多くの市民がテレビで見ることになった。いくら政府が正義を叫んでも、1枚の写真で主張がひっくり返される時代となったのである（写真10）。

ベトナム戦争は、メディアが大きな影響を与えた初めての戦争だった。またそれはアメリカ人に、これまでの援助や犠牲が、すべて無駄だったように思わせた。政府が自信を持って取材を許した報道によって、かえって政府への不信感が広まったのである。特に1968年3月に、アメリカ兵が無抵抗の村人500人あまりを、ゲリラと無関係と知っていながら虐殺したというソンミ村虐殺事件は、当時大統領選挙を優勢に進めていたジョンソンに致命傷を与えた。その結果、北爆は停止されるが、地上戦は続いた。

ベトナム戦争の拡大と終結

アメリカ軍は世論によって北爆を封じられ、別の方法で対応することにした。軍は、すでに戦争初期から隣国ラオスとカンボジアが領内での北ベトナム軍の活動を黙認していることに気づいていた。両国が黙認した理由は、地域の大国であるベトナムを怒らせて紛争に巻き込まれたくなかったからである。しかし焦っていたアメリカは、かまわず両国への介入を開始した。戦線の西方への拡大だった。

アメリカはラオスで、右派政権の了解を得て、ベトナム軍の補給ルート（ホー・チ・ミン・ルート）を攻撃した。その結果、無関係なラオス人が被害に遭ったため、左派への支持が強まった。

カンボジアではシハヌーク元国王の、東西勢力を天秤にかけて援助を引き出す体制が続いていた。しかしアメリカはカンボジアに無断で、南ベトナム軍にカンボジア国内の敵の拠点を攻撃させた。これに怒ったシハヌークはアメリカと断交し、政策の社会主義色を強めた。

アメリカの援助が止まったカンボジアは財政が悪化し、インフレで物価が急上昇した。その後の選挙でも右派が多数当選し、シハヌーク政権は危機に陥った。彼はこの危機に、右派を政権に取り入れて乗り切ろうとした。これが左派を怒らせ、ポル・ポトらが率いる共産党（クメール・ルージュ）は首都を脱出してジャングルや山岳地帯に根拠地を築き、中国の支援を得て政府に対抗した。

そこでシハヌークは、今度は右派のロン・ノルと手を組み、彼を首相に任命して共産党と対決しようとした。しかし、バランス政治にこだわるシハヌークは、どうしても社会主義政策を撤廃しなかった。このため、右派も彼に不信感を抱くようになった。

1970年にロン・ノルは、アメリカの了解を得てシハヌークを追放した。彼はアメリカと国交を回復し、国内の解放戦線基地を共同で攻撃した。シハヌークは中国に亡命し、中国の仲介でクメール・ルージュと和解し、ロン・ノル政権への抵抗を国民に呼びかけた。その結果、クメール・ルージュへの支持が強まり、カンボジアでも内戦が始まった。

しかし、いくら経済・軍事大国のアメリカとはいえ、ベトナムに加えて周辺国でも戦争を続けることは財政面で限界があった。また戦争のためドルがふんだんに使われ、海外に流出した結果、事実上の世界通貨であるドルの価値が低下し、その信用に対する不安が生じた。このためアメリカでは、国外への金の流出が止まらなくなり、ブレトン・ウッズ体制も危機に陥った。やむを得ずアメリカのニクソン政権は、1971年にドルと金の交換を停止した（ドル・ショック）。さらにニクソンは、戦争終結のため1972年から北ベトナムとの和平交渉を開始した。中ソ対立に苦しんでいた中国との利害も調整され、この年に米中国交が回復された。一方のベトナム側も、北爆の被害やその後の戦争の打撃で、財政が限界に達していた。

こうして両国では、ともに戦いを止める機運が盛り上がり、1973年1月にパリ和平協定が成立した。その2カ月後にアメリカ軍は大半の部隊を撤退させた。見捨てられた形の南ベトナム政府は、その後も韓国軍などの支援を得て抵抗を続けたが、1975年4月30日に首都が陥落して崩壊した。それは30年続いた戦争の終わりであった。1年後の1976年4月に南北ベトナムは統一され、ベトナム社会主義共和国が成立した。

ベトナム戦争後のタイ

タイでベトナム戦争に対応したのは、病気で急死したサリットを継いだ軍最高司令官タノーム・キッティカチョンだった。タノーム政権は、もちろんアメリカに協力した。北爆はアメリカはタイを拠点に行われた。戦争中、タイからは毎週1000回の出撃があり、爆撃部隊の8割以上がタイの空港を使用した。見返りとして、タイには莫大な経済・軍事援助（特需）がもたらされた。さらに米軍兵士や基地利用にともなう需要も莫大で、その総額は当時のタイのGDPの15％に及んだ。

特需がもたらす好景気に自信を持ったタノームは、欧米の圧力もあって1968年に新憲法制定と総選挙を行った。結果は軍と政府が支援する与党が第一党となり、国民の信頼を得た形になった。ここまでのタノームは、順調そのものだった。

しかし60年代末になると、これまでの軍政がもたらした成果が、はね返ってきた。教育を通じて民主主義を知った若者たちが、欧米や日本で巻き起こった若者の反乱に刺激され、経済格差の是正を求めて民主化運動を起こしたのである。そんな中、タイを襲ったのが1970年代の経済危機だった。

ベトナム戦争後のマレーシアとシンガポール

シンガポールを切り離した後も、マレーシアの民族対立は収まらなかった。対立の最大の焦点は、教育と言語の問題だった。華僑や印僑がビジネス上の必要から、植民地時代の公用語である英語教育の存続を望んだのに対し、マレー人は教育そのものを受けるためにマレー語教育を望んでいた。彼らにとって英語教育を残すことは、中国・インド系とマレー系の格差を残すことであり、英語教育とマレー語教育の併用案など論外だった。つまり、一見不平等に思える英語教育禁止とマレー語教育強制

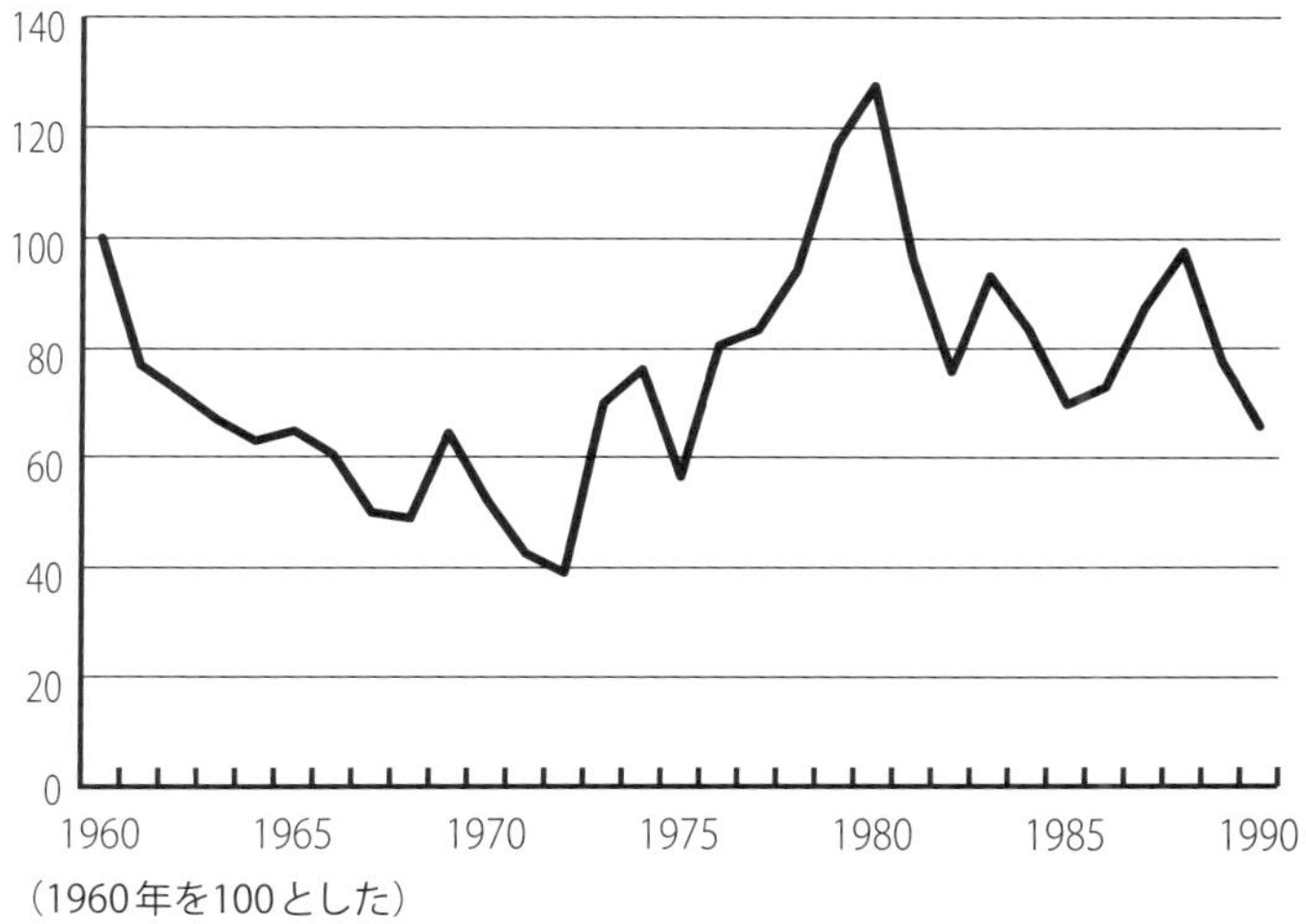

図12　20世紀の天然ゴム価格推移

「FAO」より

だけが格差解消の最善策とされたのである。結局この問題は、華僑らの猛反発で暗礁に乗り上げた。

　そんな中マレーシアでは、１９６０年代後半に主要産品の天然ゴムや錫《スズ》の国際価格が下落し不況に突入した（図12）。天然ゴムについては、少し前から始まっていた先進国でのモータリゼーション（自動車の普及）で合成ゴム生産が増加し、天然ゴム需要が激減して価格が下落したからである。錫については主要産出国である、アフリカのコンゴ民主共和国とインドネシアの減産が解消されたためである。コンゴの独立をめぐる混乱が収まり、インドネシア危機も解決し、生産が急回復したことによる価格暴落が原因だった。

　対立と大不況の中で行われた１９６９年

の総選挙では、対立を回避しようとする政府与党側が議席を大幅に減らし、強硬策を主張するマレー人・華僑系勢力が議席を増やした。マレーシアはさらなる分裂の危機に陥った。

両派の対立は激化し、5月13日には大規模な衝突が発生した。政府は非常事態を宣言し、混乱のもととなった国会を停止した。

その後マレー系のアブドゥル・ラザク首相が、マレー系政党による一党支配体制を樹立し、ブミプトラ政策が強行された。もはやこの問題に対する議論は混乱を生むだけだったため、これについて公の場で議論することが禁止され、マレー語教育が強制された。

また一連の紛争の真の原因である経済格差を解消する方法が考案され、マレー人に一生懸命働く努力を促し、一方で華僑や印僑にも配慮し、全民族の生活レベルを向上させる社会改革に取り組んだ。そのため導入されたのが、開発独裁体制だった。農業においてはアメリカのロックフェラー財団が進めていた、穀物の品種改良と化学肥料の利用をセットにした「緑の革命」が導入され、米に比べて高収入が望める油ヤシ栽培が進められた。結果としてマレー系が経済界に進出し、その所得は向上した。70年代初めまでのマレーシアは順調だった。

それに比べてシンガポールは1965年のマレーシアとの分離で、暗い雰囲気に覆われた。大戦前から周囲の地域に食料や水を依存していたのに、どちらも分離によって不足と値上がりが起こったうえ、一時ボルネオをめぐって戦争一歩手前にまでなったのである。戦争は回避されても、シンガポールの前途に明るさは見られなかった。そのため政府は、国家の生き残りのために国民に耐乏と犠牲を要求した。これには当初、多数派の華僑が反発した。

しかし翌年に中国で起こった文化大革命でシンガポール政府は救われた。華僑は、母国で資産家が弾圧されているのを知り、それが反共主義をとっていた人民行動党への支持につながった。もちろんまだ政府に反発する人はいたが、反政府運動は支持を広げられなかった。こうしてシンガポールは、人民行動党の事実上の一党独裁体制となっていく。

党の創設者リー・クァンユーは、強権体制を維持するため、徹底した党内部の引き締めを行い、腐敗や非効率の防止に努力した。また地域の実力者が、政府・国家組織に取り込まれるしくみが作られ、国民統合が進められた。

人民行動党もマレーシア同様、開発独裁体制を採用した。特に重視したのが経済政策である。シンガポールは、小国であるがゆえに国内市場に頼れないので、外国資本を誘致するために、外資優遇税制や海外送金の自由化などが行われた。労働条件も雇用者に有利に設定された。

またインフラ整備も進められ、当時アジア最大の工業団地が造成され、繊維産業などが発展した。さらに当時としては進歩的な、金融業や観光業の育成策も進められた。市内の観光施設の整備も行われ、いつもチリ一つ落ちていない街路や、便利できれいな繁華街が出現した。こうした事業の資金源となったのが、日本の郵便貯金に似た貯蓄制度で、年金整備を名目に国民に強制された。そうした成果は次第に実を結び、アメリカや日本などの外国資本が進出した。誰もがシンガポールは、生き残りに成功したと思ったのである。

第四章
冷戦と西アジア

2000年ぶりに復活した国――イスラエル

現在、西アジアといえば石油が頭に浮かぶが、この地域の油田は、1908年にイランで発見されたのが最初で、すべて20世紀になってから発見されたものだった。第二次世界大戦後、その西アジア（図13）で問題となったのが、パレスティナ問題だった。

大戦終了後、財政危機に見舞われた英仏は、重要拠点以外の植民地から軍を撤退させた。その際、植民地は、親英や親仏の方針さえ約束すれば独立を認められた。そうした新興国家の一つが、ユダヤ教・キリスト教・イスラーム教の聖地イェルサレムのあるパレスティナ地方に建てられたイスラエル国である。その建国は19世紀末以来の祖国建国運動（シオニズム）が実を結んだものであり、帝政ロシアやナチスドイツによる大迫害を乗り越えての、民族の悲願がかなったものだった。

とはいえ当時のイスラエルの将来は、けっして明るいものではなかった。もともとパレスティナ地方は農業と聖地巡礼にともなう観光業以外、大した産業もなく、ユダヤ人は人口の1割程度の少数派だった。現在イスラエルの母国語となっているヘブライ語でさえ、当時は儀式に使われるだけで、移住者は移住前の国の言葉を話していた。

パレスティナ問題の直接の原点は、20世紀初頭にあった。それ以前のユダヤ人移民は地元民（パレスティナ人）を雇って農場を経営したのに対し、20世紀初頭のユダヤ人移民は、手に入れた土地で、自らの資本と自らの労働を使って農場を立ち上げた。その土地は、彼らが都市在住の地主から買った

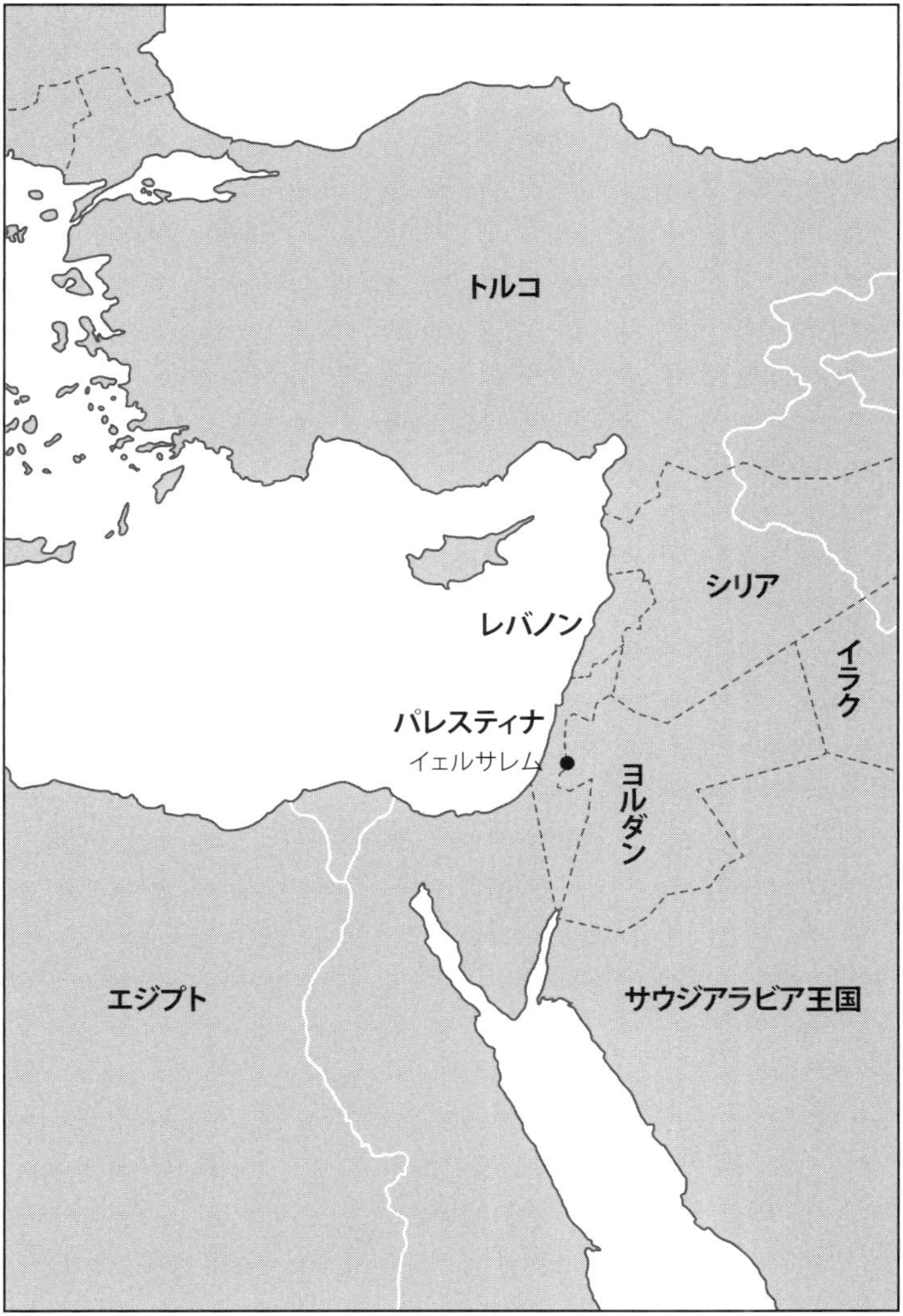

図13　中東地域（1946年頃）

り、実力行使でパレスティナ人を排除して得たものだった。その結果、両者の対立が始まったが、現地のイギリス統治機関は、ユダヤ人を支援しながらも、あえて対立を鎮めなかった。というのも、被支配者間の対立を煽る「分割統治」こそが、安上がりな支配方法と知っていたからである。

しかしユダヤ人移民が増えるにつれて対立は激化し、ついに１９３６年に全土で衝突が発生した。イギリスは事態収拾に失敗し、最初のパレスティナ分割案を提示したが拒否された。１９４１年にはナチスがホロコースト（大虐殺）を始めたが、事態悪化を恐れたイギリスはユダヤ人難民を追い返したため、怒ったユダヤ人民兵との戦闘が始まった。戦後、イギリスは統治をあきらめて撤退した。この段階で、ユダヤ人口は23％にまで増えていた。

その後も続いた両民族の対立に対し、１９４７年、国連が新たなパレスティナ分割案を提示した。この段階で人口が約3割のユダヤ人が6割の土地を得るという案に、アラブ諸国は反対したが、資金力を持つ在外ユダヤ人が欧米諸国で賛成運動を繰り広げた結果、分割案は成立した。

１９４8年イスラエルが建国を宣言すると、アラブ諸国との戦争が始まった（第一次中東戦争）。戦いは当初、アラブ側が圧倒した。当時イスラエルは、紛争激化を恐れた国連から、武器保有を禁止されていたからである。しかしアラブ側は、連携がないまま勝利の機会を逃し、逆にイスラエルは密かにソ連から武器を入手して、勝利を獲得した。

戦後、パレスティナの8割がイスラエル領となり、アラブ側は、ヨルダンが占領した西岸地区とエジプトが占領したガザ地区しか確保できなかった。80万近いパレスティナ難民がヨルダン領やガザ地区に逃れ、両国の財政負担となった。イスラエルはパレスティナ人の排除を続け、ユダヤ人移民の入植地とした。その後ホロコーストを逃れたユダヤ人の流入もあって、この年のうちにユダヤ人口は45%に増加した。入植地は、生産共同体で農業から商工業にいたる様々な商品が生産され、戦争時には防衛拠点となった。

一方、敗者となったアラブ諸国には、変革の波が押し寄せた。まず、ふがいない形で敗北したエジプトでは、1952年、ガマール・アブドゥル・ナーセル（通称ナセル、写真11）らが軍内に自由将校団と呼ばれる団体を結成し、在野の政治勢力であるムスリム同胞団と協力してエジプト王家を追放し、エジプト共和国を建国した（エジプト革命）。

新政府は、当初は第一次中東戦争の英雄ナギーブを政権の顔としたが、実際には将校団のリーダーであるナセルらアラブ社会主義派が動かしていた。これに反発したナギーブは、同じく社会主義に反発する同胞団と接触した。しかし同胞団の一員がナセル暗殺を企てる事件を起こすと、ナギーブも連座して失脚した。新大統領にはナセルが就任し、近代化政策を推し進めた。この政策に反発する同胞団は、これ以後、政府によって弾圧された。

アラブ社会主義政策は、アラブ民族の一体化による栄光の

写真11　ナセル

時代の復活を目指す汎アラブ主義に加え、資本に乏しい財政難に苦しむ国々で採用されてきた社会主義政策の長所を組み合わせたものである。その具体策として、彼は土地改革や銀行の国有化を行い、エジプトの社会・経済の近代化を行った。

また彼は同じ立場から、アラブ各国と連携する活動を精力的に行い、当時アルジェリアで起こっていたフランスからの独立運動も支援した。彼の言動は常に世界の人々の注目を浴び、国内外で絶大な支持を獲得した。その姿には、かつてのムハンマド・アリーに似たイメージが感じられた。また彼の軍主導の改革路線は、19世紀エジプトの英雄オラービーをも連想させ、ナセル自身も、それを強く意識して行動した。

1954年の周・ネルー会談をきっかけに生まれた第三勢力の中でも、ナセルはリーダーの一人と見なされ、翌55年のアジア・アフリカ会議（開催地からバンドン会議ともいう）にも参加し、平和十原則（バンドン精神）が決議される大きな原動力となった。

ナセル自身にとっても、この会議の影響は大きかった。彼は、特にスカルノ大統領の大衆動員型の政治手法を学んだ。また会議で知り合った左派の人々の影響を受け、この頃から急速に東側との関係が深まっていった。しかしこれは、彼を西側の一員と考えていた英米に、不信感を与えることになった。

他のアラブ諸国でも、第一次中東戦争のぶざまな敗北で、人々は自国政府の無力さや腐敗を思い知らされた。その中でナセルの活躍は、欧米やイスラエルへの対抗手段として、人々に軍やアラブ社会主義への期待を抱かせた。それに反比例し、旧来の部族長や都市部のエリートの権威は低下した。これに強い危機感を覚えたのが、サウジアラビアなどの首長国だった。

多くの国では、中央では軍部、地方では庶民に直接働きかけるウラマー（イスラーム世界の知識人・精神的指導者）の影響力が強まった。大戦後に普及したラジオ放送は、意見の交流や新たな考えが広まるのを助けた。先述したムスリム同胞団は、それを最も活用した一派であった。

シリアやイラクでは、ナセルの影響を受けてバアス党が結成された。また少し遅れて1969年にリビアでも、ムアンマル・アル・カッザーフィ（日本ではカダフィ）がエジプトにならって自由将校団を結成し、クーデターで政権を獲得した。

世界同時危機――スエズ危機

ナセル政権になって政権が安定したため、エジプト経済は好調だった。彼はよりいっそうの発展のために、かつてイギリス統治時代に計画されたアスワン・ハイダムの建設に取りかかった。必要となる資金は莫大だったが、ナセルが東側に接近するのを止めるため、英米が協力を約束した。しかし彼は、さらによい条件を引き出すため、ソ連にも話を持ちかけた。これが逆効果になり、英米両国は怒って計画から手を引いた。彼は明らかにやりすぎた。

計画を白紙に戻すことができない以上、別の手段を探すしかない。そこでナセルは、スエズ運河の国有化案を打ち出した。運河収入は年に1億ドルほどだったが、そのうちエジプトに支払われるのは、わずか3％だった。彼は、これはいくら何でも少なすぎると主張した。

しかしイギリスは、スエズ運河の利権を失えば、回復途上の財政は頭から冷水を浴びせられてしまう。何よりイギリスは、これを守るためにアラブ諸国の独立を認めたのである。黙って見過すことはできなかった。フランスも、ナセルにアルジェリア問題に首をつっこまれて怒っていた。イスラエルも、運河が国有化されてエジプトと国境を接することを避けたがっていた。

3国の策は、国有化阻止を名目にイスラエルが宣戦し、そのあとに英仏が運河を守ることを口実に、「ちょっと待て」とばかりに戦いに割って入り、そのままなし崩し的に占領するというものだった。これは純粋に平和維持活動と主張できるはずであり、勝算は十分にあるはずだった。

こうして1956年10月29日から始まったのが、スエズ戦争（第二次中東戦争）だった。イスラエル軍の電撃作戦によって、エジプト側は近代兵器のほとんどが破壊され、ガザ地区とシナイ半島を占領されて1万人もの死傷者が出た。戦いはエジプト側の完敗だった。そして英仏軍が割って入り、停戦のためエジプト軍の撤退を通告した。ここまでは筋書きどおりだった。

しかしこの行動は、あまりに見えすいたものだった。近隣の親英アラブ諸国は反発し、親英派代表のサウジアラビアでさえ、自国に大損なのを承知で石油輸出の禁止を発表した。ソ連など東側諸国も激しく非難した。それでも、ここまでは英仏の予想の範囲内だった。

予想と違ったのはアメリカの反応だった。当時のアイゼンハワー政権は、軍事費抑制のためにソ連との対立を避けようとしていた。さらに急増するアジア・アフリカの新興独立国との良好な関係を築き、国連総会における票を獲得しようとしていた。このためその多くが反発している以上、英仏の帝国主義的行動を、見過すことができなかったのである。

アメリカ政府は態度を硬化させ、英仏両国との外交断絶を宣言した。こうした状況から、国際金融市場では英仏が運河を手放すと予想され、両国の通貨が売られた。通貨価値は暴落し、企業取引に支障が出はじめた。これを阻止するには、両国政府が当時唯一の国際通貨であるドルで、しかも市場価格より割高の値で買い支えるしかない。すると必然的に両国内からドルが減少する。手持ちのドルが少なくなれば、金本位制の時代に金がなくなるのと同じで、自国通貨の価値が暴落し、最悪の場合は破産となる。やむなく3国は撤退し、国有化は認められた。こうして第二次中東戦争は、戦いに敗れた側が実質的に勝利するという非常に珍しい戦争となった。

ナセルの夢——アラブ統一運動

エジプトの勝利はアラブ世界にナセル型の路線を広げることになった。さっそくシリアでバアス党政権が、エジプトとの合邦を発表した。シリアの産業界も中東最大のエジプト市場への参入を期待して賛成した。さらにイラクとイエメンの2国でも、軍部がクーデターを起こして統一国家への参加を表明した。これが実現すれば、オスマン帝国以来、いやそれ以上に近代化された巨大軍事国家が出現することになる（図14）。それはこの国に取り囲まれることになるイスラエルやサウジアラビアなど

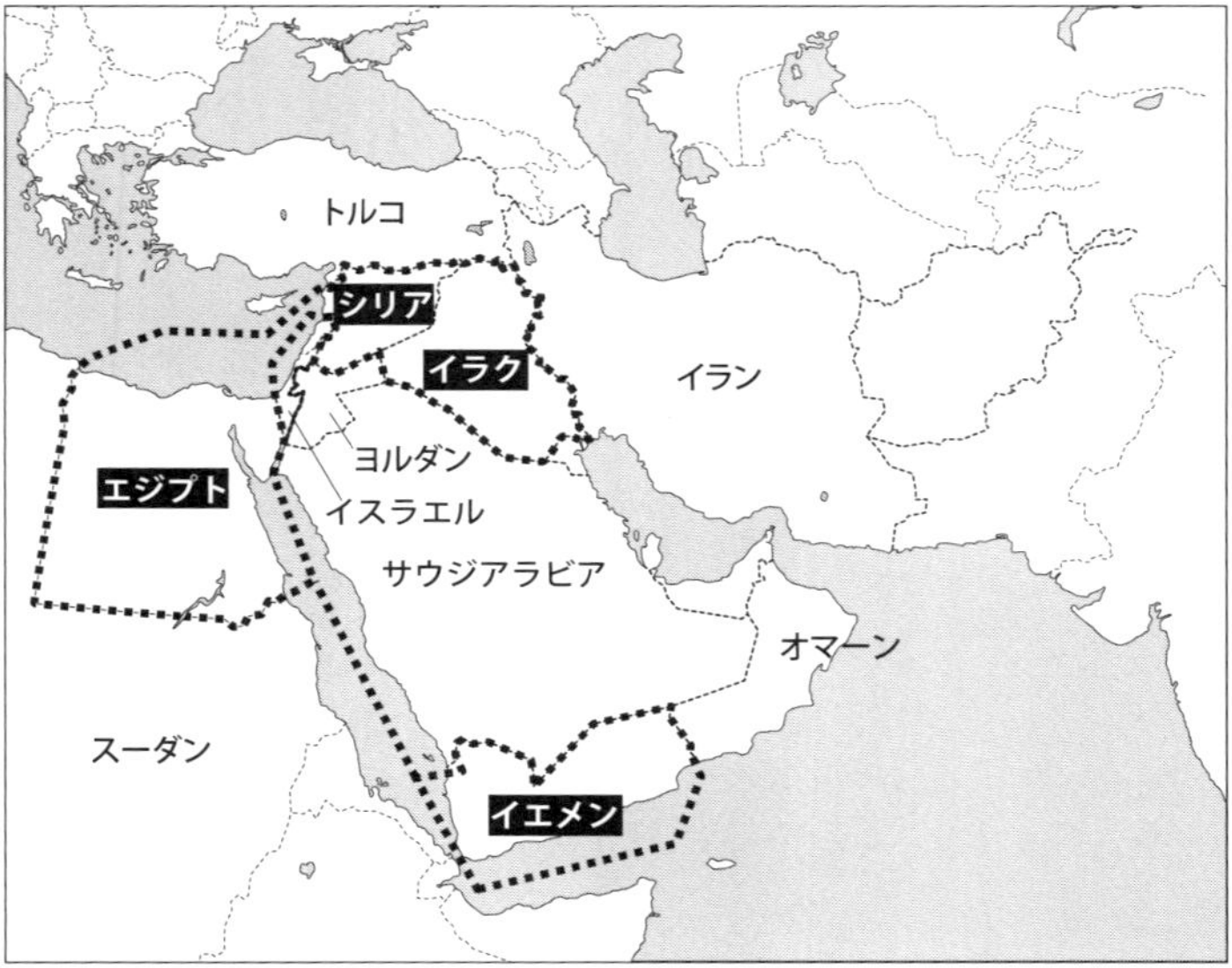

図14　アラブ連合共和国構想

の諸王国には脅威であった。1958年には第一弾としてエジプトとシリアが合邦し、アラブ連合共和国が生まれた。これを発表するナセルは、得意の絶頂にあった。

しかしその後の事態は、彼の思うようにはいかなかった。それまでの経緯から、エジプトはシリアを格下の属国のように扱い、エジプトで成功した農地改革や計画経済を、シリアの事情をまったく考慮せずに強制した。当然ながら、シリア側は反発した。

イラクでも、合邦直前に反対派がクーデターを起こして賛成派を追放し、参加の撤回が公表された。しかし国民の多くは合邦に賛成だったため、政府と国民が対立する事態となった。

またイエメンでは合邦の賛否をめぐって国民が真っ二つに引き裂かれ、内戦に発展した。ナセルは親エジプト派の求めに応じて介入したものの、内戦は泥沼状態に陥った。

歴史は繰り返す。かつてエジプトは、ムハンマド・アリー時代にアラビア半島への軍事介入でつまずいた。ナセルもまた、アメリカがベトナム戦争ではまったのと同じ泥沼の中にいた。増え続ける軍事予算が財政を悪化させ、それを補うための重税が経済を停滞させた。こうしてエジプトは、かつてのムハンマド・アリー朝のように、次第に経済破綻の道を転がり落ちていく。

ナセルの夢にとどめを刺したのは第三次中東戦争だった。第二次中東戦争以来、イスラエルとエジプトの国境があるシナイ半島には、国連平和監視軍が駐留していた。しかし1964年にはヤーセル・アラファトがPLO（パレスティナ解放機構）のゲリラ活動を活発化させ、監視軍はPLOとイスラエル軍の衝突を止められないでいた。

1967年、ナセルは突然パレスティナ難民の保護を名目に、国連監視軍の撤退を求めた。たしかに当時はPLOとイスラエル軍の衝突を心配する声がアラブ諸国に広がっていたが、これは2年前のスカルノと同様、ナセルが自国の危機を覆い隠すための演出だった。

このとき彼は、国連監視軍は撤退せず、にらみ合いが続くと読んでいたが、予想に反してあっさりと国連監視軍は撤退してしまった。落ち目の人間は勘も狂うものである。

振り上げた拳を下ろす場所がなくなったナセルは、仕方なく軍事対決の道を選ばざるを得なかった。しかしこれを予想していたイスラエルは、先手を打って1967年6月5日、エジプトに奇襲攻撃を加え、第三次中東戦争（六日戦争）が勃発した。イスラエル軍はエジプト軍に第二次中東戦争以上の壊滅的な打撃を与え、作戦はわずか6日間で終了した。イスラエル軍は、単独でシナイ半島の全域とエルサレムの東半分（ヨルダン川西岸地区）を占領するという戦果を上げ、戦死者は800名弱にとどまった。一方のエジプト側の死者は1万人以上にのぼり、戦力の80％が破壊された。アラブ側の完全な敗北であった。ナセルは物心両面に計り知れない打撃を受け、1970年に心臓発作で亡くなった。

一代の英雄とともに、アラブ統一の夢も崩れていった。イラクでは1968年にイラク・バアス党がクーデターで政権を握り、合邦に反対する方針を打ち出して賛成派を弾圧した。またナセルの死をきっかけにイエメン内戦も停戦となり、シリアではハーフェズ・アル・アサドを中心とする反エジプト派がクーデターで政権を握ってアラブ連合からの脱退を表明した。その後アサドは一党独裁体制を敷き、イラク同様、ナセル派を徹底的に弾圧した。

湾岸首長国からテロリストが生まれる理由

戦後の中東地域には2種類の国が生まれていた。一つはここまでの話の舞台となったエジプトのような非産油国で、エジプト以外は近代化が十分でないという特徴があった。これらの国々は、エジプトのように軍や民族主義政党が、国家主導で近代化を進めようとした。

もう一つのタイプが産油国で、19世紀以前から続く首長が支配し、おもな消費国であるアメリカなどと親密だった。こうした国では石油収入のおかげで、庶民は無税で、病院や教育も無償であったが、その代わり議会は設けられず国家収入の大半は王族に独占された。つまりアメリカ独立戦争のスローガンとは逆に、「課税なくして代表なし」であり、庶民は不満があってもそれを国政に反映させる手段を持たなかった。この構造が20世紀末に、アラブ社会に不満をうっ積させ、多数のテロリストを生み出す土壌となる。

一方、産油国の石油採掘と精製に関する権利は、ほとんどが西側の企業群（国際石油資本、別名石油メジャー）に握られており、各国が手にする収入は産出額のほんの数％であった。この収入の少なさについては、いくら西側企業と親密にしているとはいえ大いに不満だった。各国はこうした状況を改善しようと、第二次中東戦争後の１９６０年、中東4国と南米ベネズエラでＯＰＥＣ（石油輸出国機構）を結成したが、最初の頃は影響力がほとんどなかった。

その後１９６７年に第三次中東戦争が起きると、産油国は石油の大幅値上げを発表した。しかし、このときはエジプトが敗れるのがあまりに早かったため、まったく効果がなかった。この反省から、より迅速に行動するために、湾岸諸国だけで結成されたのが、１９６８年のＯＡＰＥＣ（アラブ石油輸出国機構）である。そしてこのことが１９７３年の第四次中東戦争の勝利に結びつくのである。

イラン民主主義の挫折

第二次大戦中、イランはドイツと同盟を結んだ。それはイランに脅威を与えていた北のソ連や、東西のイギリス領（インドやイラク）から国を守るためだった。しかし戦争が始まると、ドイツとの同盟を口実に英ソが全土を占領した。国王は退位し、彼の息子モハンマド・レザー・パフレヴィー（パフレヴィー2世）が後を継いだが、もちろん英ソの操り人形とされるはずだった。しかしこの事態は、国王独裁体制を消し去った。

大戦後、新政府は中央集権の緩和に取り組み、若き国王もこれを認めた。投獄されていた政治家が釈放され、民主政が再開された。初の大衆政党が結成され、労働組合も思いきり活動できる自由を謳歌した。

首都近郊ではインフラ整備や産業開発が進められたが、地方は放置され、中世と変わらないままだった。最大の問題は、戦後もしばらく英ソに占領されていたことで、石油などの資源が徴発されて税収が激減し、インフレが続いたことだった。

政府や議会内には、経済の混乱を解決するには、石油の国有化しかないと考える者が増えていった。当時、イランの石油は、採掘から精製までをイギリス系企業アングロ・イラニアン社（現ＢＰ）に独占されていた。しかし南米のベネズエラなどは、人口がイランの3分の1であるのに産油量は2倍で2億ドルの収入があった。これに対しイランの収入は、その6分の1の３２００万ドルであり、人口

1人あたりだと18分の1にすぎなかった。もう少し石油収入の取り分が多くてもよいはずだった。

こうした状況の中、アングロ・イラニアン石油側は、収入の半分をイランに渡す妥協案を出してきた。しかしこれが、これまでの石油会社のぼろ儲けぶりを明らかにすることになった。イラン国民は激しく反発し、1951年、20世紀初頭のイラン立憲革命で活躍した老練な政治家モハンマド・モサデクを首相に選んだ。彼は石油産業の国有化を断行し、石油の利益と価格決定権を手に入れた。

しかしこうした動きが広がるのを恐れた先進工業国は、連携してイラン産石油の不買運動を行った。このときソ連がイランに味方したため、さらに西側諸国を苛立たせた。

モサデクにとって不幸だったのは、当時はイラン産原油がなくても何とかなる産業構造の国が多く、のちの1970年代と違って石油危機が起こらなかったことである。我慢比べは、イランの負けとなり、イラン財政は破綻の淵に追いやられることになった。

この状況を利用したのがパフレヴィー2世であった。彼はアメリカのアイゼンハワー政権などと連絡を取り、その支援を受けて1953年8月にクーデターを実行した。モサデクらは逮捕されて民主政が崩壊し、国王独裁体制が復活した。彼はメジャーと交渉し、石油価格を両者の協議で決定する形に変えた。またアメリカの支援で、財政破綻も回避された。クーデターに反発する勢力に対しては、アメリカの支援で強化された秘密警察サヴァクが弾圧を行った。しかし民族の英雄モサデクを破滅させたことで、イラン人の対米感情が悪化した。また、国会や政党が壊滅状態になり、民意を国政に反映させる手段もなくなった。これがのちの革命後にイランが急進的な宗教国家となる原因となった。

1960年にアメリカでケネディ政権が誕生すると、ケネディは韓国などと同様、イランにも援助と引き替えに経済的な自立を要求した。そこでパフレヴィー2世は韓国同様、開発独裁的な自由主義改革（白色革命）を実施し、土地改革や汚職の追放、国営企業の民営化などを行った。

しかし国営の石油企業の民営化は進んだものの、政治家の汚職や腐敗の追放には失敗した。土地改革も地主への配慮が大きすぎて中途半端となり、大土地所有はなくならなかった。

しかしそんな改革でも社会構造は変化した。農業の合理化ではじき出された農民が、都市に流入して労働者となったのである。これはたとえ限定的でも、イラン社会に近代化をもたらした。近代化を阻害する最大の問題は、国王の政治姿勢だった。

パフレヴィー2世は治安を最優先し、秘密警察サヴァクは、マスコミの検閲や言論統制など国民監視体制を構築した。おまけにサヴァク自身が力を持ちすぎないよう、組織内に複数の組織を作らせ、相互を監視させた。それはまるで古代ペルシアの「王の目」・「王の耳」を連想させた。政治家も監視され、政党も御用政党以外は禁止された。スパイの横行によって国民の政治批判を封じ込めた結果、国民の不満が表面化する道が閉ざされてしまった。

国民の批判というブレーキを持たない政府は肥大化・非効率化し、また王権はその贅肉だらけの巨大な政府なしでは支えられなかった。国を豊かにしないものに力と予算を注ぎ込む政府が長続きすることはない。また政治腐敗も急速に進む。国王専制体制の崩壊は避けられない状況だった。

第五章
冷戦と南アジア

けんか別れした兄弟国――インド・パキスタンの分離独立

南アジアの戦後政治は、大戦の経過と深いつながりがある。大戦中、イギリスはドイツと戦うため、その兵力の多くをヨーロッパに集中させた。このためインドの独立運動を抑えることが難しくなった。また、すでにインド人は大戦前の1935年に新インド統治法によって地方政府の実権を握っており、これが独立への動きを加速させた。

大戦でイギリスは、インドの重要性を痛いほど感じた。イギリス軍内のインド兵は、大戦直前の18万人規模から、最後は250万人にまで増加した。100年前のインド大反乱時のシパーヒーが20万人ほどだったから、10倍以上である。兵力以外に物資供給源としても、イギリスがインドなしで戦いを続けることは不可能だった。このため大戦中に出された大西洋憲章には「政府形態を選択する人民の権利」が明記されていたにもかかわらず、チャーチル首相が直後にわざわざ「これは大英帝国には適用されない」とコメントしたが、これは明らかにインドを確保しようとする意志を示していた。

大戦中、インドを統治する兵力が不足するなか、イギリスは反乱を恐れて独立運動には慎重に対処した。インド側も戦争ではイギリスと協力する姿勢を見せたため、一見すると平和な状態が続いているように思われた。

しかしそれが表面的なものだったことが明らかになったのは、1941年に日本とのアジア太平洋戦争が始まり、日本軍が東南アジアに進出したときであった。元国民会議派の大物政治家スバース・

チャンドラ・ボースが「インド国民軍」を率いてインドを解放しに来るという噂が流れたのである。それがインド各地で独立運動を再燃させた。連合国は驚き、ローズヴェルトや蔣介石が、マハトマ・ガンディーやジャワハルラール・ネルーら独立運動の指導者を説得しに、わざわざインドまでやって来た。イギリスも、戦争の協力と引き替えに戦後の自治を「本当に」約束した。

しかし、すでにある程度の自治を得ている以上、これはインド人にとって大した進歩ではない。何よりインド人は、これまで何度も約束を裏切られていた。彼らがイギリスの提案を拒否し、独立を要求したのは当然だった。

追い詰められたイギリスは強硬策に切り替え、ガンディーら、おもだった会議派の指導者を逮捕した。その結果、全国的な抗議運動が発生したが、イギリス側の態度は変わらなかった。

イギリスにとって幸いなことに、日本軍はビルマの戦いで敗北して撤退し、インドから脅威は去った。イギリス側は胸をなで下ろしたが、本当の山場はそのあとに来た。

大戦後、日本軍に協力したインド国民軍兵士の裁判が行われたが、これがインドに大きな影響を及ぼした。イギリス側からすれば彼らは敵国協力者だが、インド人からすれば、解放に努めた愛国者であった。全国で激しい裁判反対・兵士釈放運動が巻き起こり、ついには英軍のインド兵までが、反乱の動きを示すようになった。イギリスは、1857年の大反乱の10倍の、しかも近代兵器を備えた軍勢を敵に回すことだけは避けねばならなかった。

また、当時インドでは地方選挙が行われている最中であり、熱狂の中で各地で国民会議派が大勝した。その一方で会議派の躍進に危機感を覚えたイスラーム教徒は、ムスリム連盟に票を集中させた。これによって両党以外の政党は壊滅的な打撃を受け、政治勢力としての影響力を失った。

事態を知ったイギリス本国は、新しい提案を持ち出した。それが連邦3分割案である。これはインドを、東部（ほぼいまのバングラデシュ）、中部（ほぼいまのインド）、そして西部（ほぼいまのパキスタン）の三つに分けて高度な自治権を与え、イギリスは外交権とともに3者の利権を調整する中で、自国の利権を確保しようとするものだった。これには東部・西部で権限が増すムスリム連盟が賛成したが、現状と変わらない国民会議派は拒絶した。

その頃、イスラーム・ヒンドゥー両教徒の混住地域では、双方の急進派同士による武力衝突が頻発した。交渉が微妙な段階に入っていたため、ガンディーが対立を収めようとして各地を説いて回ったが、もはや彼でも収めることができないほど皆の頭に血が上っていた。

そんな状況の中、切羽詰まったイギリスは、一方的に１９４7年7月にインド独立法を制定し、主権をインド人に返還した。イギリスが急いだ理由は経済問題だった。イギリスは大戦前、世界中に莫大な利権を持っていたが、大戦が終わってみれば、負債のほうがはるかに上回る状況になっていた。そのうちかなりの負債がインドからのものだった。インドが独立しなければ負債を回収できるかもしれないが、独立は避けられない状況だった。

当時のイギリスは、財政破綻寸前の状態をアメリカの援助でしのいでおり、これ以上の負担は致命的だった。そんな現状からすれば、インドの独立を認めることと引き換えに、イギリスの負債を放棄してもらうのが破綻を避ける最善策だった。そして最も手っ取り早くインド側が呑んでくれる条件が分割案だと思われた。こうしてガンディーの理想とはまったく違う形で、完全独立（プールナ・スワラージ）が実現した。

1947年8月、大英帝国は静かにインドから去った。そしてインドとパキスタンが独立した（図15）。分離独立を最も悲しんでいたガンディーは、翌1948年1月、彼を裏切り者と信じたヒンドゥー過激派の若者によって暗殺されてしまう。

インドの不幸はそれだけにとどまらなかった。分裂前に最も対立が激しかった場所——1905年のベンガル分割令の現場であった東部のベンガル州と1919年のアムリトサル事件の現場であった西部パンジャーブ州——では、大混乱の中で過激派による大量虐殺が発生した。

しかし分裂後、最も激しい対立の場となったのは、最北部のカシミール藩王国だった。カシミールの藩王はヒンドゥー教徒だったためインドへの帰属を決めたが、住民の8割近いイスラーム教徒が反発した。対立は激化し、藩王はインドに援軍を要請した。これにパキスタンが反発し、1947年10月、第一次インド・パキスタン戦争（印パ戦争）が勃発した。

ただカシミール地方は、比較的低い土地にある州都スリナガルでさえ標高が1600mの山岳地帯である。このため平地用装備しかない両軍の戦闘は困難を極めた。戦争は国連の仲裁で、すぐに停戦となったが、紛争はその後も続き、カシミール紛争と呼ばれた。

またカシミールは中国とも国境を接している。戦後のインド・中国関係は1947年に平和五原則

図15　インド・パキスタン分離独立直後の南アジア

を確認し合うほど良好だったが、1950年に中国がチベットに侵攻した際に、インドが継承したはずのチベット域内の利権を中国が奪ったため、両国の関係は悪化した。

1959年、世界の目がキューバに注がれる中、中国はこの問題を解決しようとして軍を送り込んだ（中印国境紛争）。両軍の衝突が、西北部のカシミール地方と東部国境地帯の2カ所で発生し、東部国境地帯はインド軍が確保したが、カシミール地方の東部は中国が奪い、中国側の一方的な停戦宣言で終結した。

この紛争は、インドの対外政策を一変させた。これまで頼りにしていた友好国ソ連は、キューバ問題に気をとられて何もしてくれなかった。インドは以後アメリカに接近する。同時にインドは、自国の安全は自分で守るしかないと覚悟し、絶大な威嚇力を持つ核兵器の開発に着手し、最初の核実験を1974年に成功させた。またインドにおいてパキスタンとの問題は、言論の自由の対象から除外されるという原則が確立した。

一方でパキスタンは、中印国境紛争では中立を守ったが、その後はインドとの対抗上、中国と接近した。こうして南アジアでは21世紀まで、インド・パキスタンの対立に、アメリカ・ソ連・中国が巻き込まれるという複雑な関係が続くのである。

独立後のインド

独立後のインドでは、民主主義体制が整えられた。まず憲法については、ビームラーオ・アンベードカルが担当した。彼は独立運動にも加わった、英米の大学に留学した高名な学者で、不可触民（ダリット）解放運動の第一人者でもあった。このため憲法には、植民地時代にイギリスが復活させたカースト制を禁止する条項が設けられた。

議会は、イギリスの影響で二院制となった。しかし、ムスリム連盟の勢力がなくなった結果、建国直後の議会選挙で議席の4分の3を占めた国民会議派の事実上の一党支配体制となるとともに、イギリスと違って中央集権体制がとられた。軍の文民統制も徹底された。さらに、植民地時代の反省から、宗教紛争でインドが分裂しないよう、政教分離策は非常に重視された。特に1947年の両宗派による大虐殺の記憶は、政教分離策に対する強い支持を与えた。

会議派政権はネルーら左派が中心であったため社会主義政策を採用し、ソ連流の五カ年計画を作成して工業を重視した。独立理念の一つである国産品愛用策（スワデーシー）が、輸入を減らして国産品でまかなう輸入代替工業化策となり、多くの国営企業が作られた。ただしイギリスの影響に加えて、タタ財閥など経済界の支援が独立運動に大きく貢献したこともあり、中ソと違って民間企業は維持され、資本主義との折衷である混合経済体制がとられた。

しかし工業重視策は農業の近代化を遅らせた。このため農産物の生産はふるわず、工業も国内消費を満たすのが精一杯で、外貨獲得にはつながらなかった。国営企業への投資もハード（機械）が中心でソフト（運営）面は軽視された。このため国営企業の効率は低く、その保護のために民間企業が強く規制されて足を引っ張られる結果となった。

人材育成の切り札である教育政策もソフト面が軽視され、乏しい資金を活かすために中等・高等教育が重視されたが、その分、初等教育は軽視された。小学校の就学率は、建国時は13％だったが、1960年頃でも31％にしかならず、経済発展の足を引っ張った。

こうした要因のため、インド製品のレベルは向上せず、国際競争力を失った。このため企業は国営も民間も政府の保護下で生きるしかなかった。それでも何とかやっていけたのはインド市場が大きかったからで、90年代になると、インド経済復活のきっかけになった。

外交面では、1954年のネルー・周会談時に平和五原則が合意されて以来の非同盟中立外交は、世界の平和運動に大きな影響を与えた。これは翌年にインドネシアのバンドン会議（アジア・アフリカ会議）での平和十原則の成立につながり、外交の足場として1961年には非同盟諸国首脳会議が開催された。当然インドは、第一回から参加した。

このように外から見えるインドは輝いていた。しかし国内では、建国時から続く財政危機や、低い農業生産性を原因とする食糧危機が慢性化した。また、建国時の政府首脳には留学経験があり、西欧風の考えの持ち主が多かった。彼らは独立後のインドを西欧風の国民国家にするため、インドのナショナリズムを確立しようと歴史や伝統を強調したが、伝統的インド社会は、宗教やカーストで分断されたものだった。そのため政府がナショナリズムを強調するほど、社会の分断や宗教対立が進むという矛盾に直面したのである。

こうした問題は、建国時の指導者たちが健在なあいだは表面化しなかった。しかし1964年にネルーが亡くなった頃から、国民は遠慮なしに政府に非難を浴びせるようになった。また社会の分裂も、1980年代以降深刻化する。

ネルーが亡くなった翌年の1965年は、政府にとっての悪条件が重なった。まずこの年3月にベトナム戦争（北爆）が始まったが、インドは非同盟諸国の代表の立場から、最大の援助国アメリカに激しい非難を浴びせ、その怒りを買ってしまう。当時アメリカのジョンソン政権は財政赤字に苦しんでおり、インドの非難と第二次インド・パキスタン戦争は、援助停止つまり支出削減の絶好の口実になった。アメリカの圧力で世界銀行も援助を減らし、これらがインドの財政をさらに悪化させた。このためインドでは、反米世論が強まったが、政府には打つ手がほとんどなかった。

おまけにこの年は大干ばつと食糧危機が重なって発生し、各地で暴動が起った。もはや第三次五カ年計画の失敗は明らかだった。これをチャンスと見たパキスタンがカシミールに攻め込み、第二次インド・パキスタン戦争が発生した。戦争自体はインドの優勢で推移したが、国内の飢饉や暴動への対応もあったので、国連の仲裁を受け入れて停戦が成立した。この危機に対して国民会議派は、現実路線を採ってアメリカに頭を下げて援助を求めようとする一派と、ネルー以来の反米路線をとろうとする一派に分裂し、互いに激しい批判を繰り返した。

こうした見苦しい姿は、国民の批判を集めた。国民会議派は、国政選挙では現役閣僚でさえ落選し、州政府選挙でも各地で政権を失った。建国以来初めての会議派の危機に対し、国民会議派の主流派は、ネルーの娘インディラ・ガンディー・ネルーを党首に選んだ。インディラは期待を受けて1966年に政権に就いた。彼女は、冷淡になったアメリカに代わってソ連に援助を求め、両国の緊密化が進んだ。食糧問題も「緑の革命」をインドに導入することで乗り切った。産業面では社会主義政策が強化され、銀行の国有化などで経済統制を強めた。また地方の政治についても、少数派のタミル人政党や共産党と連携し、乗り切った。

危機は救われた。しかしこの改革で、インド建国以来、初めて中流層以下の階級に政治意識が芽生えたのである。やがて彼らは自分たちの要求を政治家にぶつけるようになる。それは70年代以降のインドの政治を大きく変える動きとなるのであった。

インドの1960年代は、経済成長こそ不十分だが、食糧問題を解消し、貧しさを分け合う社会主義政策によって政治が安定した。インディラ政権は、後述する1971年の第三次インド・パキスタン戦争でも東パキスタン（のちのバングラデシュ）を助けて勝利し、政権支持につなげた。

こうして彼女は父の後継者の地位を固めた。また彼女は政権運営で国民会議派の幹部を自分の息のかかった人物に替えていき、次第に彼女の一族、つまり父方のネルー家と、夫のガンディー家（有名なマハトマ・ガンディーとは関係がない）につながるゾロアスター教徒系の財閥が政財界に大きな影響力を持つことになった。これは政権の安定には貢献したが、国民会議派がネルー・ガンディー一族の政党となるきっかけとなった。これ以後の会議派では、結果的に一族の者でないと総裁になれないという不文律ができあがり、皮肉って「ネルー・ガンディー王朝」と呼ばれた。

パキスタンとバングラデシュの分離

1947年にインドから分離独立したパキスタンの国家運営は困難を極めた。東西パキスタンは、イスラーム教徒の国という以外、ほとんど共通点がない国だった。さらに両国とも国内に多様な民族を抱えており、国内をまとめることが難しかった。特に首都が置かれた西パキスタンは、もともとインド帝国内で最も経済力が乏しい地域であったが、それが比較的豊かな東パキスタン地域を配下に置くという不安定な形となっていた。

しかし何より問題だったのは、対立する巨大なインドを挟んで東西に分かれた、特異な国家形態だった。当然ながらそれは国家の一体運営を不可能にする。パキスタンはインド以上の困難さを抱えていた。

パキスタンでは独立直後の第一次インド・パキスタン戦争中に建国の功労者アリ・ジンナーが亡くなり、その後継者も暗殺されてしまう。彼らのあとに国をまとめられる人物は現れず、ムスリム連盟は力を失った。その結果、両パキスタンは急速に政府が弱体化し、政治家は税を私物化しはじめた。

この危機に立ち上がったのが軍部である。1958年、アユーブ・ハーン将軍がクーデターを起こして軍事独裁政権を樹立した。しかしアユーブ・ハーン政権は、1962年に中印国境紛争が起こったとき、介入のタイミングを見極めているうちに紛争が終結してしまい、結果的に傍観した形になって面目を失った。さらに1965年にインドでネルーの死去と大干ばつが重なった際、チャンスとばかりにパキスタン軍は第二次インド・パキスタン戦争を起こした。しかし、結果は無残な敗北だった。この戦争は財政的にも大きな負担となった。

こうした失敗の連続によって、東西パキスタンで軍政に対する批判が高まった。東パキスタンでは分離独立を主張するアワミ連盟、西パキスタンでは民政移行を求めるパキスタン人民党が勢力を増した。これに対し、軍政府は強硬策で乗り切ろうとしたが、逆効果となって分離独立運動が活発化した。この責任を取って指導者は交代した。

新政権は国民の不満を和らげるため、1970年に建国以来初めての総選挙を実施した。事前の分析では勝てるはずだったが、政府はツキに見放されていた。選挙直前に東パキスタンを巨大台風が襲い、膨大な数の犠牲者が出たのである。同胞の苦難を放置してはいけないイスラーム社会であるのに、軍政府の救助活動はあまりに緩慢だった。

選挙結果は、東西パキスタンともに反政府勢力が勝利した。しかし大統領はこの結果を拒否し、民政移行の延期を発表した。期待を裏切られた東パキスタン人は反乱を起こした。先述したように、これをインドのインディラ政権が支援して起こしたのが1971年第三次インド・パキスタン戦争だった。内外からの攻撃で、東パキスタンでは政府軍が降伏し、西パキスタンでもインド軍が優勢のうち

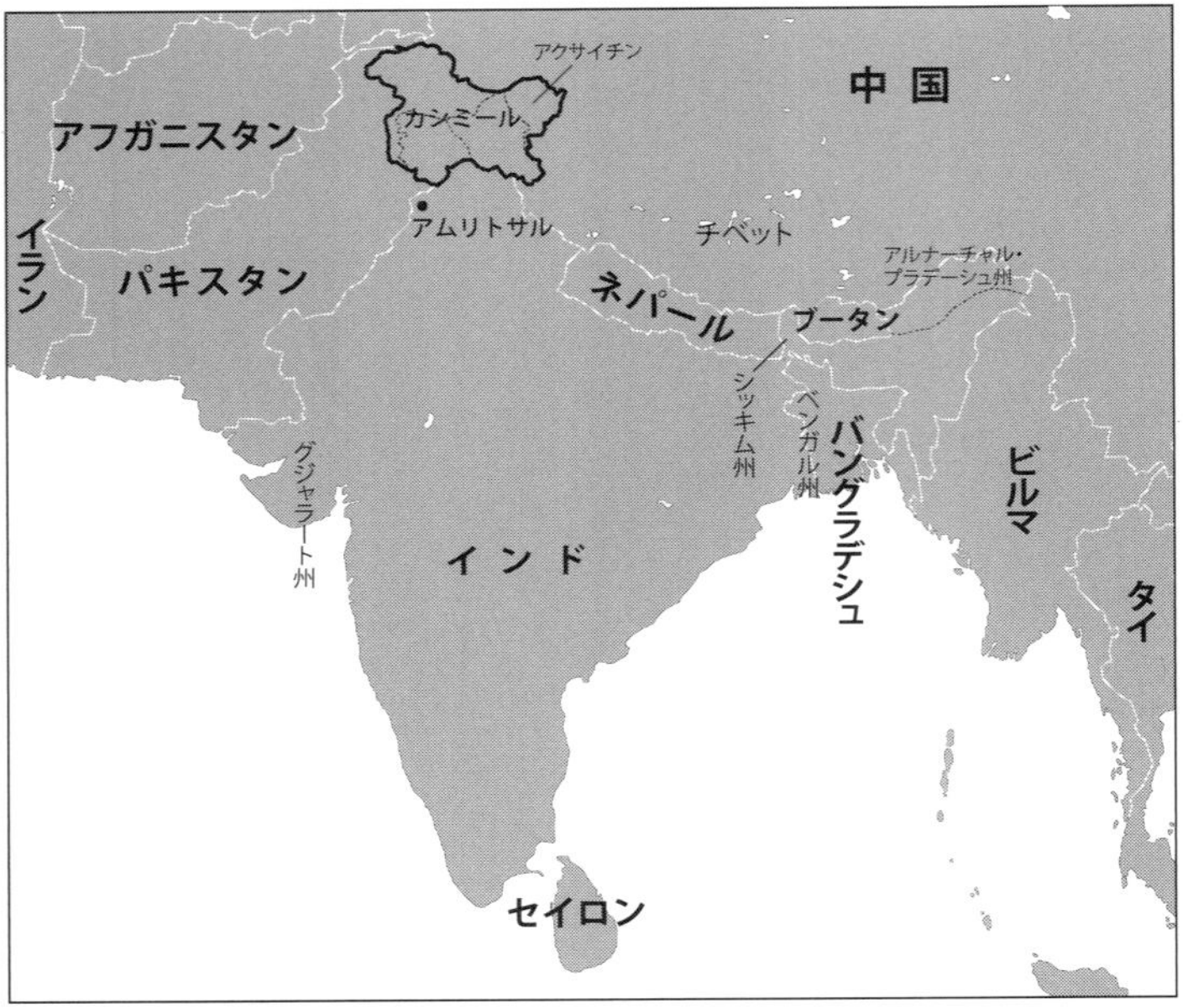

図16　1971年の南アジア

に停戦が成立した。その後、東パキスタンはバングラデシュとして独立する（図16）。

軍政府とパキスタン軍の権威は失墜し、大統領は解任された。軍政終了後は、名門ブット家のズルフィカル・アリー・ブットを中心とする政権が誕生した。パキスタン初の民政である。ブット大統領はインドとのあいだでカシミールをめぐる協定を結び、その後両国は何度も対立を繰り返しつつも、大きな紛争を起こすことなく今日に至っている。

第六章
冷戦体制の解体

アメリカ社会の変化

ここまで見てきたように、1960年代の終わりには米ソ二大国がいずれも国内に問題を抱えるようになった。その元凶は彼らが始めた冷戦であった。冷戦は、結果としてソ連に停滞する社会をもたらした。そしてアメリカの社会や文化には大きな変化が生じ、それは世界にも大きな変化をもたらしたのである。

戦後のアメリカでは、世界的な復興需要の恩恵で、好況が続いた。さらに政府の退役軍人対策によって復員兵が家を建てたことで、住宅ブームが起こった。郊外に団地が生まれ、都心に通勤するための自動車が売れ、モータリゼーション（車《クルマ》社会化）も到来した。自動車や住宅は、関連産業への波及効果が非常に大きい。郊外での家族との生活を楽しむためのレジャー産業が成立し、新しい生活の指針を得るための本がたくさん刊行され、出版ブームも起こった。生活の質を向上させる物質的な充実が重視され、伝統的な価値観を否定することが「進んだ」価値観とされた。そこでは新しく若いものが善で、古く老いたものは悪だった。普及が進んだテレビでは、郊外の住宅地に住む豊かな中産階級を描くドラマがヒットした。その中では、戦いで疲れた男性を家で女神のように迎えて癒やし、ひたすら夫と子供に尽くす女性が理想像として描かれた。若くして大統領となった夫ジョンとそれを支える貞淑な妻ジャクリーンの姿は、アメリカ人の理想であった。

しかし一方で、こうした建前だらけで、「みんな一緒」を良しとするような価値観を持つ社会を批判する動きが起こった。すでにナチスを逃れて亡命してきたドイツ系の人々は、アメリカの大衆文化に、単一の価値観を尊ぶファシズム的なものを見出していた。社会学者デイヴィッド・リースマンの著書『孤独な群衆』におけるアメリカの大衆文化の分析は、その後、多くの国に生まれた大衆社会に当てはまった。文学の世界でも、ウィリアム・バロウズやジャック・ケルアックなどが、作品の中だけでなく、わざと非常識な行動をすることで、社会の息苦しさを批判した。彼らに影響を受けた人々はビート世代と呼ばれた。

また心地よいリズムだけが主体であったポピュラー音楽界にも、ロックンロールを歌う「不良少年」エルヴィス・プレスリーが出現した。彼は聴衆の前で、わざと上着を脱いで上半身を露出したり、性行為を連想させる腰の動きをして良識ある人々の眉をひそめさせた。映画界でもジェームス・ディーンが、『理由なき反抗』で不良少年役を演じ、熱狂的に支持された。

しかし批判者としての最大の勢力は、何といっても黒人たちだった。すでに音楽界ではモダンジャズがビート世代の人気を集めていたが、これは、マイルス・デイヴィスたちが、決まりきったリズムのスウィングジャズ様式をわざと壊すために、即興演奏を取り入れたものだった。またプレスリーたちも、黒人音楽のブルースの要素を積極的に取り入れた。

政治面では黒人の人権問題が焦点となった。約100年前の1863年、リンカン大統領の奴隷解放宣言によって黒人たちは市民権を得た。しかし19世紀末の大不況は、彼らの生活を直撃し、南部では州政府が社会の不満のはけ口として黒人差別を利用した。

しかし20世紀前半に、状況が一変した。20年代の好況期から世界恐慌期に、仕事を求めた多くの黒人が南部農村から北部の都市部に移った。都市は政治の変化が実感しやすく、情報が共有されやすい。第二次大戦の戦場では、自国政府が枢軸国の人種差別政策を非難しながら、国内の人種差別を放置するという矛盾を見せつけられた。戦争中も部隊内での差別に苦しみながら、白人も同じ赤い血を流して死ぬことを理解した。二つの大戦とその前後の好況期の経験で、彼らは行動しなければ何も変わらないことを悟ったのである。

一方で黒人以外の人々も、戦後はマッカーシズムのような、共産主義に対する恐怖感から一種のヒステリーに陥ったが、その後は冷静になった。そして大戦の勝利で得た民主主義に対する自信によって、いまも残る差別を恥であると感じていた。

当時南部一帯では、ジム・クロウ法と総称される人種分離政策が行われ、黒人と白人の生活圏が厳しく分けられていた。それが1954年の連邦最高裁判決で教育上の分離政策が違憲とされたことをきっかけに、大きく変わっていく。

翌1955年、黒人女性が白人からバスの席を移るよう迫られて拒否しただけで逮捕されたのをきっかけに、大規模な差別反対運動（公民権運動）が発生した。この運動で有名になったのが、マーティン・ルーサー・キング牧師である。彼はガンディーの非暴力不服従方針を採用し、バス乗車拒否運動を広めた。バス会社は経営破たんに直面したため、州政府側が譲歩した。公民権運動側の勝利であった。

さらに2年後には、アーカンソー州リトルロックの町で、判決を無視して白人専用を堅持しようとした高校に、公民権運動派の黒人生徒が転入しようとし、これを阻止しようとする州兵と、保護しようとする連邦政府軍がにらみ合う事態となった（リトルロック事件、写真12）。これをきっかけに、全国で公民権運動が活発化した。こうした動きに保守派や人種差別主義者は反発したが、世論は好意的で、多くの市民が差別解消のために行動した。こうした市民運動の高まりが、その後のベトナム反戦運動へとつながった。

こうした政治面の動きを陰で支えていたのが好景気であった。60年代までの企業は、少ない種類の製品を大量生産して製品原価を引き下げた。一方で販売価格は、独占禁止法に触れないようにしながら同業他社と揃えて大量販売し、巨額の利益を上げていた。

労働者もこのシステムの恩恵を受けた。アメリカでは労働組合は、産業ごとに組織されている。賃金は職種ごとに決まり、保険や年金などの福利厚生制度は、組合が運営する民間基金が担っていた。日本やヨーロッパのような国営の福祉制度は非効率だと思われていた。政府も、企業の要求を受けて、税制面で大企業と大労働組合に有利な制度設計にしていた。その結果、保護の代償として労働組合がストライキなどを控えたため、工場稼働率は高い

写真12　リトルロック事件

レベルを維持できたのである。

ベトナム戦争はアメリカも変えた

そんな中で起こったのが、ベトナム戦争だった。アメリカはベトナムにおいて、インドシナ戦争の頃からフランスを援助していた。フランスが１９５４年に撤退したあとも、アメリカはジュネーヴ協定を無視して南ベトナムを援助し続けた。しかし南ベトナムの政権が、無能であったり国民を無視したりして支持を失うと、容赦なく政権の打倒を画策した。

当時のアメリカは、政権にかかわらず、各地でこうした干渉を盛んに行った。それが最も安価に冷戦を戦う方法だったからである。ラテンアメリカのグアテマラやキューバでは、左翼政権が倒れ、キューバのバティスタ政権のような独裁政権が成立した。またアフリカのガーナやコンゴでも、軍が独裁政権を成立させた。これらの陰には、常にＣＩＡ（中央情報局）などスパイ組織の支援があった。

先述したように、ベトナム戦争は、ジョンソン大統領時代の１９６４年8月に始められ、１９６５年から大軍が北ベトナムを爆撃した。北ベトナム側も反撃し、１９６６年から両国は激しくぶつかり合い、どちらも決定的な勝利を得られない状況が続いたが、アメリカ側は政府も国民も、勝利をまったく疑っていなかった。

しかし１９６８年1月のテト攻勢はアメリカに大きなショックを与えた。政府の発表を信じきっていた国民は、以後はその反動として政府の発表を疑うようになる。政府も、すっかり自信を失ってしまった。

その結果、アメリカ国内で起こったのがベトナム反戦運動である。それは戦争初期には小規模なものだったが、テト攻勢後は数万人規模の反戦集会が各地で開かれるようになっていた。

ジョンソンにとどめを刺したのが、この年の3月に起こったソンミ村虐殺事件だった。アメリカ市民は自国の軍隊の残虐行為に激しいショックを受け、ベトナム反戦運動は最高潮に達し、政府は猛烈な批判にさらされた。ジョンソンは、残る任期を戦争終結に向けて全力を尽くし、次の大統領選挙には出ないと表明せざるを得なかった。事実上ジョンソン政権の終わりを告げる出来事だった。

またジョンソンの「偉大なる社会」計画も、大きな壁にぶつかっていた。「偉大なる社会」計画は機会均等というアメリカの歴史的・伝統的な自助努力精神に沿いながら、貧困の絶滅という壮大な目標を掲げていた。しかしその実現には、多くの時間と経費が必要だった。問題は、長年差別されてきた黒人たちに、待つ余裕があるかということだった。1960年代にアフリカに多くの独立国が生まれたことで、彼らの中に、焦りにも似た感情が生まれていた。

こうした状況の中で発生したのが1965年夏にロサンゼルスのスラム、ワッツ地区で起こったワッツ暴動だった。暴動はこれ以後ほぼ毎年のように起こり、最初の年だけで死者34人、負傷者1000人、逮捕者4000人を出す大暴動に発展した。暴動の背景には、白人警官の日常的な人種差別的な態度や、スラムの根本原因である失業問題、そして劣悪な生活環境などがあった。

暴動をきっかけに、ブラックパワーと呼ばれる勢力が台頭した。彼らは、キング牧師らの非暴力路線に飽き足らず、暴力的な直接行動を重視した。一部の過激派は、革命を起こして黒人国家を作ろうとし、これを批判する穏健派に対しても暴力が振るわれた。暴力に対する抵抗がさらに暴力を呼ぶような状況の中、1965年には有名な活動家マルコムX、68年にはキング牧師が暗殺された。また1967年には、運動に影響されたアメリカが誇る黒人ボクサーのモハメド・アリ（写真13）が徴兵を拒否し、ヘビー級チャンピオンベルトを剥奪された。

こうした動きに刺激されて、同様に差別されていた先住民やメキシコ系、アジア系なども、権利だけでなく具体的な措置を要求したため、公民権運動は拡大した。アメリカでは伝統的に「人種の坩《る》堝《つぼ》」つまり様々な人種が混じり合って住むという形が望ましいとされてきたが、この頃には理想の実現が困難であることが明らかになっていた。理想は次第に、溶け合う坩堝から、溶け合わずとも一緒にいられる「サラダボウル」へと変化したのである。

さらに、すでに始まっていた徴兵拒否運動も大きく広がり、刑務所行きを厭わない人々が続出して政府を困惑させた。

写真13　モハメド・アリ
©Library of Congress

その刑務所の中でも動きがあった。当時その中にいたのはほとんどが低所得者層の黒人であったが、少数派であった白人も低所得であることは同じだった。そこは人種の平等や人権尊重など存在しない世界であり、生活環境も劣悪だった。手紙は検閲されるのが普通で、刑務官や仲間内での力や言葉の暴力などは当たり前だった。

それが1970年代になると刑務所内で囚人の反乱が続出し、軍を出動させる事態が頻発した。刑務所内の非人道的な扱いに対する裁判も多くなったが、そのいくつかで囚人側が勝訴した。その要因が、陪審員の存在だった。

アメリカの陪審員は日本と同様、一般市民から選ばれる。ただし日本と違って判決に関わることはないが、その意見は尊重された。陪審員も市民の一員だったので、ベトナム戦争で政府が見せたダブルスタンダード、つまり外に対しては自由のための戦いといいながら、国内では自由や人権を軽視している態度を不快に思っていたのである。

白人の中の弱者であった女性からも、男尊女卑の風潮を退け、女性が男性に合わせないで済む社会を作ろうというフェミニズム運動（日本ではウーマン・リブ運動）が起こった。職場における男女同権、男子大学の共学化、性や生殖に関する権利、たとえば中絶が違法なため女体のみが危険にさらされることを避けるための中絶合法化などが要求された。こうした諸運動の結果、白人男性中心だったアメリカの価値観は揺らいでいった。

さらに若者の中には、第一章で触れた新左翼がいた。彼らが育ったのは戦後の豊かさを謳歌し、物質文明に対する賞賛一辺倒だった時代である。ベトナム戦争をきっかけに生まれたアメリカの自己反省の動きは、彼らにとって絶好の意見表明の機会となった。ただし彼らの運動はおもに大学キャンパス内だけであり、19世紀ロシアのナロードニキのように、スラム街や農村に出向いた例はほとんどなく、同世代の労働者でさえ彼らの運動の真意を理解していたとはいえなかった。

一方で、彼らの中から新しい文化が産み出された。それが50年代に生まれたビートニク世代の影響を受けた、カウンターカルチャー（対抗文化）と呼ばれるものである。それは高潔な理想の陰に隠された差別や抑圧といった、大人社会が許容していた汚い部分を批判し、真の自由、実感できる自由を追求した。また彼らはそうした社会を支配する大企業や政府などの巨大な存在を嫌い、自らの手で新しいものを産み出そうとした。

宗教面でも、キリスト教組織が戦争に協力的だったため、平和を求める新しい宗教や、無信仰を実現する動きが強まった。特に当時、東洋には平和で穏やかというイメージがあったため、仏教や道教、ヒンドゥー教といった東洋思想が好意的に紹介された。それらがそのまま導入されたり、多少西洋風に変えられた新興宗教が数多く生まれたりした。

文学の面でも新しい動きが起こった。当時の若者たちが熱心に読んだ作品は、１００年前のアメリカ人ヘンリー・ソローの『森の生活』や、スチュアート・ブランドの『全地球カタログ』など、自力で生きるための手引きとなるものだった。それはフロンティア・スピリットに通じるもので、アメリカ人には親しみやすいものだった。

1962年に出版されたレイチェル・カーソンの『沈黙の春』も環境問題を訴え、世論に大きな影響を与えた。すでにアメリカでは1945年にロサンゼルスで光化学スモッグが観測されていた。その3年後には東部ニューヨーク市近くのペンシルバニア州で、大気汚染によって住民の半数近い6000人もの被害者が出る事件が起こり、1950年代になってそれが自動車の排気ガスが原因であることが判明した。1960年代にはアメリカ東海岸からカナダにかけての森林が広範囲にわたって枯れ、14000以上ある湖で魚などが大量に死ぬ事件が起きていた。それは今日でいう酸性雨によるものであり、自由な国アメリカが環境に深刻な負荷を与えている典型例だった。

そんな中、環境汚染の被害を訴えたカーソンのこの作品が雑誌『ニューヨーカー』に連載されると、すぐに大きな反響を呼んだ。作品は単行本化され、わずか半年で発行部数が50万部を超えるベストセラーとなった。当初は経済への悪影響を恐れる政府や産業界の反発から「非科学的」と非難されたが、調査の結果、どちらが非科学的かはすぐに判明した。結局、政府や産業界も反響を無視することができず、以後は環境保護立法が相次いだ。

カーソンは出版の2年後に癌で亡くなったので、『沈黙の春』は彼女の遺言となった。この本が生み出した環境科学（エコロジー）という新しい学問分野は、次第に多くの賛同者を得て、20世紀末に持続的可能な発展を目指すサステナビリティ学となった。環境保護運動が盛り上がったのは、問題がアメリカから遠い場所でなく、身近な所で起こっていたことが最大の原因だった。しかしそれ以外にも、反政府活動家にとってベトナム戦争の「終わり」が感じられるようになったことや、人種問題で黒人が主導権を握るようになり、出番が減った白人系の運動家が大挙してこの分野に流れ込んできたこともあった。

環境保護運動のピークが１９７０年4月20日の「アース・デイ（地球の日）」だった。この日は全米各地の１５００の大学、２０００の地域で、公害防止や自然保護などをテーマとした大規模なデモが行われた。その影響は大きく、これまで無関心だった人までが、環境保護の重要さを知るようになり、連邦政府内に環境保護局が設置された。１９７１年にはスウェーデンで国連人間環境会議が開かれ、その後の環境保護運動の原点となった。こうした会議において最も積極的だったのが、現在はとても積極的とはいえないアメリカだった。

またこの年、アメリカ軍が世論と逆行するかのように、北極に近いアラスカ州の島で核実験を行った。これに反対するため、カナダのバンクーバー市で結成された団体がグリーン・ピースである。彼らの運動は成功し、翌年から行われるはずだった南太平洋でのフランスの核実験のときには、船を借りて現場海域に乗り込み、フランス政府の激しい反発をものともせずに実験を中止させ、日本を含む世界中から喝采を浴びた。

このような少数者の自由や権利を保障する運動や環境保護運動は、その後も政府は無視できなかった。ただしこうした運動の要求は、その多くがすぐには実現しなかった。その理由の一つは政府の消極的な姿勢であったが、最大の理由は連邦政府の膨大な財政赤字とそれにともなうインフレだった。

たとえばテト攻勢があった１９６８年の財政赤字額は２５０億ドルを超え、政府歳出の14％に達し

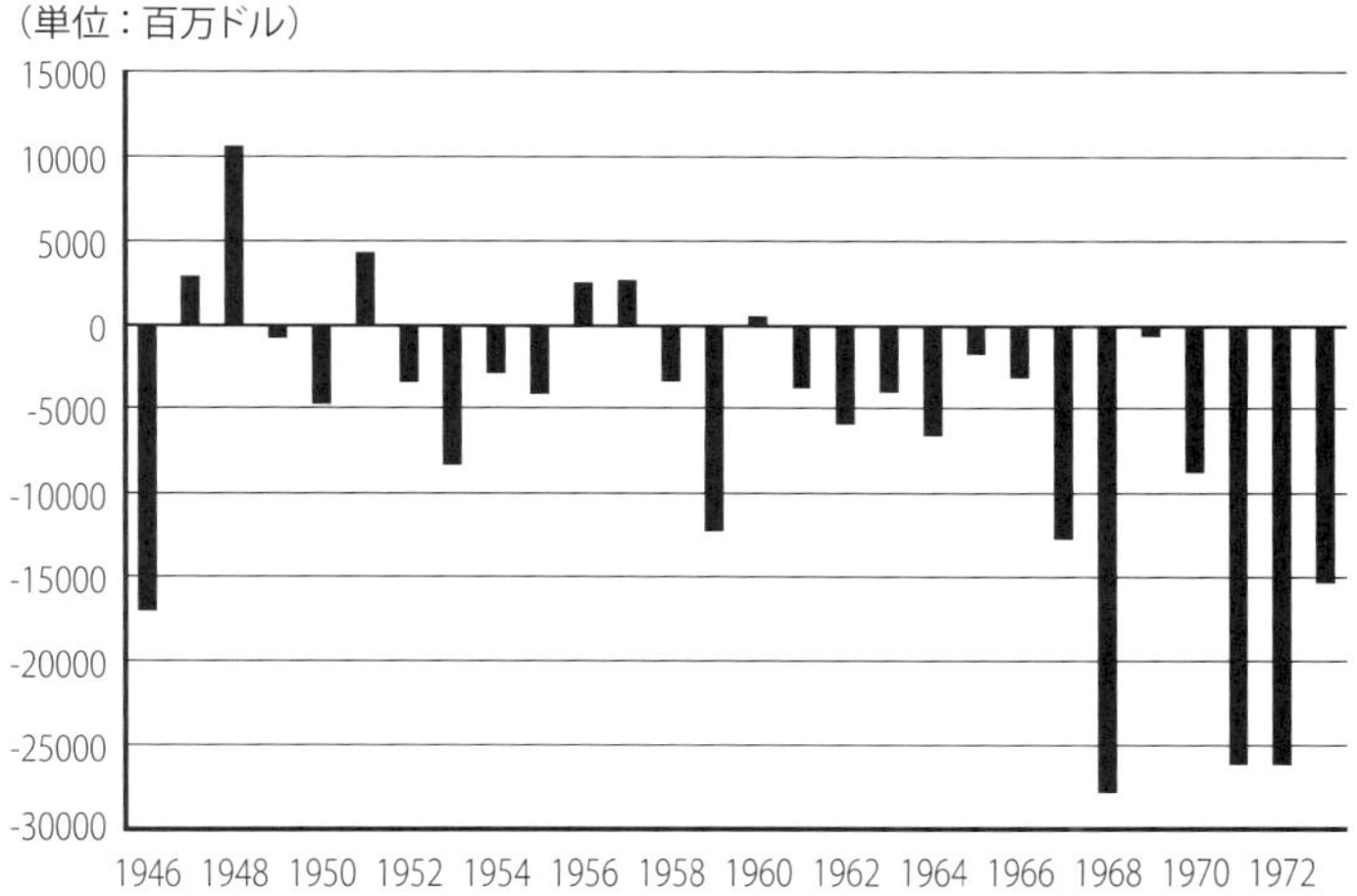

図17　アメリカの財政収支の推移

「whitehouse.gov」より

た（図17）。これは党派を超えて取り組まねばならない課題となった。民主党政権にとっても、解決のためには保守派の了解は必要だった。当時保守派は、自助努力を尊重するアメリカの建国理念から、貧困対策を過剰な保護と見なしていた。政府が保守派の了解を得るためには、これ以上少数者の権利や環境保護に予算を割くことは不可能だったのである。

さらに、政府が運動側の要求に抵抗した理由の一つは、若者たちの姿勢に対する感情的な反発だった。いつの時代も若者は理想を掲げ、既存の秩序を否定しようとする。それは社会を大きく変える原動力にもなるが、否定される側にとってはたまらない。若者特有の純粋さは暴力をともなうことも多いため、どうしても運動が粗暴に映ってしまう。世代間のギャップといえば簡単だが、事が国の威信を賭けたベトナム戦争と関わっているため、余計に反発は激しかった。アメリカはこの時期、社会が二分されていた。

こうして「偉大なる社会」計画は、成果が出ないうちに挫折した。民主党を支持してきたリベラル勢力は、海の向こうだけでなく国内でも敗北した。彼らが信奉してきたフランクリン・ローズヴェルト以来の大きな政府路線も座礁した。黒人や少数民族、女性にとっては、差別解消が先延ばしされることになり、彼らの民主党に対する失望につながった。このことによって1930年代以来のアメリカの、そして世界の政治の流れが大きく変わることになった。

さらに民族や世代間の対立の陰で、社会の病弊が広がった。それは帰還兵の問題であり、麻薬の問題だった。

ベトナム戦争末期、アメリカ兵の士気の低下は著しかった。当時、ベトナムに行く兵士の多くは、戦場がどんなものか、テレビを通じて事前に知っていた。にもかかわらず彼らが戦場に行ったのは、理由があった。

まず、若者たちにとって軍隊のイメージは悪かったが、就職先としては魅力があった。当時、政府財政の悪化を原因とする増税やインフレによって、アメリカ経済は深刻な状況だった。企業の業績は悪化し、失業問題が深刻化した。そうした中で軍隊は、失業率の高い地域においては数少ない就職口の一つだった。また大学に進学したい人にとっても無条件に奨学金が貰える利点があり、除隊後はよい就職先を斡旋してもらえた。ただし、当時軍隊に入ることは、即ベトナム行きを意味していた。

ベトナムの戦場で彼らが学んだことは、人を信用しないことだった。上司の命令で、どう見ても普通の農民としか思えない人を、犯罪者のように扱わねばならず、問答無用で家や財産を焼いたり、命を奪ったりしなければならなかった。かと思うと、心を許せそうなベトナム人が、じつは敵のゲリラであり、隙を見て自分たちや仲間に襲いかかって来た。ときには味方のアメリカ軍さえ、誤爆という形で自分たちを殺しに来た。戦場では、手足を失うことは珍しくなく、精神に異常をきたす者も続出した。痛みを抑えるためのモルヒネなどの医療用麻薬の乱用がまん延したが、戦闘に差し障りがなければ、見て見ぬ振りされた。戦場はまさに「生き地獄」であった。

それだけならまだしも、何とか生きてアメリカに帰ったとしても、待ち受けていたのは「ベトナム帰り」に対する冷たい目であった。メディアでは、自分や仲間が属していたアメリカ軍の非道な行為が連日のように報道され、兵士を悪の手先のように描いていた。兵士たちは、英雄になるため戦場に行き、国のために苦渋に満ちた任務をこなしてきたのに、帰って来たら犯罪者扱いだったのである。ベトナム帰還兵を非難する声は、陰に陽に聞こえてきた。「アイツもどうせかわいそうなベトナム人を殺してきたのだろう」「なんてひどい人でしょう」。こう言われて平静でいられる兵士など、そう多くはないだろう。

彼ら帰還兵にとって、ベトナムは地獄だったが、母国も似たようなものだった。まだベトナムの地獄のほうが、仲間がいるだけましだった。そんな中で、麻薬を止めることはできなかった。それだけが唯一、現実の辛さと理不尽さから逃れられる方法だったのである。これが、膨大な資金とエネルギー、人々の理想と欲望が注ぎ込まれた果ての、悲しい現実であった。

1968年の「世界革命」

さてここで再び世界に目を向けてみよう。1945年から1970年頃までの約25年間、世界は着実に戦争の被害からの復興を成し遂げた。先進国は史上類を見ない経済発展を享受し、20世紀初頭の繁栄など比べものにならないほど豊かな生活を享受した。ところが、そんな時期に、突然、世界各地でほぼ同時に、若者たちの過激な政治運動（当時の感覚からすれば「反乱」）が発生した。じつはここまで見てきたアメリカのベトナム反戦運動や差別撤廃運動は、その後のグローバルな「革命」の序章であった。

すでに1950年代の終わり頃からその予兆はあった。欧米や日本、さらにはソ連においてさえ、政治的安定と経済繁栄の中で、未来への高邁な理想が競って語られていた。

しかしその一方で、各国の現実の政治や社会には、いまだ前世紀からの古い制度や価値観が根強く残っていた。それを「大人たち」は見て見ぬふりをしていた。戦中・戦後の生活苦にあえいでいた時代を知らない若者たちにとって、それは許しがたい怠慢だった。そんな彼らが、特に西側世界において、体制を批判する手段として選んだのがマルクス主義思想だった。

皮肉にも、そうした批判が盛り上がるきっかけとなったのが、マルクス主義の本場ソ連で行われたスターリン批判だった。社会主義者も誤りを犯すことをソ連自身が認めたのである。このことは「絶対」と呼べるものがないことを、多くの人に印象づけた。やがて若者世代は、成長して発言力が増すと、言論の場を利用して大人たちに対する抗議の声を上げはじめた。

すでに50年代、彼らより少し前にビート世代が抗議の声を上げていた。彼らは「不良」と呼ばれたプレスリーやビートルズなどを支持し、「大人たち」の嫌う服装や髪型を好んだ。日本でも若者が全学連などの学生運動に参加したり、石原慎太郎氏の小説『太陽の季節』から名づけられた太陽族が人気となった。それはのちに、日本の反安保闘争や西ドイツの反核運動などのような、政治運動に結びつくものもあった。それらの中には、大人社会からの激しい反発と強硬な対応の前に挫折するものもあったが、それでもその流れは止められなかった。

抗議の声は思想の世界からも上がっていた。それまで主流派であったハイデッガーやヤスパースらの実存主義に対して、クロード・レヴィ・ストロースが構造主義という批判の声を上げていた。

実存主義哲学は、自由な人間が自由意志で社会を形成し、変革できると訴えた。当時最も有名な哲学者だったジャン・ポール・サルトルは、社会の中で不安を抱えて生きる個人であっても、彼が「投企」と名づけた自発的な社会参加によって人間らしさを回復できると主張した。彼は、それは必ず実現できるものであり、これまで常に人類が進歩してきた歴史こそがその証拠だとした。

当初はレヴィ・ストロースも実存主義に影響された一人だった。しかし彼は、ブラジル先住民の精神世界を分析した結果、彼ら「未開人」と呼ばれる人々とヨーロッパの「文明人」のあいだには、自らの世界について持っている思考のレベルに、ほとんど差がないことを証明した。つまり人類の「進歩」などは「文明人」の思い込みにすぎないということである。これは当時、政治や思想の世界に確たる地位を築いていたマルクス主義や実存主義者が抱いていた、進歩史観（人類は漸進的に進歩するという考え）を真っ向から否定するもので、年長者は衝撃を受け、逆に若者は熱狂的に支持した。

彼の批判をきっかけに、同じような疑問を抱いていた精神分析家ジャック・ラカンや哲学者ミシェル・フーコー、哲学者ルイ・アルチュセールらが批判の輪に加わった。彼らの働きによって実存主義や西欧中心主義は後退し、それに代わって構造主義が大きな潮流となっていった。

こうした若者たちの運動が最高潮に達するのが１９６０年代後半であり、アメリカのベトナム反戦運動や中国の文化大革命の引き金となった。これらの運動が10年前と違って大きな運動となったのは、その様子がテレビによって、ほぼ同時に世界の人々の前に映し出されたためである。

テレビの普及率は、すでにアメリカでは１９５０年代のうちに80％台に達していた。他の国では多少遅れたものの、日本でも50年代末に50％に近づいていた。画面に映るアメリカや中国の若者たちの行動を見て、人々は驚くと同時に、無意識に抵抗の手段を学んでいた。特に若者たちは、いまこの瞬間にも、世界各地で自分たちと同じ世代の人たちが世の中をよい方向に変えつつあり、世界革命は近いのだ、と感じていた。そんな雰囲気で迎えたのが１９６８年だった。

「革命」は1月に東欧の小国チェコスロバキアで始まった。独裁者ノヴォトニーがソ連に見離されて失脚し、新指導者ドゥプチェクが自由化を保障して情報管理を止めさせた。世界的な音楽祭「プラハの春」も始まって、若者たちは一斉に街頭に出て自由を謳歌した。その様子が各種メディアによって、全世界に発信された。

続いて日本で大学紛争が発生した（写真14）。それは1月末に、東京大学医学部から始まった。当時の医師志望者は、国家試験前にインターンと呼ばれる1年間の見習いが義務づけられていた。しかし彼らはまだ正規の医師ではない。このため事故が起こっても責任がとれないうえ、低賃金を強いられていた。そこで、まず最初に医学部生と大学当局のあいだで紛争が起こり、続いて同様に非合理的・非民主的であった学内のしくみに反対する東大の学生自治会が、大学の改革を求めて無期限ストに突入した。当時は実存主義の全盛期であったこともあり、学生たちは積極的に行動を開始した。

彼らの主張の中には、平和憲法を持ちながらアジア最大のアメリカ軍基地の存在を許す日米安全保障条約改定の阻止もあった（70年安保反対闘争）。

これをきっかけに紛争は全国の大学に波及した。東京大学を皮切りに、全国のおよそ3分の1の大学が閉鎖に追い込まれ、卒業式や入試が中止された。戦後日本の知識人を代表する「大人」で

写真14　大学紛争　©Moutainlife

あった丸山眞男さえ、学生に糾弾された。高校でもホームルームの時間に安保条約についての討論会が行われるなど、闘争の空気は若者全体に共有されていた。

ただし日本の学生運動は、1969年1月に、東大の安田講堂で自治会と警察機動隊が攻防戦を繰り広げたのがピークで、その後は潮が引くように衰えていき、学生側の敗北で幕を閉じた。日本では現在も「学生運動」は敗北したものと考えられている。

しかしフランスでは結果は異なった。フランスでも1966年頃から大学生が、大学当局に民主化を求める運動を起こしていた。それが68年3月に、突然首都パリで、ベトナム戦争やプラハの春への弾圧に抗議する大規模なデモに発展した。彼らの抗議の矛先は、権威主義の象徴ド・ゴールに向かった。これに賛同する多くのパリ市民が合流した結果、デモは瞬く間に全国に広がり、参加者は全国で1000万人にも膨れあがった。それは120年前の大革命を彷彿とさせた。

当初ド・ゴールは若者たちを侮り、毅然とした態度を示していた。労働組合の年長の幹部の中にも、デモの趣旨には理解を示したものの、その過激な行動を批判する者が多かった。つまりフランスでは世論が、行動に賛成する若者と、否定的な年長者とに二分されていた。結局、両者がわかり合えないことが判明し、最終的にド・ゴールは、デモを弾圧して治安を回復する一方で、若者たちが求める政治や教育の民主化を行って辞任した。事態は最終的に若者たちが勝利したと捉えられたのである（フランス五月革命）。

「革命」はイギリスや西ドイツでも発生した。若者たちは、投機目的など不純な動機で建てられたり放置されたと見なされた空き家を勝手に占拠して住み着く住宅占拠運動を起こした。さらに西ドイツでは、若者たちがナチスの戦争犯罪に対する責任を追及した。彼らは他国の若者たちと同様、ベトナム戦争反対デモを起こしたが、そこでも元ナチスの幹部や協力者の責任追及を訴えた。さらに彼らは、これまで家庭内のタブーであった両親のナチス時代の姿勢を問い詰めた。これに対し大人たちは、子供たちと真正面から向き合うにせよ、怒って席を立つにせよ、嫌でも自分たちの過去と責任を意識させられた。こうした状況は、ドイツが自身の戦争責任に対して厳しく取り組む姿勢につながった。

東欧でも「プラハ」以外に動きがあった。１９７０年にポーランドのグダニスク造船所で暴動が起きたが、これも若者たちが中心だった。これらの同時多発的な革命は、１２０年前の１８４８年にヨーロッパで起きた「諸国民の春」を彷彿とさせるものだった。

中国の文化大革命の報道も、こうした動きに影響を与えていた。ヨーロッパや日本の若者たちは文化大革命の実態を知らないまま、毛沢東主義を掲げるグループを立ち上げた。彼らは毛のいうように、現場から新たな理論を立ち上げ、周辺（農村）から中心（都市）に攻め寄せる戦い方を実践しようとした。その中には、農村に住み着いて地方から社会を変えようとした19世紀ロシアのナロードニキ運動のような動きもあった。

若者たちは、アメリカのカウンターカルチャーやヒッピームーブメントにも影響され、反抗的な態度や、長髪やルーズな服装を好んでいた。またアメリカで展開されていたマイノリティの権利回復や男女同権運動、環境保護運動の影響を受け、性差別を嫌い、民族や人種の完全な平等への志向が強かった。

これらの運動は一定の成果を上げた。アメリカやヨーロッパでは反原発運動や環境保護運動が強まったが、日本でも1971年には環境庁が設立され、70年代前半に、水俣病などの公害訴訟で原告側の勝訴が確定した。また被差別部落解放運動（同和運動）や、在日外国人に対する差別撤廃運動が進展した。

しかし「諸国民の春」のときもそうだったが、「世界革命」は、すぐに成果をあげることはできなかった。どの国でも一般市民は政府に対する不満を抱いており、「革命家」は、多くの支援を得ることができた。しかし、だからといって、本気で政府を倒すことを支持する人は少なかったのである。

マスコミの論調も、記事を書く側が年長者であるため、若者の行動に批判的なものが多かった。その中には若者の行動を、豊かな社会で育った若者のわがままな態度と見なす論調もあった。何より、豊かな国で若者が立ち上がって革命を起こすという筋道は、当時誰もが知っていたマルクスやレーニンの想定と、かけ離れており、信じることができなかったのである。

さらに若者の中にも矛盾が存在した。社会の変革を訴える側でさえ、男女差別には反対でも、性的役割分担があると信じている人が少なくなかった。たとえば外での活動から帰ってきたとき、食事や飲み物を用意するのは、その中の女性メンバーの仕事だった。外国人や障害者の権利も、守ってやるべきものと考えられていた。そうした意識の下に隠れた差別意識があることに、多くの者が鈍感だった。

日本では、学生運動や安保反対運動の中に、「護憲こそが真の愛国」という無意識のナショナリズムがあった。また、「政府さえ倒せば、すべては解決する」という、根拠のない楽観主義も存在した。それらが運動内部でも批判を招いたり、在日外国人やマイノリティ団体の反発を受けたりする原因となっていた。

こうして運動がなかなか成果を生み出せないため、一部のグループは苛立ちから急進化し、ついて行けない多数派との亀裂が広がった。内部対立が増す中、内向きの暴力（ドイツ語でゲバルト）、いわゆる「内ゲバ」が発生し、多くの犠牲者が出ることとなる。

運動の失速に苛立ちを覚えた一部の過激派などは、動こうとしない民衆を見限り、少数でも状況を変えようとして殺傷兵器を使用した。彼らは体制を打倒するためには、どんな行為も許されると考えた。そのためには、市民が犠牲になってもしかたがないと。それは100年ほど前に、ロシアでナロードニキからテロリストが生まれた状況とよく似ていた。

過激派は犯罪行為を繰り返し、一般市民を震え上がらせた。アメリカのブラックパンサー党は黒人に反乱を呼びかけた。ドイツ赤軍は公共施設を爆破し、政府や大企業の重役を殺害した。イタリアの赤い旅団は誘拐事件を繰り返した。

日本では「赤軍派」とその分派がテロの中心となった。赤軍派は1970年に「よど号ハイジャック事件」を起こしたが、警察の捜査で壊滅状態となった。そこで、分派して生まれた日本赤軍は1972年にイスラエルの空港で銃乱射事件を引き起こした。また別の分派の連合赤軍も1972年に大規模武装闘争を計画したが、計画が発覚して長野県軽井沢の山荘を舞台に警官隊と銃撃戦を繰り広げた（浅間山荘事件）。当時は爆弾の威力が小さく、インターネットもなく、２００１年のアメリカ同時多発テロ事件のときのように、誰でも受け入れる民間の飛行訓練学校がなかったことが幸いだった。結局、彼らの行動は市民の反発を生み、結果的に政府を応援することになってしまったのである。

しかし１９６８年を経験した若者世代は、方法は違っても価値観は「革命家」と通じていた。彼らは差別や不平等に批判的で、環境保護にも熱心だった。彼らは戦中世代が社会から引退するにつれ、サルトルがいったように自ら投企して社会を変えようとした。体制側も、次第に彼らの意見を無視できなくなった。そして社会は変わっていった。

今日では、どんなに保守的な政治家でさえ、そうした価値観に無神経であれば政治生命を絶たれてしまう。さらにその価値観は、グローバルなレベルにまで高められている。「68年」世代が世界にもたらしたものは、開発途上国や先進国の貧困の減少であり、社会的弱者の権利保護や、死刑の廃止、野生動物保護の進展などであった。当時はタブーであった同性愛者の権利さえ、21世紀初頭には認められてゆく。そして世界は、弱者や環境に対し「優しく」なったのである。それこそが68年革命が残した最大の遺産であり、著名な社会学者イマニュエル・ウォーラーステインが、この「革命」を「初めて成功した世界革命」と評した理由であった。

しかしこの後、世界の多くの国は「70年代の危機」への対応に忙殺される。そしてそれを乗り切った頃には、「68年」の成果は「グローバルな価値観」となっていた。ただしこの革命は、それが起こった国々でまったく同じ状況をもたらしたわけではない。そのためこの価値観は、実際には各国で受けとめ方に違いがある。さらに「68年」を経験していない国では、その価値観を認めること自体が、いまもって困難なのである。

世界経済を混乱させたドル・ショック

冷戦が続く中、アメリカの財政赤字にともなって発生していたインフレは、ベトナム戦争をきっかけに限界に達した。そのことが戦後の国際経済システムであるブレトン・ウッズ体制を崩壊させることになる。第一章で述べたように、もともとブレトン・ウッズ体制には、本来アメリカ一国の通貨でしかないドルを、世界共通通貨として使用することにともなう矛盾があった。それはアメリカが、他国のために自国に必要な額以上にドルを発行せざるを得ず、国際収支（お金の面から見た収支）が赤字となりがちだったということである。これはアメリカにインフレーションをもたらすとともに、金の流出を加速させた。ベトナム戦争のピーク時には、金の保有量がドル発行額の2割しかないという状況（図18）に陥った。これではブレトン・ウッズ体制の維持は難しい。それでもアメリカ経済が他国を圧倒していた時期には大して問題にならなかったが、アメリカが主導したヨーロッパや日本の復興が進むと、その優位も陰っていった。そんな時期に起こったのがベトナム戦争であり、激しい反戦・

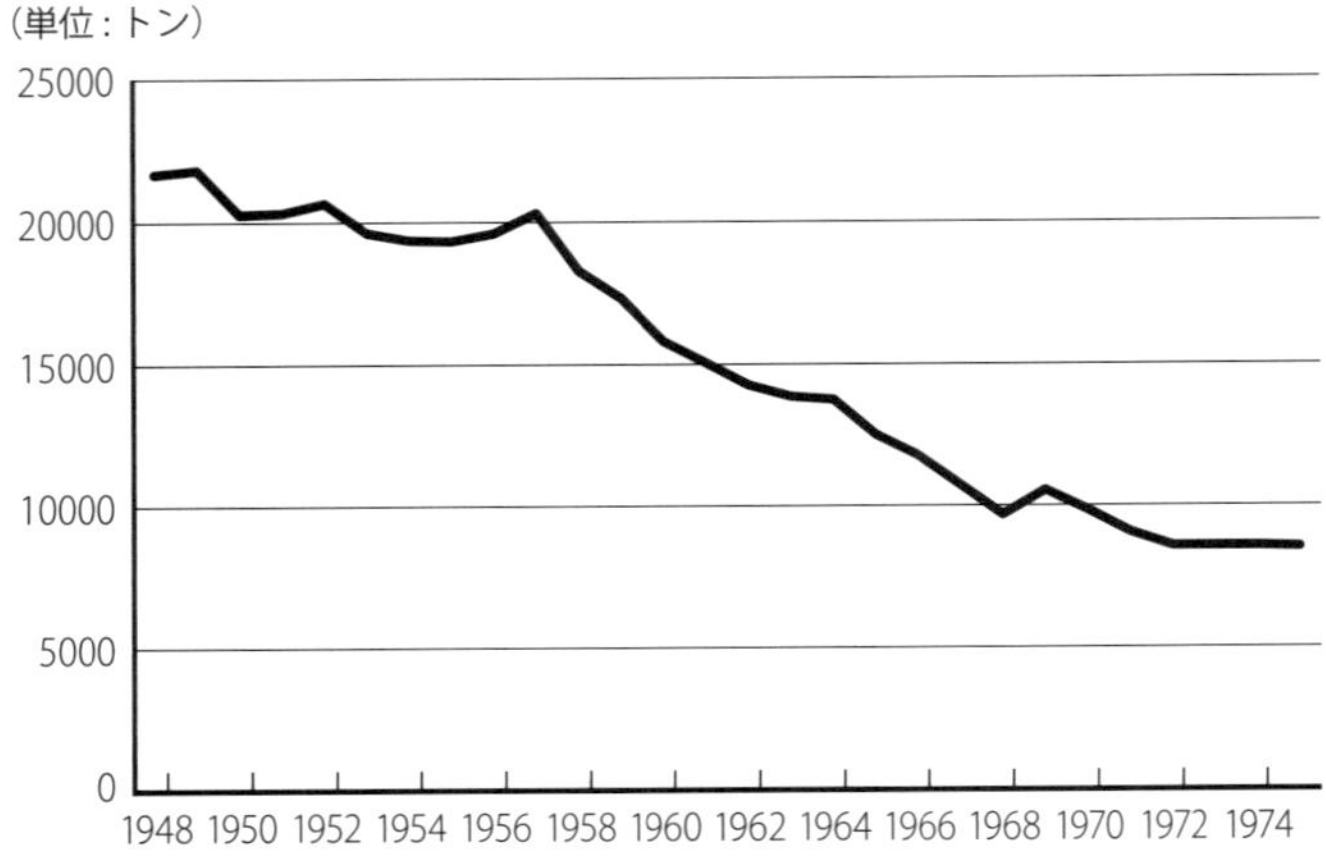

図18　アメリカの金保有量の推移

「WGC」より

反政府運動だった。こうしてアメリカ政府は、これまでの政策を大きく見直さざるを得なかった。ベトナム戦争はアメリカに、初めての敗戦、経済政策の失敗、市民の反乱という三重苦をもたらしたのである。

１９７１年、ニクソン大統領は金・ドル交換停止を発表した（ドル・ショック）。アメリカは、単独で世界経済を支える役を降り、ブレトン・ウッズ体制は解体された。そして世界経済は固定相場制から変動相場制の時代へと移行した。この体制では、これまで政府の特権であった通貨交換比率の決定を市場に委ねることになり、世界経済はこれまでより格段に柔軟性が増すため、もはやアメリカは少しくらいの財政赤字なら、おびえる必要はなくなった。

しかし、そのために国家は、市場が必要とする情報を公開しなければならなくなった。また管理通貨制度時代には脇役だった、通貨交換で利益を得る外国為替取引業者や金融機関の仕事が重視されるようになった。投機の解禁と金融自由化時代の到来である。これまで息をひそめていた彼らは、表舞台に再登場した。彼らは各種の情報を入手し、経済が弱体化しそうな国の通貨を他の業者に先駆けて売り、経済が変動しそうな国の通貨を売買して利益を得る。見込みが当たれば儲けになり、外れれば損をする。彼らは何も産み出さず、人の弱みにつけ込む「ハイエナ」と表現されることもある存在である。

しかしブレトン・ウッズ体制が崩壊した今、彼らのような金銭欲に駆られた人たちが結果として産み出す市場の調和、すなわちアダム・スミスが「神の見えざる手」と表現した、通貨の自由市場における均衡こそが重要となった。それこそが経済情勢に見合う適正な通貨価格を示し、世界経済を調整することになったのである。

その状況は100年前の大英帝国の全盛期と似ていた。ただし当時と違って覇権国アメリカは、はるかに多くの知識と情報、そして経験を持っていた。さらに覇権国の地位を奪おうとしたドイツ帝国やロシア帝国に相当する国家はソ連くらいしかなかったが、ソ連は農業政策の失敗によって国家の生命線である食糧をアメリカに依存する形で弱点を握られていた。

つまりアメリカは、世界経済を単独で支える役は降りたものの、それに代わる国が存在しないので、リーダーの地位を維持できた。またソ連はかつての敵対者から、単なるうるさ型の傍観者に変質していたのである。

こうして新体制は、経済先進国が集団で世界経済の安定を図るものになった。このため、たとえどこか1国が苦境に陥っても、他の国がカバーできるようになった。また先進国が経済的困難からの脱却を図るためには途上国の経済発展が必要だったため、ＯＥＣＤや世界銀行を通じた支援が促進され、国連などの国際機関の役割が次第に重要となっていくのである。

大統領の力を削いだウォーターゲート事件

ここで再び話をアメリカの内政に戻そう。ニクソンの1期目は、散々な形で終わった。大統領就任時に悪化していたインフレ解消のため、ベトナム戦争から手を引き、１９７１年には金ドル交換停止に踏み切った（ドル・ショック）。また１９７２年に日本との貿易摩擦で譲歩を勝ち取ったが、それは自由貿易主義を犠牲にしたものだった。おまけにこの年はエルニーニョ現象による不作で、食糧価格の高騰に苦しめられた。彼はこうした不利な状況の中で再選を狙わねばならなかった。それが彼を、前代未聞の犯罪へと突き動かした動機であった。

当時は対ソ工作の一環として、大統領が許可すれば盗聴が認められた。ただしそれは対外スパイ活動に限られていたが、彼は国内で、苦戦を強いられていた選挙対策のために利用したのである。ところが彼が雇った元ＣＩＡのスパイがミスを犯したため、民主党の選挙本部のあったウォーターゲート・ホテルへの侵入が露見した。おまけに捜査過程で、ニクソンが不正献金を得ていた疑惑まで浮上したのである。

それでもニクソンは疑惑を否定しながら、再選に成功した。1973年の石油危機はアメリカ経済に打撃を与えたが、ニクソンはそれによって国民の関心が薄れることを期待した。しかし捜査はごまかせなかった。次第に事件の全貌が判明し、彼が捜査を妨害するためCIAを使おうとした職権乱用疑惑まで浮上した。ついに下院司法委員会は大統領の訴追、つまり罷免を議会に求めたのである。万策尽きたと覚悟したニクソンは、翌1974年に辞任を表明した。現職大統領の辞任は史上初めてのことだった。

これは、アメリカの政治の転換点となった。フランクリン・ローズヴェルト以降の大統領は、冷戦を理由に重要な外交上の問題を、議会に相談せずに行動することが認められていた。しかしウォーターゲート事件以後の大統領は、外交に関する重要事項を議会に相談することが義務づけられた。さらに疑惑解明の決め手となったのが大統領の資産の動きだったため、以後は政府高官の資産公開が義務づけられたのである。

石油危機の始まり——第四次中東戦争と第一次石油危機

石油危機の発端はエジプトが起こした戦争だった。ナセルの死後にエジプト大統領になったのは、副大統領のアンワル・アル・サーダート（サダト）であった。彼はナセルと同じ自由将校団の一人であったが、それまで目立った実績がなく、初めは本命登場までの中継ぎ役かと思われた。しかし大統領への就任が、彼の実力を発揮させた。

彼はエジプトの現状から、アラブ社会主義の限界を悟った。このため彼は、アラブ統一という大目標をいったん棚上げし、差し迫っていた危機である財政問題を解決するため、イスラエルと和解しようとした。しかしエジプト政府は、ナセル時代にイスラエルとの連絡手段を失っていたため、アメリカに仲介をしてもらう必要があった。ところがアメリカ政府は、先述のウォーターゲート事件やベトナム情勢への対応に忙殺され、相手にしてくれなかった。

やむをえずサダトは、イスラエルとの直接対決に方針を変えた。一時的に戦争になったとしても、イスラエルに打撃を与えられれば、アメリカとともに交渉の場に引き出せると考えたのである。そこでまず、ナセル時代に国家統合には失敗したものの、いまだ友好関係を保っていたシリアと連絡を取った。さらに長年対立していたサウジアラビアなどの首長国とも、ナセル時代との政策の違いを強調し、和解に成功した。これに対し、イスラエルは第三次中東戦争での勝利の余韻やサダトの前評判の低さから、完全に警戒を怠っていた。

戦いの開始は1973年10月6日の土曜日だった。土曜はユダヤ教徒の休日（贖罪の日）であり、平時には信徒は仕事を休まねばならなかった。この日を選んでエジプト・シリア連合軍はイスラエルを奇襲した。第四次中東戦争（十月戦争）の始まりである。

不意を突かれたイスラエル軍は第三次中東戦争で奪ったシナイ半島とゴラン高原を奪回された（図

19)。エジプト空軍は、ソ連軍の顧問団やホスニー・ムバラク空軍大将の指導で、多くのイスラエル空軍機を撃墜した。戦勝に沸くエジプト側に、様子見していたアラブの国々も参戦した。これまでとは違ってアラブ側の連携はうまくいった。しかしその後イスラエル側も、アリエル・シャロン司令官の指導もあって反撃に転じた。戦いは米ソの仲介が成功して20日後に終了し、決着はつかなかった。それでも、シナイ半島が奪い返されるなど、イスラエルにとっては敗北に等しい結果であった。ナセルも成し得なかった快挙によって、サダトの評価は大いに高まった。

この戦争で世界を驚かせたのは、戦争以上に、アラブ産油国がとった支援策だった。

第二次大戦前の資源収奪競争の反省から、1962年に国連で天然資源に対する各国の主権が認められ、自国の資源を管理しようとする資源ナショナリズムの動きが生まれていた。しかし石油については、産油国は価格決定にほとんど関与できず、英米資本の国際石油資本（メジャー）と呼ばれる企業群に価格と供給を牛耳られたままだった。もっともアラブ側も、第三次中東戦争後にOAPEC（アラブ石油輸出国機構）を結成し、先進国側の譲歩を引き出しはじめてはいた。そんな中で起こったこの戦争は、資源の主権を回復する絶好のチャンスであった。

開戦10日目の1973年10月16日、OAPECは石油の4倍もの大幅値上げと、イスラエル支持国への石油輸出禁止を打ち出した。これが石油戦略である。戦争と経済政策が一体化して実施された大作戦だった。そしてこの作戦も、軍事作戦と同様に成功した。

先進工業国では突然の原材料の大幅値上がりによって物価が上昇し、不況が発生した。しかし、こ

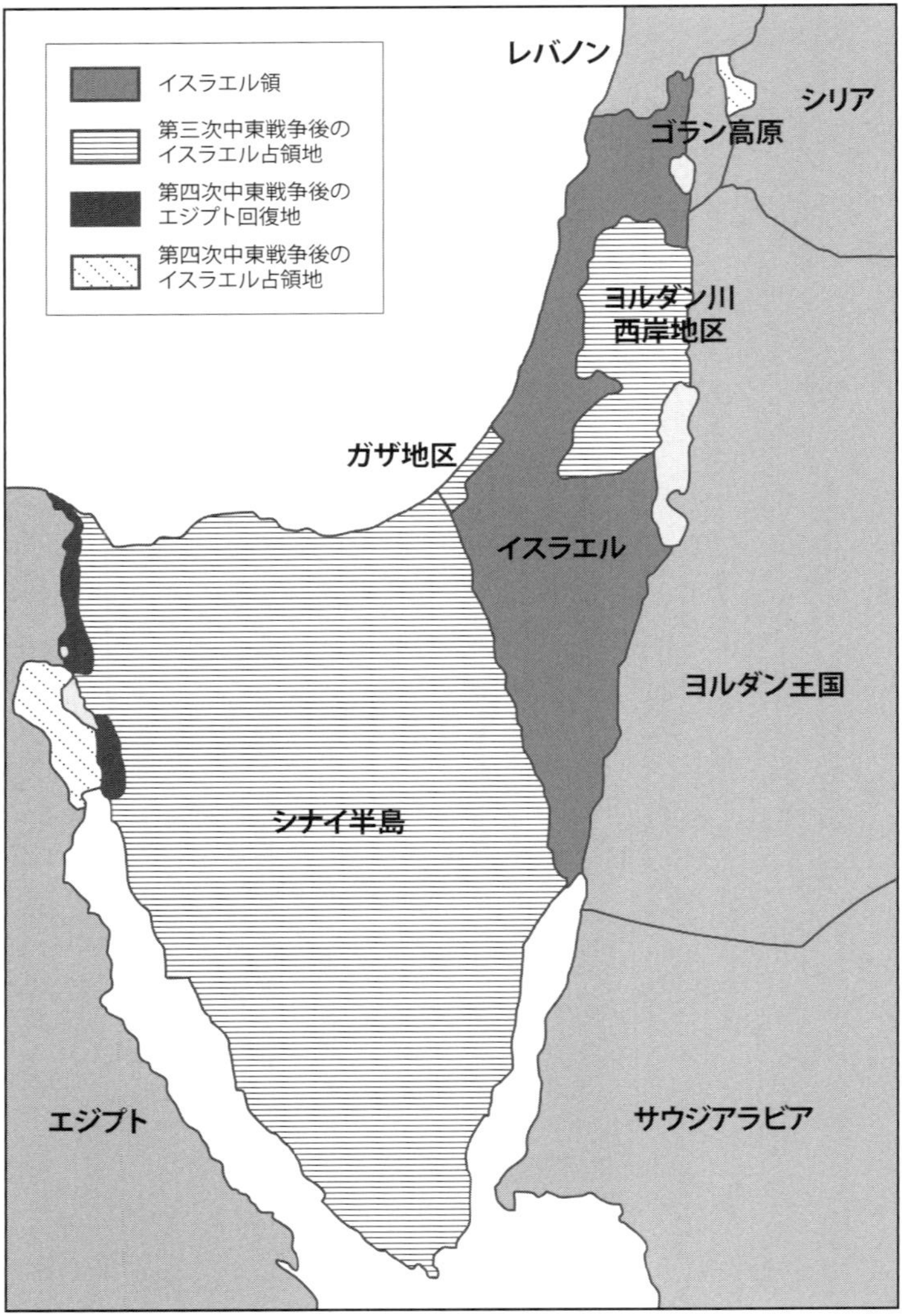

図19　第三・四次中東戦争

れまで不況（stagnation）というものは物価下落とセットで発生し、物価上昇（inflation）は好況とセットで起こるのが常識だった。つまりこのときの不況と物価上昇という組み合わせは、経済の常識からはあり得ないはずのものだった。驚いた経済学者は、この現象をスタグフレーション（stag-flation）と命名した。

スタグフレーションの下では、これまでの常識的な不況対策（たとえば通貨発行量の増大）はインフレを悪化させてしまい、逆にインフレ時の対策（たとえば金利を高くする）は不況を悪化させてしまう。つまり突然、従来の経済政策が通用しなくなったのである。各国はやむなく、一歩一歩手探りで対策を見つけていかねばならなくなった。こうして起こった一連の経済危機を第一次石油危機（または石油ショック、オイルショック）と呼ぶ。

石油危機によって、多くの国で経済成長率が低下した。危機を乗り切るため、先進工業国は団結して乗り越えようとした。そうして1975年にフランスのジスカールデスタン大統領が呼びかけて、フランスのランブイエ城で開催されたのが先進国首脳会議である。この会議は以後定例化し、二つの別称がつけられた。一つは各国の頂点に立つ人が集まるという意味の「サミット（頂点）」であり、もう一つは「G6（Group of 6の略）」で、最初の会議が日独仏英米伊の6国で開かれたことに由来する。会議はその後も構成国を変えながら続き、2014年には20カ国（G20）にまで増えた。

しかし先進国以上に大きなダメージを被ったのが、発展途上国であった。石油危機以前は、先進国と途上国の経済格差（南北問題）が世界経済の課題であったが、これ以後は途上国間の格差（南南問題）

も加わった。というのも、途上国の中には産油国にならって資源価格を値上げした資源国もあったが、それは資源のない国にできることではない。非資源国は少ない資源や資本を分け合うために社会主義国になるか、対応に時間のかかる民主主義をやめて独裁政権になるか、それとも先進国の援助に依存して生き延びるかという選択を迫られた。これが途上国に非民主的な国がなくならない原因だった。

危機の中のアメリカ――フォードとカーター

ここで再びアメリカの政治の動きに戻ろう。１９７４年のニクソンの辞任で、副大統領ジェラルド・フォードが昇格した。彼は大統領の犯罪という大事件に決着を付け、政治への信頼を回復せねばならなかった。彼は誠実な人物として知られており、こうした任務を行うのに最適の人物と考えられた。

ところがその彼が就任早々行ったことは、大統領令でニクソンに恩赦を与えたことだった。あっという間の幕引きだった。ただし彼は、事件のもみ消しを狙ったのではない。彼は、これ以上捜査が続くことは、司法やマスコミ、そして移り気な世論を満足させるとしても、結果的に大統領や政府の権威を失墜させ、民主主義のためにならないと考えたからである。しかしこの決定は、多くの国民の反発を呼び、彼の再選を阻む要因となってしまう。

内政の面でも、彼はスタグフレーション対策を見出せなかった。このため彼は、共和党の伝統である、市場を信頼して神の見えざる手の出現を待つ自由放任策をとった。

しかしそれは結果的に、ただの神頼みとなった。皮肉なことに、ソ連とのあいだで緊張する事態が起きなかったことで、国民の目は経済に集まることとなり、自由放任という名の経済無策を印象づけてしまった。こうしたアメリカの無力さに対し、世界中でその力の衰退がささやかれた。

またアメリカにはフランスから構造主義思想が伝わっていた。それはこれまで誰もが無条件で善と考えていた西欧の価値観である「発展」や「進歩」に対する疑問を生んだ。

フォード政権末期には、彼が心配したように大統領や政治家を信頼する雰囲気が消え、自国に対する自信が失われていた。その責任を一身に背負うかのようにフォードは選挙で敗れ、ホワイトハウスを去らねばならなかったのである。

代わって1977年にホワイトハウスの主となったのは、選挙前まで全国的には無名であった、民主党のジミー・カーターだった。州知事という経歴はあったものの、中央政界とは縁がなかった彼が国民に選ばれた理由は、その「中央と縁がない」という一点であり、政治不信の深刻さを示していた。実際、選挙の投票率は史上最低を記録した。特に率が低かったのは、以前なら民主党の支持層であった低所得者層だった。彼らは民主党に失望して以来、政治自体にも失望していた。この層の動向は、このあともアメリカの政治を左右する。

しかしカーターも、有効な経済対策を見つけられなかった。失業率は7％に達し、物価上昇率は10％を超えた。不況と財政難から警官が減らされた結果、犯罪が増加して国民の不満は高まった。日本や西ドイツのように政府が産業界をリードする方法は、自由主義が強く政府への信頼が失われたアメリカでは不可能だった。結局カーターは外交で特色を出すしかなかった。

ただしデタントが機能している以上、「特色」が見つけられるはずもない。結局彼が打ち出した策は、アメリカの徳の高さを強調する、人権外交という名の抽象的な策だった。その結果、途上国の人権抑圧が非難され、独裁政権への援助が削減された。しかしそれは、親米政権を弱体化させるだけである。

そこでカーターがとった行動は、一つは非難はしても具体的な行動をしないことであり、もう一つは武器の直接輸出を減らす代わり、イスラエルに協力してもらって間接的な輸出に切り替えることだった。ところが、ウォーターゲート事件をきっかけに作られた情報公開制度が、この内幕を暴露してしまう。結果的に彼の人権外交は、国内と親米国に不信感を広げただけで終わってしまう。

中ソとの対応についてはブレジンスキー大統領補佐官がおもに担当した。特にカーター政権期には、ソ連領中央アジアのイスラーム勢力への支援が開始された。それはソ連の西方への注意を少しでもそらせるためのものだった。しかしこれは結果的に、その後アメリカが中東情勢に深く関与するきっかけとなった。

イラン革命と第二次石油危機

その中央アジアに隣接するイランで革命が発生した。これが当初は誰も想像できないほど大きな影響を世界に与えた。

イランでは1963年に国王パフレヴィー2世によって白色革命が起こされて以降、親西欧路線の政治が行われていた。しかし彼の革命は、権力争いの結果起こされたもので、体制は非民主的で国民を豊かにする施策もなく、すぐにでも危機に陥るはずだった。

ところが1973年の第一次石油危機が国王を救ってしまう。イランの石油収入は4倍に増大し、その後も安定して増加した。GDPは急増し、1人あたりの額でも白色革命後の25年間で約10倍になった。これだけの急成長は、世界でも日本を含め数カ国しか経験していない。イランは数字だけなら、先進国の仲間入りも夢ではない地位にあった。

しかしその中身が問題だった。石油関連の金額がGDPの中に占める率は約40％に達し、税収入も8割近くが石油関連と、あまりに石油に偏っていた。さらに、いくら収入があっても、政府内に腐敗がはびこり、予算のむだ遣いも問題にされない雰囲気があった。しかも経済成長の恩恵が及んだのはせいぜい都市部だけで、貧しい農村は放置されて都市部との格差は開く一方だった。結果、好景気にひかれて農村部から流入する人たちで、都市の周辺にはスラムが広がり、治安は悪化した。都市部でも過剰な消費でインフレが続いた。

にもかかわらず国王は社会改革や教育・福祉の充実などへの関心が薄く、社会のゆがみは放置された。彼は「ペルシア湾の憲兵」を名乗って西アジア最大の軍事大国であると自負し、臨時収入をもっぱらアメリカからの戦闘機や武器の購入に回した。これではスタグフレーションに苦しむアメリカは助かっても、国民はたまらない。

庶民の不満を受けとめたのは、イランの宗教指導者（ウラマー）たちだった。それは19世紀末のタバコ・ボイコット運動以来の伝統であったが、白色革命で左派の政治家が根こそぎ弾圧されたことで、この傾向が助長された。

当時イランで最も影響力があったウラマーが、最高指導者（アーヤトッラー）のルーホッラー・ホメイニ師（写真15）と、思想家アリー・シャリーアティーの2人であった。2人は政府批判を繰り返したことから、ともに1960年代に国外追放されてフランスに亡命した。亡命のあいだホメイニ師は、パリから国民に熱心にメッセージを送り続けた。シャリーアティーは、フランスのマルクス主義者や、サルトルら哲学者と親しく交流した。

サルトルは、この若き思想家の才能を高く評価した。シャリーアティーも、彼らの影響を強く受けた。その後、彼は密かにイランに戻り、かつてサルトルがフランスの若者たちに訴えたように、人々が積極的に社会変革に加わることが神が与えた運命なのだと訴えた。その際シャリーアティーは、約1300年前にシーア派の聖者フセインが、殺されるのがわかっていても、自分の運命を受け入れて挙兵したことを例に挙

写真15　ホメイニ師
©Mohammad Sayyad

げた。実際、彼自身も殺されるのを覚悟して活動し、最後は暗殺と思われる謎の死を遂げた。しかし王にとって、シャリーアティーの死は遅すぎた。この間に彼の思想は確実に各地に広がり、その後のイランや世界に大きな影響を与えたのである。

1978年に政府は、財政危機を名目に、寺院付属学校の閉鎖策を打ち出した。すると突然、大規模な反政府デモが発生した。政府はこれを弾圧しようとしたが、かえって反政府運動の火に油を注ぐこととなった。死を恐れない抗議行動が全国に広がり、150万人もが参加した。戒厳令が敷かれてもデモは抑えられず、軍の発砲で死者が出ても勢いは衰えなかった。労働組合もストライキを頻発させて経済が麻痺したため、経済危機に発展した。なぜこんなに急に人々が激しい政治活動を行うようになったのか、政府も海外メディアも、まったく理由がわからなかった。

王もここに至って、反体制派との妥協の道を探ろうとした。彼はまず手始めに民主政体を回復させ、反政府活動家を釈放した。しかしそれでも国民の対決姿勢が収まらなかったため、国民に人気のある政治家を首相に起用したり、不人気な情報機関の長を逮捕させたりしたが、12月には過去最大の200万人が参加するデモが発生した。国民の怒りを抑えきれないのは明らかだった。

こうしてパフレヴィー2世は翌1979年1月に、エジプト経由でアメリカに亡命し、国王と交替するかのように、ホメイニ師が帰国した。

彼は新たに設立された事実上の国会、イスラーム革命評議会において、イスラーム教に基づいた新体制を発表した（イラン革命）。イランにおける19世紀以来の西洋化の流れは、ここにおいて決定的

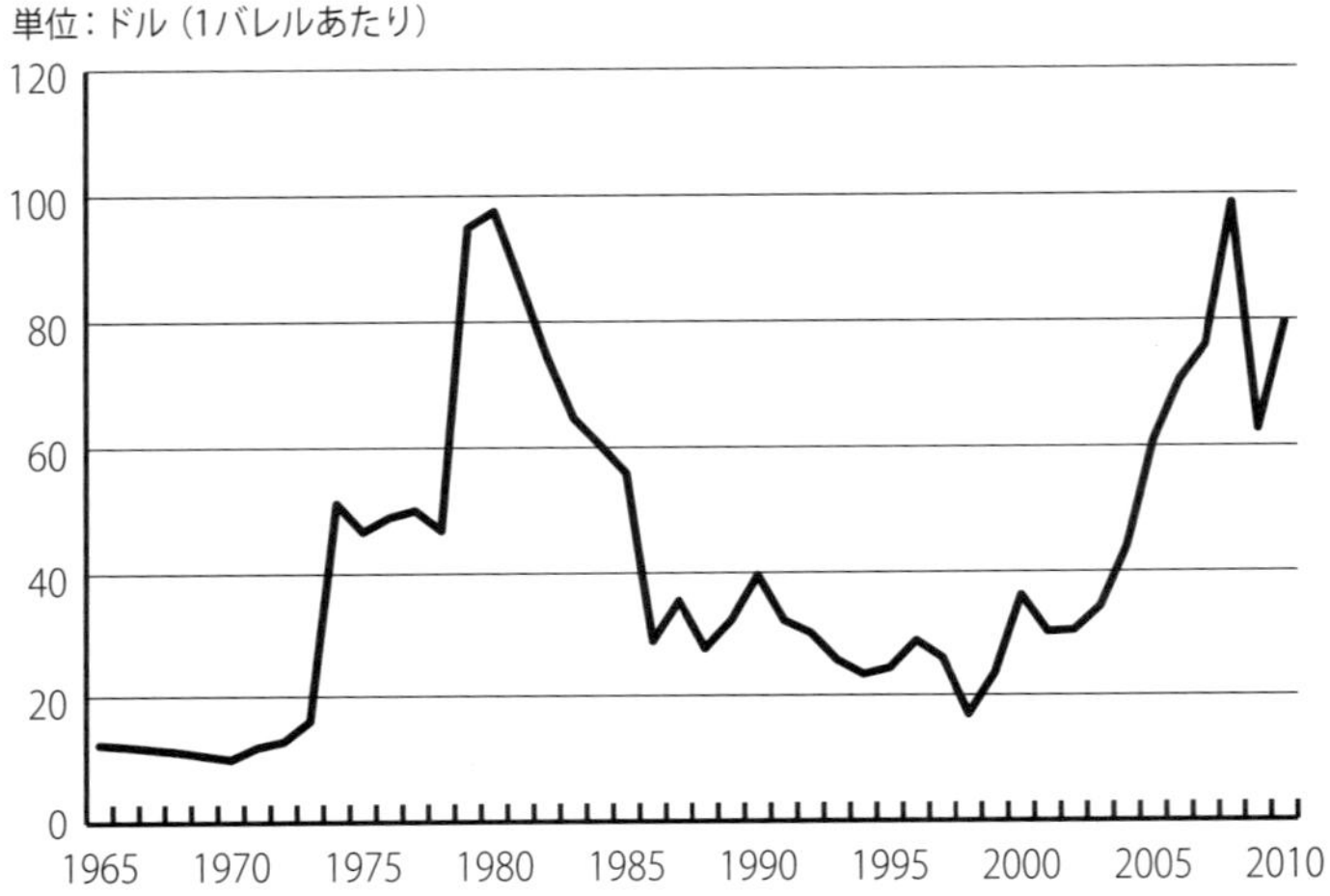

図20　原油価格の推移

「BP Staiscal Review」より

に変化したのである。

ところが1979年11月に、国王のアメリカ亡命に怒ったイスラーム神学校の学生らがアメリカ大使館を襲撃し、外交官などを人質にとって国王の返還を要求した（アメリカ大使館人質事件）。これは大使館の不可侵性を保障した国際法ウィーン条約に違反する。そこで1980年4月にアメリカのカーター政権は、これを根拠に大使館員らを救出する軍事作戦を強行した。しかし作戦は、機器の故障と輸送ヘリ同士の衝突という初歩的なミスで失敗し、事件が長期化する結果となった。これが当時行われていた大統領選においてカーターの致命傷となり、共和党ロナルド・レーガンの勝利の一因となった。

パフレヴィー2世は、この事件後、再び

エジプトに亡命して客死した。

イラン革命は、世界経済にも影響を与えた。アラビア湾岸から輸出される石油は、すべてイランとオマーンのあいだのホルムズ海峡を通って運ばれていた。海峡近くで戦闘が始まって石油の供給が不安視されたため、石油買い占めによって価格が前回の石油危機以上に値上がりし（図20）、一気に4倍に達して世界経済に大打撃を与えたのである（第二次石油危機）。

イラン革命が生みだしたもの

このように、イランの革命はウラマーと左派の政治家が協力して実現したものだったが、革命後に両者は対立するようになった。というのも、ウラマーらは、王政期の自由主義経済への反発や、かつてムハンマドがメッカの大商人を批判したこともあり、経済政策重視に冷淡だったからである。しかし左派は、そちらを優先しようとした。

双方の対立で政治が混乱する中、一部の商人や企業が投機的な動きに出たため、物資不足が深刻化した。さらに国王とともに逃亡した富豪の財産没収が始まると、先行き不安から中産階級の国外脱出が相次いだ。イラン経済を担う中核が抜けたため、景気は悪化の一途をたどり、一時は革命に光明を見出していた若者たちも、次第に将来に失望するようになっていく。しかしそれがシャリーアティーの思想をイランに広める結果となった。絶望感や無力感が広がる中で、彼の思想は若者の中に社会を変えようとする運動を広げ、社会変革思想としてのイスラーム教を蘇らせたのである。

シャリーアティーの教えはシーア派的なものだったが、スンナ派の信者に理解できないものではない。そのため彼の思想は宗派や国境を越え、無力感に苛まれていた信者のあいだに広まっていく。聖者フセインのように死を覚悟した者は強い。彼らが敵視したのは、腐敗した支配者層と、その背後にいる欧米勢力だった。

イスラーム教では、苦しんでいる同胞を助けないのは神の道に反する行為である。そんなときは、たとえ肉体的な危険があろうと、葛藤を乗り越えて解決に努力しなければならない。この精神的な努力こそ「ジハード」の本来の意味である。この言葉は、信者以外には異教徒との戦いだと理解されているが、信者はそれが特殊な用法であるとわかっている。そしてシャリーアティーの思想は、この本来の意味のジハード、すなわち人間としての誇りを回復するための、社会改革への参加を呼びかけたものだった。

ところがこの思想は、各地に広まる過程で変質してしまう。特に絶望的に解決困難な問題を抱える地域では、イスラーム教で厳禁されたはずの自殺＝自爆テロさえ肯定するような過激な思想となってしまったのである。どんな思想も、生まれたあとは、勝手に一人歩きする傾向があるが、彼の思想も不幸な変化を経てしまったのである。

こうした過激思想が広まったのは、パレスティナ地方はもちろん、石油の富に溺れた王族が支配する湾岸首長国、貧富の差やヒンドゥー至上主義に苦しむ南アジア、果てしない部族対立と貧困の連鎖が続くサハラ砂漠以南のアフリカ諸国、そして無宗教ソ連国内の中央アジアのトルコ系諸国などだった。さらにこの思想は、後述するソ連のアフガニスタン侵攻をも失敗させたのである。

経済危機が自由主義を復活させた――新自由主義の台頭

石油危機による資源価格の高騰は、世界経済に大きなダメージを与えた。1971年のドル・ショックの影響が残るなかの2度の石油危機で、各国は物価高騰と不況に苦しんだ。また、これまでの経済政策が機能しなくなり、新たな対策が求められることになった。

アメリカでは、ベトナム戦争にともなう軍事費に加え、手厚い福祉政策が行われたためにインフレと財政赤字が深刻化し、フランクリン・ローズヴェルト以来のケインズ主義的な「大きな政府」路線の転換を余儀なくされた。その結果、経済政策では、「小さな政府」を志向する新自由主義（ネオリベラリズム）が強まった。これはケインズと同世代のヨーゼフ・シュンペーターやフリードリヒ・ハイエクを源流とする思想である。

シュンペーターは、著書『資本主義・社会主義・民主主義』において、資本主義の本質は「イノベーション」つまり革新にあると主張した。イノベーションは、一般的には技術革新という意味であるが、彼の用法はもう少し広く、ビジネスモデルや組織形態の革新による「創造的破壊」と呼ぶ変化であり、それこそが市場を刷新し自由経済を根本から支えるものだと主張した。

ハイエクは、著書『個人主義と経済秩序』の中で、市場経済で重要なのは価格均衡という「状態」ではなく、それが実現するための「自由」であり、自由を認めない社会主義は失敗すると主張した。さらに彼は、ケインズ派が重視した中央銀行を、その恣意的な行動こそが経済を不安定にする張本人だとし、その廃止を主張した。こうした新自由主義の根源には、デカルト以来の人間の理性を信用しすぎる考え方、すなわち合理主義への疑念があった。

当時の新自由主義者の多くはシカゴ大学を拠点としていたため、シカゴ学派とも呼ばれた。代表はミルトン・フリードマンであった。ただし彼と元祖ハイエクの考えは同じではない。ハイエクが人間の理性や合理性を信用しない立場（リバタリアニズム）なのに対し、フリードマンは理性と市場を信頼した。またレーガン時代以降の経済学では、市場の数理モデルは重視するが、貨幣などの実体経済の動きは軽視する傾向が強かった。

フリードマンは、減税や、中央銀行が貨幣の供給量を増やすことで、経済成長を促す貨幣数量主義（マネタリズム）を唱え、経済界や政界に大きな影響を与えた。そして新自由主義政策は、アメリカではレーガン大統領（レーガノミクス）、イギリスではサッチャー首相（サッチャリズム）、日本では中曽根康弘首相の経済政策の中核となった。

新自由主義においては企業の競争力、すなわち企業が時代に素早く適応して利益を得られる力が求められた。政府もこれを支援するため、これまで企業に課してきた規制を、国民に害が及ばない範囲で緩和し、国営企業を民営化し、独占的企業の分割を促すことによって、企業活動の自由度を高め、その競争力を高めるようにした。

こうした政策の代表として、次の例が挙げられる。アメリカにおいては、電話電信部門を独占していたＡＴ＆Ｔが分割された。その後、分割された企業間の競争によってインターネット網が作られた。イギリスにおいては、国営企業の民営化に対する最大の抵抗勢力であった巨大労働組合との対決が行われ、石炭産業などエネルギーやインフラ関連の国営企業が民営化され、20世紀末には「英国病」が克服された。日本においては、国有鉄道（国鉄）が12社に分割され、民営企業ＪＲとなった。ＪＲは黒字化を達成し、新幹線の成功もあって、鉄道会社が国営でなくても経営的に成り立つことを証明し、世界に民営鉄道や高速列車が広がるきっかけとなった。また中曽根首相は、民間活力の重視を掲げて民間人中心の私的諮問委員会を多数設立し、その意見の多くを政策に採用した。さらに国民の権利とされていた教育に対しても、他国にない「受益者負担」という概念を導入し、教育費の保護者・本人負担を増やしたり、国公立大学を増やさずに私立大学を増やしたりした。

経済危機が産業を高度化させた

70年代の危機に対して、企業は原材料の価格上昇をやむを得ないものとし、製品を高機能・高品質化した。一つの製品で複数の製品の機能を集約できれば、結果的に消費者の支払う金額が減る。つまり商品価格ａが値上がりして２ａになるのは仕方ないので、価格が２ａの商品と別の２ａの商品を合

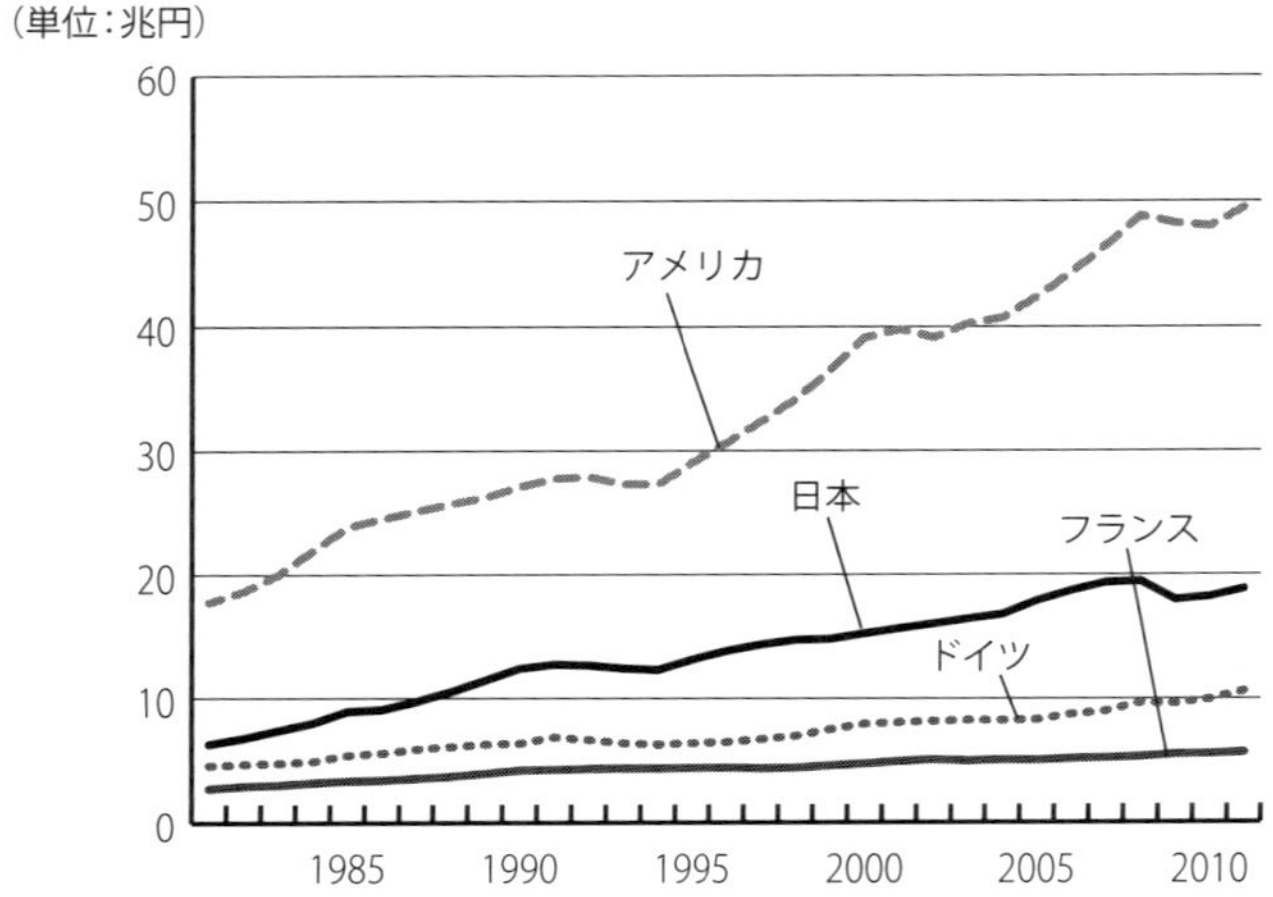

図21　研究開発費総額の推移

体させて3aにし、「二つ買うよりお得ですよ」というわけである。また、同じ製品で同じ価格なら、品質の高い方が好まれるはずである。

これらに必要なことは技術革新である。当時その投資に積極的だったのが、アメリカ・日本・西ドイツの3国だった。当時最大の科学技術投資国であったアメリカでは、政府は「大きな政府」見直しの中で投資を減らしていたが、その分を規制緩和された企業が補った。

これに対し日本と西ドイツは軍事負担が軽かったため、科学技術への投資は安定して増やされた(図21)。民間企業も政府の支援策もあって、製品のコストダウンと品質向上に努めた。それはつまり製品の部品数を減らして製品を小型・軽量化し、エネルギーや資源消費を減らし、他国が簡単にまねができない物を作り出すことだった。

この時期、両国が取り組んだのが、コストの多くを占める人件費（給料）の削減策だった。

西ドイツは戦後の発展をもたらした外国人労働者増加策を再び採用した。ただしベルリンの壁によって東欧からの移民流入が止まったため、19世紀以来の関係があるトルコからの受け入れが始まった。移民は短期間のうちに稼いで国に帰ろうとするため、低賃金や長時間労働であっても受け入れた。また彼らが短期で帰るため、政府も自国民と同じ福祉レベルを用意せずに済んだ。こうして西ドイツは人件費削減と労働者確保の両立に成功した。

一方、戦争責任を回避したため周囲の国と明確な和解ができなかった日本は、移民に頼れないため、企業は少ない労働者で仕事をこなす雇い方を編み出した。それまでは労働者が足りない場合、同じ職種の労働者で補っていたが、以後は企業が、社内教育と定期的な配置転換と組み合わせ、さまざまな職務をこなせる「正社員」を養成した。正社員は雇用の確保や、年齢に比例して賃金が上がる年功序列型賃金などと引きかえに、長時間労働や転勤を受け入れさせられた。時間的・季節的に労働者が不足する職場では、パートタイマーで補われた。また賃金の性格も、仕事自体への報酬ではなく、労働者の能力への評価や生活保障という性格が強められ、同一労働であっても正社員とパートの賃金に差がつけられた。ただし当時、その数はごく少数だったため、社会問題化しなかった。さらに、日本の労働関係法は、そうした雇用形態を想定して作られていなかったが、その後、社会の変化を認識した司法の判断で法的に保障されていった。

こうした雇用形態の変更は、同一職種の労働者による労働組合が一般的な国では、労働者の反発で

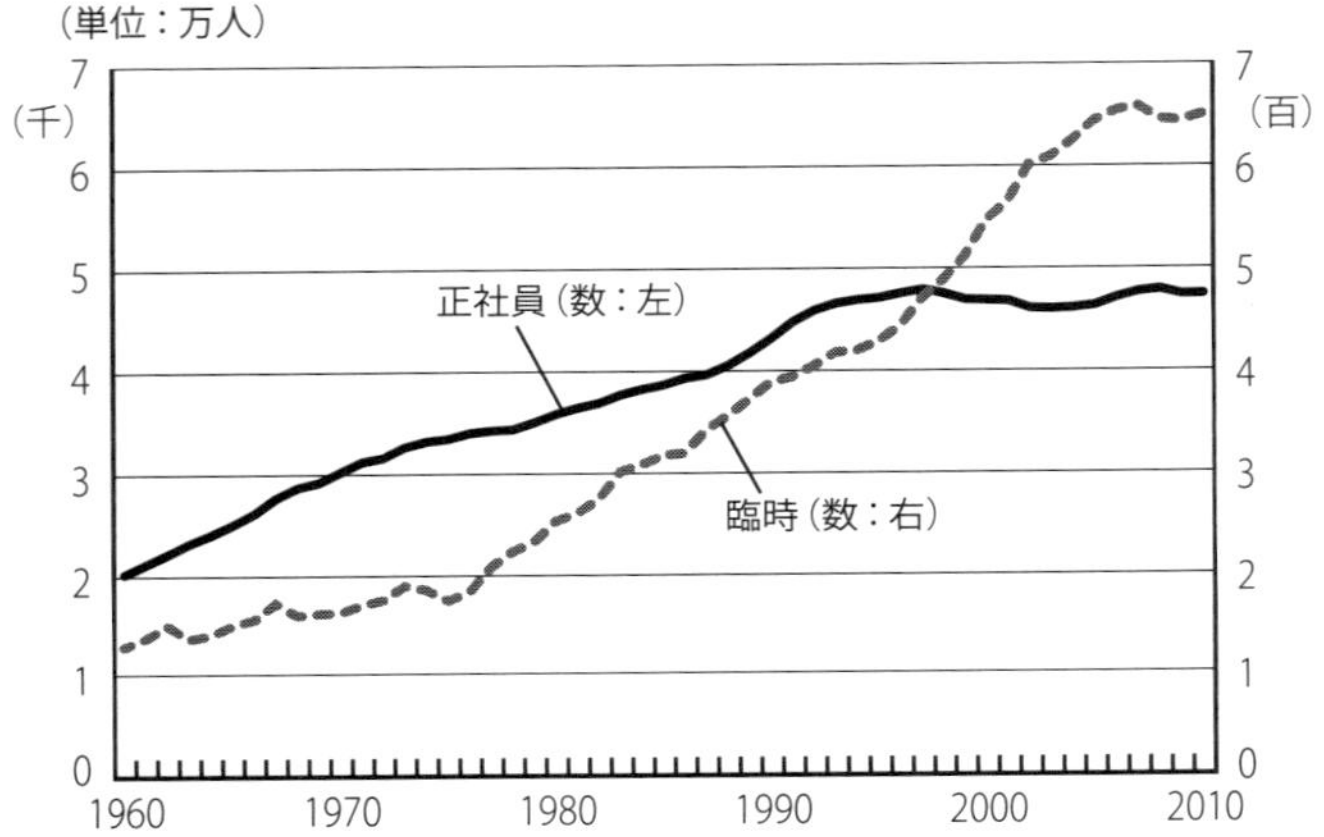

図22　日本の雇用状況の推移

難しい。しかし日本では企業別労働組合が一般的で、会社と労働者の利益が合致するため、組合も容認した。また、夫の雇用保障が家族生活も保障するため、妻子の生活は安泰となる。そこで、女性正社員が結婚時に離職する「寿退職」の慣習や、主婦や学生によるパートやアルバイトが増加した(図22)。

その結果、労働者の単身赴任や「自発的な」無償労働（サービス残業）が広まり、90年代には社会問題となる過労死さえ発生した。しかし当時は、国民の多くが「戦勝国が失敗した石油危機への対応に、日本は成功した」という達成感に酔っており、社会問題どころか、家庭を顧みない「企業戦士」が称えられる風潮さえあったのである。

しかも配置転換や企業内教育が当然となると、入社前に技能を身につける必要が少なくなる。そのため社員の選考では、「やる気」や基礎能力、

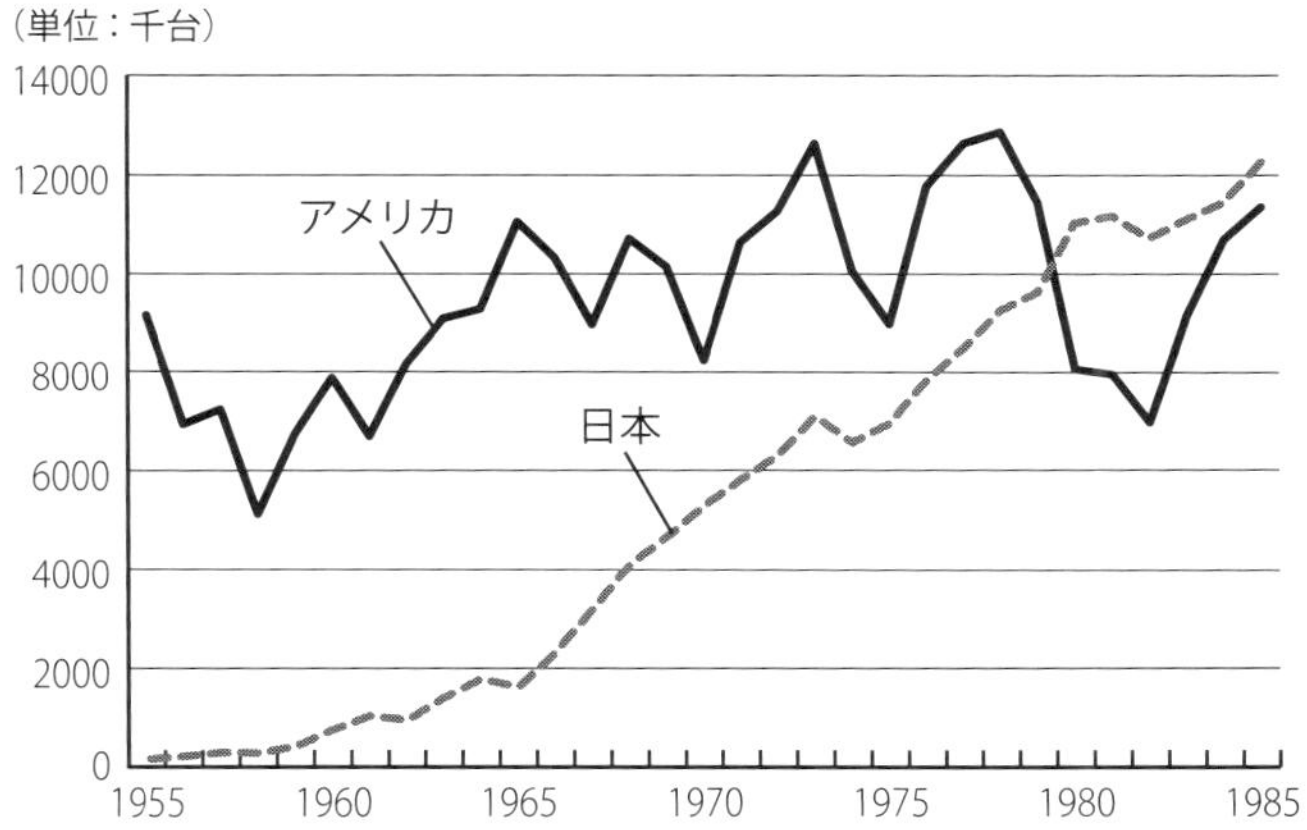

図23　日米の自動車生産量の推移
「マクミラン新編世界歴史統計」より

そして組織への適応能力が重視され、実務訓練を行う学校より、普通科高校や高偏差値の大学が評価されるようになった。

この時期を代表する製品が、自動車だった。アメリカの自動車メーカーは経済危機に対し、利幅の少ない小型車を減らし、利幅の大きい大型車を増やして利益率を高めることで対応した。フランスやイタリアは、会社の合併で部品を共通化し、コストを削減した。しかし日本や西ドイツは、大戦中に両国が取り組んだ省資源・省エネルギー技術を活かして、アメリカの小型車市場に進出した。日本企業は、アメリカの厳しい排気ガス基準にも対応し、50年代に酷評された品質も、生産現場の「自発的な」QC（Quality Control品質管理）活動で向上させた。欧米メーカーが独占していた自動車産業の変化が始まった（図23）。

トヨタがQCを利用して生みだしたのがリーン

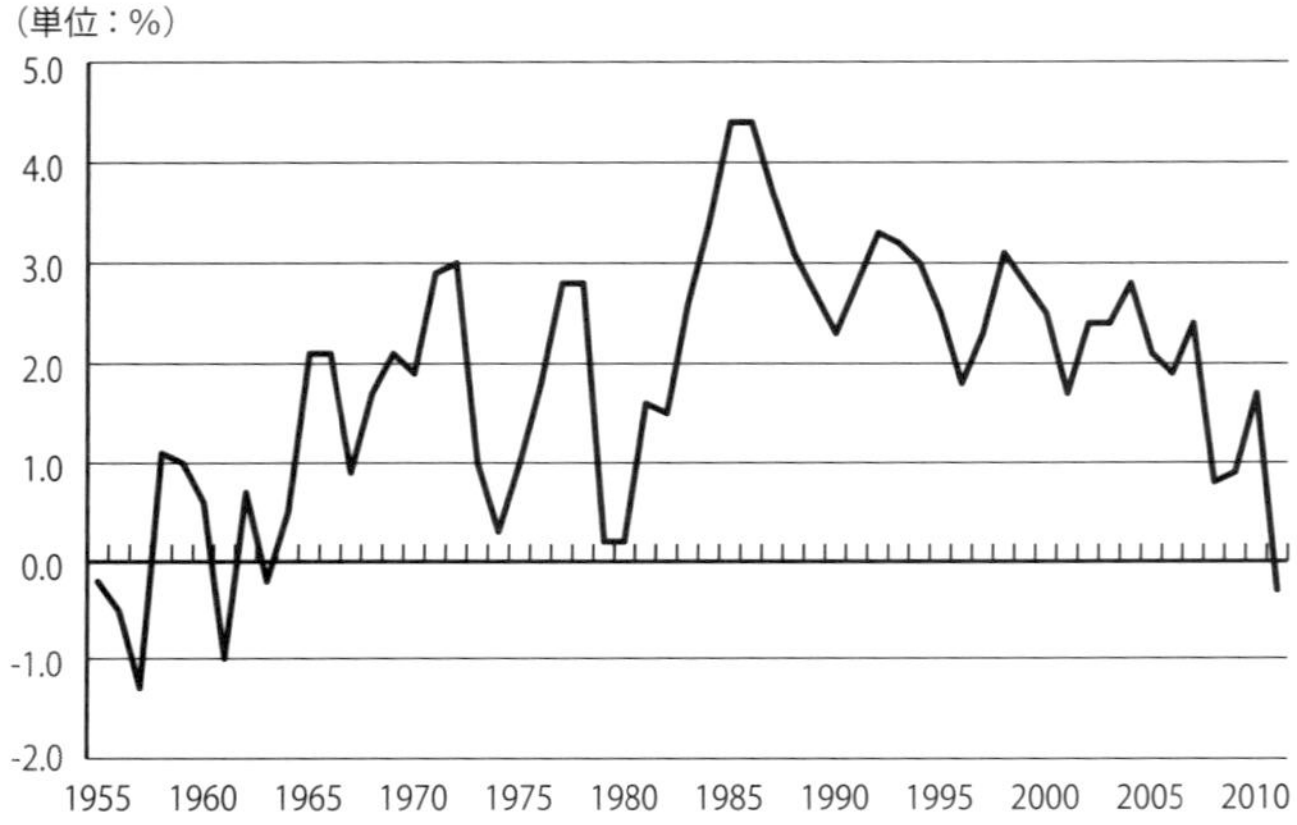

図24　日本の貿易収支の対GDP比

「日本銀行 国際収支統計」より

生産（別名ジャスト・イン・タイム）方式である。これはスーパーマーケットの商品管理を参考に、在庫や従業員の作業時間の無駄や不良品などを、徹底的に減らすものだった。じつはQCは、戦後日本が、アメリカのウィリアム・E・デミング博士などから学んだものだった。これが製造業界に広まった結果、自動車以外にもテレビや冷蔵庫などの家電製品が日本の代表的製品になった。特にレーガノミクスによってアメリカがデフレから脱出した1983年以降は、ソニーやパナソニックなどが製品を盛んに欧米市場に輸出した。その結果、競争力の高まりにより日本の貿易収支の黒字が定着した（図24）。ただしこうした高品質も、長時間・無償労働などの、労働者の献身と引き替えに得られたものだった。

これに対し、アメリカ産業界が危機を乗り切るために取り組んだのが、多角化と金融部門の強化であった。本業だけでは利益を上げにくくなったため、他の分野に投資して企業全体としての利益を増やそうとしたのである。

この時期にそうした投資の対象となったのが、住宅関連産業だった。住宅には多くの素材が使われ、不動産業も関わっているなど、自動車産業以上に産業の裾野が広かった。また販売価格が高額なので、購入時にローンを利用するため、金融業とも関係が深かった。

さらにアメリカでは地震がほとんどなく、100年以上住める家が多いため、伝統的に中古住宅市場が大きかった。また自動車と違って、住宅は外国企業が輸出できるものではない。アメリカでは70年代以降、住宅ブームが産業全体を引っ張った。それは、住宅産業の動向を見れば、景気の先行きが見えるといわれるほどだった。

金融業も伝統的にアメリカが強い産業だった。金融業には、銀行だけではなく、保険業や証券業も含まれる。また日本には当時存在しなかった投資専門の銀行や、富裕者の財産運用を行う金融会社さえ存在した。このように1980年代は、先進国の主要産業の顔ぶれが大きく変動した時代であった。

変化に苦しむアメリカ

しかし一方で冷戦は続いており、アメリカの軍事負担は重いままだった。それはアメリカ企業にとって重い税負担となり、また「雇用の空洞化」が高い失業率をもたらしたため、国民の不満が高まった。

アメリカの国際収支は赤字だったが、対照的に日本とドイツは黒字であった。そして特に黒字幅が大きかった日本とのあいだで、経済摩擦が強まった。

日本は、アメリカ軍基地の集中する沖縄県民の不満を抑え込み、アメリカに対して１９７０年代末以降、百億円単位の「思いやり予算」を支出するなど、他国以上の軍事費負担を行っていた。しかしこの事実が知られていないアメリカでは、日本は１９６８年にＧＮＰ（国民総生産）が世界第２位の国なのに、軍事負担をほとんどしていない「卑怯者」というイメージが作られた。その背景には真珠湾への奇襲攻撃と同じ感情が存在した。

その結果、競争で苦しんだアメリカ企業が政治家に働きかけ、日本企業が不当な安売り（ダンピング）をしているとして自主規制に追い込む例が相次いだ。日本製品の代名詞であった自動車や家庭用電機製品を、経営者や労働組合幹部らがハンマーでたたき壊すパフォーマンスも相次いだ。

経済摩擦は、すでに１９６０年代初めに、アメリカの繊維・衣料業界とのあいだで起こっていた（日米繊維摩擦）。しかし当時の日本は大戦後の悲願であった沖縄返還をアメリカ側に求めており、アメリカの世論に配慮せねばならなかった。このため日本は１９７２年に輸出自主規制（日米繊維協定）を行って問題を決着させた。

しかしこれで問題がすべて決着したわけではなかった。１９６０年代後半には、鉄鋼製品が問題化していた。当時、日本のメーカーは発明されたばかりの最新の製鉄技術（純酸素上吹転炉）を導入した。この技術はエネルギーの消費量が少なく、安価に大量の鉄を生産できるものだった。ところがア

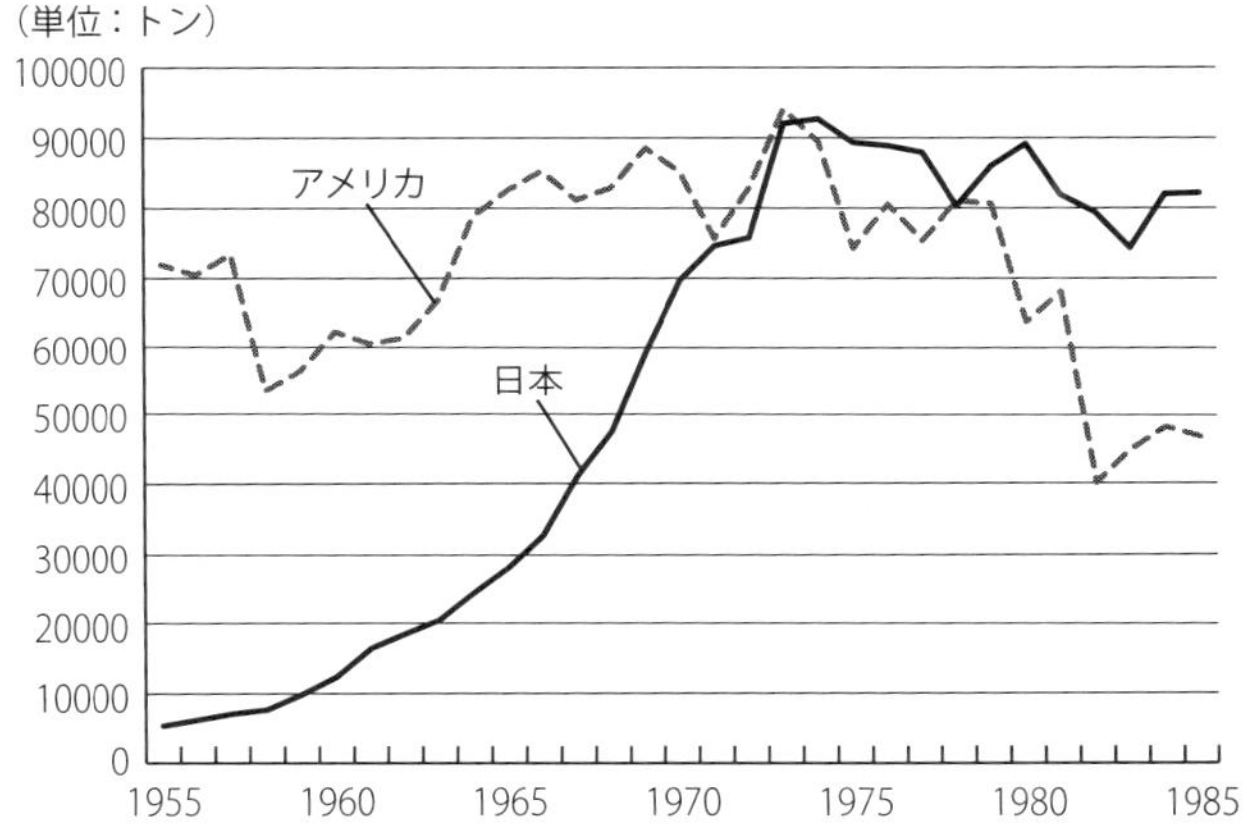

図25　日米の銑鉄生産量の推移

「マクミラン新編世界歴史統計」より

メリカのメーカーは、たまたまこの技術が広まる少し前に従来型の装置を大量導入していたため、新製法の導入には消極的だった。そこで産業界は、やはり政治力を駆使して日本製品を自主規制に追い込んだ。

しかし結果は、アメリカ産業界には逆効果となった。国産品を使わざるを得なくなったアメリカ企業の製品は割高となり、海外市場での競争力が弱まったからである。また鉄鋼業界自体も、70年代後半には、他国に生産量で後れをとるようになった（図25）。その結果、１９８３年には失業者が、半世紀前の世界恐慌時に匹敵する１０００万人に達した。

それでも産業界は、なかなか成功体験から抜けられなかった。その後も、４～５年ごとに通商法の改定を武器に相手国に譲歩を求め、さらに自分の首を絞める悪循環に陥った。株主の意見が強く利益を重視する、アメリカの経営形態も事態の悪化を加速させた。

自由貿易の守護神を自負してきたアメリカによる自由貿易形骸化の動きは、事実上の管理貿易を認めた1984年の通商法301条の改定によってピークに達した。自由貿易を維持するための国際協議GATTの場でも、これに対しては大きな批判が起こった。しかし組織ではないGATTに、アメリカの決定をはね返す力はない。これをきっかけに協定というあり方が見直され、1995年のWTO（世界貿易機関）の結成につながった。

この時期、日本もアメリカに対抗して、部分的に保護主義を強めた。日本政府が、後述するプラザ合意に従って円高にするための円買いドル売り介入を行おうとした際、金融市場では政府の行動を見越してドルを売って円を買い、高値で日本に売りつけようとする動きが発生した。そのため円相場は発表翌日にはたった1日で235円から215円へと20円も上昇し、2年後には130円に達してしまう。急激な円高で、日本の産業界は悲鳴を上げた。

こうした状況が、日本の産業界に二つの対応をもたらした。一つは自動車や家電などの、円高を企業努力、すなわち技術革新と労働強化で乗り切ろうとする動きであった。もう一つは農業や繊維業界などの、アメリカと同様に政府の保護で乗り切ろうとするものだった。

こうした異なった対応の背景には、それぞれの業界が持つ歴史的な特徴があった。まず家電や自動車は、戦後育った産業だけに、政府や地域の政治家とのつながりが弱かった。このため反発はあっても、自由化を受け入れて必死に製品価格を下げ、輸出先を開拓して困難を乗り切った。それがその後の発展に繋がったのである。

　これに対し、繊維産業は明治以前から営まれているところが多く、地元政界とのつながりが強かった。実際、戦後に起こった不況時にも、政府の助けで特別にカルテル結成が許されて共倒れを回避した。金融業も戦前の富国強兵策の柱として、護送船団方式と呼ばれる保護策がとられてきた。これは業界全体を政府が管理し、国策に沿った活動をするかぎり、競争や倒産が避けられ、利益を得られるものだった。日本の流通小売業にも、他国にはない「卸」と「小売り」の区別などの商習慣や、それを前提とした法規制が存在した。これは結果的に外国企業を締め出す規制となったのである。

　こうした保護主義をめぐる動きを背景に、70年代以降の日本の政界でも、グローバル化に積極的に対応しようとする勢力と、保護産業を代表する勢力のあいだで争いが繰り広げられた。最大の争点となったのが、農業の自由化だった。農業は生産額において1980年段階でGDPのわずか2・5％にすぎなかった。しかし農業従事者は全就業者の9％に達し、彼らと結びついた農協組織まで含むと、その政治的な影響力は無視できなかった。

　またプラザ合意の翌年1986年には、農産物の自由化に関するウルグアイ・ラウンド（ラウンドとは円卓会議）が開かれた。アメリカの強硬な態度を恐れた日本の産業界の強い圧力を受け、1988年、日本政府は従事者の少ない牛肉とオレンジ市場を自由化した。しかし貿易赤字はその後も改善しなかったため、次にアメリカ政府はコメの自由化を要求した。

　米作農業は、すでに高度成長期に課題を抱えていた。戦中戦後の食糧難を背景に、食糧確保のための米作りを推奨した政府は、米を農家から高く買い、補助金によって都市民に安く売る食糧管理制度を開始した。その結果、多くの農家が儲かる米作りを経営の柱とした。しかし米作りの安定化は、農業効率化の世界に無風状態をもたらし、補助金も財政に負担となった。そこに突然吹いてきたのが、農産物自由化要求のハリケーンであった。

しかし米作りから転作しようにも、平地が少ない日本では、米に代わる農産物は簡単には見つからない。そこで農家と農協は政治家を動かし、何としてでも儲かる米作りを維持しようとした。彼らが政策支持のため国民に訴えたのは、水田は日本の伝統風景であり、環境保護にも重要であるというものだった。幸いその後、アメリカの貿易赤字が縮小して貿易摩擦が緩和されたため、オレンジのような全面自由化は免れた。

農業政策の転換は難しい。たとえばイギリスでは、穀物価格の維持を目的に19世紀から施行されていた穀物法を廃止するのに、30年の議論が必要だった。結果として農業は輸出ができるほどに効率化した。しかし平地の少ない日本では農業の効率化に限界があり、イギリスの例は参考にならなかった。そのため、祖父母世代は農民でも、父母世代はサラリーマンとして農業から離れる「兼業化」が進み、次第に農家の高齢化と後継者不足が進行した。

そのうえ、日本の政治状況も解決を阻害した。１９８０年代は国会で自民党と社会党の「保革伯仲」状況（二大政党制）が続いていたが、両党はこの議論に加わることが党の分裂をもたらしたり支持を失うことを恐れたため、どちらも議論を先送りした。

規制や保護は、その業界だけに限れば効果があるように思われる。しかしアメリカ鉄鋼業界や日本の米作のように、余分なコストの積み上げは、価格の低下を阻害してしまう。先進国の中で日本の物価が高い原因の一つが、さまざまな規制であった。

このため輸出重視の産業界は、すでに繊維業界が切り開いた道、つまり海外生産を増やすことで物価高に対応した。特に自動車産業は、貿易摩擦の緩和や通貨価値の変動による影響の回避のためもあって、現地生産を積極的に行った。これはアメリカとの貿易赤字縮小には効果があったが、一方では産業の空洞化による日本国内の雇用の減少に拍車をかけた。

また政府や産業界はメディアとともに、60年代までの保護主義的な意味合いのある国産品愛好ムードを展開し、日本製品の高品質や安全性を強調した。

第七章
危機と革命後の世界

右傾化するアメリカ――レーガン政権の成立

カーターの再選をつまずかせたのは、1月のイラン革命だけではなかった。この1979年には、大事件が大統領選挙戦中に二つも起こったのである。

まず7月には「アメリカの裏庭」の中米ニカラグアで、社会主義者によるサンディニスタ革命が発生した。キューバに続き、ソ連と無関係な革命を防ぐことができなかったため、政府の失策だと考えられた。そして彼の再選への望みにとどめを刺したのが、12月のソ連のアフガニスタン侵攻であった。現職の大統領である彼はデタント政策に縛られ、ソ連を非難しオリンピックをボイコットする以上の対策を取れず、共和党の批判をかわせなかったのである。

カーターに代わって1981年に大統領になったのが、共和党のロナルド・レーガンだった。彼は選挙戦で、経済再生と軍備増強による強いアメリカの復活を訴え、外交ではソ連を悪の帝国と呼び強硬な態度で臨むことを主張した。大統領選と同時に行われた議会選挙でも、上院で共和党が多数を占めた。それは民主党時代の終わりを告げていた。

共和党の勝利を支えたのが、新保守主義者（ネオ・コンサバティスト、通称ネオコン）と呼ばれる政治家と、その選挙活動を支えたキリスト教福音派を中心とする右派であった。

福音派とは、聖書の語句を福音（神の言葉）として絶対視する、アメリカ最大のキリスト教宗派であり、共和党支持者に多かった。彼らは民主党期のリベラル政策、特に中絶や同性愛を認めたり、聖

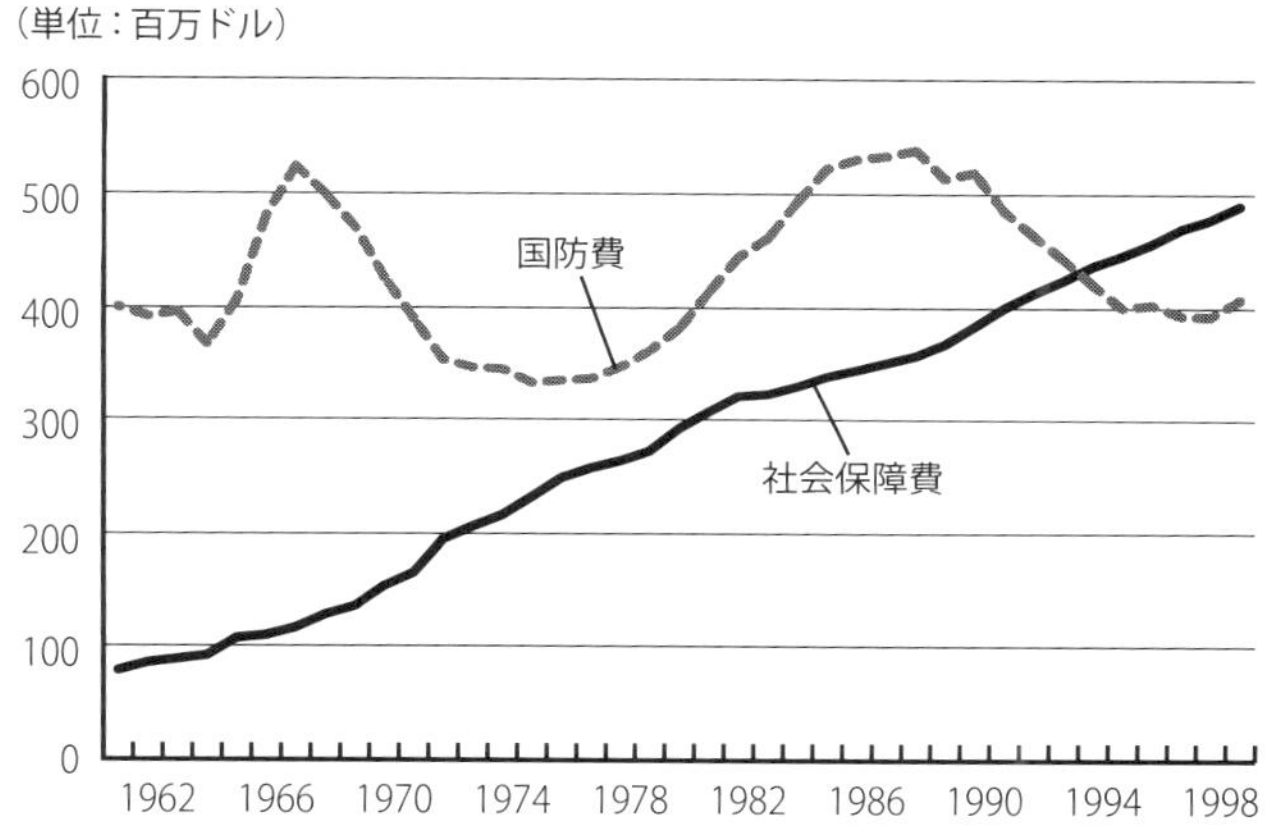

図26　アメリカの国防費と社会保障費の推移

「whitehouse.gov」より

書に明記された天地創造説を否定する進化論を公教育で教えることが、神に選ばれた特別な国アメリカ合衆国をゆがめていると考えていた。さらに彼らはアメリカを、昔のように市民が自由で政府に規制されない時代の姿に戻すべきだと考えていた。そして彼らは、民主党に失望した低所得者層を共和党支持に転向させることに成功したのである。低所得者層に、信仰心が強い傾向があることも、これを容易にした。

レーガンは従来の支持層に加え、こうした勢力を巧みに取り込むことに成功した。その結果、以後のアメリカでは新自由主義や右派が主流になり、1960年代後半からのリベラル政策の見直しが始まった。

レーガンは連邦予算を円換算で4兆円も削減し、逆に軍事費を5000億円増やしてソ連打倒の姿勢を示した（図26）。その目玉が「戦略防衛構想（Strategic Defence Initiative 略してＳＤＩ）」である。これはソ連のミサイルをレーザー兵器で撃墜するというもので、核ミサイルによる「恐怖の均衡」を目指す核抑止論を崩壊させかねないものだった。この計画は、人気映画の名を取ってスターウォーズ計画と呼ばれた。

この政策はデタントを完全に崩壊させた。突然崩されたバランスに、ソ連は反発してワルシャワ条約機構軍や核ミサイルを増強した。このためヨーロッパでは、核戦争への不安が高まった。欧州を意味するユーロと、核を投下された広島（Hiroshima）の合成語であるユーロシマ（Euro-shima）という言葉が生まれ、史上最大級の反核運動がヨーロッパ各地で発生した。アメリカでも真剣に核戦争を心配する声が高まり、核シェルター（避難施設）が爆発的に売れ、核戦争後の世界を描いた映画『マッドマックス2』や『ザ・デイ・アフター』が話題を呼んだ。

ただし米ソの対立は、派手ではあったが、戦争に結びつく可能性は低かった。ソ連は１９８２年にブレジネフが亡くなるなど、高齢化した指導部は毎年のようにメンバーが入れ替わっていた。そのため権力闘争が恒常化し、意見がまとまらない状況が続いていた。何より１９７０年代以後、ソ連は農業政策の失敗でアメリカからの穀物輸入が恒常化し、胃袋を敵に頼る状況が続いていた。そんなソ連にとって80年代のアメリカとの緊張は、失政を隠すのに好都合だった。

蘇るアメリカ――レーガノミクス

レーガンは、レーガノミクスと呼ばれる新自由主義的な経済政策を実施した。彼は当初、経済政策では需要を重視するケインズ主義に代えて、自由主義的に総供給（サプライ）を増やすサプライサイド経済政策を主張した。これは規制緩和と減税を組み合わせて国民や企業の手元に現金を残し、経済活動を活発化させて自然と税収が増えるのを待つという理論だった。ただしこれは主流派の経済学者からは、副大統領候補になる前の父ブッシュが「ブードゥー（呪術）経済」と評したように、眉唾物と思われていた。

レーガノミクスでは、高所得者層を豊かにすれば、その富がしたたり落ちるように国内に広く行き渡るというトリクルダウン理論が使われた。しかし、その減税分を確保するために削られたのは、社会保障費だった。つまりレーガンは、レーガノミクス実現のために、彼を選んでくれた低所得者層の負担を増やしたのである。

彼にとって幸運だったのは、大統領就任後、まもなく景気が好転したことである。その原因は、一つは資源コストで最大を占めていた石油消費量の減少による価格下落であり、もう一つはスタグフレーションの解消だった。

石油消費の減少は、自動車エンジンの改良と原子力発電の普及が要因だった。クリーンなエンジンについては、1960年代の環境保護運動の成果であった。1970年に大気汚染浄化法（マスキー

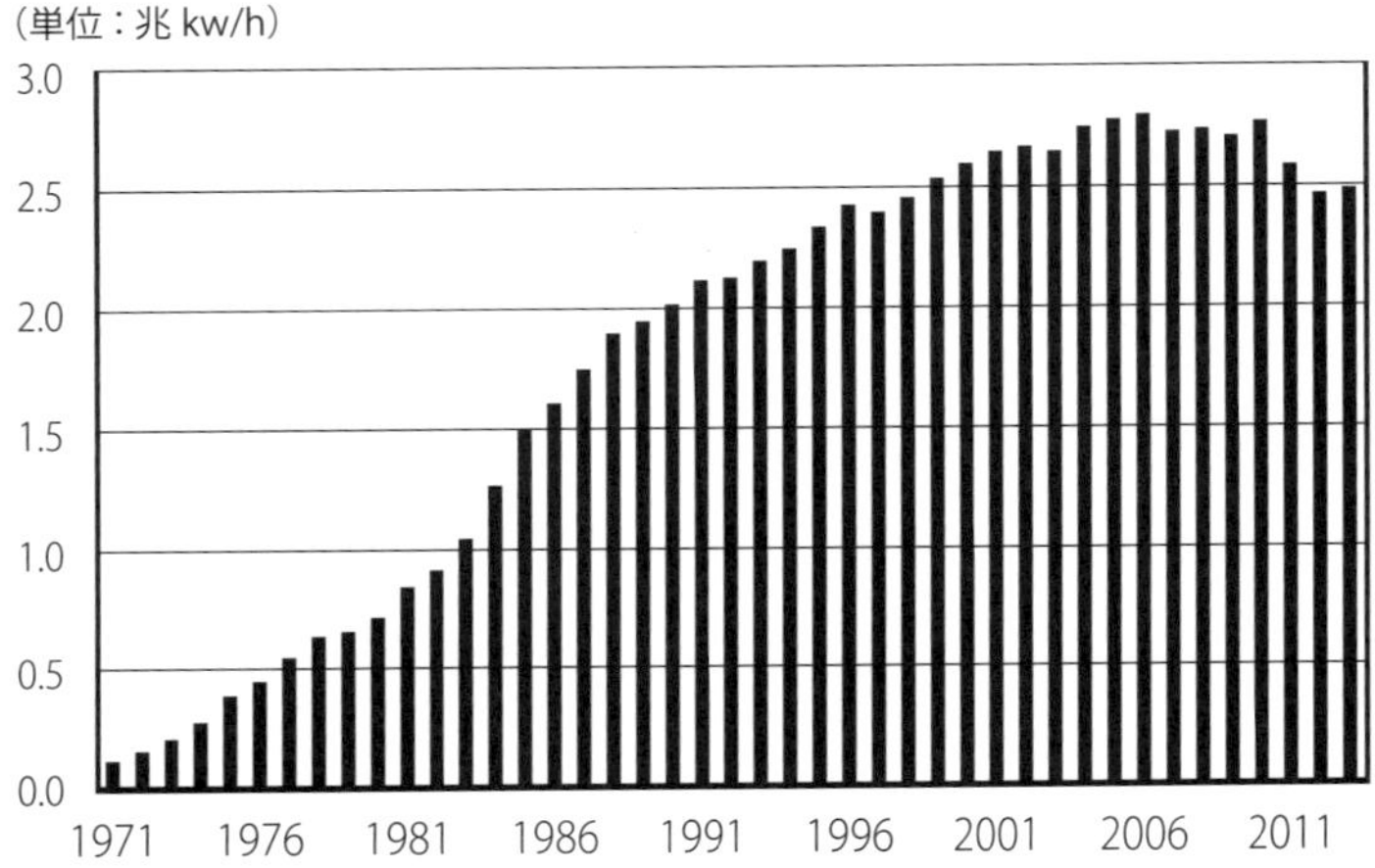

図27　世界の原子力発電量の推移

「資源エネルギー庁エネルギー白書2016」より

法）が制定され、自動車業界は燃費向上と排気ガス浄化に取り組んだ。これらはコストが増加するうえ、技術的に難しかった。

そこで自動車業界は、手慣れた政治的解決法をとり、政府に圧力をかけ期限を延長させた。その一方で販売の主力を、利幅の少ない小型車から大型車に移行してコスト増を補った。その空いた市場を埋めたのが、燃費が向上した西ドイツや日本の小型車だった。

原子力発電は、1950年代に実用化されたが、石油危機以前はコスト面で石油に負けていた。しかし石油危機以後は、エネルギー源のウランがアメリカで自給できて価格が海外事情に左右されないことや、発電所からの排出物が、火力発電所のように環境を汚染しないと考えられ、発電所の新

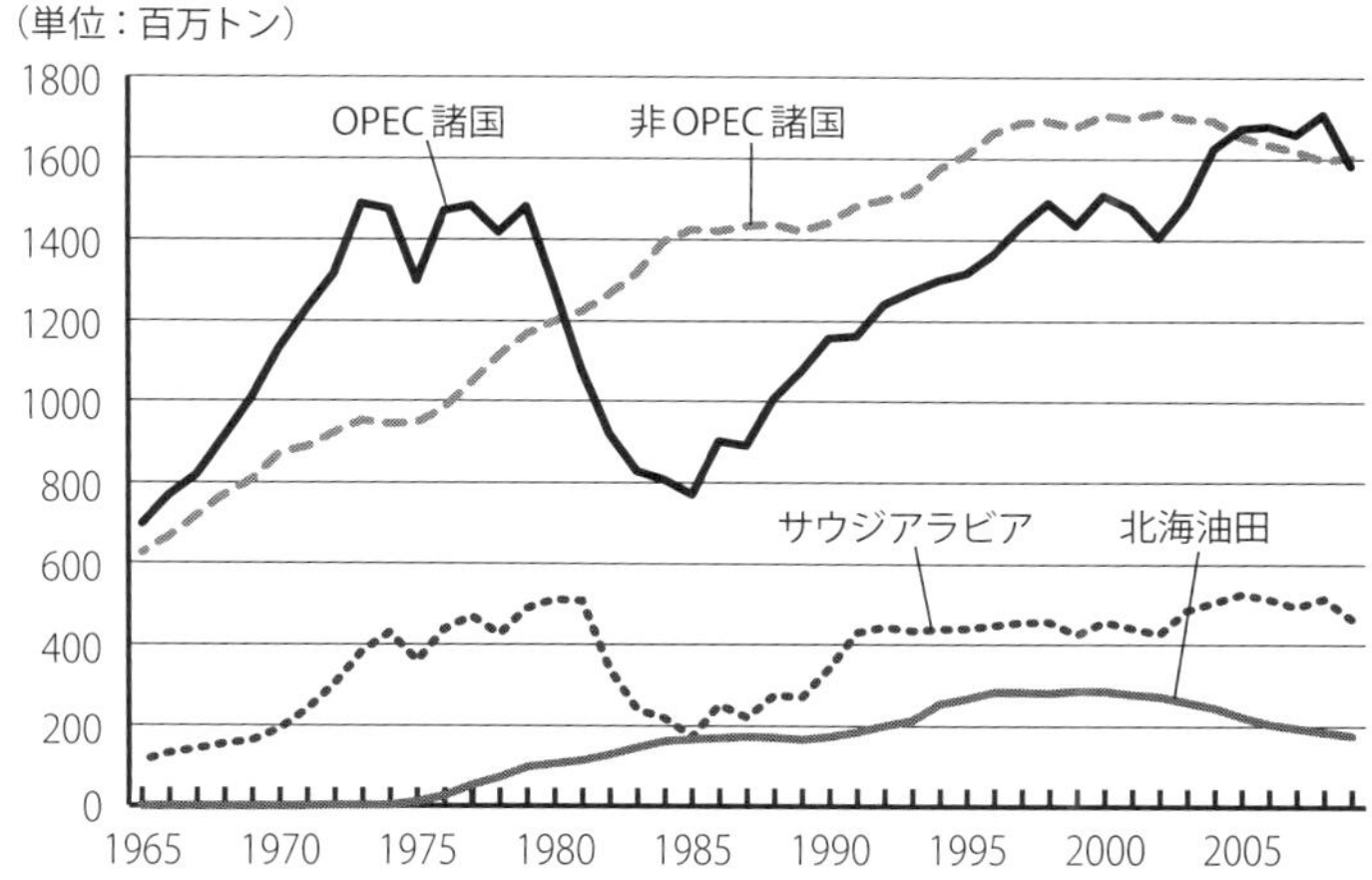

図28　世界の原油生産量の推移

「BP Staiscal Review of World Energy June 2011」より

設が相次いだ（図27）。当時、国土の広いアメリカでは、核廃棄物の処理問題はほとんど考慮されなかった。原子力技術は、「核の平和利用」の名目で、日本や西ドイツへも輸出され、原子力産業を潤した。

これらの結果、80年代に入ると先進国では石油の消費量が減少し、価格が下落しはじめた。さらに下落を加速させたのが、石油危機以降の石油の増産や新規油田の開発だった(図28)。サウジがアメリカに配慮し、石油危機が落ち着いた後は原油の増産と価格下落に努めたことも重なって、85年には原油価格が暴落した（逆石油ショック）。さまざまな産業の燃料や原材料に使われる石油価格の下落は、日照りのあとに降る雨のように先進国経済を潤した。

スタグフレーションの解消は、事実上の

中央銀行であるＦＲＢ（連邦準備制度）の功績だった。レーガンがＦＲＢのトップに指名したポール・ボルカーは、スタグフレーション対策として、まずインフレ対策の王道である高金利政策をとり、通貨供給量を制限した。その結果、銀行を通じて市場に出回るはずの資金が減少した。資金不足から企業収益は悪化し、失業率が11％に上がり、ＧＤＰは３％以上も減少した。翌年にはマイナス成長つまり経済規模の縮小という事態に陥った。ＦＲＢは猛烈な非難を受けたが、ボルカーは引き締め策を断行した。これは大きな賭けだった。もし世界経済の牽引役であるアメリカが経済政策に失敗すれば、世界を混乱に陥れる恐れがあった。

しかし彼らは賭けに勝った。インフレの沈静化で、通貨供給制限は３年で解除された。雇用と消費も増加した。先述した石油価格の下落で、石油関連産業や運輸業のコストを低下させた。コスト下落は物価を下げ、失業による生活苦を緩和した。アメリカ経済は活況を取り戻したのである。

一方で、レーガノミクスは、財政の健全性を犠牲にした。減税と軍事費増大によって予算規模が拡大し、財政赤字が悪化した。皮肉なことに、ケインズ主義政策を止めようとしたレーガン時代のアメリカは、結果的に過去の誰よりケインズ主義的な「大きな政府」であった。じつはアメリカの雇用と消費の増大は、こうした政策がもたらしていたのである。

またレーガン政権は、自動車組み立てなど、多数の労働者を雇用する製造業の海外移転を促した。こうした産業は人件費の割合が大きいので、それが他国に移転すればその商品の価格は下落する。これは物価下落に効果があり、企業収益にもプラスになるはずだった。

ただしこの政策には、二つの副作用があった。一つは国内の雇用が減って失業者が増加することである。しかし企業の本体はアメリカ国内にあるので、会社の株さえ持っていれば、その業績は株価に反映する。アメリカ人は他国と比べて株の保有率が高いので、これは多くの人に恩恵をもたらすはずだった。

もう一つの副作用は、企業が海外に移転することで、輸出が減って輸入が増え、貿易赤字が増大することである。つまりレーガノミクスは、財政赤字と貿易赤字、いわゆる「双子の赤字」を生み出したのである。

この赤字を穴埋めしたのが、高金利政策に惹かれて増加した海外からの投資、つまり資本収支の黒字であった。しかし米ドル人気は、為替レートにおけるドル高をもたらした。

ところが、その後インフレが解消したと判断されてFRBが金利を下げると、運用利益の減少を嫌って外国からの投資が減少してしまった。その結果、アメリカは国際収支すべてが赤字となり、危険な状態に陥った。このままの状況が続けば、基軸通貨としてのドルに対する信頼が揺らぎ、世界経済が危機に陥ることは明らかだった。

そこでこの問題を解消するため、1985年にニューヨークのプラザホテルでG5蔵相会議が開かれ、プラザ合意が成立した。これは各国の中央銀行が協調して通貨市場に介入し、為替をドル安に導く合意である。特にアメリカの貿易赤字の原因の多くを占めていた日本は、規制緩和で国内需要を増やし、外国からの輸入を増やす政策をとることを約束した。

この年は、先述した石油危機の反動で原油価格が大暴落した年である。80年代後半は70年代とは逆に、先進工業国は原油の大幅安による恩恵を享受した。アメリカは翌86年からメキシコ・カナダと、北米自由貿易協定（ＮＡＦＴＡ）の交渉を開始した。アメリカ経済再起動の準備が整った。これでドルへの不安が解消されるかと思われた。

しかしアメリカ企業の構造的な問題は解決されていなかった。その結果、金融市場でインフレ懸念が再燃し、今度はドルの低下が止まらなくなった。そこで再び１９８７年にパリのルーブル宮でＧ７が招集され、ドル安是正のため各国の通貨価値の引き下げが合意された（ルーブル合意）。しかしこれは各国にインフレをもたらすため、ドイツ人のインフレ恐怖症を刺激した。結局、西ドイツの抵抗で協調は失敗し、ドル安と円高・マルク高が進行した。

円高とは円の価値が高まることである。そこで日本企業は円の保有額を増やすため、なるべく資金を国内に移そうとした。一方で通貨価値変動リスクを減らすため、海外生産と部品の輸入を増やした。円高によって部品が安く輸入できることを利用したのである。その結果、多少の円高は企業の利益になるという認識が広がった。

経済危機が産業構造を変えた

一方で新自由主義への転換によって、アメリカ社会は、再び大きく変化した。70年代までのアメリカは製造業が中心で、工場労働者（ブルーカラー）が全労働者の40％ほどを占めていた。しかし、製造業の多くが海外に移転した結果、工場労働者は半減した。

製造業に代わって拡大したのが、運輸・通信の高速化の波に乗ったＩＴ産業や航空産業であり、それらが支えるサービス産業だった。ビジネスツールも変化し、タイプライターが消えてパソコン上で動くワードプロセッサ（ワープロ）ソフトに置き換えられた。パソコン同士が電話回線でつながる「パソコン通信」が始まり、情報の伝達が加速した。これらは産業がモノ作りから情報関連へと移行する変化であり、「脱工業化」と呼ばれた。

またこうした変化は商品の流通や販売に影響した。世界中の商品や材料を扱う通信販売が増え、低価格化が進行して海外製品が珍しくなくなった。ウォルマートのようなディスカウントストア（毎日安売り店）も急成長した。さらに１９８８年には、それまで軍事・科学技術専用だったインターネットの商業利用が解禁された。１９９５年のマイクロソフト社のＯＳであるWindows95の発売は、新産業を大きく後押しした。

脱工業化に対応するため、アメリカ企業は会社組織の再編成（リストラクチャリング）に着手した。多くの企業がピラミッド型の組織を解体し、職位を減らして構造を平坦化させた。電子メールやメッセンジャーツールが社内や遠距離間の意思疎通を容易にし、企業の最大の支出費目である人件費が削減され、利益の増加をもたらした。その結果、もともと少なかった長期雇用契約の労働者（日本の正社員に相当する）が、ほぼ消滅した。さらに、昔なら役員には必ず付けられた秘書も姿を消し、事務

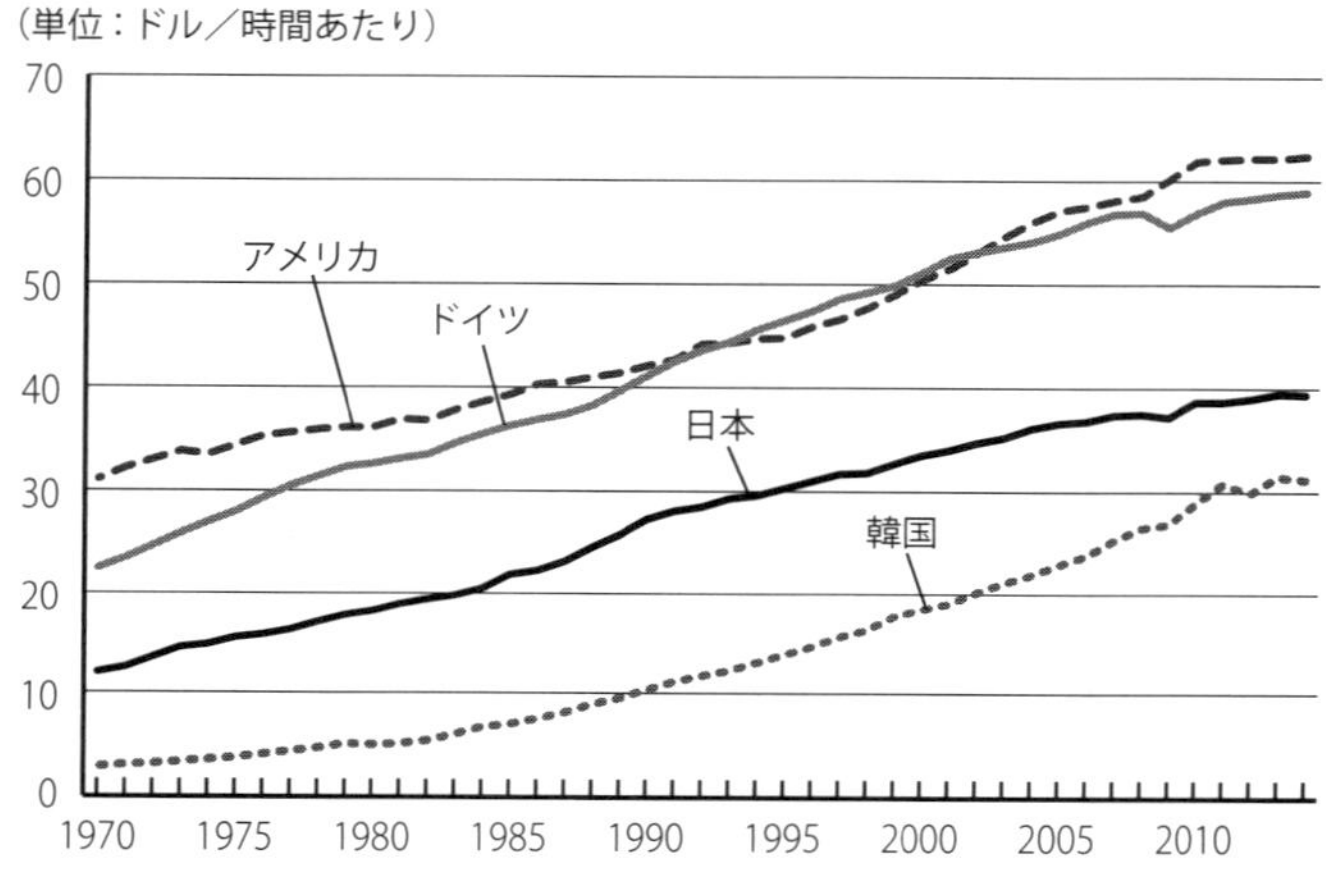

図29　主要国の労働生産性の推移

「OECD」より

系労働者（ホワイトカラー）は、自ら電子メールやマイクロソフト・オフィスを使わねばならなくなった。企業経営では生産性の向上が最重要事項となり、社員の健康ややる気に配慮し、働く環境を整備する企業の評価が向上した。

その結果、アメリカ企業の生産性は大幅に向上し（図29）、企業業績も回復した。しかしそれは、中間管理職の削減と、高い失業率と引き替えであった。そのため、新聞に「景気回復」や「企業の業績が向上」という見出しが躍っても、失業率は低下せず、「雇用なき景気回復」と呼ばれた。

こうした事態は、労働者の二極化を促した。少数の高度な技術を持つ高所得層と、多数の単純な仕事をする低所得層に分化し、中流層が減少する状態である。結果として貧富の差

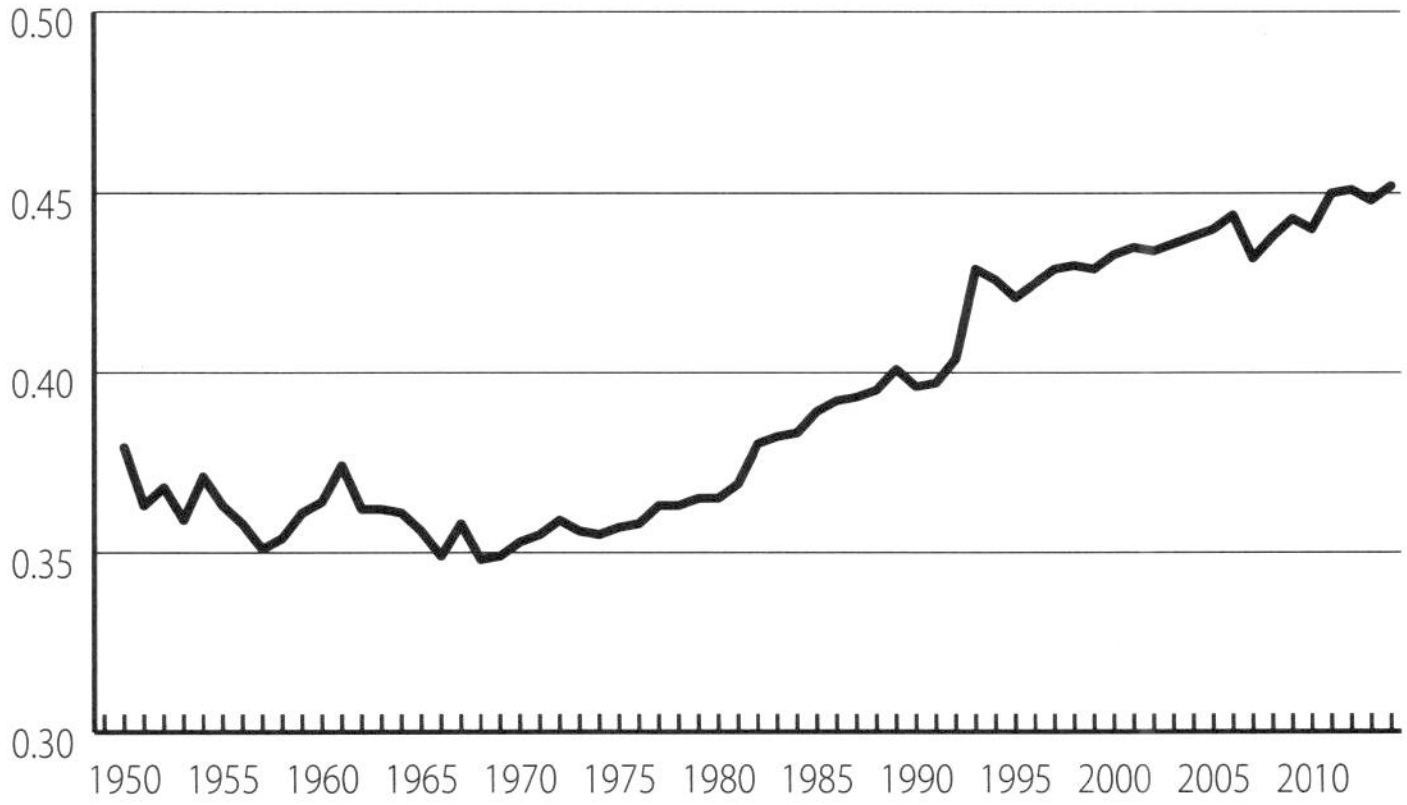

図30　戦後アメリカのジニ係数

「アメリカ合衆国国勢調査」より

は拡大し、その指数であるジニ係数も悪化した（図30）。

このような脱工業化社会では、産業の変化や企業の盛衰があまりに早く激しいため、労働者が時代に適した高度な知識や技能を得られるしくみ、すなわち再教育制度の充実やセーフティネットの整備が必要である。

ところが80年代には、まだ民主党時代の福祉政策失敗の記憶が残っており、そうしたしくみ作りの足を引っ張った。貧困層は、十分な健康保険制度も失業保険もないまま、さらなる貧困化の波をかぶってしまう。おまけにそうした制度を再建しようとする政治家が現れても、「リベラル派」と呼ばれて選挙で不利になるだけである。これでは改革は進まない。

貧困層が集中する都市部では、製造業の衰

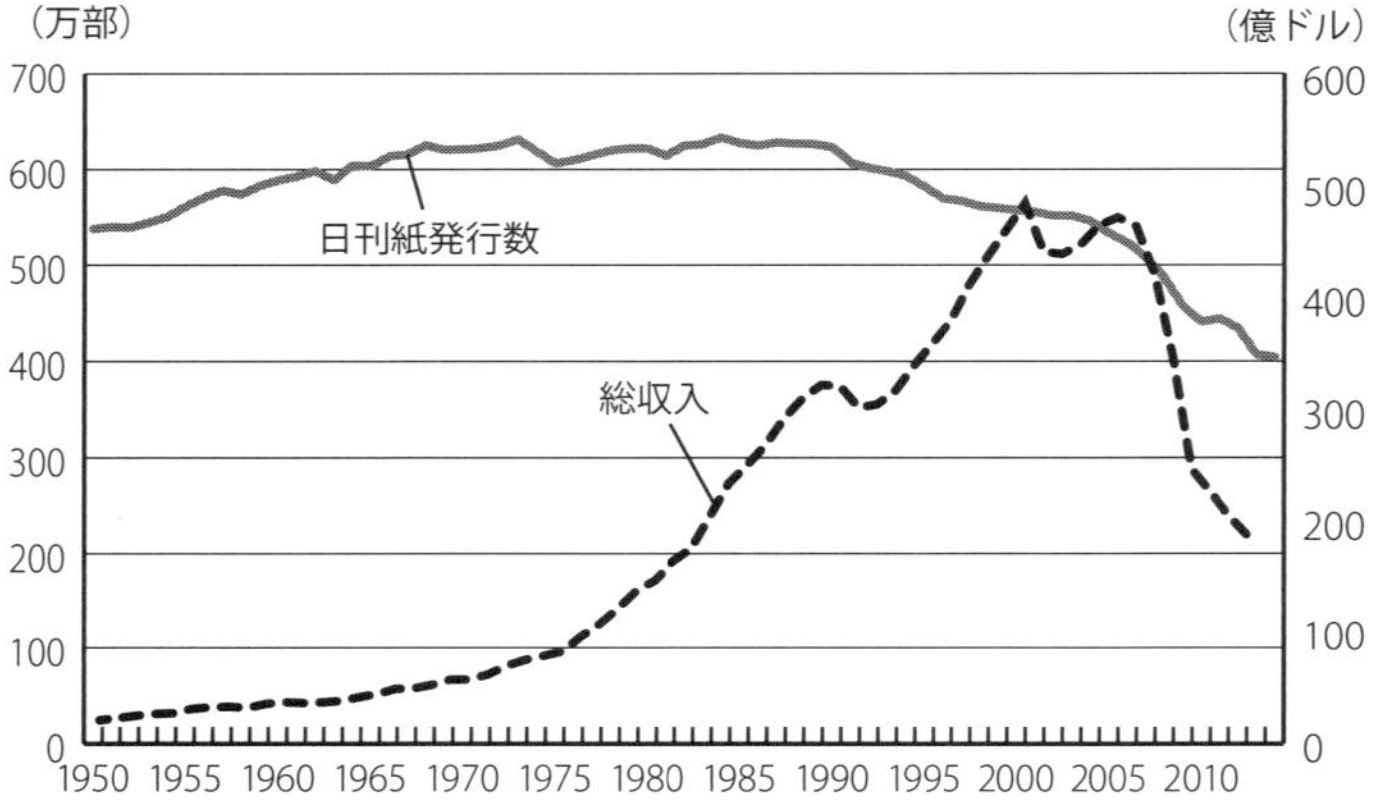

図31　アメリカの日刊紙の発行部数と発行収入の推移

退で就業機会が減り、過当競争で低賃金・長時間労働が広がった。また、社会保障や教育制度が不十分なため、貧困から抜け出るのが難しかった。生活苦から犯罪に走る者が多く、家庭不和から離婚が増加し、アルコール依存症や麻薬中毒がまん延した。スラム街の荒廃は、目を覆うような有り様だった。

そうした状況にもかかわらず、彼らへの支援は減らされた。「強いアメリカ」の復活が最優先され、選挙に行けない弱者への対策は後回しにされた。レーガン政権は、国外では東側に打撃を与え、冷戦終結をもたらしたが、それは国内の格差の増大と引き替えだった。

また二極化による中流層の減少によって、アメリカを象徴する文化の衰退を憂慮する声が生まれた。１９２０年代に中流層が増加したことで生まれた新聞やジャーナリズム（図31）、芸術や文学、科学技術を愛好する精神の衰退である。ただし、アメリカ経済の回復が二極化の影響を和らげたため、それが実際に表面化するのは２０００年代以降であった。

こうして１９８０年代後半、「アメリカ経済」は沈滞から抜け出したが、まだその恩恵を得たのは一部に過ぎず、世の中には閉塞感が覆っていた。１９８８年に、明日への希望をただひたすら訴える「Don't Warry, Be Happy」というボビー・マクファーリンの歌がグラミー賞3部門を制したことが、この時代を象徴していた。

それでも数字の上ではアメリカ経済は成長軌道に乗った。１９８４年には黄金の50年代以来の経済成長率７％を達成した。レーガンが再選に成功したのはこうした成果によるものであり、彼はその明るい性格もあって、８年間の任期のあいだ高い支持率を維持し続けた。

レーガンは任期切れも近い１９８７年６月、東西冷戦の最前線ベルリン市にあるベルリンの壁の中心ブランデンブルク門において演説を行った。彼は自分の声が、スピーカーを通して壁の向こうの東ベルリン市民に届いているのを知りながら、演説の最後でこういった。「ミスター・ゴルバチョフ、この壁を壊しなさい！」と。

それは、目の前の西ベルリン市民に対するリップサービスであった。このとき、彼自身も含めて現場の誰一人として、まさかそれがわずか2年半後に実現するとは、夢にも思っていなかったのである。

経済危機を乗り切った日本――バブル景気

レーガン政権期のアメリカが「衰退」に苦しんでいた頃、対照的に日本経済は絶好調と思われた。プラザ合意でアメリカへの投資が制限された結果、集まった資本は、有利な運用先である建物や土地といった不動産に集中した。

不動産ブームの原因は三つあった。一つ目は当時、日本銀行が円高不況の影響を緩和するため、低金利政策をとったことである。二つ目は、この時期が、戦後生まれのベビーブーム世代が住宅を購入する時期と重なったことである。そして三つ目が、戦後一貫して値上がり続けた不動産価格が「土地神話」を生んでいたためだった。1986年以降の不動産価格の上昇は異常であり（図32）、東京の山手線の内側の地価総額で、アメリカ全土の土地が買えるほどになっていた。この時期の不動産は、その価値に関係なく高値で取引された。泡のように中身がないのに価値だけが上昇する「バブル」の発生である。不動産価格の上昇で、企業や個人の数字上の保有資産額が膨張した。そして浮かれた気分が消費を押し上げる「バブル景気」が発生した。似た商品なら高価なものほどよく売れ、宝石の自動販売機まで出現した。また企業の黒字決算が続いたことで、不動産に加え、株価も一貫して上昇した。日経平均は1989年末に史上最高値の3万9000円近くに到達した（図33）。

また集まった資金は、銀行を通じてアメリカ国債や東アジア諸国にも投資された。まずアメリカ国債は、日本国債と比べて金利が高かった。さらに「衰退」したといっても、まだアメリカの国力は他

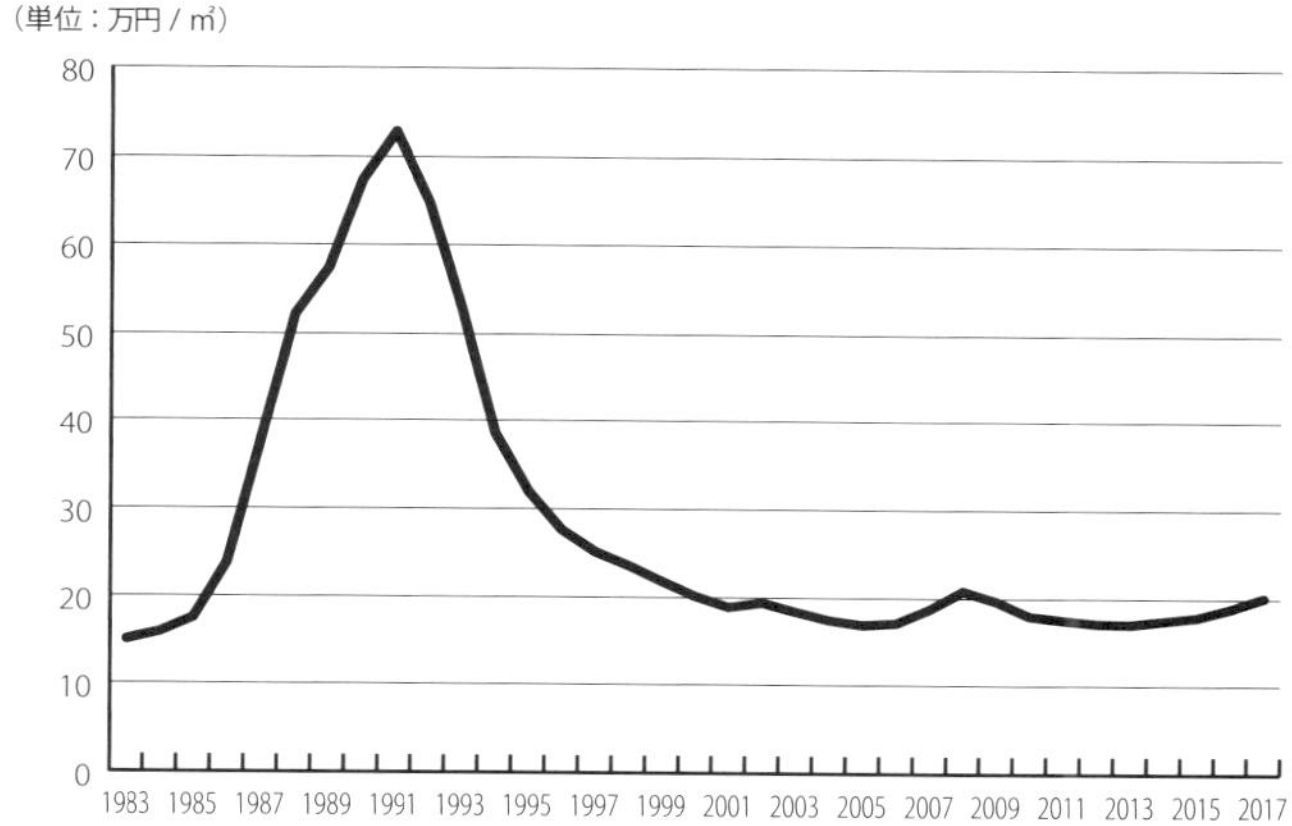

図32　全国公示地価平均の推移

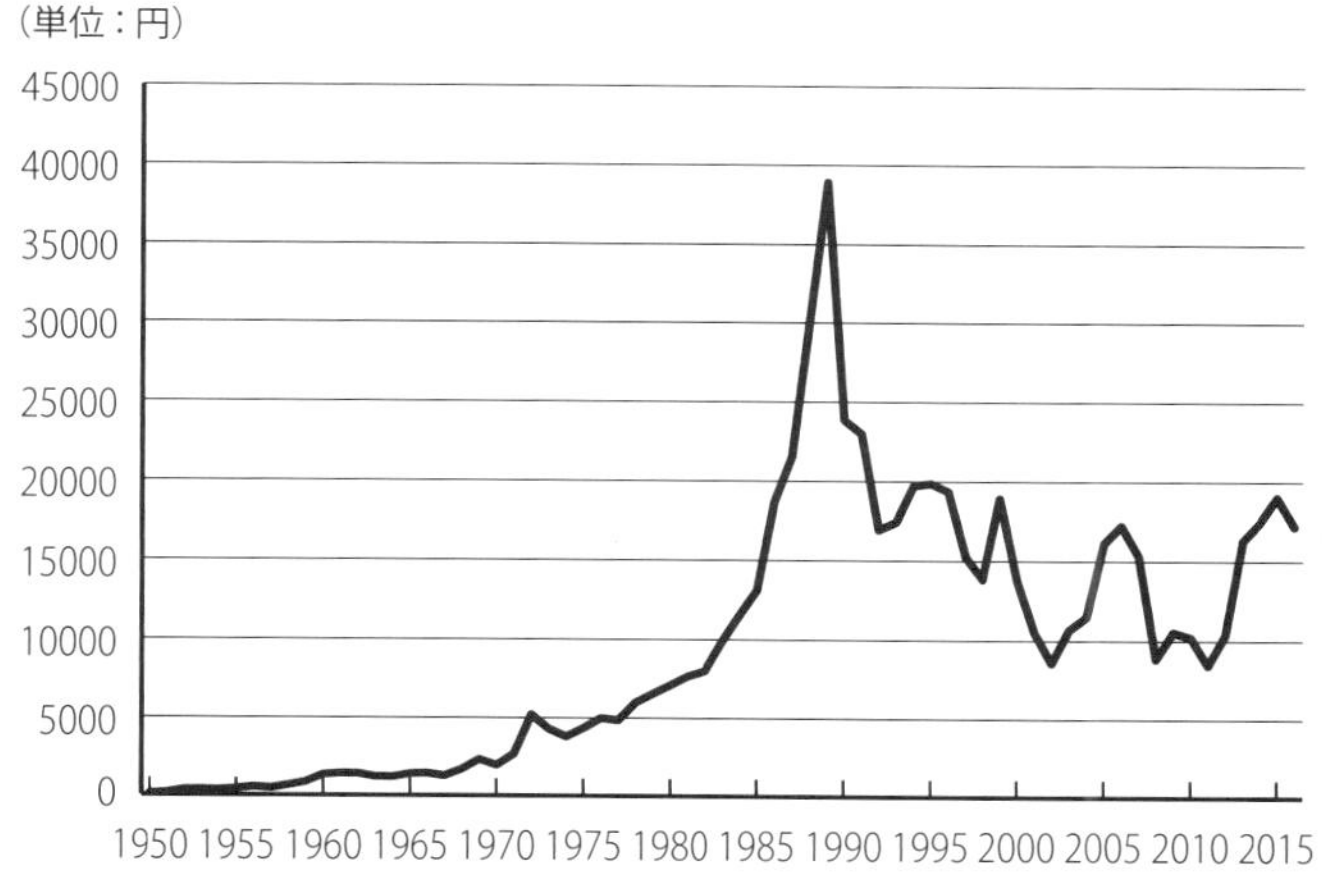

図33　日本の株価(日経平均)の推移

「日本経済新聞　日経平均プロフィル」より

国よりは大きく、安全であると思われた。日本から環流した資金は、アメリカがその後の新冷戦を生き抜くための活力剤となった。

また東アジア諸国では、2度の石油危機以後、開発独裁体制を強化したため、よりいっそう多くの資本を必要とした。日本の投資はこれに応えるものだった。日本政府によるＯＤＡ投資(海外援助)も、円高によって価値が増し、世界における日本の存在感は格段に高まった。

その一方で、暴力団が不動産売買に介入し、暴力で住民を立ち退かせて高値で売る「地上げ」と呼ばれる動きも全国に広がった。また不動産価格の急上昇で相続税が高騰したため、これを支払うために泣く泣く長年住んでいた家を手放さざるを得ない人が続出した。

こうした問題を解決するため、１９９０年に「バブルつぶし」といわれる土地取引規制が実行された。その効果はこの年のうちに出はじめ、秋には地価の上昇が止まった。翌１９９１年には景気も悪化し、17年続いた安定成長も終了した。しかしそれまでの空虚な繁栄に対する反省から、地価下落は好感を持たれ、景気悪化も虚栄に浮かれた人々への懲らしめと見なされた。こうして「バブルつぶし」は、近年まれに見る成功策かと思われた。土地取引規制は、景気への悪影響を避けるため、91年末に解除された。ところがその後、つぶれたものがバブルだけではなかったことが判明した。

苦難に直面するヨーロッパ

石油危機をきっかけとした資源価格の高騰はヨーロッパを苦しめた。すでに各国は1971年のドル・ショック時に、自国通貨がドルに対して割高になり、輸出品が実質値上げとなって困っていた。そこで各国は大急ぎで自国通貨を切り下げたため、輸入品価格が上昇した。その影響で1971年から73年までのあいだに、物価は倍近くまで上昇した。そんなインフレの嵐の中で石油価格だけが無風であった。第一次石油危機が起こったのはそんなときだった。

その強烈な物価上昇圧力は誰にも止められなかった。石油関連製品の大幅値上げとスタグフレーションは、一国で対応できる限界を超えていた。各国の物価上昇率は平均で約12％に達し、イギリスでは24％を記録した。そしてその傷も十分に癒えない1979年に、再び第二次石油危機が襲来した。石油価格はさらに1・5倍になった。各国はすでにさんざん煮え湯を飲まされていたのに、グツグツ煮え立つ熱湯の中に放り込まれたのである。

おまけに1970年代は、新興工業経済地域（ＮＩＥｓ）が登場した時期だった。ヨーロッパ各国は彼らとの競争圧力にもさらされ、頭の上からさらに大量の熱湯がかけられたようだった。

こうしてこれまで世界をリードしてきた西ヨーロッパ諸国は、存亡の機に直面した。1976年にはイギリス、翌年にはイタリアの財政が破綻し、ＩＭＦは緊急融資を行った。

失業率も急上昇し、イギリスやフランスでは7～9％という高い率を示した。また、これまで西ヨーロッパ諸国の成長を支えていた南欧や北アフリカ出身の移民労働者の排斥運動が発生し、その多くが半強制的に帰国させられた。それは、帰国先の国にまで、失業と政治不安の波を広げたのである。

病から回復したイギリス

「英国病」に苦しんでいたイギリスにも、危機は容赦なく押し寄せた。ところが基幹産業とされた石炭業界や運輸業界の労働組合は、いまだ過去のやり方から抜け出せず、大幅賃上げを要求して政府と激しく対立した。労働党政権は、最大の支持母体と対立する羽目になったのである。

組合は、政府の足下を見ながら１９７８年末の厳冬期に、激しいストライキをぶつけてきた。政府の動揺を見透かして北アイルランド独立運動も活発化し、武装集団ＩＲＡ（アイルランド共和国軍）がテロを頻発させた。おまけにウェールズやスコットランド地方では、政府への不満がイギリスからの独立運動という形で表面化した。

ストはイギリス経済を停止させた。すべての交通機関が止まり、公務員や警官、医者までがストに参加し、公園にはゴミが溢れ、病院には死体の棺が山積みにさ

写真16　サッチャー
©Chris Colling of the Margaret Thacher Foundation

れた。たとえ合法であっても、これは明らかにやり過ぎだった。１９７９年の選挙で保守党が勝つのは当然だった。

新首相となったのは、史上初の女性党首マーガレット・サッチャー（写真16）だった。彼女は内政において歴代政府の過剰な福祉政策や国有化政策を批判し、ときにはその矛先が、自党の長老議員にさえ向けられた。彼女は付加価値税（消費税）を値上げし、その財源を使って規制緩和と富裕層の減税を実施し、経済を活性化しようとした。当然こうした政策には労働党や組合が反対したが、彼女はいっさい妥協しなかった。彼女はその態度から「鉄の女」と呼ばれて嫌われたが、国民からは強く支持された。

しかし当初、改革は期待どおりにならなかった。付加価値税の増税は、低所得者の負担が大きくなる。さらに不況下の増税は景気を低迷させ、失業率を押し上げてしまった。政府の支持率は20％台の危険ゾーンで低迷した。彼女の戦いは敗北で終わるかと思われた。

崖っぷちのサッチャーを救ったのは、戦争だった。１９８２年、アルゼンチンの軍事政権が、突如、自国の排他的経済水域のすぐ沖合に浮かぶイギリス領フォークランド諸島（アルゼンチン名マルビナス諸島）を占領した。この島々をアルゼンチン人は、歴史的に自国領と考えていたうえ、「英国病」下のイギリスは、行政を長らく放棄しており、住民はアルゼンチン政府の世話になっていた。そんな中で起こったこの事件は、アルゼンチン軍事政権が、国内の不満をそらすため、示威行動をとった末に発生したものだった。

これに対しサッチャーは、アメリカの支持を得て断固たる行動をとった。国連安保理事会でもイギリスの提案どおり、アルゼンチンへの非難決議が可決された。フォークランド戦争はアルゼンチン側の敗北となった。イギリスは第二次世界大戦以後、スエズ危機など各地で「敗北」続きであったため、「勝利」は久しぶりだった。これは翌年の選挙で保守党に大勝をもたらした。サッチャーの2期目は、その安定した政治基盤のうえで始まった。

以後の彼女は誰はばかることなく、新自由主義的政策を推進した。それは彼女の名をとってサッチャリズムと呼ばれた。その狙いの中心は国営企業の民営化と労働組合の弱体化だった。サッチャリズムは、ちょうど北海油田の生産が軌道に乗ったことで、炭鉱の閉鎖とエネルギーの転換、環境問題の改善と炭鉱労働組合の弱体化という、一石四鳥の効果をもたらした。また1980年頃には商業や金融業の成長が明確になり、新時代のイギリス経済を支える柱となった。

さらにこうした産業構造の転換に対応するため、教育改革も実施された。これまでのイギリスは、学校ごとに教育内容が異なっていたが、1988年に初めて全国共通の教育計画が作られ、全国統一テストが実施された。学区や教員評価の見直しも進められ、世界の教育界に大きな影響を与えた。

外交において、彼女はアメリカのレーガン政権との連携を重視し、しばしば激しくソ連を非難してＮＡＴＯ軍の増強を主張した。ただしこれは国内世論向けのリップサービスの要素が強く、実際に行動に移そうとしたことは、ほとんどなかった。

左右に揺れるフランス

フランスの70年代危機への対応策は、68年五月革命後の左右対立が続く中で模索された。政権の座にあったヴァレリー・ジスカールデスタン大統領は、前大統領ド・ゴールとは逆に、外交ではアメリカと協調し、ヨーロッパ統合についてもイギリスや西ドイツと連携した。石油危機に際しても、彼は1975年にパリ近郊のランブイエ城で先進国首脳会議（サミット）の開催を呼びかけ、先進国間の協調体制を築き上げた。

しかし肝心の国内経済については、効果的な策を見出せなかった。そのため緊縮財政などの消極的な策しかとれず、スタグフレーションの波に飲み込まれてしまう。国民の不満を一身に浴びた彼は、五月革命の影響が残る中、さらなる自由化を求める若者の支持を得るため、選挙権を18歳に引き下げたり妊娠中絶を合法化するなどの自由主義化を推進した。しかしこれが、フランス第一主義の保守ド・ゴール派の反発を生み、議会運営を困難にした。

70年代危機の打撃が最も大きかったのは、大企業の労働者であった。彼らには戦後のフランス経済を支えたという自負があった。ところがド・ゴール派は、農民や商工業者を主な支持母体としたこともあって、危機によって打撃を受けた大企業労働者をはじめとする70万人近くに達した失業者や、広がる格差への対応にも関心が薄かった。その結果ド・ゴール派は次第に衰退していった。

代わって政府を批判する国民の期待を集めたのは左派だった。ただし左派の中でも共産党は、チェコ事件やアフガニスタン侵攻でソ連を支持して国民の信頼を失っていた。その結果、勢力を拡大したのは中道左派の社会党である。彼らはフランソワ・ミッテラン党首の下で完全雇用の実現を訴え、1981年の大統領選挙と国会議員選挙で圧勝した。

しかし英米や日本が新自由主義で競争力を増しているのに、フランスの政策は社会保障の充実や企業の国有化など、反対方向に向いていた。結果として3国は早くに不況を脱したが、フランス経済は低迷し、翌年には緊縮財政への転換を余儀なくされた。さらに税収減から来る財政赤字の影響で、欧州通貨統合路線から脱退寸前まで追い詰められた。最終的にミッテランは、政府内の反対を押し切って残留を決断したが、景気は好転せず、失業者は300万人に達してしまう。結局社会党は1986年の選挙で政権を失った。

さらにこの選挙で世界が注目したのは、極右勢力の拡大だった。右派のド・ゴール派が失速し、左派も頼りにならないと考えた人々の票が、失業を移民のせいにし、人種差別的な政策を訴えた、ナチスを彷彿とさせるジャン・マリ・ルペン率いる極右政党「国民戦線」に集まり、一気に35議席も獲得したことにフランス人は衝撃を受けた。危機感を抱いた社会党は、ミッテランが首相に保守派のシラクを指名し、大戦前の挙国一致政府のような保革共存体制で極右を抑えようとした。

共存体制の中で内政を受け持ったシラクは、新自由主義政策を推進した。しかしこれに国民の一部が激しく反発した。特に1986年に出された大学入試の導入案に対しては、五月革命を思わせるような激しい学生デモが行われた。同様に公務員給与値上げの凍結や最低賃金の引き下げ策も撤回に追い込まれてしまう。結局シラクの支持率は低下し、１９８８年の選挙では社会党が勝利した。しかしそれも批判票を集めただけであり、根本的な解決は先送りされた。そのため、次の選挙ではミッテランが敗れる側となるはずだった。

ところが翌１９８９年からは、冷戦終結、90年ドイツ再統一、91年ソ連崩壊と、大事件が続発する。特にドイツ統合などは、過去のフランス国民なら不安を感じただろう。しかしこれまでのヨーロッパ統合運動の中で不信感は消えており、大きな反発は起こらなかった。これをうまく利用したのがミッテランである。最終的に彼の政権は12年あまり続いた。

「緑」の風が吹く西ドイツ

西ドイツでは、１９６９年、「若者の反乱」の影響で、彼らの支持が高かったレジスタンス出身で社会民主党のヴィリー・ブラントの政権が誕生した。彼の外交は東方外交と呼ばれ、旧プロイセン領の領土要求を放棄するなど、東側との紛争要因を根本的に解決した。これは冷戦という限界状況においても、主義主張の異なる東側と理性に基づく関係を築こうとするもので、ドイツを代表する哲学者ヤスパースの思想を具現化するようなものだった。ブラントはユダヤ人問題でも、はっきりとドイツの歴史的責任を認めた。また彼は内政においても社会福祉を充実させ、それまで進学目的高校ギムナジウムに限られていた大学進学を、他の校種にも認めるなどの自由主義的な改革を行った。

ところが70年代の経済危機によって西ドイツ経済は失速し、失業者は100万人に達してしまう。おまけに彼の秘書が東ドイツのスパイであったことが判明し、彼は辞任に追い込まれてしまった。

彼に代わって政権についたのが、同じ社会民主党でも右派のヘルムート・シュミットだった。就任早々、彼を出迎えたのがスタグフレーションだった。かつてのハイパーインフレの再来の恐怖におびえた政府は迷わず財政引き締め策を選択し、国民もそれを強く支持した。しかしその結果、景気はますます悪化した。

そんな彼を救ったのが、外交や治安上の事件であった。まず外交では1975年に全ヨーロッパ安全保障協力会議が開催され、ヘルシンキ宣言が出されて東西の緊張緩和が進んだ。

治安面で政府を助けたのは、皮肉にも政府を敵と見なしたドイツ赤軍だった。前ブラント政権期に大学への門戸が広げられたが、そのときの大学生が卒業するタイミングで直面したのが、スタグフレーションという経済危機だった。1968年革命の失敗を認めたくない一部の活動家は、深刻な不況に苦しむ国民の支持を背景に、武力革命で社会を変えようとした。

彼らはロシア革命にならって「赤軍」を名乗り、政府との戦いを宣言した。しかしその実態は銀行強盗や誘拐に暗殺、公的機関の爆破といったテロ行為だった。あまりの過激さに世論は反発し、政府の強硬策を支持した。結果的に彼らは、政府の支持者を増やすはめになってしまった。

またシュミットは、アメリカからの原子力発電の導入に積極的だった。事故が起これば危険であるが、電力供給の安定性と発電コストの安さは産業界にとって魅力的だった。1975年には反原発運動も発生したが、警官隊によって排除された。こうした政策が効果を発揮し、1978年には経済成長率も回復した。ドイツの反政府運動も、政府の勝利で終わったかに思われた。

しかしテロは嫌っても革命をあきらめられない人々がいた。彼らは反権威主義の感情を持ち続け、大きな組織に入らない草の根運動家となった。アメリカでは、そうした人々が環境保護運動を起こしたが、ドイツでも草の根運動家たちは反原発運動や環境保護運動に参入した。それは1975年に、反原発運動家を警官隊が泥まみれのまま引きずり回す場面がテレビ画面で放映されたことがきっかけだった。同情した草の根運動家が全国から集まり、反対運動を繰り広げた結果、最終的に原発建設は中止された。反政府運動の勝利であった。

また同じ頃、ドイツ人の「心の故郷」と言われたシュヴァルツヴァルト（黒い森）が酸性雨で枯死する危機が報じられた。すると、従来なら環境保護とは縁がなかった保守派までが、魂の象徴の消滅に危機感を覚えて運動に参加した。こうした運動の盛り上がりを背景に、「緑」の名の付く全国の政治グループが合流し、1980年に緑の党が誕生した。

西ドイツ以外でも、70年代にヨーロッパ各国で全国的な環境団体や環境政党が相次いで結成された。こうした動きの背景にあったのは、西ドイツ同様、反公害・反原発運動だった。

ただしどの国でも、これらは大きな勢力にはならなかった。彼らは反原発や環境保護で結びついただけの、寄せ集め集団だった。その根本には反権威主義があるため、組織の形も緩やかだった。それは長続きしない組織の典型だった。

そんな彼らに、突然追い風が吹いた。「緑の党」結党を目前にした1979年、ソ連がアフガニスタンに侵攻し、反発した西側諸国がオリンピックへの不参加を決めると同時にNATO軍を増強した。ソ連が反発してワルシャワ条約機構軍を増強したため、急激に東西緊張が高まる「新冷戦」状態となった。激しくにらみ合う巨大な軍事勢力に挟まれ、最前線のヨーロッパの人々は核戦争の危機に怯えることになる。

1980年にはスウェーデンの国民投票で脱原子力発電の法案が可決された。これはスウェーデンの緑の党が中心となって提出されたものだった。西ドイツでも、結党直後に路線対立で保守派が分離したものの、その後は国民の平和・反核を求める動きを背景に勢いを取り戻した。1981年には、彼らが組織した西ドイツ史上最大級のデモが続発した。にもかかわらず、ミサイル配備は強行され、反核運動は終息した。

しかし緑の党にとって、このときの経験は大きかった。市民が彼らを、頼りになる組織だとわかってくれたからである。またヨーロッパの環境運動にとっても、理念を現実に変える方法を学ぶよい機会となった。

ここで話を第二次石油危機後の政治に戻そう。シュミット政権は経済危機に対し、今回もインフレを恐れて金融引き締め策を採用し、西ドイツは不況に襲われた。ところが労働組合が前回の悪評にこりて賃上げ要求を出さなかったため、政府への不満は行き場をなくした。

政府はさらに、景気回復の最後の手段として、フランスと共同でヨーロッパ統合を通貨の面で強力に進める欧州通貨制度（略称ＥＭＳ、European Monetary System）に加盟した。しかしこれに自由貿易を党是とする自由民主党が反発し、連立政権から離脱した。その結果、長年続いた社会民主党政権が終わった。

代わって１９８２年に政権の座に就いたのが、自由主義のキリスト教民主同盟の党首ヘルムート・コールだった。彼は、内政では財政赤字の縮小と保険・年金問題に取り組み、産業政策では、競争力の強化に力を注いだ。

彼は当初、新自由主義政策の実施を公言したが、「新冷戦」の中で、国内に対立を生む政策は回避した。そのため労働者が政府と対決する場面もあまりなく、企業も経済活動に専念できた。後述するヨーロッパ統合の進展も、コール政権への支持を高めていた。

しかしブラント政権以来の東西交流で、次第に西ドイツ人にも東ドイツの経済的な苦境がわかってきた。そんな中でのコールの慎重さは、東西ドイツの格差がこのまま広がるのではないかという焦りをもたらした。このため、西ドイツ人の中には、現状を変えたいという機運が生まれていた。その受け皿になれそうなのは、緑の党しかなかった。

ただ、これまで緑の党は、地方議会に議員を出したことはあっても、国政選挙では1議席も得られていなかった。戦後の西ドイツでは、ナチ党が勢力を伸ばした反省として、比例代表制で得票率が5％に達しない政党は、議席が得られないという規定があった。それは、緑の党にとって、なかなか越えられないハードルだった。

コールは1983年、政権初の国政選挙を実施した。すると突然、緑の党の得票率が5％を超え、一気に27議席を獲得した。これまでの反原発や環境保護運動に、変化を求める風が加わったのである。緑の党に対し、まだテロリストの親戚というイメージを持っていた政界は、この結果に驚いた。その後、他の政党にも環境保護政策を取り入れる動きが生まれ、西ドイツは環境保護運動に積極的な国へと変貌した。これに刺激され、他のヨーロッパ諸国でも環境保護運動が進展した。ついにヨーロッパ中が、大きな緑の風に包まれた。そして彼らは、アメリカや日本とは違った形で社会を変えるのである。

危機を乗り切るための道——ヨーロッパ統合

ヨーロッパでは、1960年代後半までに、市場統合を目指す国々のあいだでの関税撤廃は実現していたが、通貨統合と共同市場創設は、まったく進んでいなかった。というのも、当時はアメリカのインフレが悪化してヨーロッパ製造業に打撃を与え、貿易摩擦も発生したからである。欧州各国はアメリカに対抗してECを結成し、自国通貨保護と貿易促進を両立させる通貨協定を結んだ。それは加盟国が共通のドル交換比率を設定し、さらに各国が一定限度内で独自に通貨価値を操作する手段を残し、各国の経済状態の変化に対応できるようにするものだった。

しかしこれは、理屈ではうまくできていたが、期待どおりには動かなかった。加盟国中では西ドイツ経済が最も強力で、他国の通貨はその影響を受けてしまうのである。

特に西ドイツのインフレ恐怖症は、各国の悩みの種だった。多くの国では、景気対策として、多少のインフレを覚悟しても経済刺激策をとることがある。にもかかわらず西ドイツはインフレになると、迷うことなく高金利・マルク高政策をとるのである。これは西ドイツにとって明らかに輸出に不利だが、インフレへの恐怖感が強い国民が多いので国内問題になることはない。またマルク高は輸入品価格を下げるので、不満は多少和らげられる。何より西ドイツは輸出競争力がある商品が多いので、多少の価格上昇があっても経済全体としては何とかなる。つまり西ドイツは経済強国であるがゆえに、こうした政策がとれるのである。

しかしこんなことは他国にはまねできない。そのため他国は協定に従うことでドイツに引きずられ、輸出不振で景気が悪化してしまうのである。これでは協定への支持は続かない。結果的に通貨協定は離脱が相次ぎ、70年代の経済危機で崩壊してしまう。ただしこれは、制度設計がまずかっただけで、通貨統合自体に反対の国は少なかった。そこで浮上してきた解決策が欧州通貨制度（ＥＭＳ）だった。

１９７０年代危機の影響で、ヨーロッパ各国はいずれも、ヨーロッパ域外への輸出が不振となり、貿易相手の約50％がヨーロッパ域内となった。この現実からすれば、少しでも国内企業を救い、危機を脱するためには、ヨーロッパ域内の貿易自由化を進めねばならなかった。

こうして１９７９年にＥＭＳ（欧州通貨制度）が合意された。西ドイツも、さすがに前回の協定の失敗の原因を理解しており、通貨価値を安定するための措置が盛り込まれた。ただし、ＥＣが市場統合や通貨同盟を成立させても、各国にはそれぞれの国内事情から生まれた多種多様な非関税障壁が残っていたため、市場統合はあまり進まなかった。

そこで登場したのが、１９８５年にＥＣ委員長に就任したフランス人ジャック・ドロールである。彼はもともとフランスの首相候補であった人物だが、当時のミッテラン大統領とそりが合わず、ＥＣ委員長に転出して統合を推進した。

彼はＥＣ諸国をまとめ上げ、統合の強化に反対するイギリスのサッチャー首相の抵抗を押し切った。その際にはコール首相とミッテラン大統領が援護してくれた。結局、１９８６年に共同市場を作る議定書が成立した。また3年後には、通貨統合を進めることも決定された。

こうした実績のうえに、１９９３年にマーストリヒト条約が発効し、ＥＣはＥＵ（欧州連合）へと進化した。さらに１９９７年には財政赤字をＧＤＰの3％以下にすることや、国債（国の借金）の発行残高を制限を義務づけた。１９９８年に欧州中央銀行が発足し、翌年には共通通貨ユーロが誕生した。歴史的な実験は、成功したかに思われた。しかしそうではなかったことが、ちょうど10年後に判明したのである。

危機を乗り越えたＮＩＥｓ諸国

70年代の危機によって先進国が経済発展のスピードを落としていったのに反し、目覚ましい発展を遂げた国々がある。１９７９年のＯＥＣＤ報告書において、アジアでは韓国・香港・台湾・シン

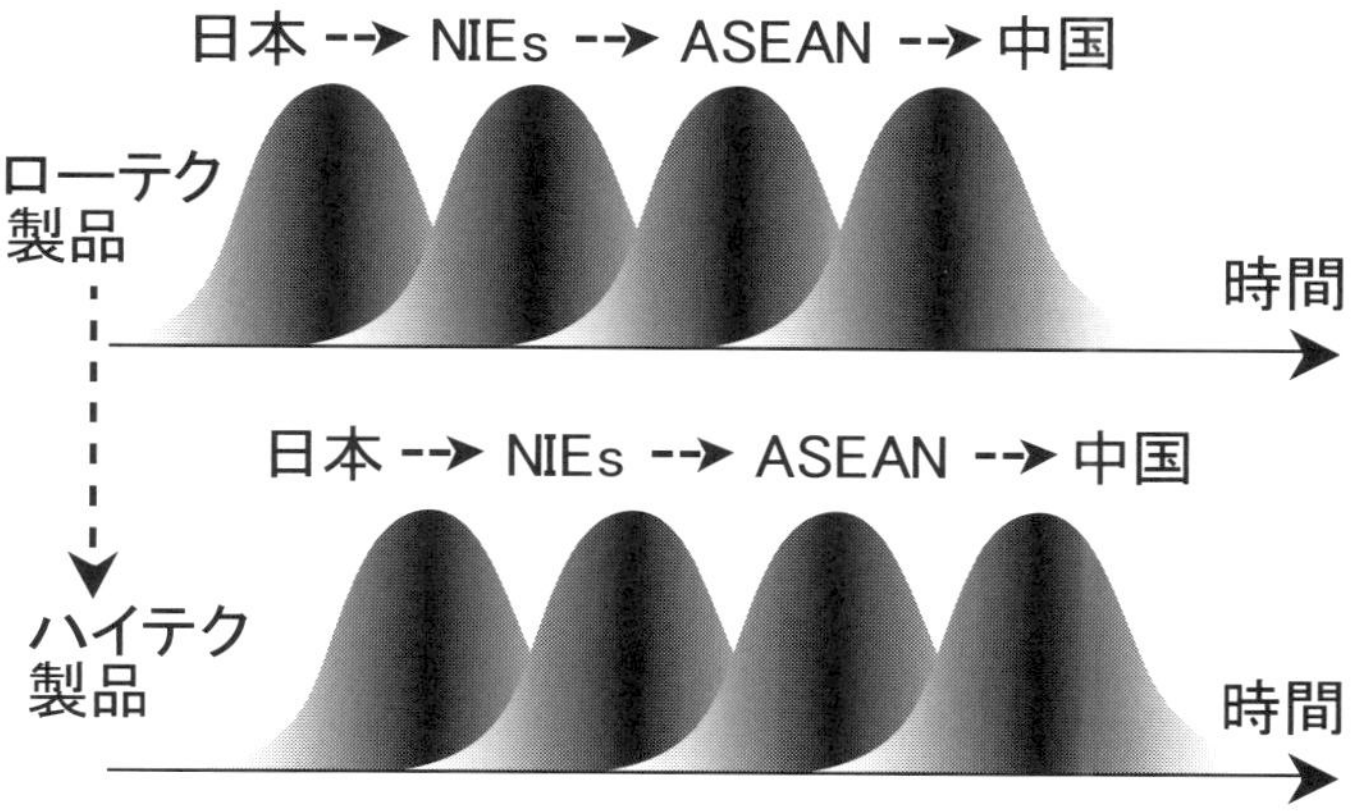

図34　雁行型発展の模式図

ガポールの4国が挙げられ、他に中南米のメキシコ・ブラジルなどを含めた10カ国がNIEs（New Industrializing Economies）と総称された。ここでは、そのうちアジア4国の、通称「アジアNIEs」について見ていこう。ただしこのうち香港と台湾は、オリンピック等では「国」でなく「地域」とされているが、ここでは国家に準ずるものとして国と表現する。また、これまで東アジアと東南アジアは分けて記述してきたが、ここからは現在の世界の大勢に従って、まとめて「東アジア」と表現する。

石油危機は当初、これらの国々にも打撃を与えた。これに加えて1972年から73年にかけては、エルニーニョ現象による食糧危機まで発生した。ところが、そんな中でも4国の経済発展は続いた。日本や西ドイツの復興も「奇跡」と表現されたが、4国の発展はそれに匹敵するものだった。

1980年代後半の東アジアでは、NIEsに続いてASEAN諸国が発展し、さらに中国が追いかけるようになった。巨龍中国は目を覚ましたばかりだったが、周囲の小龍はすっかり覚醒したと考えられた。またこれは日本を先頭に渡り鳥が群れをなして飛ぶイメージをもたらし、「雁行型発展」(図34)と呼ばれた。

その後も東アジア諸国の発展は続き、当時常識とされた従属理論、すなわち途上国は援助なしでは発展は困難という理論さえ覆してしまった。「東アジアの奇跡」の時代の到来である。ではここで、それがどのような経過で実現されていったのかを見ていこう。

危機がもたらした韓国の民主化

1971年の米中接近は、韓国・北朝鮮両国に衝撃をもたらした。大国による頭ごなしの和平は、これまで大国に翻弄されてきた歴史を持つ両国を不安に陥れ、この年から南北平和会談が始まった。韓国国民は、ようやく訪れた祖国統一の明るい未来を期待した。

にもかかわらず韓国国内では、朴が相変わらず強権支配を続けたため、その不満が1971年の大統領選挙で表面化した。野党候補の金大中《キムデジュン》が、政府の妨害にもかかわらず、朴の地盤以外の地区で、彼より多い票を獲得した。朴は国全体では金を上回ったため当選できたが、同時に行われた国会議員選挙では、彼の与党が惨敗した。朴は面目を失い、窮地に追い込まれた。さらに、これまでなら政権を支えてくれたアメリカのニクソン政権も、ベトナム戦争への対応や財政危機の中で余裕を失っていた。

そこで朴は、選挙をなかったことにするため、同年12月に非常事態宣言を出して国会を解散した。翌年には新憲法を発布して新体制（維新体制）を開始した。ライバルの金大中は、１９７３年に中央情報部によって東京のホテルから拉致され自由を奪われた。

維新体制は、政府与党が国会の3分の2の議席を握る、事実上の独裁体制だった。体制を支えたのは3本の柱、すなわちスパイ組織の中央情報部、治安機関である大統領警備室、そして軍保安司令部である。アメリカの助けがない以上、朴は何としても自力で国民の不満をかわさねばならなかった。そこで彼は、タイで実績のある開発独裁体制を取り入れ、海外に留学生を送り出す一方で、開発計画を立てて重化学工業化を推進した。

１９７３年には、日本の援助で完成した浦項《ポハン》製鉄所が操業を開始し、そこで作られた鋼板を使って現代《ヒュンデ》財閥がタンカーや自動車の生産を開始した。勤勉な韓国の労働者が作る安価な製品は、第一次石油危機後のスタグフレーションを追い風に、世界中で売れた。韓国は１９７０年代を通じて2桁成長が続き、「漢江の奇跡」と呼ばれた。これは独裁に対する反発を和らげた。

この「奇跡」は韓国社会に、日本の「高度成長」と同様、今日まで続く特徴を生み出した。それが経済の対外依存度の高さである。韓国は人口が日本の半分程度で、国内需要はそれほど大きくない。また韓国の発展を支えたのは三星《サムスン》や現代《ヒュンデ》などの政府と深く結びついた大財閥だった。そこに中小企業の姿はほとんどない。

中小企業は、輸入価格の変動をクッションのように吸収する。また一般的にその数は大企業より多いため、多くの職を作り出す。しかし韓国は経済成長が早すぎたため、財閥系企業が部品供給を外国に頼ることになり、中小企業が成長する余地が少なかった。

また経済成長は産業構造の転換をもたらした。戦後、政府は国民の支持を高めるため、農民からの米の政府買入れ価格を高めに設定し、一方で都市住民の反発を避けるため販売価格は低めにして、両者の差額を補助金で穴埋めした。そのため米は儲かり、農家は肥料や農薬を使用し機械化を進めた。ところが「奇跡」で国全体の生活レベルが向上すると、農家は家電製品や教育費などの出費が増加し、これを補うためにいっそう米作りに励んだ。しかし都市部では生活が欧米化し、米の需要は減少した。その結果、補助金負担が増えたため、次第に政府は米の買上げ価格を抑制した。農家では収入減を補うため、子弟が都市に働きに出た。つまり、第一次産業の労働者が減少し、第二次産業が増加したのである。ここまでは日本とよく似ている。

しかし韓国は、中小企業が少ない産業構造のため職が増えにくい。その結果都市部には、日雇い労働や露店商などの、低賃金で不安定な職に就く労働者が増加した。さらに首都ソウル市周辺部には、スラム街が形成され、大きな社会問題となった。あまりの見苦しさからしばしば警官隊による強制撤去が行われ、住民との衝突が頻発したが、構造的なものであるため、大して効果はなかった。

「奇跡」の負の面は、それだけではなかった。じつはその成長速度の早さは、法の軽視によってもたらされていた。韓国には、対外勢力による圧迫や侵略の長い歴史があった。特に、17世紀から20世紀にかけての清朝の圧迫、その後の大日本帝国による植民地化の影響は大きかった。しかし、それら圧政への服従は表面的なものだった。相手が「法」を押しつけてくれれば、受け入れはするが厳守はしない。韓国人は、圧制の受容と精神的不服従を、消極的抵抗として肯定的に考えた。当然、李承晩や朴が押し付けた法も、都合のよい部分は守られるが、そうでない部分は無視される。それを理解していた朴からすれば、「奇跡」すなわち経済全体のパイを大きくすることだけが社会を安定させ、権力を保つ道だったのである。

しかし「奇跡」は永遠に続くものではない。その終わりは、朴政権の終わりを意味していた。すでに1975年にベトナム戦争が終了し、特需が終わっていた。また1977年に就任したアメリカのカーター大統領は、厳しい態度で独裁体制に圧力をかけてきた。朴に対する逆風が吹きはじめた。

そして運命の1979年が来た。この年起こった第二次石油危機は、韓国にとって第一次石油危機の時とは比べものにならない激しい物価上昇を引き起こし、強烈な逆風となって朴を襲った。外国部品に頼っていた韓国製品の価格も上昇した。韓国政府は物価上昇を抑えるため、企業活動を冷ます常套手段である高金利政策を採用した。その結果、企業の生産コストが上昇し、輸出が鈍化してしまう。

野党指導者の金泳三《キムヨンサム》は、激しく政府を批判した。頭にきた朴が金に議員を辞職するよう圧力をかけると、これに反発する多くの野党議員が辞表を提出して抗議した。金の故郷である釜山市でも、数千人規模の反対運動が発生した。カーター政権は彼の姿勢に対して、露骨に不快感を表明した。それは

19年前に李承晩が追放されたときに似ていた。朴にとって、状況は最悪だった。政権中枢の誰もがプレッシャーを感じていた。

運命の10月26日、その日も大統領官邸では険悪な雰囲気の中で対応策が練られていた。情報機関トップの中央情報部長は、朴に対して事態に穏便に対処すべきだと提案した。しかし朴はこれを拒否し、彼の不手際を責めつけた。これに情報部長のライバルである大統領警備室長が同調した。カッとなった情報部長は、思わず拳銃を取り出し、警備室長と大統領に向けて引き金を引いた。これが維新体制が終わった瞬間だった（朴大統領暗殺事件）。ちなみに、この日は偶然70年前に伊藤博文が暗殺された日でもあった。

事件は韓国の政界を大きく揺るがした。独裁体制の頂点と2本の柱が一気に吹き飛んだからである。必然的に3本目の柱である軍保安司令部の力が強まった。当時これを統括していた全斗煥《チョンドゥファン》が、権力への最短距離にいた。

ただし彼の地位は朴から与えられたものであり、同じような有力者は他にもいた。おまけに韓国に強い影響力を持つアメリカも、この年はカーター政権がイラン革命に気をとられ、韓国への関心を弱めていた。まさに誰もがクーデターを起こせる状況だった。そこで全は、いち早くクーデターを起こして権力を掌握した（粛軍クーデター）。

民主化への期待を裏切られた市民は、激しい抗議運動を引き起こした。全は金大中と金泳三を逮捕し、デモを徹底的に弾圧した。犠牲者は数百人にのぼったといわれている（光州事件）。

しかし全は、アメリカの保護もなく、独裁者にもなりきれない自分の立場の弱さをわかっていた。彼は国民に対して融和的な態度を示し、新憲法を作って信を問うことにした。新憲法では大統領の任期が7年になる代わりに、再選が禁止された。戒厳令の布告も制限が課せられた。また腐敗した政治家や、「親日派」を摘発する姿勢も続けられ、将来の民主的な政権交代まで約束した。彼は、自ら独裁の基盤を崩す姿勢を示したのである。

彼の態度に、最初、国民の多くは半信半疑だった。新憲法自体は、当初、政府側がこれまでのように脅迫する姿勢を見せたこともあって「信認」された。しかしその後、野党の活動が解禁され、20年続いた戒厳令も廃止された。これは、政府に面と向かって反抗しないかぎり、抑圧しないという全のメッセージであった。

しかし北朝鮮はこうした姿勢を、韓国政府の弱体化と判断した。1983年9月に、大韓航空の飛行機がサハリン島（日本名樺太）上空でソ連軍に撃墜された翌月、北朝鮮はミャンマーを訪問中の全を狙った暗殺未遂事件を引き起こした。現場がミャンマー建国の父アウン・サンの墓地であったことから、激怒したミャンマー政府は北朝鮮との国交を断絶した。ところが事件のほとぼりが冷めた1987年、大韓航空機がミャンマー沖で爆破された。しかも犯人の証言で、北朝鮮による日本人拉致問題まで表面化した。

全は内政では、経済構造の問題を解決できなかった。その結果、国際収支の赤字によるインフレが続いた。朴に比べて権限が弱い全は、財界と協力して乗り切ろうとした。

ところが彼は運に恵まれた。１９８５年にプラザ合意が行われ、円や欧州通貨が高騰した。またこの年は第二次石油危機の反動で資源価格が暴落した年だった。そのため、国際通貨価格に左右されやすい韓国の経済構造が、輸出に有利に働いた。また１９８１年にオリンピック招致に成功したことも、国民に自信を与えることとなった。

しかしその自信が、汚れた政治体制への批判につながった。批判の声は、最大の支持層であるはずの保守的な富裕層にまで共有されていた。全が独裁権を放棄していたことが自らの手を縛り、事態への対応を難しくしていた。

そんなときに現れた救世主が、オリンピック実行委員長であった盧泰愚《ノテウ》である。彼は、士官学校時代の全の同期生で、クーデターや光州事件にも関わっていた。しかし全と違って目立つ立場でなかったため、事件とは無関係であると主張した。彼は１９８７年に、抜群の知名度を武器に、当選後の民主化を全に約束させて立候補した。これに対し、野党側は金大中と金泳三の2人が対立し、批判票が分散した。選挙は事前の予想どおり、盧の圧勝だった。

しかし誰も予想できなかったのが、選挙運動中に表面化した地域間の対立だった。それは「奇跡」が生んだ地域間格差から来たもので、候補者そっちのけで支援者同士が激しく対立した。選挙結果も、どの候補も出身地以外でほとんど票を得られないという極端なものだった。韓国は、ただでさえ半島が分断されているのに、よりいっそうの分裂の危機にさらされた。

分裂を避けるために盧は公約どおり民主化を進めねばならず、大統領の任期は5年に短縮された。

これは反対派の公約を取り入れたもので、彼らとの和解を意味していた。

1988年秋に開催されたオリンピックは、韓国史上初の民主的選挙で選ばれた大統領によって開会が宣言され、国民が世界に誇れるほど華やかに、何のトラブルもなく成功した。

しかし秋の祭りのあとには、厳しい冬がやって来る。朴が始めた負の歴史の清算は、もはや誰もが避けて通れないものとなっていた。次の標的となったのは全斗煥であった。盧は同期生を告発する立場となり、大統領時代の汚職が暴き出された。しかしこれは、捜査の動き次第では、盧自身に飛び火する危険性を秘めていた。結局、全が罪を認めて国民に謝罪し、公職から退いて政界から引退することで、幕引きとされた。

危機を乗り越えた台湾

70年代の台湾は、石油危機による不況に加え、国連脱退で台湾の将来を悲観した海外投資の激減に見舞われた。しかもその渦中の1975年に、最高指導者の蔣介石が亡くなった。

当時、台湾では本省人、つまり台湾出身者が政治参加に取り組んでいた。大陸から逃れてきた国民党員などの外省人は、もともと少数派だったうえ、高齢者が増えていた。しかもすでに本省人との違いも薄れてきていた。国民党が台湾に来た頃は、本省人の中で公用語の北京語が話せる者は少数だったが、今や教育やテレビの普及で増えていた。また外省人の中にも、台湾で生まれ、大陸を知らない世代が増えていた。今後の国民党のためには本省人を政権に取り込むことが必要だった。期待とともに初の閣僚に選ばれたのが、李登輝《りとうき》だった。

政治改革とともに、経済改革も行われた。経済危機を乗り切るために、付加価値の高い製品を増やすとともに、香港を経由して中国との経済関係が重要視された。その基盤として、1973年に高速鉄道や国際空港の建設などのインフラ整備策が打ち出された。

結果として台湾は、1960年から1980年の20年間に、経済成長率9・5%という高度成長を達成した。九州より小さい島国が、1987年には外貨準備高で世界第3位、貿易総額で13位となったのである。

こうして次第に本省人は自信を持つようになった。そして彼らは民主化への関心を抱くようになった。それはもはや政治「参加」などというレベルでは満足できないものだった。

民主化が大きく進むきっかけとなったのが、1978年のアメリカの一方的な国交断絶だった。ある程度予想されていたとはいえ、台湾経済界には激震が走り、将来を悲観して海外に資産を移す動きも起こった。中国も台湾との敵対的な態度を止め、平和的な統一を呼びかけてきた。政府はこれを拒否したが、この時の危機感が、外省人が民主化に積極的となるきっかけとなったのである。

翌1979年から民主化運動が激化した。ただ、この年はイラン革命、第二次石油危機、エジプト・イスラエル和平条約締結、スリーマイル島原子力発電所事故、ソ連のアフガニスタン侵攻など、歴史に残るヘビー級の事件が相次いだ。そのためこの年の運動は世論の関心が集まらずに失速した。それでも民主化への動きは止まらなかった。

1986年には台湾史上初の野党で、台湾独立を主張する民進党が結成された。翌年には戒厳令が停止され、言論の自由化が進んだ。さらに翌年には、李登輝が初の本省出身の総統となった。そして国民党が独占していた国会議員や首長の選挙が初めて実施された。その後1989年に冷戦が終結し、自由主義勢力の勝利が確定した。

しかし民主化が進むにつれ、外省人の悲願である中国統一をどう扱うかが問題となった。これは少数派の外省人には悲願でも、多数派の本省人には関心が薄い問題だった。その結果皮肉にも、国民党が民主化を進めるにつれ、独立派が増えて党が弱体化する結果となった。国民党はこの矛盾に苦しみ、2000年の総選挙では党が分裂し、初めて政権を失った。

その後、初の政権交代による民進党政権が成立した。一時中国との関係が悪化したが、両者は冷静に対応した。その冷静さは、両国間の経済的な現実が生んだものだった。中国が改革開放路線に転換して以来、台湾企業への投資額は大きくなっていた。台湾にとっても、2000年代には最大の輸出先が中国大陸市場（中国と香港）になっていた。もはや両者は切っても切れない関係になっていた。

ただ、巨龍が目覚めた以上、小龍はそのままではいられない。次第に台湾経済は中国に飲み込まれるようになる。EUと同様、経済関係を深める動きは、必然的に政治的統合へ向かうのである。その結果、民主化を勝ち取った台湾人が、はたして中国との間で経済統合が進む現実をどう捉えるかということが、新たな台湾の政治課題となっていった。

独裁国家シンガポールの成功

シンガポールはリー・クァンユー率いる人民行動党が、マレーシアとの分離後の苦難を乗り越えた。その後の開発独裁体制では、外国資本に魅力的な経済環境づくりを行い、第一次石油危機も短期間で乗り切ることができた。

しかし経済発展は、別の問題を生み出した。所得の向上によって、より豊かな生活を求めて子供を持たない夫婦が増え、少子化へとつながった。華僑には、父の財産を兄弟で均分相続する伝統があるが、子供が少なければ1人あたりの財産が減らないため、子供を減らす動機となったのである。さらに経済発展で職が増えたことも加わって、労働者不足が発生した。このため賃金の上昇傾向が定着し、コスト上昇に苦しむ企業が増加した。

そんな中で起こったのが、1979年の第二次石油危機と、その反動による1985年の資源価格の暴落だった。周辺の資源国が打撃を被ったため、この年のシンガポールの経済成長率は、建国以来初のマイナスとなり、国民に大きなショックを与えた。

そこで政府は1987年から、金融・通信業など、不況に強く付加価値が高い知識集約型産業への転換を開始した。そのため行われたのが教育改革だった。徹底した選抜で国民の能力を最大限に引き出し、授業の英語化などでグローバル化に対応したのである。それは世界の多くの国に影響を与えた。また従来からの外国資本優遇策も強化し、賃金アップの凍結や法人税の引き下げを行った。

これに好感を持ったアメリカや日本の多数の企業が進出した結果、ＧＤＰの落ち込みは1年で回復した。労働力不足も外国人労働者を積極的に招き入れることで、１９９０年代半ばには解消された。経済成長エンジンが再点火した結果、１人あたりＧＤＰも1万ドルを超え、日本や香港と肩を並べるようになった。それは30年前の建国時の危機が嘘だったように思えるほどだった。

その過程でシンガポールでは国民の均質化が進んだ。国民のほとんどが同じような間取りの公営マンションに住み、皆が同じような教育を受け、政府系企業に勤める生活を送った。

しかし一方でシンガポール人は、幼児期から何度も選抜され、合格できなければ出世コースから外されるプレッシャーと戦うことになった。そうした生き方以外を認めない政府に反発し、高学歴市民が海外に移住する「頭脳流出」も増加した。また選挙においても与党の得票率が、60%を維持できないようになり、少数ながら野党が議席を獲得して一党独裁体制が崩れた。それは体制側には危機の前兆に思われた。

リー・クァンユーは高齢の身を押して、体制を維持する政策を打ち出した。まずは頭脳流出が止められないとわかると、逆に海外の優秀な人材を呼び込む頭脳誘致策を進めた。その一方で、独裁体制を維持しながら、政府幹部の世代交代を促した。１９８９年に冷戦が終結したのを機会に、翌１９９０年には首相を辞任して一世代下のゴー・チョク・トンを後継者とした。しかし実際にはリーが内閣に残留して院政を続けながら、優秀さで定評があった息子リー・シェンロンを後継者とする体制を確立した。ところがその後は小龍シンガポールも、台湾同様、目覚めはじめた巨龍に悩まされることになる。

タイの成功をもたらしたもの

戦後のタイでは、不安定な国内情勢を克服するため、軍部による開発独裁体制が続いた。しかし莫大なベトナム特需などで政府を支援してきたアメリカが、ベトナム戦争で苦境に陥ったため支援を弱めると、反政府運動を抑えられなくなってしまった。

1973年、第四次中東戦争が始まった1週間後に、学生運動指導者の逮捕をきっかけに、40万人もの市民が首都バンコクの中心にある王宮前広場に集まり、抗議行動を繰り広げた。政府がこれを抑えられない様子を見て、これまで弾圧を恐れていた労働団体や農民団体、そして軍政の最大の敵であるタイ共産党が、全国で活動を活発化させた。

タノーム政権は防戦一方になり、首都の一角には政府が手を出せない地区まで出現した。このため国王ラーマ9世（プーミポンアドゥンラヤデート王、日本ではプミポン国王）は、国民代表の名のもとにタノームらの国外追放を宣告した(1973年革命)。これが国王が政治に関与する前例となった。

その後タイでは民主政が復活したが、この間、石油危機による経済的混乱が国民を苦しめた。にもかかわらず、国会では小党が乱立し、民主化運動も内紛を起こしていた。革命に対する失望が、日増しに増大した。

同じ頃タイの東方では、1975年に右派の南ベトナムとラオスの政府が崩壊し、共産勢力が勝利した。これにタイの左派は勢いづき、逆に資本家や右派の政治家は危機感を抱いた。政権復帰を狙う軍部が待っていたのは、このタイミングだった。翌1976年から、彼らは激しい反共キャンペーンを行った。同時に民兵を動員し、民主派を狙ったテロを続発させた。そんな中、まだ軍部に大きな影響力を持っていたタノームが帰国した。軍政が復活する機運は、誰の目にも明らかだった。

そこで焦った市民や学生団体の一部が、再び王宮前広場に集まって民主政への支持を呼びかけた。しかし3年前と違って、これに応える市民の動きは広がらなかった。革命3周年を目前にした1976年10月6日、広場に集まっていた市民を武装した兵士や民兵が襲撃し、200人以上が死傷した（血の水曜日事件）。短い民主政の終わりであった。

事件後、軍が再び政権を握った。追われた民主派は、地方の共産党の根拠地に逃げのびた。この結果、共産党が勢力を拡大した。以後のタイは、地方から攻め上がる共産党と都市部で迎え撃つ軍政という、ベトナム戦争と似た構図となった。

しかしアメリカの傀儡であった南ベトナムと違い、軍は過去の失敗を学んでいた。新政府の代表プレーム・ティンスーラーノン（プレム）は、事件直後こそ厳戒体制を敷いたが、共産党との対決は回避した。さらに民間経済団体や労働団体との対話を行うなど、民主政期の成果を継承した。さらに政治の場に軍が出るのをできるだけ避け、背後から議員をコントロールする方法をとった。その後も新憲法を制定し、議会を復活させた。

プレム自身、困ったときでも軍の力に頼らないようにした。１９７９年の第二次石油危機の際も、彼はＩＭＦや世界銀行の勧告を、選挙で民意を確かめたうえで導入した。こうした軍が支える「半分の民主主義」と呼ばれる体制が、およそ10年間続いた。

このとき、勧告に従って導入されたのが、タイの通貨バーツを強制的にドルに固定して連動させるドル・ペッグ制だった（ペッグは杭のこと）。これは価値が安定しているドルにバーツを連動させ、通貨価値を安定させるものだった。この政策は、当時はドルがアメリカのドル安政策の影響で実際の価値より安くなっていたため、タイの輸出に有利なものだった。

プレムは、都市と農村の格差や、貧困問題にも取り組んだ。財界との会合も毎月開催された。そこでは経済以外に幅広い内容が話し合われ、結果として軍の影響力が減少した。

しかし軍部が皆、こうした状況に納得していたわけではない。１９９１年にはクーデターが発生した。しかしクーデター派が驚いたのは国民の反応だった。反対するデモが全国一斉に巻き起こり、参加者が73年革命に匹敵する40万人に達し、兵士までが数多く加わっていた。焦ったクーデター派が兵士に発砲を命じたため、多数の市民が死傷した。そのため再び国王ラーマ9世が調停に乗り出した。最終的にクーデター派は政権を放棄し、市民も運動を中止した。これが２００６年まで民主政が続く結果をもたらした。

しかしタイの民主主義はまだ未熟であった。発展をもたらした政財界の協力は、次第に癒着へと変化したが、それを防止するしくみは作られなかった。選挙のたびに、新政権に味方して利権を得た者と、前政権時代の利権保有者の争いが発生した。そのため選挙は勝利至上主義がはびこり、政治も長期的な視点に立った政策より、選挙区での利害が優先された。

たとえば1988年以降、プレム政権が各地に工業団地や交通網を整備したが、それが適切かどうかという検討は、形だけのものだった。2011年に首都バンコクを流れるチャオプラヤ川で大洪水が発生したのも、上流の東北部で貧困対策としての開発が行われたため森林が消失し、保水力が弱っていたことが原因だった。

タイはアメリカや日本との経済関係も深く、経済発展が始まったインドと中国の中間にあり、治安も比較的安定し法が整備されている。このため日本やＮＩＥｓ諸国の資本が相次いで進出した。増え続ける外資の直接投資によって輸出は好調を維持し、経済は発展し続けた。日本の輸出の中心が1920年頃に農産物から工業製品に変わったように、タイも1990年代には完全に工業国に変貌した。

経済発展のためには、資本はいくらあっても足りることはない。財政は慢性的に赤字だったが、ドル・ペッグ制がもたらす貿易黒字と、流入する外国資本がその穴を埋めていた。しかしタイの経済成長の陰では、じわじわと巨龍が存在を増していたのである。

イスラーム国家インドネシアの成功

１９６５年の九月三〇日事件後に政権を握ったスハルトは、開発独裁政策の第一段階として、石油や銅など天然資源の開発を推進した。また、１９７２年に日本で、田中角栄政権の「日本列島改造論」が表明されて建築ブームが起こると、その波に乗ってマレーシアとともに建築資材用の木材輸出を開始した。ただしこれは、東南アジアの熱帯雨林減少の最大の原因となってしまう。また経済発展は、次第に国民間の経済格差を広げていった。

スハルトは、国家機構から共産勢力を排除することを名目に、内政に軍を深く関与させた。国会内には翼賛政党（政府に賛成意見をいうだけの政党）ゴルカルが結成され、政府批判が禁止された。

しかし黙らなかった人々もいた。まず学生たちが、１９６８年の世界的な「若者の反乱」の影響を受け、都市部で激しい反政府運動を起こした。さらに、政府に冷遇されていた華僑系市民や、外国資本との差別待遇に不満を持つ民族資本家が同調した。インドネシアが経済格差に敏感なイスラーム教徒が圧倒的多数であったことも、こうした事態の背景になった。政府は運動を力づくで押さえ込んだが、うっ積した不満は予想外の形で噴出した。

１９７４年１月に田中角栄首相が訪問した際、首都ジャカルタで激しい反対運動が発生した。日本製自動車が焼かれるなど、反日運動のように見えた。このため日本人は、インドネシアにはまだ日本の戦時中の行為に対する反発が残っているのだとしてショックを受けた。しかしたしかに日本への反発は残っていたが、じつはこれは政府への反発が形を変えて出現したものだった。反政府運動なら弾圧されてしまうが、反植民地運動の形なら、第三世界のリーダーの地位を手放してはいない政府は簡単に手出しできないからである。もっとも政府もすぐにそれに気づき、活動のピークが過ぎたと見るや、すぐに秩序回復を名目に弾圧にとりかかった。その後政府は外資参入に制限を設けるなどして、民族資本に配慮するようになり、反政府勢力の分断を図ったのである。

また同じ1974年4月にポルトガルで革命が起こり、新政府が海外領土の放棄を宣言した。するとインドネシア東方のポルトガル領東ティモールでも植民地政府が崩壊し、新政府が独立を宣言した。しかし新政府が共産党系だったため、彼らが自国に影響を及ぼすことを恐れたスハルトは軍を投入し、東ティモールを軍事占領した。その際、人口100万人の国で20万人以上が殺害される大虐殺が発生し、国際社会から激しい批難が浴びせられた。

翌1975年には、原油価格上昇で業績がよいはずの国営石油会社が破産した。これは経営者が、個人的にスハルトと仲がよいことに甘え、ずさんな経営を続けたためだった。スハルトにも責任があるのは明らかだったため、彼の生涯最大の危機になるかと思われた。ところが幸い1979年の第二次石油危機が、前回以上の原油価格上昇をもたらし、何とか危機は回避された。石油危機が救ったものもあったわけである。

こうして権力を維持し続けたスハルトだったが、石油危機の反動による1985年の資源価格暴落時には、さすがに財政危機が表面化した。インドネシアは国軍が政府や政党、官僚や産業の隅々にまで勢力を張りめぐらせているため、税収減は国力や治安の悪化を招いてしまう。また統制経済は社会の安定には貢献するが、変化への対応や経済発展には結びつきにくい。そのため政府としては、石油に依存しない産業構造に変わる必要があった。

そこでスハルトは、開発独裁体制のレベルを引き上げ外国製品の輸入を禁止して、コピー製品を国内に流通させる輸入代替工業から、外国でも売れる製品を作る輸出促進工業に転換した。経済発展によって次第に治安も安定し、インドネシア経済は好感が持たれるようになった。その結果、安い労働力を求める日本や欧米の投資が集まった。インドネシアの経済発展は、冷戦終結後の大競争時代の波にも乗り、１９９７年まで続いたのである。

イスラーム国家マレーシアの経済発展

マレーシアでは、建国期の困難を乗り切ったラザクが１９７６年に病死すると、片腕のマハティール・ビン・モハメド（写真17）が後を継いだ。彼は若い頃、支配層に属しながら批判的な発言を繰り返して反発を買い、一時は政界を追放されていた。しかし彼の才能を惜しんだラザクの後押しで復帰を許され、困難な問題に取り組み、一つずつ解決するうちに、やがて誰もが後継者と認めるまでに成長

写真17　マハティール
©Yanbei

した。

そして彼が実施したのが「ルック・イースト」政策である。それは日本人や韓国人の勤勉さを見習うという名目で、国家への貢献と政府への協力を求めるものだった。

当時は、国策であるブミプトラ政策の結果が明らかになっていた。まず一次産品の輸出では、伝統的なスズやゴムに加え、油ヤシが主力産品に育っていた。また1970年代に油田が発見され、産油国の仲間入りを果たした。さらに外資導入によって繊維・電機・半導体などの産業も成長した。こうしてマレーシアは、80年代に輸入代替型から輸出志向型に転換した。その後1980年代半ばまでの20年間で、GDPは年平均7〜8%の急成長を遂げた。また産業界では、マレー人の活躍例が数多く見られるようになった。これらはブミプトラ政策の成果と思えるものだった。しかし実態は、そうとはいい切れなかったのである。

まず宗族制やカースト制など、伝統的な相互扶助のしくみを持つ華僑やインド系は、ブミプトラ政策による不利な社会条件にもかかわらず、着実に経済力をつけていた。しかしそうしたしくみをもたないマレー人の多くは、貧富の格差に苦しんでいた。

都市部のマレー人の中には、高等教育を受けて自ら企業を経営したり、華僑系やインド系企業の経営陣に入る者が増えており、彼らの経済力は華僑系やインド系に匹敵した。

しかし大多数のマレー人は第一次産業に従事しており、政府が進める自由主義的な経済政策がもたらす格差社会と低賃金に苦しんでいた。つまり政府の進めるブミプトラ政策は、一部のマレー人だけに恩恵をもたらし、大多数は発展から取り残されるという二極化を生んでいたのである。それはイスラーム教国としては致命的だった。

そんなタイミングで1979年にイラン革命が発生した。革命前のイランは、マレーシア同様、イスラーム教国でありながら経済発展を遂げていた。その結果、経済格差が生まれ、それが革命の原因となったのである。このためイランから伝わったイスラーム原理主義は、即マレーシア政府への強烈な批判となった。おまけに、効果が薄いのに続けられようとしているマレー人の特権制度に、華僑やインド系の不満も増していた。そうした反発が翌1980年から激化した。

このように就任まもないマハティールは、いきなり強烈な逆風にさらされた。これに対し、彼は硬軟織り交ぜた方法で対応した。彼はマレー人イスラーム教徒をなだめるため、政策のイスラーム色を強めた。また国王や各地のスルタンに対しては、イランの失敗を例に引きながら、10年かけて特権放棄を説得した。さらに日本資本の導入で重工業化を推進し、国民全体の生活レベルの向上に努めた。その一方で、急進イスラーム勢力には徹底的な弾圧策で臨んだ。

しかし彼の一連の政策は、あまりに一方的かつ強権的に進められたため、穏健派からさえ批判されるほど強い反発を生んだ。そんな中、ブミプトラ政策で生まれた国営銀行の不正融資に、現職閣僚が関与した疑惑が表面化した。これまで不正に厳しい態度を取ってきただけに、マハティールにとって打撃となった。さらに1985年には、先述した第二次石油危機の反動による一次産品価格の暴落で、経済危機まで発生した。

これを絶好の機会と見て攻勢をかけてきた反政府勢力に対し、彼は徹底した弾圧で対処した。しかし、イスラーム諸国との関係悪化を心配する穏健派から再び批判が相次ぎ、１９８７年には、対立が党首選にまで発展した。幸いこの年は隣国シンガポールで景気が回復したことで、マレーシアでも年８％の経済成長が達成され、そのおかげでマハティールは勝利した。

選挙には勝ったが、与党は反マハティール派の離脱で分裂してしまう。そこでマハティールは、１９８９年の冷戦終結で自由主義側の勝利が明らかになったことを追い風に、翌１９９０年に総選挙を実施して勝利し、反マハティール派を屈服させた。彼は危機を乗り切ったと感じていた。

ベトナムとカンボジアの復興

インドシナ3国は、いずれも戦後の経済困難を抱えながらの再出発となった。

カンボジアでは、ポル・ポトが率いる共産党が政権を握っていた。ポル・ポト自身や党の主流派は中国共産党の影響を強く受けていたが、カンボジア共産党自体は左派の寄せ集めだった。このため、ポル・ポトは組織を束ねるのに軍事力に頼っていた。

彼らが政権獲得後に行ったのは、恐怖政治であった。まず旧政府関係者が処刑され、続いて彼の方針に反対する党内の派閥が粛清された。ここまでならロシア革命と同じだが、カンボジアでは、最後の仕上げとして首都の市民２００万人の強制移住が行われたのである。

じつは戦争中、首都プノンペンには戦火を逃れた農民100万人が流入していた。さらに共産党は、自分たちを敵視するアメリカが、食糧援助を停止すると予想した。

そこで共産党は、食糧不足による混乱を防ぐため、あらかじめ住民を首都から移住させようとしたのだった。そしてこの移住は、毛沢東主義を理想とする彼らにとって、資本主義の弊害のない平等社会を実現する絶好の機会であった。つまりこの移住策は、中国で「成功した」とされていた文化大革命のカンボジア版だったのである。

国家改造は1976年から始まった。国内の商取引と、中国以外との貿易が禁止され、貨幣が廃止された。人口の30%ほどを占める首都の市民を、強制的に家族を解体したうえで農村に移住させ、共産党員の監視下で強制労働させた。

しかし農業の素人が、同じく素人の共産党員に指導されても、うまくいくわけがない。おまけに農具も肥料も十分にはない。さらに熱帯ジャングルの環境は、都市民には過酷すぎた。受け入れる農村側にとっても、これだけの数の移住に対する食料供給は、限界を超えていた。農村部には疲労と飢えで感染症が広がり、死者が続出した。

これに加えてポル・ポト政権は、文革同様、政治家や医師、

写真18　1万人近くが処刑された刑場跡
©Brad Barnes

教師といった知識人が計画の抵抗勢力になるのを恐れ、彼らを弾圧した。さらにカンボジアの事実上の国教である仏教の僧侶さえ、計画の障害になるのを恐れて抹殺した。死者の数は、100万人とも300万人ともいわれ、それは彼らが理想とした文革に匹敵する悲劇であった。この蛮行をいまに物語るのが各地に造られた大量処刑場キリング・フィールド（写真18）である。

政策の失敗は明らかだったため、反発を恐れたポル・ポトらは、人々の目をそらすため、伝統的な反ベトナム感情を利用しようとした。こういう場合の権力者の常套手段は、ナセルやスカルノが行ったのと同様、国際紛争の誘発である。

カンボジアは突然、ベトナムに対し、18世紀までカンボジア（クメール王国）領であったメコンデルタ地帯の返還を要求した。この論理が通るなら、たとえばイギリスがアメリカ政府に東部13州の返還を要求できることになる。さらにカンボジアは1977年に、一方的にベトナムと断交し、軍に国境侵犯を繰り返させた。

当時ベトナムでは、レ・ズアン政権が統一後の新国家作りに苦しんでいた。南北統一後の社会主義化への反発や、政府による圧迫によって、華僑など数十万人が海外に難民（ボートピープル）として脱出した。また1976年から五カ年計画が始められたが、その柱である農業改革も失敗した。改革の目玉は「緑の革命」だったが、当時導入された品種はベトナムの風土には適しなかった。おまけにこの年、エルニーニョが発生し、冷害と干ばつに襲われた。そのため食料をめぐって農民と政府が争う事態になっていた。

カンボジアの挑発はそんな中で行われたのだった。しかも1979年には、背後にいる中国が、ベトナムに何の予告もなくアメリカと和解した。それはベトナム人にとって腹立たしくもあり、不安をかき立てることでもあった。しかしながら、ベトナムにとってもカンボジアの挑発は、国民の目をそらすのに好都合だった。あとは国際紛争の口実が発生するのを待つだけだったのである。

1978年、カンボジア東部で反ポル・ポト派のヘン・サムリン将軍が蜂起したが、敗れてベトナムに逃げ込んだ。さっそくベトナム軍は、彼を支援してカンボジア領に侵入した。

ヘン・サムリンを擁したベトナム軍は、翌1979年には首都プノンペンを制圧し、ポル・ポトらは西部タイ国境の山岳地帯に逃亡した。世界の人々は、数年前まで、アメリカの侵略と戦う正義のベトナムというイメージを抱いていただけに、このニュースに驚いた。

しかし何といっても驚いたのは、その後の中国の対応だった。中国共産党は、ベトナムによる華僑弾圧策に反発し、中国軍をベトナム領に侵攻させた（中越戦争）。しかしアメリカとの戦争で十分な戦闘経験を積んでいたベトナム軍の反撃で、中国軍は大損害を被った。ただベトナム側も、長引く戦争で財政が危機的になっていたため、カンボジアにヘン・サムリン政権が成立するのを見届けると軍を撤退させた。結局戦争は、わずか1カ月で終結した。それはベトナムにとって、1946年以来33年続いた戦争の終わりであった。

一方、タイ国境地帯では、中越戦争のおかげで、ポル・ポト派や共和主義者ソン・サン派が息を吹き返した。シハヌーク元国王一派も、中国の支援で北部国境地帯で活動を開始した。これら3派は、ベトナムを敵視する中国の仲介で連合政権を結成した。また、こうした諸勢力の背後にいた大国は、いずれも70年代経済危機への対応やアフガニスタンをめぐる紛争などの大事件に直面し、インドシナ半島への関心を失った。それがこのあと、80年代末まで内戦が続く原因となった。ヘン・サムリンの背後にいたベトナムも、国内での経済再建に苦しんだ結果、中国と同様に経済自由化策ドイ・モイ（刷新）を導入せざるを得なかった。

巨龍中国の目覚め

第一次石油危機の頃の１９７０年代前半、中国ではまだ文化大革命が続いていた。しかし建国から20年余りが経ち、世代交代の波が押し寄せていた。毛沢東は体の衰えから寝込むことが多くなっていた。序列２位の周恩来も、林彪事件後に、ガンを発症したことが判明した。また台湾海峡の向こう側でも、１９７５年に蔣介石が亡くなった。誰もが時代の変化を感じており、それが権力闘争の背景になっていた。

林彪事件後、毛は周に混乱の立て直しを命じた。周は、実権派と呼ばれていた官僚を動員して取り組んだが、

写真19　鄧小平
©Nationaal Archief

1974年以降は入院を余儀なくされた。このため、それ以後、実権派を仕切ったのは、周に次ぐ地位であった鄧小平（写真19）だった。毛は、彼の手腕には満足したが、一方では、彼ら実権派の勢力が増すことが、社会主義からの逸脱や、文革否定につながるのではないかと警戒した。

文革推進の中心であった毛の妻の江青の一派「四人組」も、実権派の勢力拡大に反発した。「四人組」は、勢力は小さかったが、江青が「毛の妻」であるという最大の武器を持っていた。彼らを抑えるのが困難な場面では、周が病を押して動かねばならないほどだった。

四人組は、毛に促されて鄧が実権を握った1975年から、「批林批孔運動」を引き起こした。この運動は、複雑な主張であった。彼らは失脚した林彪を、孔子と同質の伝統社会的なエリートとみなし、そんな人物の再来を防ごうと呼びかけた。しかし実際は、それは表向きの理由で、経済再建が進めば伝統的なエリート支配が復活し、文革が停止するとして、実権派を非難するものだった。毛は、彼らの手腕は評価していたものの、文革の継続を絶対視しており、それが四人組の力の源泉となった。毛は、こうした政権内の対立を取り仕切ることで、体力は衰えていても独裁的な権力を握れたのである。

このように内政が不安定であった70年代前半、中国は外交面でも不運が続いていた。米中関係は、文革中の1972年にニクソン大統領によって国交が正常化された。しかしその立役者のニクソンが、1974年にウォーターゲート事件で辞任してしまい、次のフォード政権も台湾への武器輸出問題で議会と揉め、それ以上は進展しなかった。

またこの米中和解がベトナム政府に何の断りもなく進められたため、中越関係が悪化し、以後ベトナムは中ソ対立でソ連側に立つことになった。中国は、南北に敵対勢力を抱えることになったのである。しかもその後、1975年のベトナム戦争終結でベトナムがアメリカと和解してしまう。中国はベトナムの背後にいるソ連とアメリカが接近する事態を想定して焦った。

そんな中、日中関係だけが順調だった。懸案だった日本と中・台との関係も、日本が日中間の国交回復を優先し、日・台間で1973年に合意された経済面だけの関係を中国側が黙認することで決着した。この結果、1978年には、日中平和友好条約が成立する。

こうした状況が大きく変わったのが、1976年である。まず周恩来が1月に亡くなった。毛は、経済発展を重視する人物の中から、四人組と実権派のどちらからも距離を置いていた華国鋒《かこくほう》を周の後任に任命した。一方で四人組一派は、周の死で勢いづいていた。

1976年4月の清明節（死者を弔う日）、北京市の天安門広場で、民衆に慕われていた周の追悼集会が開かれ、30万人以上の人々が集まった。それは事実上の国民葬だった。自分の指示もなしに行われたこの行事を不快に感じた毛の指示で、警官が集会を妨害しようとしたため、騒乱が全国に広がった（第一次天安門事件）。全国の都市の一角には、文革期に民衆が政府を支持する内容の自作の壁新聞を貼る場所が認められていたが、そこに文革の終息を要求するような政府批判が張り出されはじめたのである。

しかしこの事態は、四人組が待ち望んでいた、実権派を追い落とす絶好の機会であった。彼らの指示を受けた警官の取り締まりと学生たちの抵抗という形で、紛争は全国で2年半余り続くことになるのである。

彼らは、この事態を鄧のしわざに仕立て上げて、解任に追い込んだ。彼の3度目の失脚だった。これで毛と四人組、すなわち文革継続派の勝利が確定したかに思われた。

しかし周に続いて7月初旬に、建国の英雄の一人、朱徳《しゅとく》が亡くなった。また下旬には華北の工業都市唐山市をマグニチュード7の大地震が襲い、24万人以上の市民が犠牲になった。相次ぐ事態に、人々の不安は高まった。

そしてとどめが来た。最高権力者の毛が、9月に亡くなったのである。彼の死は四人組の権力の源泉の消滅を意味していた。四人組の独走に反発していた諸派は結束し、華国鋒は彼らを逮捕させた。それは一見、権力争いの最後の勝者が華であると思わせる事態であった。しかし彼は、もともと毛が四人組と諸派のバランス役として任命した人物だったため、毛の死で、彼も存在意義を失っていた。

権力の行方が不明確な事態の中、彼は当面、毛の方針を継続すると表明した。しかしそれは、政治や経済の混乱を放置することを意味したため、華は批判にさらされた。そこで彼は、失脚中の鄧が彼の支持を表明すると、その言葉を頼りに鄧を復職させた。鄧の3度目の復権だった。その結果、リーダーを得た実権派の勢力が回復し、権力バランスは徐々に彼らの方に傾いていった。しかし、鄧が党内をまとめ上げるには、もう少し時間が必要だった。

四人組打倒後の共産党にとって、最大の課題は文革の扱いと、全国の都市部に広がる若者と警察の紛争だった。すでに壁新聞は「民主の壁」という名で海外にも知られており、新聞の中には民主政への移行を主張するものまで現れていた。暴力をともなう紛争も頻発し、それは紅衛兵時代を連想させた。まさに党にとって深刻な危機だった。

中国政治の大転換——改革開放政策

かつて毛は文革を、時々繰り返す必要があるといっていた。それは、気がつけば格差が生まれている現実を踏まえていた。しかし文革は毛以外に継承できるものではない。ちょうどそれは、ソ連でスターリンの独裁体制を継ぐ者がいなかった状況と似ていた。

ともあれ最高権力者となった華は、鄧に経済再建を指示した。そこで鄧は、華が継続すべきとした毛沢東思想の重要概念である「実事求是（現実から理論を組み立てる）」を使って、華が反対できないようにしたうえで、経済発展を重視する政策に転換した。また鄧は「民主の壁」運動に支持を表明し、警察の取り締まりを中止させた。市民はこの措置を大歓迎し、鄧を熱烈に支持したことで、彼の党内の地位が強固になっていった。

鄧が最高権力を握ったのは1978年後半のことである。鄧は、満を持して、毛沢東路線の転換となる改革開放政策を打ち出した。

まず彼は、経済改革を実行するためには、安定した国際環境が必要だと考え、閉塞状況にあった外交関係の改善に取りかかった。彼は、この年の8月に日中平和友好条約が成立したのを機会に、10月に中国の最高指導者として初めて訪日し、田中角栄元首相や、大日本帝国時代には敵であった昭和天皇とも会談した。その際、彼はトヨタの自動化された工場を視察し、新幹線にも乗車した。その快適さと飛ぶような速さを体験して、彼は中国と世界の差を痛感した。その後、日本は、戦争賠償の代替措置として経済援助（円借款）を開始し、２００７年まで改革開放政策を陰で支え続けたのである。

　米中関係も、１９７７年にアメリカで民主党のジミー・カーター政権が成立したことで動き出していた。新政権の米中外交を担当したズビグニュー・ブレジンスキーは亡命ポーランド系で、ソ連には強い反感を持つ反面、中国に好意的だった。ブレジンスキーは中国に対し、米・中・台湾の関係を、先述の日台関係と同じ方式で解決する策を提案した。鄧はこれを了承し、台湾への武器輸出を黙認した。その結果、障害がなくなった両国は１９７９年1月、ニクソン訪中以来7年目にして国交正常化を実現した。その直後、鄧は中国の最高指導者として初めてアメリカを訪問し、ＮＡＳＡ（アメリカ航空宇宙局）やアメリカの工業地帯を視察した。この経験も彼に、経済を自由化する決意を固めさせた。

　１９８１年には毛の再評価が行われた。そこでは毛のことを、功績は大きかったが過失もあった英雄と見なし、文革もその過失の一つとして正式に停止された。また過去の政争で弾圧された政治犯の名誉回復が行われ、その数は３００万人近くに達した。さらに経済開発策も矢継ぎ早に示された。こうした一連の改革で活躍したのが、鄧の側近の胡耀邦《こようほう》や若手の趙紫陽《ちょうしよう》たちだった。そこだけ見れば、明るい未来が予感される事態であった。

　しかし一方で「民主の壁」に集まった若者たちは、苦い現実を味わっていた。１９７９年になって突然、何の前触れもなしに政府が壁新聞の撤去を命じ、「壁」がなくなった。その際、抵抗した者は有無を言わさず逮捕された。党は、紅衛兵のような暴力を押さえ込むという大義名分を掲げて実施したが、見方を変えれば用済みの道具が片付けられたということだった。中国の若者たちの純粋で愛国的な行動は、文化大革命、第一次天安門事件、そして後には2012年の反日暴動と、常に道具として利用されたのである。

さて、鄧が打ち出した改革開放政策とは、具体的には四つの近代化を要する分野、すなわち農業、工業、国防、科学技術の育成策を意味していた。その中でも農・工業分野は特に重視された。

まず農業分野では、生産を高めることを目的に、市場経済が公認された。また農業の効率化を促すため、1984年に人民公社が解体された。こうした流れに乗って、年収が一万元（一般農家の平均の25倍）を超える農家「万元戸《まんげんこ》」が出現したことも話題になった。

しかし農民の数が多すぎた。当時の中国の農業技術は、世界的に見ても低いレベルにとどまっていたが、それでも少し改良すれば億単位の農民が不要となる見込みだった。となれば、余剰農民を吸収する方法を探さねばならない。またこれ以上の人口増も止める必要がある。そこで産児制限の「一人っ子政策」が導入され、夫婦1組に子供1人しか認められなくなった。

次に工業においては、企業の自主経営育成策として経済特区と呼ばれる地域が、広東省の深圳市や、福建省の厦門《アモイ》市に作られた。それは地域を限定して国内に資本主義を持ち込むもので、改革開放の「開放」策の一つであり、外国資本の導入と自主経営のモデル作りが目的だった。特区には先進国にならって株式市場や商品先物市場、職業斡旋業などが整備された。

特区は香港や台湾をモデルにした。深圳は珠江の河口を挟んで香港の対岸にあり、厦門は台湾と海峡を挟んで向かい合っている。つまり特区は、成功した同族の家の軒を借りるようなものだった。こうした都市は、歴史的に在外華僑との交流が盛んで、市場経済を導入するのには好都合だった。また香港や台湾の企業にとっても、特区は本国より安い賃金と一定の教育レベルの労働者が確保でき、国内法に縛られずにコストが下げられる点が魅力だった。特区の導入には批判的な意見もあったが、鄧は先富論、すなわちまず沿海地域が豊かになれば、その富が中国全体に及ぶと主張し、押し切った。

ただし特区の中だけで労働者がまかなえないのは明らかだった。そこで戸籍制度が変更された。中国では建国間もない1950年代に、都市の治安と生活を確保し、農民の流入を防ぐために、農民と都市民の戸籍が区別され、農民の都市移住が禁止されていた。しかしこの時の改革で、農民が出稼ぎ労働者（農民工または民工）として都市に一時居住できるようになった。そして農民工は、必要に応じて雇用・解雇できる、企業にとって非常に便利な存在となったのである。

こうして準備が整えられた結果、特区の目的は達成された。華僑系を中心に多くの外国企業が進出し、90年代以降には100億ドル（約1兆円）を超える直接投資がもたらされた。

このような「開放」政策に伴って、対外政策も変更された。これまでの中国の外交方針は、建国直後は親ソ反米、中ソ対立期は反ソ反米、そしてベトナム戦争後は反ソ親米に固定され、外交の選択肢を狭めていた。しかし開放政策の下では、平和五原則を守って国益を重視すればよく、柔軟な外交策がとれるようになったのである。その代表的な例が、先述の米・台の武器輸出に対する黙認だった。また1984年に一国二制度を表明したことによって、香港が資本主義を維持しながら復帰したことや、1990年代以降に日本と政治的に対立しながら経済関係を発展させる「政冷経熱」姿勢が続けられたことも同様といえる。そして香港は1997年、澳門《マカオ》も1999年に返還され、中国の植民地の歴史は幕を閉じたのである。

こうした経済特区と一国二制度には、社会主義における実験という意味がある。しかしそこに香港・台湾という存在を重ね合わせると、別のことが見えてくる。特区は両国の資本の受け皿となり、いずれ両国を経済的・実質的に中国と一体化させる先導役となる。さらにこの制度は、かつての清朝などの多重統治方式の現代版にも思われる。

改革開放によって、中国は経済の自由化に舵を切った。ただし本来なら経済の自由化には必須のはずの、政治の自由化は封じられていた。政治の自由化とは政府への批判を認め、反対する権利を保障することである。それがあれば、たとえ誤った決定が行われたとしても、民意によって修正される。さらにそれは政治的決断へのプレッシャーを減らすため、為政者が過激な行動をとる可能性を減らし、政治の安定に結びつく。にもかかわらず、それが封じられた理由は、政治勢力が共産党以外に存在しないという現実からだった。つまり共産党は、過去の政治闘争の最終勝者であったがゆえに、すべての責任を負い、経済を自由化しながら政治の自由化を抑圧するという、矛盾した役割を果たさねばならなかった。これはソ連がペレストロイカで、政治と経済の両方の自由化を実現しようとしたのとは対照的だった。

しかも経済の自由化は、激しいインフレや失業ももたらした。物価がいきなり年率20％近く上昇した。これは、物価統制策が解除され、あるべき価格になったからである。

また経済の自由化は公務員の腐敗が広がるきっかけとなった。というのも、経済は自由化されても、政府には物価の決定権がかなり残されていた。これに目をつけた一部の役人が、自分の権限で親族に作らせた会社に物品を安く売り、その会社が自由市場で高く販売して暴利を得たのである。これまでの中国は皆が貧しく政府の規制は厳しかったので、役人の不正は起こりにくかった。中国の社会制度も、それを前提としていた。しかし経済の自由化が、腐敗も「開放」したのである。

こうして改革開放策が進むにつれ、自由化の機会を利用して利益を得た人とそうでない人の格差が開いていった。それは東欧やロシアと同じであった。ただしその機会は、役人であれば手に入るものだが、何の権限もない民間人には得られないものだった。民間人がその機会を手に入れようとすれば、役人とのコネを作るか、制度のすき間を見つけるしかない。協力者がいれば、不正はさらに簡単になる。つまり官民格差こそが腐敗の原因だった。

さらに経済の自由化があまりに急だったため、政府が「地下経済」や「闇経済」と呼ぶ、公式統計に表れない経済圏が拡大した。それは政府内の意見の対立で、法や制度の整備が遅れている状況を利用したもので、税金逃れのための利益の隠匿から、不正な資金洗浄《マネーロンダリング》、さらには犯罪組織による密輸や麻薬取引などである。

こうした不正や不満、改革の矛盾などが広がる中、政府の姿勢を試すとともに、世界に衝撃を与える事件が発生したのである。

天安門事件の衝撃

文化大革命終結10周年を前にした1986年末、79年の「民主の壁」の撤去以来、久しぶりに各地で若者たちによる激しい民主化要求運動が発生した。社会主義の本家ソ連でもペレストロイカ(改革)が始まっており、それが彼らに影響を与えていた。しかし「民主の壁」運動のときもそうだったが、血気にはやる若者達の行動は、多くの政治家に紅衛兵時代の恐怖心を蘇らせた。さらにこれまでの運動は、常に政治上の争いに利用され、最後には必ず収拾された。しかし今回は誰も背後で操って利用しようとする者がおらず、それが事件の結末を予想がつかないものにしたのである。

対応をめぐって、党内は二つに割れた。胡耀邦や趙紫陽ら改革派は、民主化要求に好意的だった。これに対し、鄧たち穏健改革派は時期尚早として難色を示し、保守派は激しく反発した。結局このときは、鄧が胡耀邦に責任をとらせて失脚させる代わりに、改革派の趙紫陽を総書記に格上げし、保守派を総理に昇格させてバランスをとった。改革派には希望を持たせながら、保守派の要求も受け入れた形だった。

直後に行われた共産党大会でも、現体制の維持が確認された。一応、鄧小平が公職から退くことが表明されたが、直後の党内秘密会議では、彼が最高指導者であることが確認された。この措置は、鄧が事態が難しい局面に入っていることを認識し、表の職から離れて自由な立場で動くことで難局を乗り切ろうとしたのだといわれている。

それから2年後の1989年4月、失脚した胡耀邦が病死した。多くの市民が自発的に天安門広場で清明節の追悼集会を開始した。それは第一次天安門事件と似た状況だった。しかしこれが1919年の五・四運動70周年記念行事と重なったことが、政府の対応を難しくした。参加者が「記念行事に行く」といえば、警官は止められないのである。しかし天安門で上がった声は、五・四の「帝国主義打倒」でなく「保守派の退陣」だった。学生たちは、自由の女神像をまねた「民主の女神」像を広場に建立した。政府は彼らに広場からの退去を命じたが、誰も動こうとしなかった。

その最中の5月にゴルバチョフが訪中した。これは中ソの和解を世界に示すためだったが、多数の外国メディアを市内に入れたことで、結果的に事件を世界に知らせてしまう。広場に集まった若者は、5月末には100万人を超えていた。

ここに至って鄧は弾圧を決断した。運動開始から1カ月後の1989年6月4日、これまで一度も国民に銃を向けたことがないと自負していた人民解放軍が市民を攻撃し、広場は流血の事態となった(第二次天安門事件、中国では六・四天安門事件、単に天安門事件といえばこちらを指す)。事件は公式発表では死者は319名とされたが、実際の数はいまだに不明である。

この惨事は即座に全世界に伝えられた。事件は中国のイメージを悪化させ、「自由を認めない中国」

「何をするかわからない中国」というイメージが作られた。国際社会は激しく反発し、アメリカのブッシュ大統領は中国を激しく非難し、武器輸出や経済援助を停止した。日本政府も経済援助協議を延期した。返還まで10年を切っていた香港では、全人口の6分の1にあたる100万人が参加する抗議デモが発生した。さらに、その後20年間で、中国に失望したほぼ同数の市民が海外に移住した。

またこの事件は東欧革命の引き金ともなった。事件の2週間後にはポーランドで共産党政権が倒れ、11月にはベルリンの壁が崩壊した。年末にはルーマニアで革命が起き、独裁者チャウシェスクが殺された。中国共産党は民衆運動に恐怖心を覚え、何としても押さえ込もうとするようになった。

鄧は事件を、今度は趙紫陽に責任があるとして失脚させ、政治の自由化を停止させた。保守派は経済の自由化をも止めようと勢いづいたが、それは鄧ら改革派にとって不本意だった。

鄧は事態を収拾するため、指導部を一新して一気に若返らせ、鎮圧に手を下した軍関係者も姿を消した。新しい最高指導者には、経済改革を続けながら政治改革の誘惑に耐えられる人物と見なした上海市長の江沢民《こうたくみん》を、党内序列の11番目から一気に抜擢した。

こうして政治の自由化は停止されたが、経済の自由化は止められなかった。すでにパンドラの箱は鄧自身が開け、自由と豊かさへの渇望が解き放たれていた。また改革に消極的な東欧諸国の末路を知らない者はいなかった。改革は慎重に進められることになったが、「慎重」とは具体的にはどうしたらよいのか、誰にもわからなかった。

鄧自身も、具体策を持ってはいなかった。彼の前にはまだ難問が山積していたが、それに取り組むだけの時間が残り少ないことは明らかだった。彼はすでに85歳で、毛や周より長く生きていた。毛が亡くなったあとには自分がいたが、彼は後継者を自らの手で粛正していた。文革で多くの人材が消えていたことが痛かったが、いまさら死者が蘇るはずもない。

結局、中国はＮＩＥｓ諸国や日本の自民党一党体制を参考に、開発独裁体制の色を強めた。後継者として指名された江沢民はこの路線を忠実に歩み、その後の指導者もこの路線を踏み外すことはタブーとされた。

このため事件のほとぼりが冷めると、改革開放政策が再開された。中国首脳のアジア歴訪が続き、中国の外交方針に変更がないことが強調された。中国の経済力と巨大市場は相変わらず魅力だったため、外交関係の拡大は続いた。韓国とも１９９１年に国交を樹立した。日本との経済援助交渉も再開された。これで事件のダメージは、最小限にできたと思われた。

南アジア世界の過激化

１９７３年の石油危機は、インドにも大きな影響を与えた。スタグフレーションによる物価上昇と失業者の増大は止まらず、民衆の不満は高まった。このため独立後、初めて大規模な反政府運動が発生した。そのため会議派は選挙で大敗し、初めて政権を失った。これまで政権を握っているのが当然だっただけに、そのショックは大きかった。

代わって政権に就いたのは、選挙前に急ごしらえで結成された人民党だった。しかし寄せ集めの悲しさか、2年と持たず分裂してしまい、会議派が政権を奪回した。彼らが短い野党時代に理解したことは二つあった。

その一つは国民意識の多様化である。まず、緑の革命で豊かになった富農層は、中央集権的で画一的なものでない地方に適した開発策を、地方分権によって進めるよう求めていた。次に、選挙権を得て政治意識に目覚めた中間層は、スラムなどが放置されている劣悪な都市環境の改善を要求していた。さらに、これまで会議派が中間層以下の大衆を無視していたあいだに、NPO的な慈善活動を行っていたヒンドゥーナショナリズム団体が支持を広げていたことにも気がついた。中間層は、最上位と最下位のカーストだけが政治的に保護を受け、自分たちには何の恩恵もない不平等に不満を持っていたのである。また、イスラーム教徒やシク教徒は、強まるヒンドゥーナショナリズムに対する反発から、連邦からの分離を求めていた。結党以来の政教分離政策は危機に瀕し、会議派は対応を迫られていた。

もう一つ会議派が気づいたことは、これまでの中央集権体制が、自分たちにいかに多くの利権をもたらしていたかということだった。この点からすると、富農層の地方分権要求に応じることは利権を手放すことになり、会議派としては受け入れられない。逆に中間層の要求は、土地やインフラに関わる利権を維持するのに都合がよいものだった。

その結果、会議派は政治方針の変更を迫られた。1979年に隣国イランで起こったイスラーム革命も、方針転換の決断を促した。革命の原因が不平等に由来するものだけに、民衆、中でもイスラーム教徒の共感は強く、インド政府への不満が増したからである。

　こうした中、会議派政権は二つの結論を下した。一つは中央集権を維持するとともに、圧倒的多数派であるヒンドゥー教徒の票を野党の人民党から奪うために、彼らの看板政策であったヒンドゥーナショナリズムの主張を取り入れることだった。それは結党以来の主張であった政教分離策の放棄であった。もう一つは長期政権時代に確立された政財界のネットワークを維持し、利権を握り続けることだった。人民党は党の看板が奪われた形になり、会議派に対抗するため、ますますその主張を過激化させた。会議派のこの決定によって、インドの政治は、過激なヒンドゥー至上主義が、他の少数派宗教の信者の過激な反発を生む、過激化を競う時代に突入したのである。

写真20　黄金寺院
©Julian Nyča

　このため1984年には、シク教急進派1000名余りが、かつてのシク教国の復活、すなわちインドからの分離独立を求め、シク教の総本山の黄金寺院（写真20）に立てこもった。黄金寺院は、1919年に起こったインド史上有名な事件の舞台アムリトサル市にあった。これに対し政府は軍に強行突入を命じ、数百人の死傷者が出た（黄金寺院事件）。シク教徒はこれを恨み、報復として首相インディラを暗殺した。ところが会議派はこの悲劇を、劣勢が予想されていた総選挙で利用した。彼らは急きょ、民間人であった彼女の息子ラジーブを新総裁に据え、人々の同情心に訴えたのである。選挙結果は会議派の圧勝だった。

調子に乗った会議派は、隣国スリランカの内戦に介入した。この内戦では、インド国内にもいる少数民族タミル人が、スリランカで独立を求めて多数派民族シンハラ人と戦っていた。国際社会は、内戦による死者増大を見かねて介入しようとしていた。インドの介入は、会議派が功績を挙げることと、外国に南アジア情勢に口をはさまれるのを防ぐためだった。

しかし派兵は失敗し、恨みを抱いたタミル人によって、1991年の選挙運動中にラジーブが暗殺された。親子2代続けての悲劇に、インド人は深く悲しんだ。

そんな悲劇さえ会議派は、差し迫っていた選挙に利用した。ただし今回は、ガンディー家に悲劇のシンボルとなる適当な人物がいなかったため、仕方なく一族ではないナラシンハ・ラーオを総裁に据えて戦った。結果として選挙には勝利したが、次第に一族以外の人間が会議派をまとめ、政権内の調整を行うことの困難さが表面化する。

この間、会議派政権は、1989年の冷戦終結後に社会主義から転換した。さらに1991年の湾岸戦争では、原油価格の高騰で経済危機が発生したため、経済を自由化し、国内市場を開放した。

自由化策では、輸入関税率が最高355％だったのが、45％にまで引き下げられた。市場開放によってASEAN諸国からの輸入が増え、競争に揉まれたインド製品の質が向上した。1990年代以降のインドは、長く続いた経済の低迷を脱し、高度成長の道を歩みはじめた。冷戦後の大競争時代の到来も、インド経済に追い風となった。

この時期、1人あたりのGDPも上昇した。通常1000ドルのラインを超えると消費が急拡大し、3500ドルのラインを超えると自動車など耐久消費財が売れるといわれている。インドは2010年頃に第2のラインを超え、消費ブームが経済を内部から押し上げた。また、バンガロール市などは、IT産業の成長で注目された。

ところが発展を支えるはずのインドの教育は、予算が少ないうえ、植民地時代の旧式なやり方が続いていた。IT産業も、規模の急拡大が話題になったが、欧米企業の下請けが多かった。インドの強みは低賃金と、英語が公用語という点だったが、これもフィリピンなどと競合した。しかし10億人を超える人口からなる大市場が、事態の深刻さを隠してくれた。

一方で、自由化は新たな問題を引き起こした。最大の問題は会議派の長期政権時代に定着した非効率や腐敗による、行政、特に司法と警察の機能低下である。腐敗が原因で資金が現場に届く前にどこかに消えることもあって、たとえば電力や道路などのインフラ整備が遅れ、インド経済の足を引っ張った。教育予算「不足」も、インダス文明遺跡の調査報告が出されなかったり、世界第2位の人口があるのに、オリンピックのメダリストがほとんど生まれないなどの状況を招いた。

ラーオ政権は、会議派内部の調整に失敗し、こうした不満に対応できなかった。そして1996年の総選挙で敗れてしまう。選挙で勝利したのは、反腐敗を旗印にしたヒンドゥーナショナリズムを看板に掲げた人民党だった。彼らはパキスタンとの対決策をとり、1998年には久しぶりに核実験を行った。しかし彼らも、腐敗問題を解決できなかった。その結果、インドの政治は、経済成長の果実が実るほど、それを横取りし私物化する傾向が強まるという悪循環に陥った。

また格差の拡大は社会問題を引き起こす。それはインドでは、犯罪や暴力の増加という形で現れた。社会問題のしわ寄せは、弱者に集中するが、インドでは女性と貧困層が弱者であり、中でも比較的低位のカーストの女性はひどい状況にある。インドでは腐敗や非効率が原因で統計の信頼性が低いが、それでも犯罪の増加傾向は明らかである。

統計だけ見ると、インドの性暴力の発生率は高くはないが、これは被害者が、裁判の遅さや司法の腐敗を知っているため、泣き寝入りしたり金銭で解決する傾向が強いことが理由であり、統計は実態を表していないといわれている。

一方で、ヒンドゥー教・イスラーム教双方に、腐敗や格差を生む社会体制を激しく攻撃する過激な宗派が浸透した。それらはインド独立以来の歴史を持っていたが、インディラ政権がナショナリズムを利用して以来、勢いを増していた。特にイスラーム教のデオバンド派は、次に述べるアフガニスタン紛争時にビンラディンらアル・カイダと接触し、彼らに大きな影響を与えたといわれている。

アフガニスタン問題の始まり

アフガニスタンは、第二次大戦後も王政が続いていたが、近代化をめぐる対立が起き、1953年に近代化支持派の王族がクーデターで国王を廃位し、左派政権を樹立した。彼らはソ連に倣って農地改革を行い、余剰農民を労働力に転換してアフガニスタンを工業化しようとした。

しかし農業中心の伝統社会の存続を求めるウラマーやパシュトゥーン人（またはアフガン人）の地主が反対した。この対応をめぐって政府は分裂し、親ソ急進左派がクーデターで政権を握り、農地改革に加えて政教分離まで強行した。反発した他派と戦闘が始まり、巻き込まれた多数の農民が隣国パキスタンに逃れて難民となったため、農業生産が減少した。

そのパキスタンでは、第一次石油危機が経済に打撃を与えていた。そのうえ、翌１９７４年にはインドが核実験を行ったため、当時のブット大統領は対抗上、核兵器開発を開始する。しかしそのための支出は財政に過大な負担となった。

パキスタン軍部はこの状況を、第二次印パ戦争で失った面目を回復するチャンスと考えた。そして１９７７年にムハンマド・ジアウル・ハク陸軍参謀長がクーデターで独裁政権を樹立した。これに反発した多くの国が援助を減らしたため、財政は破綻寸前に追い込まれた。それを救ったのはアメリカだった。以後パキスタンは親米派となり、親ソ派アフガニスタンと対立する、はずだった。

ところが１９７９年に、両国と接する隣国イランでイスラーム革命が発生し、状況が一変する。革命の影響はすぐにアフガニスタンに及び、勢力を強めたイスラーム勢力は部族勢力と連携し、親ソ派すなわち無神論者に対する聖戦を宣言した。部族勢力の連合軍はたちまち多くの州を制圧し、危機に陥った政府はソ連に援助を要請した。この求めに応じることは、ソ連にとっても、19世紀に失敗した

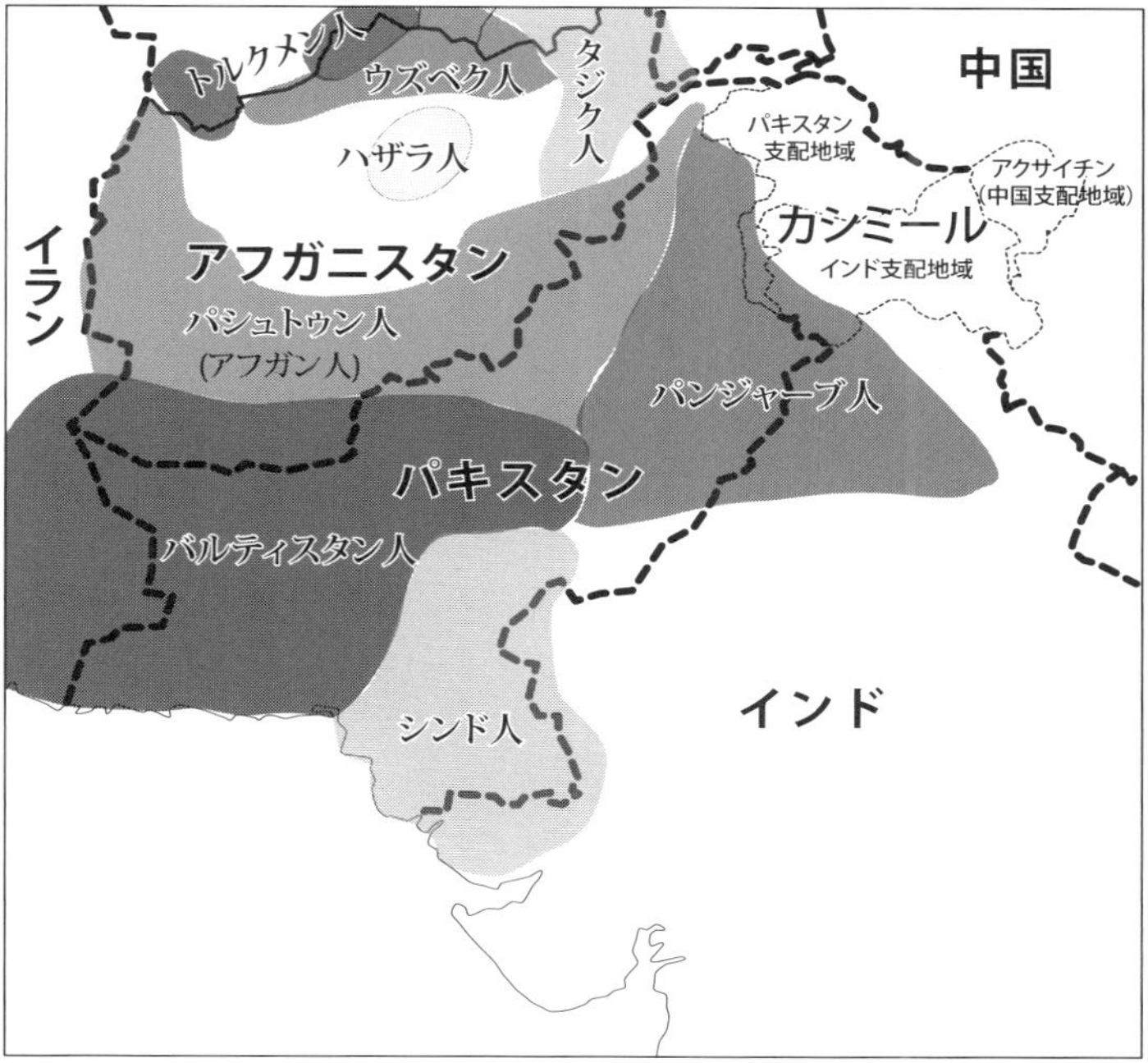

図35　アフガニスタン・パキスタン周辺の民族構成

旧ロシア帝国の征服事業を成功させる絶好の機会だった。しかしソ連は、民族構成が複雑なこの地（図35）を制することの難しさをわかっていなかった。

1979年12月、ソ連の大軍がアフガニスタンに攻め込んだ（アフガニスタン侵攻）。しかしアフガニスタン政府がソ連の方針に反対したため、政権トップをソ連のいいなりになる人物に交替させた。ただでさえ侵略に怒っていた世界は、この露骨な内政干渉に激怒した。そのため多くの国々が、翌年開催されるモスクワオリンピックをボイコットした。

じつはソ連は、もともと戦争を短期で終え、あとは現地政権に託して引き上げる予定だった。しかし予想以上に親ソ政権は弱く、予想以上に連合軍は強かった。その結果、ソ連軍は現地に釘付けになった。アフガニスタンが山岳地帯のため、ソ連軍の得意な平地での戦闘ができないことも、手こずった原因だった。さらに外国からの多数の義勇兵と、アメリカや湾岸諸国の援助も、ソ連が予想した以上の障害だった。

義勇兵は、イスラーム世界各地でウラマーが宗派を超えて呼びかけたため集まったもので、多くの若者が参戦した。各国でも不満を抱えた若者を国内に抱えるより都合がよいため、彼らを喜んで送り出した。

またアメリカのレーガン政権が、パキスタン経由でイスラーム勢力に資金や武器を提供したため、パキスタンには武器が集まり、特需がもたらされた。さらにサウジアラビアなど湾岸諸国は、難民支援として、資金以外にも住居や神学校の建設を行った。2500も作られたこうした学校では、現世利益に否定的なワッハーブ派の教義が教えられた。アメリカは、こうした学校の卒業生や義勇兵を軍事訓練する施設の建設も支援したが、のちにアメリカはこれを「テロリスト訓練施設」と呼ぶようになる。訓練された兵は、最初はアフガニスタン、後にはカシミールやチェチェンにも送られ、これものちにテロ予備軍とも呼ばれるようになる。

ウラマーの呼びかけに応じた若者には、石油危機後に湾岸諸国で広まった拝金主義や現世利益主義に反発し、清貧を尊ぶ初期イスラーム社会を理想とする者が多かった。その中には、サウジの富豪の息子ウサマ・ビンラディン（写真21）やエジプトのエリート医師アイマン・ザワヒリが含まれていた。他にも南アジアなどから、多くの若者が参加した。

彼らは、ムハンマド時代の社会を理想とする点で共通していた。彼らはアフガニスタンの戦場で、連帯感を深めていった。ビンラディンらが立ち上げた組織アル・カイダは、アラビア語で「基盤《ベース》」を意味し、彼らが援助で得た武器や資金を分配する「ベース」となった。彼らはこのときの経験によって、イデオロギー戦略や組織運営法を学んでいった。

写真21　ビンラディン
©Hamid Mir

ソ連軍は、彼らが持つ豊富な武器や、山岳地帯の峻険な地形を生かしたゲリラ活動に手を焼いた。最前線の兵士は昼も夜も緊張を強いられ、厭戦気分が広がった。緊張の連続で精神に異常をきたす者も続出した。鎮痛剤として使われていた医療用麻薬が医師の善意で施され、アフガニスタンがアヘンの原料ケシの大産地だったこともあって麻薬中毒がまん延した。それはまさしく、ソ連にとってのベトナム戦争だった。

そして南ベトナム政府同様、傀儡のアフガニスタン政府は常に混乱した。大統領が突如辞任したかと思うと、後継者が軍に無断で敵に和解を呼びかけた。おまけに軍事負担に苦しんでいたソ連ゴルバチョフ政権がそれを認める始末であった。結果的に反政府側が和解を拒否したため戦争には影響しなかったものの、ソ連軍は困惑するだけだった。

そのうちソ連のほうに限界が来た。1989年にソ連は軍を一方的に撤退させた。支えなしでは立てないはずのアフガニスタンだったが、2年後に先に倒れたのはソ連のほうだった。

ソ連崩壊の翌年1992年にアフガニスタンの左派政権が倒れ、ようやく戦争は終結した。この間の犠牲者は100万人以上となり、600万人もの難民が隣国に逃れていた。それはパレスティナ難民をはるかに上回る規模だった。国土は荒廃し、膨大な数の武器が国民の手に残された。これがその後の混乱のもととなった。

新政府は、アメリカと手を組んだ部族連合の寄せ集めであった。アフガニスタンの惨状に心を痛めた国際社会は、善意から新政府に莫大な援助を与えた。しかし社会がひどく混乱している国に援助を処理できる能力はない。そのため援助は受取口で滞留し、使い道が議論されるうちに浪費された。アフガニスタン新政府は瞬く間に腐敗してしまった。

また新政府は国家機構の整備を行おうとしたが、これが利権や土地をめぐる対立を引き起こし、内戦を誘発してしまう。世界の目も、その後は冷戦終結や湾岸戦争、空前の好景気に関心が向き、アフガニスタンのことを忘れてしまう。結果的に一部の者だけが利益を得る形となって、新政府の腐敗や混乱が悪化した。

この隙をついてパキスタンとアフガニスタンの国境地帯から現れた新勢力が、タリバンと名乗るパシュトゥーン人組織であった。これはムハンマド・ウマルを中心としたタリブ（神学生）が結成したものとされているが、実際には原理主義者の影響下にあるパキスタン軍が援助して作られたといわれている。

何はともあれ、彼らの支配地域では秩序が保たれた。彼らは自分たちが信じるイスラームの理想に従った厳格な支配を行い、男性には髭が、女性には外出時のヴェール着用が義務づけられ、欧米から伝わった女子教育や、堕落の証とされた喫煙習慣や音楽などの娯楽が禁止された。混乱や腐敗だらけの部族連合の支配を嫌っていた民衆は、よりマシな選択肢として彼らを歓迎した。タリバンは、１９９６年には国土の大部分を制圧した。

パキスタンの苦難と混乱

アフガニスタンでの戦争中、隣国パキスタンには難民と特需が押し寄せていた。アフガニスタンほどではないものの、パキスタンも国家機構が整備されていなかったため、特需の利益はうまく配分されず、政権党の政治家や官僚が私物化して政治の腐敗が進み、国内産業を育てる方向には使われなかった。また物資が十分でない国に莫大な外貨が流入したため、一般民衆はインフレによる物価高騰に苦しんだ。そのため、不公平で不正義な社会に苦しむ人々の心に、イランから伝わったイスラーム初期の理想社会を目指す運動が広まった。

こうした政治を正そうとする理想主義は、初め軍部に広まった。というのも、国家機能が整備されていない国では、エジプト同様、民衆にとっては、軍が唯一、社会的な地位を高められる道筋だったからである。その勢力はやがて政府さえ無視できないようになった。ハク政権は、国内の安定のため、その支持者を政権内に取り込んだ。これが政府内に原理主義者を広めることになる。

ところが１９８８年にハク大統領が事故で急死してしまい、総選挙が実施された。新大統領に選ばれたのは、人民党の党首でブット前大統領の娘のベナジル・ブットであった。彼女は名門ブット家出身だったため、イスラーム世界初の女性元首になった。しかしそんな彼女も、政権や官僚が腐敗している中で、腐敗に関わらないでいることは不可能だった。人民党政権は常に腐敗を指摘されて不人気が続き、政権運営のためには原理主義勢力と妥協せざるを得なかった。それが党内に内紛を生み、次の総選挙では敗れてしまう。

１９９８年にインドが核実験を行うと、パキスタンも対抗して核実験を再開した。インドに対抗する軍事行動も必要だった。これらは国際的な反発を受け、財政負担となるのは明らかだった。しかし歴史的にインドとの対立の旗を降ろさせないパキスタン政府に選択肢はなかった。政府は軍事優先で財政に負担をかけるか、旗を降ろすかの選択を迫られた。

ここで動いたのが軍だった。１９９９年パルヴェーズ・ムシャラフ陸軍参謀長がクーデターを起こし、２００１年に大統領に就任して軍政を復活させた。しかし軍政には財政問題を解決することはできない。

すでにソ連がなくなったいま、厳しい財政事情を救ってくれる国は、アメリカ以外に存在しなかった。そこで彼は、アメリカに支援を願い出た。アメリカのブッシュ政権も、隣国アフガニスタン情勢への不安から、この申し出を受諾した。以後のムシャラフは、インドへの厳しい対決姿勢をとりながら、軍事行動を回避するという綱渡りを強いられた。

オイルマネーに溺れる湾岸諸国

石油危機はアラビア湾岸の産油国に、莫大な富をもたらした。そしてこの富が、世界の歴史を大きく変えていくのである。

湾岸諸国のほとんどは王政であり、石油収入は王家の収入だった。その額は毎年数千億ドル（日本円で数十兆円）にも達し、使い道に困るほどだった。

現在なら海水を脱塩化して真水にする装置を買ったり、砂漠に太陽光発電所を造って国民に還元する方法もあるが、それらは当時はまだ夢物語であった。湾岸諸国は仕方なく税を廃止したり、教育費や医療費を無償とした。しかし人口が少ないため、それくらいでは大した出費にならなかった。結果的に収入の大半は王家とその周囲の人々によって使われたが、その使われ方が問題だった。

サウジの初代国王イブン・サウードなどは、4億ドルの収入のうち、国民のために使ったのはたったの0・04％、学校建設費の15万ドルだけだった。石油収入は不労所得だったため、節約や記録することなど考えられず、ただひたすら浪費された。王家の宮殿は砂漠にあるにもかかわらず、エアコンが完備され、水がふんだんに使われていた。それは２６００年前のバビロンにあったとされる、世界七不思議の空中庭園のようなものだった。それでも石油収入の莫大さからすれば大したことはない。また投資先が国内に少ないため、収入の多くは欧米に投資された。つまり欧米諸国が払った代金は、その多くが環流したのである。そうした資金（オイルマネー）が20世紀後半以降の、世界の金融市場を左右した。

話をサウジ国王に戻そう。にわか成金は、まず贅沢にふけるものである。ただ当人が、サウジの王であることが問題だった。この国は戒律に厳しいイスラーム教ワッハーブ派が国教であり、飲酒や喫煙は厳禁だった。にもかかわらず王宮では宴会が毎日のように行われ、急性アルコール中毒死や、酔っぱらいの暴力や殺人が頻発した。これらは宗教的に許されないはずのことだった。

そこで王家は、国民と宗教界の視線を常に意識せざるを得なくなった。税や医療福祉の無償化はその一環であり、軍の存在目的の中心も国民の反抗を防ぐことだった。また兵士の多くは民衆出身だったから、反乱を起こす可能性もある。そこでとられた対策は、イラクやリビアと同様、軍と同規模の「親衛隊」を設けて互いに監視させることだった。

またサウジの人口は１９５０年段階で４００万人ほどだった。しかも周囲を、イランやエジプト（ともに人口７０００万人台）、イスラエルといった軍事大国に囲まれている。富と繁栄を守るには、防衛を頼める存在が必要である。しかしスエズ戦争でイギリスが撤退したあと、頼れる国はアメリカしかいなかった。アメリカもソ連に対する戦略や資源の確保、石油やオイルマネーの確保のために、サウジに協力した。そこでサウジ国内には、湾岸のダハラン市にアメリカ軍の使用を前提とした基地が建設された。

ただしこの基地に問題があった。砂漠の酷暑の中、駐留米兵の中には、たとえば女性兵士がTシャツやタンクトップ一枚の姿でいたり、カップルの兵士が手をつないだりキスをする姿が見られた。それらは、ワッハーブ派の国では許しがたい行為であった。

しかしサウジ王家は、この問題を不問に付した。湾岸では1948年の第一次中東戦争以来、ほぼ4〜5年ごとに政変や戦争が発生してきた。軍事的に弱体なサウジは、その度にアメリカに頼らねばならず、そのための配慮が必要だった。

サウジ王家のもう一つの大問題は、王位継承者の数だった。初代サウード王が国家統一のため政略結婚を繰り返した結果、彼が亡くなったときには王位継承者が男子だけで36人もいた（現在では傍系を含めると1万人もいるとされる）。これでは継承争いが起こるのが当然である。それを防ぐには富の力で黙らせるしかない。このため石油の富は、継承に関わる事件が起こるたびに、湯水のようにばら撒かれた。こうした経費の総額は極秘とされ、国家支出の十数パーセントに達するという説もある。サウジでは、石油収入から、こうした経費が差し引かれた後で国家予算が作成されるため、資源大国であるのに財政赤字が珍しくなかった。

王族の堕落は、このようなものだったが、もちろん中には、第四次中東戦争時の国王ファイサルのように、腐敗取り締まりに前向きな人物もいた。彼は王族の規律を引き締め、近代化を進めた。また彼は石油の枯渇に備えることを名目に、インフラ整備に多額の資金を投じた。これ以後、サウジ最大の産業は建設業となった。ビンラディンの父も、この頃に建築業で資産を築いた一人である。

ファイサルはアメリカ留学の経験があり、女性への教育や、ラジオや電話といった文明の利器に理解があった。これが保守派の反発を招き、最後は暗殺されてしまう。保守派からすれば、ラジオは欧米の堕落思想を伝えるものであり、電話は男女が親に知られず密かに話す手段となるからである。このようにサウジの政治・社会には矛盾が多い。それが表面化しないのは、ひとえにオイルマネーの力によって覆い隠されていたからである。

「停滞」するエジプト

ナセルを継いだサダトは、イスラエルとの第四次中東戦争に勝利した。またエジプトを悩ませていたアメリカの政治的混乱も、カーター政権が成立したことで収まった。

そのカーターは内政で成果を出しにくい分、中東和平に積極的だった。彼はキャンプ・デービッド山荘にサダトとイスラエル首相メヘナム・ベギンを招き、キャンプ・デービッド協定（和平合意）をまとめ上げた。これが翌1979年にエジプト・イスラエル平和条約として締結された。

条約に従ってイスラエルが占領していたシナイ半島が返還され、スエズ運河の安全が確保された。このため第三次中東戦争以来、通航が禁止されていた運河も、12年ぶりに開通した。こうした成果に、世界中が喜んだ。サダトとベギンは、共同でノーベル平和賞を授与された。

しかしこれは、多くのイスラーム教徒に、エジプトに対する反発をもたらした。理性的に考えれば、中東和平の実現で、エジプトは戦時体制を解除し国防費を減らせるだろう。しかしその代償として、エジプトはアラブの大義に背いて敵と手を組んだ。キリスト教の歴史でも、イスラーム側と理性的に交渉した皇帝フリードリヒ2世が、大義に反したとして教皇に破門された。イスラームでは理性と信仰が対立した場合、理性が勝つことはない。理性は人の性であり、信仰は神に属するもので、人より上に位置するものなのである。

さっそく国内ではムスリム同胞団の反対運動が発生した。かつて肩を並べて戦ったイスラーム諸国もサダトを裏切り者と非難した。このとき彼は、暗殺を覚悟したといわれている。

さらに彼を苦しい立場に追い込んだのが、平和条約発効直前の1979年1月に起こったイラン革命だった。このときサダトは、イランを脱出した国王パフレヴィー2世を、アメリカの要請で受け入れている。もちろん彼は、それがイラン国民の反発を呼ぶことはわかっていた。しかし悲願の平和条約発効は目前であり、それを御膳立てしてくれた国から要請があったため断れなかった。いくらマイナス要因があっても、平和条約をふいにはできなかった。

その結果起こるであろう反発に備え、彼は反政府運動を弾圧する一方で、生活レベルを向上させて国民の支持を高めようとした。これは開発独裁政策そのものである。しかし彼は、それを実行できなかった。１９８１年の第四次中東戦争勝利を記念するパレード中、同胞団の若者によって暗殺されてしまったのである。

彼の後任は副大統領ホスニー・ムバラクだった。彼はサダト同様、大した実績がない中で政権に就いた。しかし当時のエジプトには国家財政の再建という大目的があり、そのためにはアメリカの支援を得て、イスラエルとは事を構えない路線しかなかった。これらはすでに準備され、ムバラクが悩む要素はなかったのである。

幸い、その後のエジプト経済は好調だった。平和が確立されて軍事負担が減り、アメリカの支援もあってＧＤＰはめざましく伸びた。国民は経済発展の恩恵を実感し、それが政府への支持につながった。経済の自由化が進み、通信インフラが整備された。除隊した兵士は安心して家庭を持つことができ、多くの子をもうけることができたのである。

１９９１年に起こった湾岸戦争のときも、前代未聞の危機に対し、湾岸諸国がエジプトとの和平を求めた結果、エジプトの孤立が解消された。ムバラクには、すべての状況が自分への追い風に思われただろう。２０１０年の「アラブの春」までは。

イスラーム世界の危機の源——イラン・イラク戦争

イラン革命の影響は、イランだけにとどまらなかった。まず飛び火したのは西隣のイラクである。というのもイラク東部は19世紀までイラン系王朝に支配され、シーア派が多数派になっていた。またイランとイラクは20世紀初めに建国されて以来、シャットル・アラブ川の国境線について争っていた。そんな中でのイランの混乱は、イラクにとって絶好の領土問題解決の機会だった。しかもイラクのサダム・フセイン大統領は、前年にクーデターで大統領になったばかりであり、その地位はまだ安定していなかった。

そこで彼はこのチャンスを利用して、権力を確実なものにしようとした。彼の地位の安定は、イラン革命を不安視する湾岸諸国や米ソにとっても好都合なはずだった。

翌1980年は、前年に続発した世界史的大事件、ソ連のアフガニスタン侵攻やエジプト・イスラエル和平などの影響が続いていた。イランではアメリカの人質救出作戦が失敗し、全土で革命後の混乱が続いていた。そこを見計らって、フセインは9月に軍に対してイラン侵攻を命令した。イラン・イラク戦争の始まりである。

作戦は当初、成功したかに思われた。まず各国からは、期待したとおり武器や資金援助が殺到した。アフガニスタン侵攻で対立する欧米とソ連も足並みを揃え、アラブ世界への復帰を目論むエジプトも支援を申し出てきた。ここまではフセインの計算どおりであった。

対するイランは、国内の混乱で戦争どころではなかったうえ、戦争も政府の対米敵視策でアメリカ人技術者が追放されたため、軍は技術的サポートなしで戦わねばならなかった。また軍司令官のほとんどが国王派だったため追放されており、正規軍の力は大幅に低下していた。

そこで革命政府は、正規軍とは別に、革命防衛隊と呼ばれる別の軍事組織を各地に設置し、さらに義勇兵を募集した。すると驚くほど多数の若者が集結し、義勇軍が形成された。その数はたちまち200万を超え、そのうち70万人以上が最前線に送られた。

こうした状況は200年前のフランスとよく似ていた。当時のパリには革命を正当化する啓蒙思想が広まっていたが、イランの若者たちも革命を守るためなら殉教、すなわち死を恐れなかった。彼らは、自分が現世の出来事に積極的に関わることで、つまり戦争に参加することで世の中を変えようとした。たとえそのために死ぬことになっても、革命前の不合理で不公平な世の中で希望もなくみじめに生きるよりは、家族や周囲に誇れる人生だと考えたのである。

こうしてイラン軍の反撃が始まった。しかも200年前のフランスと違ってイランは孤立しなかった。まずはシリアとリビア、さらには驚くことに、アラブの敵イスラエルまでがイランに武器援助を申し出てきたのである。

というのも、イスラエルは、イラクが敵対的な態度を続けることに不安を感じていた。また、どんな形にせよイスラーム諸国の内部対立は、自国に不利にならないという計算があった。さらにイスラエルが提供した武器は、じつはアメリカの援助物資であった。当時のアメリカはスタグフレーションに苦しんでおり、貴重な収入源である武器輸出を止められなかった。また大使館の人質解放の条件にも、武器輸出の密約があった。イラン・イラク戦争中、アメリカは、他国にはイランへの支援を行わないよう圧力をかけながら、自分たちは極秘に武器輸出を行っていたのである。

さらにイスラエルは1981年6月に、完成間近であったイラクの原子力発電所を電撃的に爆撃した。そのためイラクは、イスラエルの再攻撃に備えて軍を西方に配置せざるをえなくなり、攻撃力が弱まった。これもイラン軍の反撃に役立った。

その後、両軍の攻防は一進一退を繰り返した。戦前のイラク軍は、イランと比べて弱体であったが、多くの援助のおかげもあって強大化した。一方のイランは、援助の規模が限定的だったため、アメリカの経済制裁によって、戦況も経済も悪化した。そんな中でイラク軍に対抗する術は、精神力しかなかった。すでにイラン軍の前線では、絶望感に駆られた義勇兵らによる、命をかけた特攻攻撃が行われていた。それは第二次大戦末期の日本のカミカゼ特攻隊になぞらえられた。政府はこれを、殉教精神の表れとする美談にし、国内に流布させた。その結果、こうした攻撃が戦線のあちこちで大規模に展開された。それは平時には「自爆テロ」と呼ばれるものだった。

一方でイスラエルは、イラン・イラク戦争の泥沼化を横目で見ながら、もう一つの泥沼であるレバノン内戦への介入を開始した。イスラエル軍は、シリアやＰＬＯとの戦いを優勢に進め、ＰＬＯをエジプトに退去させた。これに危機感を覚えたレバノンの反イスラエル組織ヒズボラは、イランの殉教思想を若者に広め、イスラエル軍に対する自爆攻撃を開始した。こうして殉教思想は、国境を越えて広まっていったのである。

１９８０年代も後半に入ると、戦争は完全に泥沼化した。イラン・イラク両国は、共にこの状態を打破しようと、何度か攻勢を仕掛け合った。しかし結局戦況は変わらなかった。１９８８年にはイラクは化学兵器を投入したが、イランも負けじと反撃した。さらにたまたまアラビア湾内のアメリカ軍艦が損害を受けたのを口実に、アメリカまでが参戦した。

イランの国力は次第に限界に近づいた。結局、原油の輸出減少による経済への打撃に苦しんでいたサウジが仲介し、両国は１９８８年8月に停戦を受け入れた。10年近く続いた戦争はイランの劣勢のまま、すなわちサダム・フセインの勝利で終結したのである。失意のホメイニは、翌年に亡くなった。

第八章
冷戦の終わり

「停滞」から抜け出ようとするソ連

ブレジネフ時代のソ連国民は、自分たちの社会が遅れているのはわかっていても、それを変える方法がない「停滞」社会に生きていた。ただし「停滞」は、指導層内部の対立を回避するには都合よく、国民も多少の生活物資の不足さえ我慢すれば、国から干渉を受けないことが保障された。しかし、生活物資の不足は、次第に我慢しきれないほど深刻化していった。その原因は巨額の軍事費だった。これが国民生活の向上に向けるべき予算を食いつぶしていたのである。両者のバランスをとるのは困難であり、いずれ破綻するはずだった。

状況を一変させたのが石油危機だった。ソ連は世界第2位の産油国であったが、資本主義国には輸出されていなかった。しかしじつは、社会主義圏向けの原油価格は国際価格に連動していた。そのため国際価格の上昇は、ソ連の国家歳入を急増させた。それは、軍事費の維持と国民生活の向上という、本来は二者択一のはずのものを、二つとも実現させてしまったのである。さらにそのことによって、本来なら表面化するはずのソ連の国内問題が隠されてしまった。石油危機は、冷戦を長期化させる結果をもたらしたのである。

また1972年から74年にかけて世界的な食糧危機が発生し、ソ連も凶作に苦しんだ。そのため政府は密かにアメリカの穀物業界最大手の業者（穀物メジャー）と契約を結び、穀物の大量輸入で危機を乗り切った。この経験によってソ連政府は、農業政策の失敗を覆い隠す方法を学んだ。じつはこのことが、80年代の「新冷戦」時代に、発言は勇ましいが行動は控えなソ連の態度の原因だった。ソ連は権力層にとって都合のよい「停滞」を維持するため、改革を訴えた文化人を、シベリア流刑や海外亡命に追い込んだ。国際的に有名な物理学者のアンドレイ・サハロフや、ノーベル文学賞受賞作家のアレクサンドル・ソルジェニーツィンがその被害者だった。

外交の面でもデタント「停滞」体制が続けられ、核兵器制限交渉が進められた。しかし冷戦を続ける態度だけは必要だったので、国連総会での新興国家票をめぐって、アメリカとの資金・軍事援助競争が繰り広げられた。

また1975年には全ヨーロッパ安全保障協力会議でヘルシンキ宣言が締結された。これはソ連にとって、初めて西側と結んだ集団安全保障条約であった。人権や平和維持、主権尊重などで協調体制が成立し、デタント「停滞」体制は安定した。しかしその代わりに、東側では人権抑圧策をとりづらくなった。

こうした状況が変わるきっかけとなったのが、1979年のアフガニスタン侵攻だった。これはアフガニスタンの親ソ派政権が反乱軍に敗れ、ソ連に援助を求めたことが発端だった。ソ連は情勢を分析し、国際社会の反発が激しくなる前に事態を収拾できると判断し実行した。しかし反乱軍の抵抗の激しさと慣れない高地での戦闘、そして諸外国からの義勇軍の参戦は、指導部の予想を超えていた。おかげで「停滞」への不満を紛らわす絶好の機会であったモスクワオリンピックは、多数の国のボイコットで、みじめな大失敗に終わった。

またアフガニスタン侵攻は、デタントの根幹を揺るがした。侵攻によってアメリカには、ソ連を悪の帝国と見なすレーガン大統領が登場し、「新冷戦」と呼ばれる状況が生まれた。アメリカの軍事予算が大幅に増強され、対抗してソ連も資金と資源を軍事で大量消費する結果となった。

さらにアフガニスタンの前線では、駐留が長引くにつれて、兵士のあいだに戦争の意義への疑問が生まれ、厭戦気分が広がった。ところが、どこの国でも長期戦では兵士を入れ替えるのが普通であるのに、ソ連政府は国内に厭戦気分が広がるのを防ぐため、わざと駐留を長引かせた。結果として軍内には、ストレスや不満のはけ口として麻薬がまん延した。それは15年ほど前にアメリカがベトナム戦争で経験したものだった。

一方で当時のソ連社会にはある変化が起こっていた。工業化の成功で、20世紀初頭には人口の8割を占めていた農民が少数派になり、国民のあいだに都市文化が広まった。教育や医療のレベルの向上で、国民は無知な市民の集まりではなくなった。また「停滞」で思想の締めつけが緩んだことで、自由な空気が広がった。そうして教養ある市民の誕生によって、イデオロギーや政治より実生活を重視する風潮が強まった。ラジオを通じて、西側の文化、たとえばコーラやジーンズといった消費文化や、ロックやヒッピーといったカウンターカルチャーも広まった。

さらに生活レベルの向上と死亡率の低下は、より豊かな生活を求めて夫婦が子供を減らすことにつながった。もともと社会主義国では男女平等で女性労働が当たり前だったため、結果として結婚年齢が遅くなったことも、少子化を加速した。

１９８０年を過ぎると、ブレジネフが70歳を超え、心臓病を患っていることも明らかになった。側近も似たような年齢と健康状態だった。「停滞」したソ連社会は、老人が支配する国となっていたのである。

今やソ連には「停滞」を変える改革が必要となっていた。もちろん老人だからといって、改革ができないわけではない。現に同時期に中国で改革を行っていた鄧は、ブレジネフより年上だった。ただブレジネフと違って、鄧は建国者の一員だったので改革に有利ではあった。

ブレジネフは１９８２年に死亡した。後任はブレジネフと同世代のユーリイ・アンドロポフだった。彼は元ＫＧＢの最高責任者だったので、西側はソ連の警察国家化を心配した。しかし実際の彼は、情報機関にいたことで改革の必要性を誰よりも実感していた。このとき、彼が将来の幹部と見込んで要職に起用したのが、ミハイル・ゴルバチョフだった。

アンドロポフができたことは、こうした若返り人事くらいで、就任後わずか1年と3カ月で持病の腎臓病で亡くなった。彼の後任もやはり就任1年後に病死した。他の幹部も病気持ちが多かった。さすがにブレジネフ世代は不安だという認識が広まった。１９８５年、ソ連指導部はゴルバチョフを最高指導者に起用した。ようやくソ連は改革の戸口にたどり着いた。ただし改革は時間との勝負だったのだが、当時そのことをわかっていた者はいなかった。

見捨てられた東欧諸国

70年代の経済危機以前、東欧ではハンガリー事件や「プラハの春」などの事件が起こったが、多くの国では戦前と比べて生活レベルが向上し、国民はそれなりに満足していた。民族問題も、民族主義が体制に不都合がない程度に抑えられ、ほとんど問題にならなかった。

それが1980年代から、雲行きがおかしくなった。まずソ連は、アフガニスタン侵攻やレーガン政権の軍拡に対抗するための軍事費が増大し、財政が悪化した。このため原油の国際相場上昇を理由に、原油価格を大幅に値上げした。また原油を西側に売るために東側への供給量を減らし、いままで東欧諸国から黙って買っていた工業製品の質を、西側と同レベルのものにするように要求した。

こうして東欧諸国も、資源価格の高騰や供給不足に苦しんだ。エルニーニョ現象による食料品の値上がりも庶民生活を苦しめた。こうした生活レベルの低下が、共産党支配体制を揺るがしていった。

危機に対する諸国の対応は、たとえばユーゴスラビアでは国内の不満をティトーの政治力で解決したが、それは彼以外にはできないものだった。ルーマニアのチャウシェスクは、権力層を身内で固めて乗り切った。チェコスロバキアでは、「プラハの春」後にフサークが、政治面の締め付けと引き換えに消費生活を充実させ、スロバキア人の不満もスロバキア地域の工業化を進めることで乗り切った。またハンガリーの独裁者カーダールは、ハンガリー事件は不幸な状況下で起こったもので、誰にも責任がないという物語《ストーリー》に仕立てあげて国民と和解した。ハンガリーは他の東欧諸国と比べれば政治体制も穏健で、隣国ルーマニアとの領土問題をきっかけに中道右派政党「民主フォーラム」が黙認され、事実上の複数政党化が果たされた。また西側との通交も比較的自由で、石油危機後は部分的な市場経済も導入された。

東欧で唯一、抑圧を強化したのが、東ドイツだった。西ドイツの「東方外交」は、デタントに役立つと考えたソ連に受け入れさせられたが、東ドイツは西側文化が広がることを恐れた。そのためシュタージ（国家秘密警察）と呼ばれるスパイ組織が設立され、国民を監視した。その数は最盛期には、協力者を含むと東ドイツ国民の17分の1、27万人に達したという。日本にたとえると、地域の自治会の平均規模が約229人（新コミュニティありかた研究会、2008年）なので、1つの自治会に平均13・5人のスパイがいることになる。

監視社会は東ドイツの政治的安定をもたらしたが、その経費は当然財政の負担となる。おまけに国民の不満を抑えるために住宅建設や賃金引き上げが行われ、その費用は西側からの借金でまかなわれた。革命前のイランもそうだったが、監視社会は非常に高くつくのである。

最も大きな変化を起こしたのはポーランドである。この国は石油危機前に西側から借りた資金200億ドルを使って工業化に成功した。ところが債務返済期限の1980年に起こったのが、第二次石油危機と新冷戦だった。ポーランド経済は、ソ連による石油の値上げと軍事負担増で悪化した。この状況に、全国的な非政府系労働組合「自由労組」が激しく反発した。西側への返済時期は迫っていたが、政府に返す当てはなかった。ソ連は、当時、ブレジネフが病気で倒れ、当てにならなかった。他の国も、財政難は同様だった。結局ポーランドは1980年に財政が破綻した。GDPが2000億ドルあまりのこの国に、借金200億ドルは重すぎたのである。

このためポーランドは一時、革命寸前の事態となった。この年の夏、政府が食用肉の値上げを発表すると、これをきっかけにバルト海沿岸の大都市グダニスク市にあるレーニン造船所で大規模なストライキが発生した。造船所の自由労組は周辺地域の自由労組と一緒になって、ソリダルノスチ（連帯）と名付けられた新しい労働組合を結成した。これはたちまち1000万人近い加入者を集めた。この組織をまとめたのが活動家レフ・ヴァウェンサ（日本ではワレサ）である。

ソ連を当てにできない共産党は、「連帯」と交渉し、公認する代わりに政府の権限を受け入れさせた。結果的に「連帯」は政治の一端を担うようになった。

その後も財政悪化は止まらず、政府と「連帯」の対立も深まった。1981年12月には、軍人出身のヤルゼルスキ政権が戒厳令を公布し、ワレサら7000名近くの活動家を逮捕した。これに反発する動きも発生し、ますます革命の様相が深まった。

そんなタイミングでポーランドを訪れたのが、ポーランド出身初の教皇ヨハネパウロ2世であった。彼は、ヤルゼルスキと会談し、おだやかに、しかしはっきりと「人間の顔をした社会主義」を望むと語った。熱心な信者であったヤルゼルスキにとって、それは神の命令に等しかった。戒厳令は翌年末までに解除され、ほとんどの政治犯が釈放された。革命の危機は去ったのである。

政府はその後、新体制を立ち上げた。それは共産党独裁に見せかけてはいたが、実際には党を排除して軍人と官僚が取り仕切っているものだった。

こうしてポーランドは１９８０年代初期に、脱共産化を開始した。法治主義が強化され、ソ連より早く情報公開が始まり、選挙権も拡大された。政治団体の活動が自由化され、カトリック教会も自由が認められた。まだ「連帯」は弾圧された形だったが、活動家は新しい団体で活動することが許された。ポーランドは東欧諸国の手本となる民主化を達成した。

一方でポーランドの経済危機は解決していなかった。１９８１年から85年のあいだに国民所得は２割減少した。政府は再度の財政破綻を避けるため、国民が飢えたり凍えたりするのを承知で、石炭と穀物の輸出を増やさねばならなかった。それは１９７０年代アフリカの「飢餓輸出」と似た構造であり、フランス革命期のようにパンの配給を求める女性たちの行進も発生した。この時期たまたま好天が続いて豊作でなかったら、本当に革命になっていただろう。教皇と天候、すなわち神の御業《みわざ》がポーランドを救ったのである。

壁に立ち向かうゴルバチョフ

１９８５年３月に若手改革派のゴルバチョフが指導者に就任したことは、久しぶりに「停滞」とは違う風向きを感じさせるニュースだった。多くの国民が彼の若さに期待し、アメリカのケネディと同様、絶好のスタートとなった。

ところがその年の年末に、石油危機の反動から原油価格が暴落し、ゴルバチョフ就任1年後には以前の3分の1にまで下落した。これでは国際価格と連動していたソ連の原油輸出収入も激減する。想定外の事態に「停滞」に慣れきったソ連指導部は対応策が見出せず、慌てふためいた。

そこでゴルバチョフはペレストロイカ（ロシア語で改革）を開始した。またそのためのグラスノスチ（情報公開）も推進した。それは共産党の指導力の限界を示していた。

ただし開始当初のペレストロイカは、言葉が美しいわりに中身が乏しく、国民の期待と保守派の安心が両立した。ゴルバチョフは「新思考」外交を展開し、欧米との協調姿勢を表した。レーガンとの会談で核実験停止を表明し、好感を抱かせた。ただしそれらは現実に何かを約束するものではなかった。

ところが就任翌年の1986年4月にチェルノブイリ原子力発電所の事故が発生した（図36）。これは原子炉の中枢部が爆発し、10トンもの放射性物質が放出されるという過去最悪の事故だった。しかも事故後の対応で、市民の安全よりパニック防止や機密保持が優先されたため、被害者が増加した。これは指導部に大きなショックを与え、ペレストロイカ政策を急進化させたのである。

事故後にゴルバチョフ政権は、それまで当局の宣伝機関にすぎなかった新聞や雑誌に自由な報道を許可した。また政府批判で流刑になっていたサハロフ博士に恩赦を与え、改革が本物であることを明らかにした。さらにアメリカを訪問してＩＮＦ（中距離核兵器）全廃条約に調印し、核軍縮を本気で推進する態度を見せた。腐敗取り締まりも強化された。

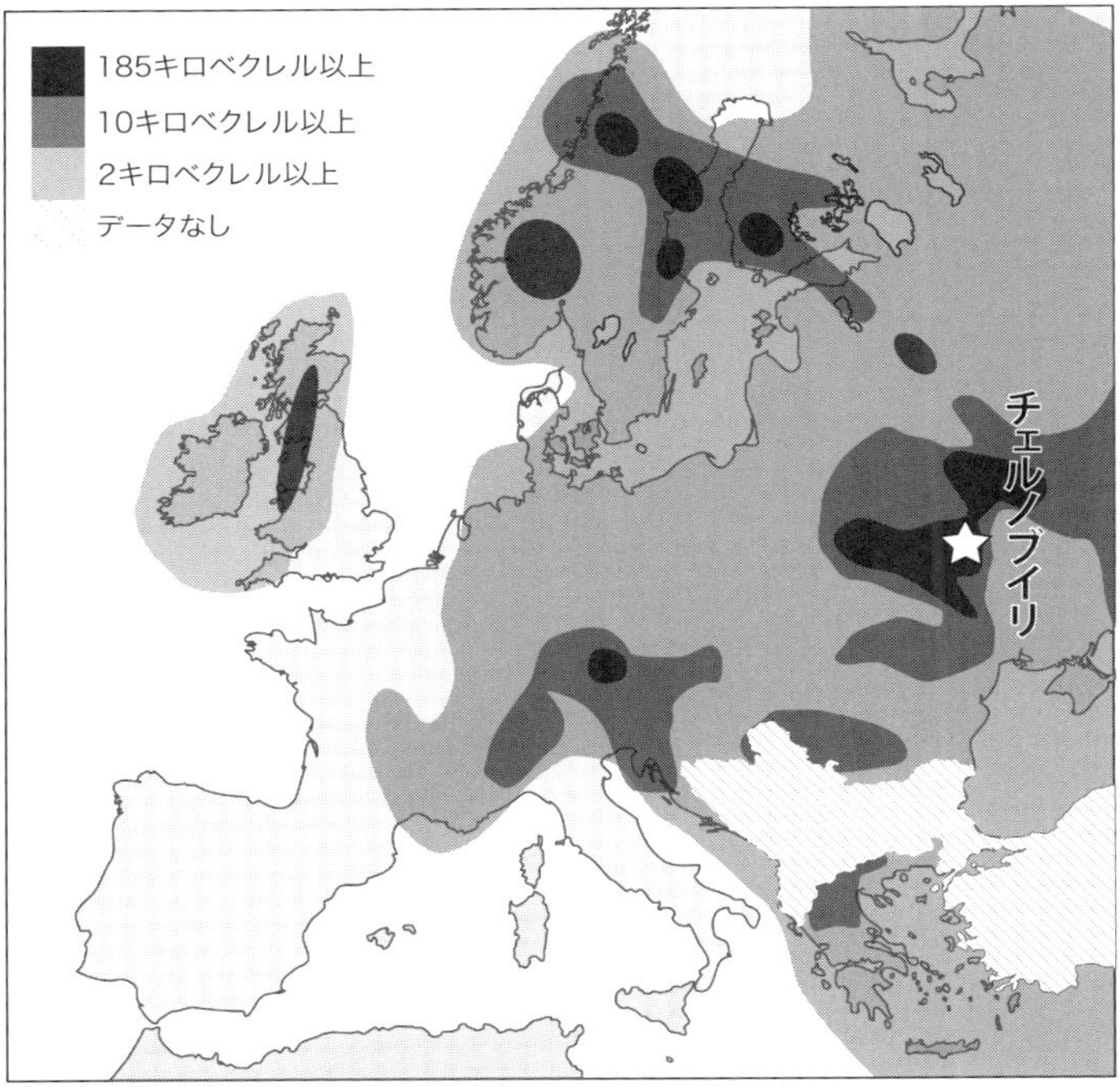

図36　チェルノブイリ原発事故で汚染された地域

しかし最大の課題は、経済政策だった。中でも国営企業の民営化と、市場経済の導入は大きな課題であった。そこで政府はまず国営企業にノルマ（達成目標）を課さない代わりに、独立採算を要求した。また労働者による自主管理や経営陣の選挙も試みた。しかしこれは、労働者が自由選挙に慣れていないために混乱が生じ、最終的に中止された。

さらに市場経済の導入も壁にぶつかった。指導部はまず価格を自由化した。しかし、当時認可されたばかりのマスコミは、自分たちにとっての初仕事となるこの問題について、経済の失策を非難する論調で書き立てた。このため市民は、物価値上がりの責任がゴルバチョフにあると受け取った。これはつまりペレストロイカの成果同士が邪魔し合ったということである。それでも財政破綻の危機は迫っており、以前のようにマスコミを黙らせることもできず、指導部は慣れない反論をしながらも、ひたすら改革を進めるしかなかったのである。

政治改革の課題は、最大の抵抗勢力である共産党保守派の力を抑えることだった。そのためゴルバチョフ政権は、保守派の牙城である共産党最高幹部会の権限を削ろうとした。策の一つは政府の負担削減を名目に、国の業務を地方に移すことだった。これはのちに地方の独立傾向が強まるきっかけとなった。もう一つは政治上の最終決定権を共産党から政府に移すことだった。その結果、党の指名で決まっていた国会議員が、自由選挙で選ばれるようになった。ソヴィエト連邦は本当にソヴィエト（議会）中心になったのである。これに反対する保守派に対しては、ロシア革命時のスローガン「すべての権力をソヴィエト（議会）に」が使われた。これは革命期を懐かしむ保守派に対する、最大の武器となる言葉であった。

その後1989年に史上初の自由選挙が行われた。結果は政府の目論見どおりだった。まず保守派議員が大量に落選し、代わって急進改革派が大幅に増え、共産党は事実上の野党となった。当選者の中で注目されたのが急進改革派のボリス・エリツィン(写真22)で、その得票率は9割に達した。こうしてソ連は、政府も議会も改革派に染まった。

外交面でも、ゴルバチョフの盟友エドゥアルド・シュワルナゼ外相が平和外交を展開した。その狙いは冷戦を終わらせることによって、ソ連の軍事費を削減することだった。ソ連の軍事費はGDPの十数%（約30兆円）ほどに達し、大きな財政負担となっていた。

さらにゴルバチョフは、1988年6月にレーガン大統領をモスクワに招き、共存の姿勢が本気であることを証明した。また彼は12月にソ連軍の縮小と東欧からの撤退を約束した。すでにアフガニスタンからの撤退は始まっていたから信憑性は高く、西側は大歓迎した。

写真22　エリツィン
©www.Kremlin.ru

東欧改革の成功と失敗

ソ連軍の撤退で、東欧諸国では改革の動きと経済の崩壊が同時に進行した。まず経済の悪化が進んでいたポーランドでは、先述したように債務返済のために物資が輸出に回され、商品が店頭から姿を消した。打開策を見つけられない政府は、1989年2月に「連帯」と協調する挙国一致体制が成立し、事実上の憲法制定議会となった。大統領制と二院制議会が成立し、初の自由選挙が実施された。その結果はロシア同様驚くべきものだった。

制度は共産党に有利なはずなのに、党の有力者のほとんどが落選した。野党候補と接戦を演じた候補は、勝つためには改革を約束せざるを得なかった。それでも共産党は、下院では何とか過半数を得たが、上院では1人も当選できなかった。

しかも選挙当日に天安門事件が起こり、テレビには軍が市民を弾圧する場面が映された。それは追いつめられた保守派や軍が、クーデターを起こす気配を感じさせる場面であった。

しかし実際には軍は動かず、共産党も結果を厳粛に受け止めた。党員の一人は、自分の落選が判明すると、素直に「連帯」を祝福した。つまりポーランドの民主化は、政治家レベルでは実現していたのである。後日談だが、ヤルゼルスキが戒厳令時代の弾圧で訴えられたとき、弁護を引き受けたのは、弾圧された「連帯」側の人たちだった。こうした信頼こそが、ポーランドの改革を成功させた理由であった。

その後、政権を握った「連帯」のタデウシュ・マゾヴィエツキは、「ショック療法」と呼ばれる財政改革を実施した。それは補助金の削減と、国営企業民営化、物価・賃金の自由化を、一気に行うものだった。非効率な企業が倒れて失業者は増大し、激しいインフレも発生した。社会主義時代にはなかった現象に市民の不満が高まったが、政府は正常化途中の一時的なものと強調した。実際インフレは1年ほどで沈静化し、物資不足も解消した。改革3年目には旧共産圏で初めて財政黒字に転換した。ポーランドは2度目の奇跡を達成したのである。

この「奇跡」の最大の成果は、旧共産圏の国々の目前で、不可能と考えられたことが実現したことだった。それは東欧の変化を加速させずにはいられなかった。

次なる変化は、ポーランドの東隣、バルト海に面した三つの小国リトアニア・ラトヴィア・エストニア、すなわち、いわゆるバルト三国で発生した。この3国は第二次大戦直前に、ソ連軍によって強制的に連邦に編入された歴史を持っていた。それ以来3国では、大戦前後の歴史に触れることはタブーであった。

それがゴルバチョフ政権のグラスノスチで、過去の歴史の検証が許された。すると、それはたちまち歴史上のタブーの公開を求める運動に発展した。さらに同じ頃、バルト海沿岸で、肥料に使われる成分であるリンの鉱山開発が始められ、それが引き起こす環境汚染に反対する市民運動が発生した。二つの運動が合流し、民主化独立運動となった。

ポーランドの改革と同時期の1989年8月には、最北のエストニアから最南のリトアニアまでの

600キロ（およそ青森―東京、あるいは大阪―長崎間の距離）を、三つの国の国民が手をつないで結ぶ「人間の鎖（公式名は「バルトの道」）」というイベントが実現された。これは実際の行動としては手をつなぐだけで、時間もたった15分間だけだった。

ただしイベント直前、他国から弾圧要求の声が上がり、参加者は政府の出方を警戒した。しかし当日は快晴で、どの国の政府も参加者にバスの手配をするほど好意的だった。15分間のイベントは何事もなく終了し、3国の国民は独立への願いを共有した。

民主化の熱気が壊したベルリンの壁

ハンガリーは、すでに政治や経済がかなり自由化していたが、ソ連の姿勢を見て、思い切った決断をした。1989年5月に、オーストリアとの目に見える国境「鉄のカーテン」の鉄条網を撤去すると発表した。ただしこれによって通行が許されるのはハンガリー国民だけだった。しかし、歴史上しばしば「ただし」という限定句は、期待にかき消されて無視されるものである。

このニュースが、東ドイツに大きな反響を巻き起こした。東欧で最も抑圧的なこの国では、旅行は許可制で、西側に行けるのは政府高官だけだった。しかしニュースを聞いた人々の多くが、ハンガリー経由で西側に行けると受け取った。8月にはポーランドが民主化し、「人間の鎖」も成功した。ソ連の態度が本気であることが証明されたため、東ドイツの人々は期待からハンガリーの国境近くに殺到した。

ハンガリーの事実上の野党「民主フォーラム」は、この騒ぎを利用して、鉄のカーテンの無意味さをアピールするイベントを計画した。名称は万が一にも当局を刺激しないよう、「汎ヨーロッパ・ピクニック」とされた。

カーテンの向こうのオーストリア側でも、かつてカレルギーが創設した汎ヨーロッパ連合の名誉会長でハンガリー王家の子孫オットー・フォン・ハプスブルクの活躍によって、政府が夏のピクニックを支援した。人々の理想や野心の熱気が、カーテン近くに集まっていた。

その後カーテンの突破口として、3方をオーストリア国境に囲まれた絶好の位置にある町ショプロンが選ばれた。その頃にはハンガリー政府もピクニックの意図に気づいていたが、最終的には黙認された。

１９８９年8月19日、わずか3時間という条件で、鉄条網が開けられた。たちまち１０００人ほどの東ドイツ人が歓喜の声を上げて国境を越えていった（写真23）。こうして汎ヨーロッパ・ピクニックは成功し（図37）、ついに鉄のカーテンに小穴が空いた。

しかし、いったん空いた穴を塞ぐことは難しい。当時ハンガリー

写真23　国境を超える東ドイツ人
©wik1966total

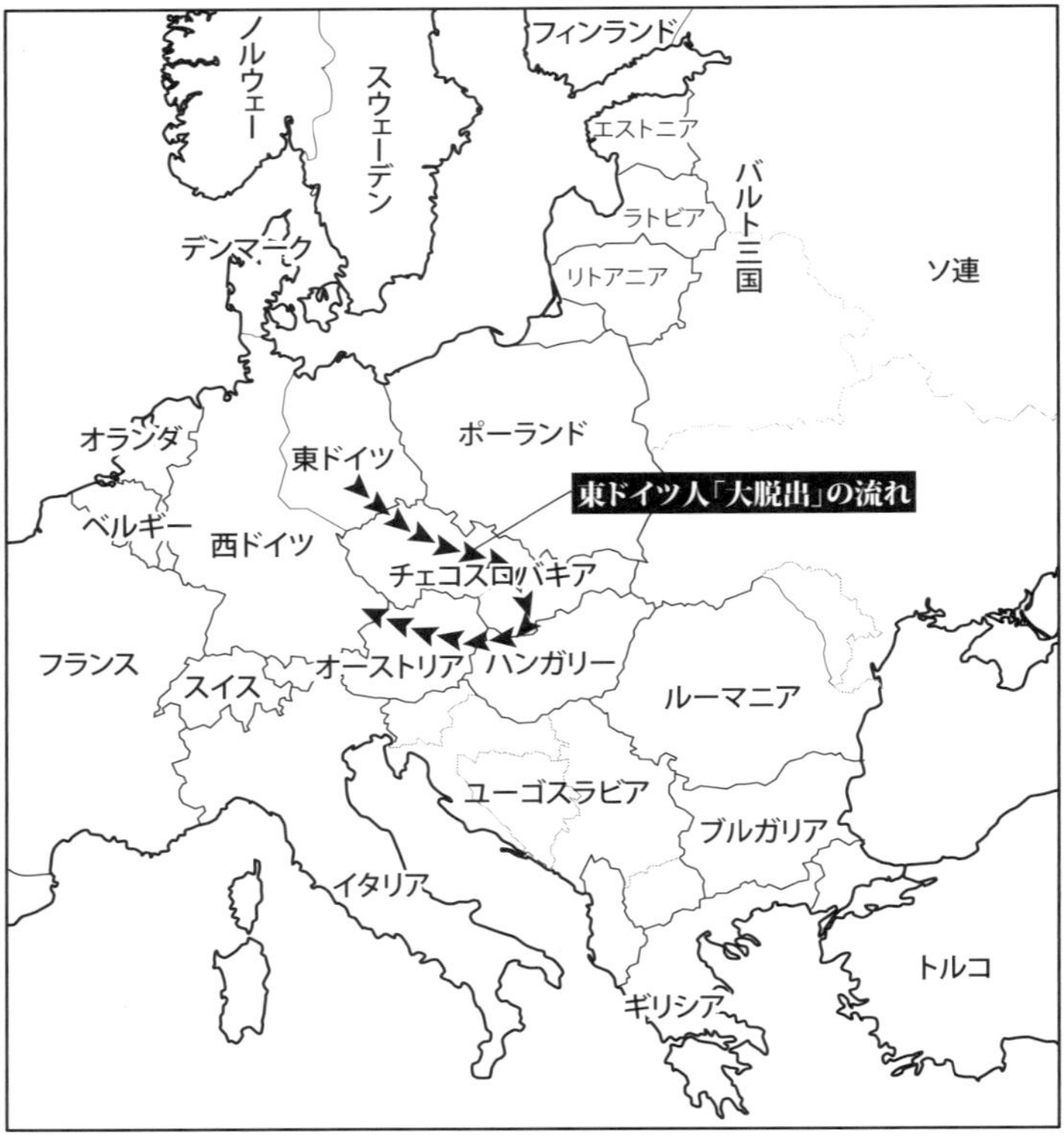

図37　汎ヨーロッパ・ピクニックと大脱出

には7万人ほどの東ドイツ人が避難施設に引き留められていた。しかし政府が釈放すると、彼らも嵐のように国境に殺到した。驚いたハンガリー政府は、急いで国境を閉鎖した。すると嵐は風向きを変え、今度はチェコスロバキア国境に吹き寄せた。政府はチェコ国境を閉鎖したが、それは怒りに満ちた暴風を、国内に閉じ込めることになった。勢いに負けたハンガリー政府は、覚悟を決めた。オーストリア・西ドイツ両政府と連絡を取り合い、東ドイツ人に西ドイツのパスポートを支給する形で越境を許可したのである。そのうえで国境の全面開放に踏みきったのである。歓喜の大行進が、これまでの最大規模で国境を越えていった。いまやカーテンの穴は、塞ぎようがないほど広がっていた。

ところが、ここに至るまで何も聞かされていなかった東ドイツ政府は、これを知って激怒した。彼らはハンガリーと西ドイツに、国交断絶を通告した。しかし当時、東ドイツの最高指導者エーリッヒ・ホーネッカーは入院中で不在であり、ソ連は傍観を決めていた。東ドイツ政府がそれ以上とれる手段は存在しなかった。もはやカーテンはボロボロだった。

こうなると今度はベルリンの壁の存在意義が問われることになる。第三国を経由するとはいえ、壁の向こうに自由に行けるなら、壁に何の意味があるだろうか。そしてボロくず同然の東ドイツという国も。

事態を知って慌てて退院してきたホーネッカーは、最後の賭けに出た。10月7日に東ドイツの建国40周年式典が行われる予定があり、これにゴルバチョフが招待されていた。ホーネッカーは、ゴルバチョフの「常識」に賭けたのである。彼も人の子だから、まさか年長者の顔に泥を塗るまねはしないだろう。何でもよいので民衆の前で、彼が政府を支持する発言さえしてくれれば、それを根拠に反政府運動を弾圧できるだろうと。常識の世界で生きてきた人間にとっては、当然の判断だった。しかしそれは過去の常識だった。

式典の日、ゴルバチョフの演説は最後に行われた。しかし結局彼からは一言も、ホーネッカーらの期待する発言は聞かれなかった。失意の彼らが、さらに愕然としたのは式典の最後の場面であった。体制に忠実な市民しか招かれていないはずの観客席から、突然「ゴルビー！ゴルビー！」と、ゴルバチョフを愛称で称える大歓声が上がり、ゴルバチョフは満面の笑みを浮かべ、彼らに手を振って応えたのである。国民が何を求めているのかは明らかだった。

すべての望みが潰えたホーネッカー政権は、その後、崩壊の道をたどっていく。彼らにとどめを刺したのは、やはり財政危機だった。石油危機以降のばらまき財政のせいで、西側への債務返済額は、金利だけで国家支出の3分の2、輸出利益の1・5倍に達していた。これを解決するためには、大幅な物価値上げと賃金引き下げ、そして生活レベルの30％のダウンが予想された。責任はホーネッカー一人にあるとされ、彼は全会一致で解任された。

しかしそれで事態が改善するはずはない。その後、政府内部では次の政権を誰が率いるか、というより、嫌な役を誰に押しつけるかという争いが始まった。その間、国内では建国40年で最大規模の反政府デモが起こっていた。国民の不満をなだめる政策が必要だった。不満は特に、旅行の自由が制限されているという点に集まっていた。

ようやく成立した新政権は、閉鎖したチェコスロバキアとの国境を11月4日に開放した。すると再び起こった大嵐がチェコにドッと押し寄せ、チェコ政府も大慌てでオーストリア国境を開放した。これは有名な映画になぞらえて「大脱出」と命名され、2日間だけで2万5000人が脱出し、その後も続々と増え続けた。

ただし問題が残っていた。脱出できたのはパスポートを持っている者だけで、それ以外の者は指をくわえて見ているしかなかった。これは平等を原則とする社会主義に反している。

そこで政府は9日に、一つの通達を出すことを決定した。それは全国民にパスポートを持つ権利を認め、翌日から旅行を自由化するというものだった。政府はこのニュースを、さっそくその日の夕方にテレビ中継で発表することにした。これも始まったばかりの国民サービスの一環だった。

その日、発表の担当者は、詰めかけた多くの記者とテレビカメラを前に、緊張していた（写真24）。彼にとって、こんな場面は初めてだった。それでも彼は何とか通達を読み終え、ホッとした。しかしそれもつかの間、居並ぶ新聞記者から相

写真24　パスポート解禁の記者会見
©ドイツ連邦公文書館

次いで、具体的な実施方法や日程を質問され、慌ててしまった。

そのとき彼の手元の文書ファイルの中に、念のため翌日発表する内容が書かれた文書が挟まれていた。彼はうっかりそれを、その日の文書の一部と勘違いし、そこに書かれていたとおり「今から直ちに実施する」と言ってしまったのである。

記者会見場は、大騒ぎになった。発表した本人も、自分が何か大変なことを言ってしまったことはわかったが、あまりに気が動転していたので、混乱するばかりだった。彼は大慌てで記者会見場をあとにした。時刻は夜6時を回っていた。

ドイツの冬は、日暮れが早い。その頃、政府の面々は、翌日の発表に備えて早めに帰宅してくつろいでいた。通達を実行に移す準備も終わっていた。ただし実施は翌日のはずだった。

一方、テレビを見ていたベルリン市民のあいだでは、期待と興奮の渦が巻き起こっていた。市民はぞろぞろと壁の両側から集まりだし、数カ所の検問所の周囲には人混みができはじめていた。誰もが最初は半信半疑だったが、その数が数十人から数百人、さらに数千人から数万人と膨れあがるにつれ、人混みの中から国境警備隊に向かって「開けろ！開けろ！」の大声が上がった。壁の向こうの西側からは「こっちへ来いよ！」という声も聞こえて来た。

警備員は、ほとんどがテレビを見ておらず、何が起こっているのかわからなかった。上層部からは何の指示も来ていなかった。現場責任者は上司に電話をかけてみたが、すでに家に帰っているのか、まったくつながらなかった。

ただ時間だけが過ぎていき、警備員と市民の集団のにらみ合いが続いた。現場には次第に不穏な雰囲気が立ちこめた。警備員たちの脳裏には、一瞬、5カ月前の天安門事件の場面が浮かんだ。しかし、孤立無援の彼らが武器など使ってどうかなる状況ではなく、すぐにそれは消え失せた。いまや現場の人間が、自分の判断で決断するしかなかった。

夜11時、ついに国境警備隊は群衆の圧力に屈し、検問所のゲートを開放した。大歓声が上がり、皆が一斉に通り抜けた。その頃には発表のことなど誰も覚えていなかった。

その夜の西ベルリンでは、東の市民が見ず知らずの西の市民の家に招待され、歓迎される光景があちこちで見られた。深夜にもかかわらず、市民同士が抱き合って輪になり踊っていた。誰が始めたのかはわからないが、気がつけばあちこちで市民が大きなハンマーやツルハシを持ち出して壁を壊していた。壁に大穴が開いたり、倒されるたび、大歓声が上がった。

深夜になって東ドイツ政府のメンバーもようやく事態を知ったが、もはやすべてが遅すぎた。壁はすでにあちこちで壊されており、いまさら復旧することなど不可能だった。おまけに翌日にはソ連から、慎重な対応を求める命令が来た。これで決まりだった。数日後には、もはや意味がなくなった壁の撤去が始まった。

こうしてベルリンの壁は崩壊した。いやそれは、すでに3カ月前の夏、ハンガリー国境で倒れはじめていた。ベルリンの出来事は、回りまわって一気に倒れたドミノのようなものだった。ただそれが、誤解と偶然から起こったという点が、いかにも人間の歴史にふさわしかった。

マルタ会談秘話

じつは壁の崩壊の日、米ソ間でちょっとしたやりとりがあったことがわかっている。ゴルバチョフは壁が倒れたその日の夜にニュースを聞き、最初は非常に驚いた。もちろん彼はこれに介入するつもりはなかったが、ソ連の国内情勢からして、アメリカが何らかの形で介入したら、保守派が黙っていないだろうと考えた。天安門事件のようなことが起こる可能性は、十分にあった。

そこで彼は、いまや互いに信頼の置ける存在となっていたブッシュ大統領に、緊急の電報を打った。その中で彼は、中国の悲劇を再現してはならないことを強調し、ソ連は東ドイツに冷静になるよう働きかけるが、アメリカ政府にも彼らを刺激しないよう求めたのである。

ブッシュは、悩んだ末にこの要請を受け入れた。翌日、この事件についてホワイトハウスで公式会見が開かれたとき、彼はまるで他人事のように淡々と事態を述べただけだった。それはあまりに不自然であり、天安門事件のときの激しい態度とは大違いだった。記者団は彼の態度をいぶかり、ソ連とのあいだで何かやりとりがあったのではと詰め寄ったが、彼は約束を守って何も知らないように振るまった。

これは彼の再選に影響した。当時彼は、保守派内からレーガンがやり残した対共産圏強硬策の実施を迫られていた。このとき彼がそれに乗っていれば、すでに死に体であった東ドイツ政府は容易に倒せたはずである。しかしその結果、ゴルバチョフの地位は危うくなり、冷戦が再開したり、ソ連や東欧が大混乱に陥ったかもしれない。しかし彼は、冷戦を穏やかに終わらせるほうを選択したのである。

案の定、保守強硬派は彼に不満の声を上げ、「弱虫」と嘲った。それは大統領選挙に不利に働いた。しかし彼はそれに構わず、その後もソ連と東欧の変動に、冷静に対処し続けた。ベルリンの壁があまりにも見事に壊れた背景には、こうしたやりとりがあったのである。

こうして東西冷戦の象徴は消滅した。そして米ソ間には信頼感が生まれていた。冷戦を終わらせるのに絶好の機会だった。壁が壊れて1カ月後の1989年12月、温暖な地中海のマルタ島で米ソ首脳会談（マルタ会談）が行われ、両国は正式に冷戦終結を宣言した。それは1945年のヤルタ会談から45年間続いた一つの時代の終わりであった。

東欧の逆ドミノ倒し

壁崩壊のニュースは、瞬く間に東欧諸国を駆けめぐった。各国にとっては壁の崩壊より、ソ連が東ドイツ政府を見捨てたほうがショックだった。

東西両陣営の関心はドイツの今後に集まった。西ドイツのコール首相は、国内で盛り上がる早期の東西統一については時期尚早と考えていた。このため1990年の東ドイツでの総選挙では、「着実」に統一を進める勢力を支持して、その勝利の原動力となった。

しかし、お膝元の西ドイツでは、東と違って早期統一を求める声が強かった。その声は加速度的に勢いを増し、あっという間に世論を早期統一色に染め上げた。コールは精一杯抵抗したが、45年の空白を埋めようとする国民の熱狂の前には、無駄なあがきであった。

両ドイツ政府は１９９０年10月、ベルリンの壁が壊されて1年も経たないうちに合併を決定した（東西ドイツ統一）。それは長年検討されてきた対等で段階を経た合併ではなく、性急で大した準備もないまま決定され、西が東を一方的に吸収する形であった。

ハンガリー国境から始まった熱狂の嵐は、すぐに東欧全域に吹き荒れ、まるで30年前にアメリカが恐れたドミノ倒しのように、各地の政府を倒していった。ただしその向きは逆だったが。

ハンガリーでは、共産党が社会党と改名し、正式に独裁を放棄して複数政党制と経済の自由化を決定した。続いて選挙が行われ、野党「民主フォーラム」が勝利した。

チェコの首都プラハでは、壁が壊れた1週間後に、学生デモが革命に発展した。当初の参加者は数万人規模だったが、1週間後には50万人を超え、プラハ市民の3分の1近くが参加した。プラハの春は失敗したが、秋は大成功で終わったのである。

一方、スロバキアのほうでも反体制派のゼネストに、多くの市民が参加した。その中でプラハの春で左遷されたドゥプチェクが登場すると、ストは革命に発展した（ビロード革命）。新政府では革命の象徴ドゥプチェクが国会議長に就任し、大統領にはスト計画者で劇作家のヴァーツラフ・ハヴェルが就任した。革命の終結後、チェコとのあいだで長年の悲願である独立の交渉が行われ、１９９３年に両国は円満に分離した。

バルト三国では「人間の鎖」後にソ連からの離脱の動きが始まった。１９９０年にはゴルバチョフはリトアニアを訪問して残留を説得し、それが拒否されると脅迫まで行ったが、30万人の抗議デモが発生して失敗した。リトアニアはソ連から離脱した最初の国となった。

事態が意外な展開になったのは、ルーマニアであった。この国でも騒乱が全国に広がったのは同様だった。中でも少数派ハンガリー人が最も多く住む町ティミショアラでは、激しい抗議行動が発生した。そんな中の12月16日に、政府軍の攻撃で虐殺が発生したというニュースが、突然広まった。これを証明する多くの遺体が並んだ写真が出回り、「ティミショアラの虐殺」は世界的なニュースとなった。

そんな報告を受けていなかった政府が事態の調査と対応に追われているうちに、これまた突然、政変が始まった。クリスマスの12月25日、突如チャウシェスクが逮捕され、裁判抜きで処刑された。「救国戦線」と称する新政権は、これを「ルーマニア革命」と宣言した。臨場感溢れる革命の経過のビデオ映像が公開され、好感を持って世界中に報道された。

ところが、その後判明した真実は、衝撃的なものだった。たしかに「虐殺」は、あるにはあったが、写真に写った遺体の多くは病院や墓場から盗まれたものだった。緊迫した映像も、カメラマンが強要されて作り上げたものだった。つまりルーマニア「革命」は、混乱を利用したクーデターだった。世界はすっかり騙されていたのである。

ユーゴスラビアの混乱

東欧諸国の中で、最も混乱したのが、ユーゴスラビアだった。その原因はこの国の宿命である民族問題だった。山岳地帯が多く、複雑な民族構成のこの国を維持してきたのは、東西対立の最前線にいる緊張感と、独裁者ティトーの政治力だった。しかし1970年代に東西の緊張が緩み、世界的経済危機が起こったことで、この国の体制が揺らぐことになる。

1974年にユーゴは長年の議論の末に、各民族共和国の自立性を高めた。各民族にとっては長年の悲願が叶った形だったが、現実の各国の経済状況には大きな差があったため、民族共和国間の格差を広げる結果となった。間が悪いことに、この改革直後に2度目の石油危機が襲来した。不運は重なるもので、1980年には連邦の要であるティトーが亡くなり、ユーゴには調整役がいなくなった。これがユーゴ混乱の原因となった。それでも1984年に第一次世界大戦勃発の地サラィエヴォで開かれた冬季オリンピックでは、民族融和が強調されて成功に終わったが、じつはこの頃から民族対立がくすぶりはじめていた。

翌85年のペレストロイカによって自由な議論が始まったことが、ユーゴ解体の合図となった。各国の民族主義勢力はいっそうの自由化を要求し、強硬派は連邦からの離脱を訴えた。連邦政府は、これ以上の自由化は格差を拡大させるとして反対したが、強硬派の大合唱の前には無駄に終わった。

その後、1989年のベルリンの壁崩壊後の混乱を利用して、まず1990年にスロヴェニアとク

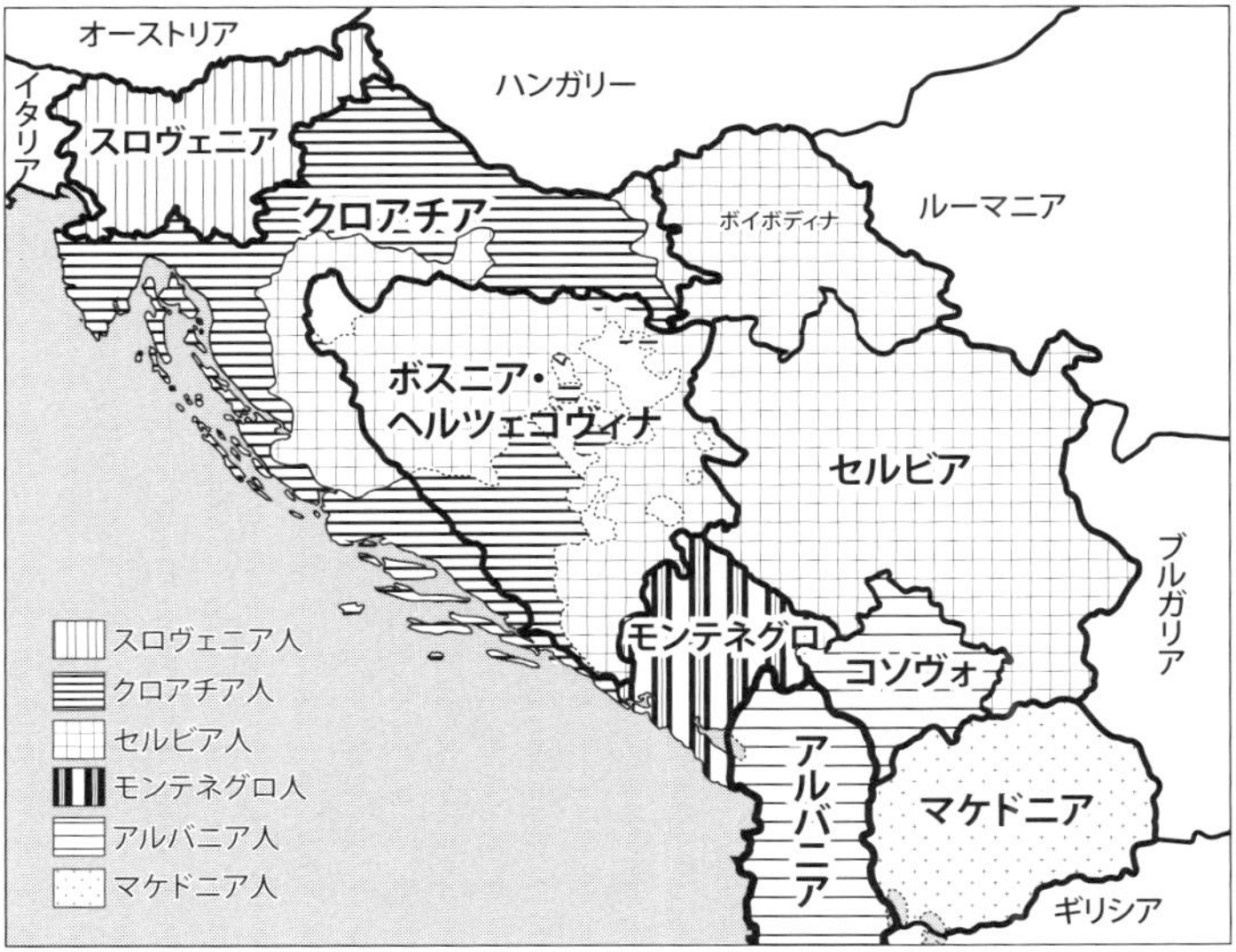

図38　ユーゴスラビア連邦の民族構成

ロアチア、そしてボスニア・ヘルツェゴヴィナが独立を宣言した（図38）。

セルビア人中心の連邦軍は3国の離脱を阻止しようとし、ユーゴスラビア紛争が始まった。しかしスロヴェニアとの戦争は、敗北して独立を許してしまった。クロアチアとの戦いでは、クロアチア国内のセルビア人民兵と連合して戦ったが、なかなか決着しなかった。国連の仲介による停戦も長続きせず、戦闘長期化で多数の難民が発生した。

ボスニア紛争は、旧ユーゴ最大の紛争となった。ボスニア・ヘルツェゴヴィナは民族構成が最も複雑な地域だった。最大多数派はオスマン帝国時代の支配層の子孫であるイスラーム教徒のボスニア人（またはモスレム人）である。独立宣言後は、国内少数派のセルビア人やクロアチア人が、それぞれの国の支援を得て三つどもえの戦いが繰り広げられた。各民族の戦力はほぼ同等だったため決着がつかず、焦る気持ちから、軍による民族浄化（大量虐殺）や集団レイプといった戦争犯罪が相互に繰り返された。

国際社会もこの紛争の解決に取り組んだが、対立関係があまりに複雑だったため、解決法が見つからず、悩んでいるあいだに介入のタイミングを逃したことで、戦争犯罪が横行した。

ようやく1994年春にNATO軍が介入を始めたが、作戦は険しい地形に悩まされて失敗した。その後提起された仲裁案も、セルビア人に不利な内容だったため拒否された。これに怒ったNATOは一方的にセルビアを敵とみなし、1995年に大規模空爆を実施した。

その後ようやくセルビア側の主張を取り入れた合意案が作られ、停戦合意が成立した。治安の回復も、NATO軍が駐留することで実現された。

しかしその後、紛争はコソボ地域やマケドニア地域に飛び火した。コソボでは、多数派であるアルバニア系住民をセルビアが弾圧したため、1999年にNATO軍が再び大規模爆撃を78日間も実施し、セルビアに停戦を受諾させた。この紛争では、戦後初めてドイツ軍が参加したり、中国大使館が誤爆されたりということもあった。こうしてマケドニア紛争は、幸いにも短期間で終結した。

壁に押しつぶされたゴルバチョフ

東欧が大混乱に陥っていた頃、ソ連では同時進行で、生き残りを賭けた改革が最終局面を迎えていた。ソ連がいまのままでよいとは誰も考えていなかったが、新国家の体制については、開発独裁体制から西欧風社会民主主義まで、意見は大きく隔たっていた。最も問題だったのは、ソ連という国家の実態が政権担当者にさえわかりにくい構造であったことである。それが、その後の改革が失敗した最大の原因だった。

まず政府を慌てさせたのは共和国の分離独立の動きだった。西方のバルト三国の動きを止められなかった結果、すぐに南方のカフカス地方に飛び火し、イスラーム教徒の多いアゼルバイジャンとキリスト教徒の多いグルジア（現ジョージア）が独立を宣言した。これに刺激されて、他の共和国でも独立の動きが活発化した。ちなみに少しあとの1990年6月にはロシアまでが主権宣言し、政府に衝撃を与えた。なぜなら、万が一連邦内最大の国家ロシアが分離してしまえば、ソ連という存在に意味がなくなってしまうからである。

ただし独立運動は、どれもすぐに民族問題に突き当たった。というのも、ソ連国内はバルカン半島同様、もともと多くの民族が混在していたうえ、スターリン時代に民族運動防止策として、同じ民族が分断されて移住させられていたからである。そのため離れて住む民族同士が新国家を作ろうとすると、どうしても挟まれた民族が反発する。すなわち、ある民族のナショナリズムが他の民族のナショナリズムを刺激し、ソ連からの解放を求める声が同時に他民族排撃の声となったのである。そしてこれにソ連時代に移住したロシア人が巻き込まれれば、連邦政府も放っておけず、混乱に加わることになる。さらに連邦政府内での復権を狙う保守派がこの事態を誇張し、ますます不協和音が重なった。それは19世紀バルカン半島の混乱「カフカスの火薬庫」を数倍激しくした状態だった。そしていまの連邦政府には、これを正常に戻す力を持ってはいなかった。

結局ゴルバチョフ政権は、ソ連を西欧的な社会民主主義国家に移行させることを決め、複数政党による議会制、そして大統領制への移行を決定した。

本来ならこの時点で即座に大統領選挙を実施し、国民の信が得られれば、ゴルバチョフらは強力に改革を進められたはずである。ところが当時は、共産党保守派の有力者が過激な発言で人気を集め、ゴルバチョフらは選挙で勝てる自信を持てなかった。そこで彼らは安全策として、まだ数的には改革派が優位を保っている共産党を温存し、党が大統領を選ぶ形にしたのである。しかしこの決断が、あとで彼らの首を絞めることになる。

大統領就任後ゴルバチョフは、西側からのアドバイスもあって、ポーランドでうまく行ったショック療法、すなわち市場経済の導入と国営企業の民営化を同時に行う改革を実施した。これは具体的には、戦争を前提とした国営企業による生産・輸送の独占を廃止し、民営企業を認めて物価や流通を市場の手にゆだねるというものである。

これまでのソ連経済は独特なものだった。スターリン時代の五カ年計画で、重工業の整備が終わったあとに国民生活の改善が謳われたが、新たに民生品を作る会社が作られたわけではない。たとえば軍用トラックを作る企業が新たに自家用車を作るように、国営企業が軍需品も民生品も製造していたのだった。

しかしこれでは競争が起こらないため、製品の質は向上しない。石油危機以前の少品種大量生産時代ならそれでも通じたが、危機後は西側が多品種少量生産体制に移行していたため、東側の製品は見劣りしてしまう。それでも鉄のカーテンがあるうちは、東側の市場は守られていた。しかし冷戦後にカーテンは取り払われ、たちまち東側は苦境に陥ったのである。

この状況を克服するには、企業を民営化して競争力をつける必要がある。そのためには会社の本業と本来政府がやるべき部分を切り分けねばならない。また企業の実態を把握する必要もあった。しかしソ連には民間企業がどうあるべきか理解している企業分析の専門家など存在しなかったのである。

改革では、他にもいろいろな課題に直面した。まず共産党が、既得権を手放すことに抵抗した。優雅な生活を失う不安は当然だが、これまでなら考えなくてよかった他の生き方を考えねばならないという不安が抵抗を強めた。国営企業も解体に抵抗した。民族共和国も連邦の改革押しつけに抵抗した。国民も物価の引き上げに反発した。指導部以外のすべてが一斉に政府に文句をつけてきた。そこにはポーランドのような、改革側とされる側との信頼関係が存在しなかったのである。

そのあいだも経済状況は悪化し、物資不足と物価上昇が同時かつ加速的に進んでいた。自主判断を許された企業は当然のように売り惜しみで利益を上げようとし、不安を感じた庶民は商品の買いだめで対抗した。そこに言論自由化で認められた公害反対運動やストライキが政治の混乱と政府への不信を助長した。こうした運動は安定した社会でこそ効果があるが、当時のソ連では逆効果であった。その最たる例がロシア革命だった。ソ連はいまや、自らの歴史を繰り返そうとしていた。

また、連邦内の共和国は、改革で得た自由裁量権を活用し、自国の経済力を確保しようとした。たとえば彼らは、領域内からの物資輸送を許可制にしたが、これは結果的に貿易や通商を制限し、ソ連を経済的に分断した。要するに一連の改革では、最適と思って各自が行ったことが合わさって、最悪の結果となったのである。経済学でいう「合成の誤謬」の典型であった。

ここはペレストロイカにとって大きな山場だった。山は感情の行き違いや無知、さらには制度の不備や矛盾からできあがっていた。それでも我慢して頂きまで登れば、人々は希望の光を見ることができただろう。しかし相互不信の中で、絶望に打ちひしがれた人々が見たものは、山影がつくった巨大な闇だった。最終的に改革案は、あまりの抵抗の激しさから撤回された。

ソ連とロシアの対立

その後、政府の改革はメンバー各自が自分の守備範囲の中で、できる部分から手を付ける形で進められた。しかしこのバラバラの対応が、事態をさらに悪化させた。

ゴルバチョフはソ連という国家の枠組みさえ残れば、改革の続行は可能だと信じていた。そのためには共和国との妥協はやむを得ないと考えていた。そこで彼は、ロシアなど共和国代表と密かに会談し、連邦権限の一部を譲ることで合意した。しかし彼は、それを側近の誰とも相談せずに行った。一方で側近のほとんどは、可能なかぎりソ連の力を温存すべきだと考えていた。この行き違いが問題になった。

ロシア大統領となったエリツィンも、ゴルバチョフとの妥協に前向きだった。エリツィンにとって、これは渡りに船だった。彼は当時、国民からの独立要求に悩んでいた。

ロシア人がソ連からの独立を考えたのは、公開された情報がきっかけだった。彼らはマスコミによって、自分たちの生活レベルがバルト三国やチェコより低いことを知った。マスコミは独自の分析から、ロシア人の税金が低開発の民族共和国に投じられたせいだと報じていた。そのためロシア人は、独立して補助金がなくなれば生活レベルが向上すると期待した。

しかし、ロシアの独立には矛盾があった。ロシアは帝政時代から、国内に多くの民族自治区を持っていた。このためロシアは、ソ連からの独立を要求しながら自治区の独立を拒否するという矛盾した態度をとらざるを得なかった。一方で自治区は、単独で大国ロシアに抵抗することは困難なので、ソ連の援助が必要だった。ソ連にとっても、ロシアをつなぎ止めるためには自治区の力は必要だった。ソ連の行方は、3者の綱引きで決まったのである。

綱引きの結果を左右したのが、先述した1990年6月のロシアの主権宣言だった。エリツィンはロシア人の強い期待を受け、民族自治区の反対を押し切ったのだった。これは当然、民族自治区の反発を招くことになる。エリツィンは政治的に厳しい状況に陥った。そんな中で、ロシアの権限を強めるという、おいしい話をゴルバチョフが持ってきた。ロシア大統領としては、飛びつくのが当然だった。

ソ連の混乱を恐れる西側諸国も、2人の姿勢を支援した。必死の交渉によってソ連と共和国間の利害の調整がなされ、合意が大筋でまとまった。

ところが、それを盗聴していた情報機関KGBが、内容をソ連指導部内に洩らしてしまう。それはKGB内の反ゴルバチョフ派の仕業だった。当時、指導部内ではゴルバチョフの側近が別の改革案を作成していた。そちらは、あくまでソ連が主体の改革だった。二つの案は、市場経済移行については同じだが、改革の内容と主体が大きく異なっていた。側近たちにとって、このゴルバチョフの「裏切り」行為は衝撃的だった。彼は完全に側近の信頼を失った。彼が最も信頼してきた側近中の側近、長年の盟友シュワルナゼ外相さえ「独裁の危機が迫っている」といって辞任した。その発言は、昔と変わってしまった友人に対する悲しい忠告だった。

その後ゴルバチョフは、保守派にすり寄って権力を保とうとした。そしてバルト三国の独立を阻止しようとしたり、東西ドイツの統合にも反対した。しかしその態度は本気とは思えないものだった。実際、彼はその後も西側と化学兵器廃棄条約を結び、湾岸戦争では長年支援をしてきたイラクにも冷淡だった。世界は彼のこうした行動を評価し、1990年10月にノーベル平和賞を授与した。しかし国内では改革派・反改革派のどちらにも信用されなくなる結果となってしまい、それがその後の彼とソ連の運命を決めたのである。

1991年8月、ゴルバチョフは夫人とともに、休暇でクリミア半島の別荘にいた。新連邦条約はほぼ完成し、あとは細部を調整するだけだった。今後の日程を考えれば、休めるときはいましかなかった。

そこに突然数人の保守派側近が訪れ、彼に非常事態を宣言する命令を出すことと、大統領職からの辞任を要求した。当然ゴルバチョフは拒否したため、彼らによって軟禁されてしまう。このとき、夫人はショックのあまり、脳卒中を起こしたといわれている。

事件翌日の早朝、保守派からなる「非常事態国家委員会」が実権を掌握したこと、すなわちクーデターが宣言された(八月政変)。モスクワ市内各所にはクーデター派の戦車が姿を現した。ここまではクーデターらしい展開だった。しかし、その後は驚くような展開となった。

事件後の非常事態国家委員会の発表には、誰もが予想した改革を取り消すような項目はなく、秩序の維持だけが書かれていた。それはこのクーデターが反改革派が起こしたものではないことを意味していた。

事態を知ったエリツィン大統領は、戦車に飛び乗って市民に決起を呼びかけた（写真25）。するとたちまち数万人の市民が応えて立ち上がった。それは自然発生的な反クーデターデモとなった。市内の各所にバリケードが築かれ、エリツィンを支持する「ロシア！ロシア！」の大合唱が、地鳴りのように響きわたり、たちまちクーデター側の意志を萎えさせた。

74年前のロシアとは逆に、あちこちでソ連国旗の赤旗が引き降ろされ、ロシアの三色旗が掲げられた。反乱軍の兵士は市民に囲まれて降伏した。ロシア政府庁舎には、エリツィンを守ろうとする市民が自発的に集まり、周辺はお祭り騒ぎにも似た熱狂に包まれた。それはまるで、1年前の東欧革命の再現のようだった。こうした事態に非常事態国家委員会は腰砕けになり、たちまち仲間割れし、解散してしまった。

これがソ連解体の合図となった。エリツィンの手配でゴルバチョフが救出され、モスクワに無事帰還した。彼は一躍注目の的となったから、このとき彼が得意の演説をしてよい印象を与えていれば、ソ連の運命も変わったかもしれない。しかし彼は結局民衆の前に姿を現さなかった。彼は夫人を病院に連れていき、介護することを選んだという。

写真25　戦車に乗るエリツィンたち
©www.Kremlin.ru

その後エリツィンはソ連共産党を解散する大統領令を出し、ゴルバチョフも同意した。１９９１年8月24日、ゴルバチョフは共産党書記長の辞任と党の解散を発表した。党内からの反発はまったくなかった。１８９８年にレーニンらが創設して以来、１００年近い歴史を持つ共産党の終わりだった。

事件をきっかけに、ソ連邦内の共和国が次々と独立を宣言した。12月には旧ソ連15共和国のうちバルト三国以外の12カ国が独立国家共同体（英語ではCommonwealth of Independent Statesの略ＣＩＳ）を設立した。ここにソ連は消滅した。史上まれに見る大帝国が、一滴の血も流れずに崩壊した。それは１９２２年以来70年続いた一時代の、誰もが予想しなかった終わり方だった。

西側諸国にとってゴルバチョフは、その大帝国の幕を引いた功労者となった。しかしロシア人にとっては国をつぶした張本人であった。彼は、１９９１年12月25日、すべての公職からの辞任と引退を宣言したが、ほとんどのロシア人から無視されたのである。

ソ連なきあとに

いまや旧ソ連諸国の発展を妨害するものはなくなった。各国は自由を手にし、その先には明るい未来が待っているはずだった。ところが現実は、そううまくはいかなかった。

ロシアは、ソ連の遺産を最も多く受け継いでいた。しかしあまりに負の遺産が多かった。さらにＩＭＦが独自分析をもとに要求した二つの改革がロシア人を苦しめた。

一つは国営企業の民営化であった。民営化自体はゴルバチョフ政権でも計画されていたが、実施はソ連の混乱で保留になっていた。民営化の方法は、チェコスロバキアで成功した、株式購入券を国民全員に配布するというものだった。国民は好きな会社の株が買え、利益が上がれば配当が得られる。株に興味がなければそれを売って現金にしてもよい。手に入れた現金は、すでに市場に流通しているものなので、新たに増刷してインフレが起きる心配もない。うまくいけば、会社経営に関心のある国民を育てられる。つまり一石三鳥を狙ったものだった。

しかし、チェコスロバキアと違って資本主義の経験が浅いロシアでは、国民のほとんどは株式会社というしくみが理解できず、現金化を選んでしまった。また希望者がほとんどいないので、購入者は驚くほど安価に会社経営権を手に入れられた。購入者のほとんどは、その価値がわかっていた国営企業の経営者、つまり政府の高官か、民営企業の公認後に生まれた企業経営者であった。やがて彼らは企業を集約して財閥化し、オリガルヒ（新興財閥）と呼ばれる支配階級となっていく。

もう一つのショック療法は、ポーランドなどで実証済みだったのに、ロシアでは失敗してしまった。その原因には、先述の信頼感の問題以外に、ソ連経済のしくみがあった。

前にも述べたが、たしかにロシアは各民族共和国に、税の一部を補助金という形で支払っていた。しかし、その代わりにロシアが得ていたものもあったのである。それは、ロシアが物々交換で得ていた天然資源であった。じつは共和国が得ていた補助金は、その差額だったのである。これらは資金が使われないため帳簿に載らず、公開情報からだけではわからなかったのだった。

当然それは、独立後は購入せねばならなくなり、そのために通貨が増発された。ソ連時代のロシア人は湯水のように資源を使っていたから、そのための出費は莫大だった。この想定外の出費が引き起こしたインフレが、ショック療法の混乱に上乗せされた。結果として起こった物価上昇は、年率2500％（26倍）という猛烈なものだった。GDPも15％近く減少し、通貨価値は33分の1にまで下落した。特に収入が一定の低所得者や年金生活者などの経済弱者への打撃は、生死に関わるほど大きかった。

こうしてIMF改革は、国民への重い責め苦となった。IMFが緊縮財政を強要するのは当然だろう。しかしそのことがロシアの民衆に深刻な西側への不信感を植え付け、エリツィンの最大の支持層を怒らせたのである。

その勢いに恐れをなし、副大統領や議長まで反エリツィン派に鞍替えした。それがきっかけとなって1993年9月には大統領派と反大統領派による武力衝突が発生した。一部の議員は議会ビルに立てこもって政府に抵抗したが、エリツィンは軍や治安機関の兵士を動員して議会ビルを攻撃させた。これ以後、何か事件が起こるたびに、彼は治安機関を頼りにするようになる。彼らはエリツィンを力で支え続け、やがてロシア政界を牛耳る勢力となり、シロヴィキ（治安機関出身閥）と呼ばれるようになっていく。

とりあえず対立はエリツィン側の勝利に終わった。その後、強力な大統領権限を定めた新憲法が成立し、ロシアの政治情勢は平穏化するかと思われた。

しかし低所得者層や年金生活者の怒りは治まっていなかった。その後行われた総選挙では改革派議員の多くが落選した。民衆が感じていた無力感や虚無感を察知し、不満の受け皿となって選挙後に一大勢力となったのは、ロシア帝国復活を訴えていた極右政党と、社会民主主義者や旧共産党員が集まって作った新共産党だった。彼らは自由主義者や民主主義を叫ぶ政治家の金まみれの姿や弱者軽視の姿勢を攻撃し、それを支持に結びつけて勢力を拡大した。ロシア人は、西側の政府や機関が誇る「自由主義」や「民主主義」から、私利私欲や弱肉強食、偽善を感じとり、ロシアをみじめにした元凶と見なしたのである。

その後もＩＭＦが求めた経済改革は続けられた。１９９４年にはソ連時代の通貨が廃止され、新生ロシア通貨に切り替えられた。しかしこれも、経済的混乱を悪化させるだけだった。またカフカス地方で起こった民族紛争に軍を派遣したが、失敗して反対派を勢いづかせてしまった。もはやエリツィンはどうしてよいかわからなくなっていた。

１９９６年の大統領選挙を控え、彼は他候補に支持率で大差をつけられていた。このままでは、落選は確実だった。そうなればロシアの改革は不可能である。やむなく彼は再選を優先し、不人気な改革路線を停止してオリガルヒ（新興財閥）に協力を求めた。

オリガルヒのほうでも、これは歓迎された。彼らは共産党の人気の高さから、社会主義が復活して財産を没収されるのを恐れていた。彼らはエリツィンに多額の献金を行うと同時に、アメリカから選挙活動のプロを呼び寄せ、所有するメディアで大々的な選挙キャンペーンを行った。エリツィンも国民受けを狙い、テレビでダンスを披露して若さを強調するなど、ひたすら支持率アップに努力した。全国遊説が精力的に行われ、フルシチョフ時代やゴルバチョフ時代に行われた地方への権力委譲が強化された。このため地方政府の独立政権化がいっそう進んだ。

これらの効果は絶大で、エリツィンは共産党候補を逆転して当選した。さらにその後の財政や経済運営も、オリガルヒの協力で安定した。いまや法制上のエリツィンの権限は、独裁者とほとんど変わらないほどになっていた。しかし彼はこの頃から心臓病と飲酒癖が悪化し、入退院を繰り返すようになった。そのためその絶大な権力が行使される機会は、ほとんどなかった。その権限を初めて行使したのは、後任の大統領ウラジーミル・プーチンである。

大統領の不在を利用し、側近の財閥が政治を私物化して、ささやかな改革まで骨抜きにされた。その結果ロシア財政は、1990年代後半に最も悪化した。企業は抜け穴だらけの制度や不慣れな役人をうまく利用して、税を払おうとしなかった。税収不足が慢性化し、官僚や軍人に給料が払えないのが普通となった。警察や司法など民衆レベルの治安機関が機能しなくなったため、その穴を埋めたのがマフィア（暴力組織）であった。

国営企業も、政府からの注文があるにもかかわらず、税収不足で支払いを受けられないことが多かった。そこで生まれた解決法が、必要な物資を現金を使わずに他社と物々交換で入手することだった。また、少々ならば社員は会社の所有物を、個人的に売却することが認められた。これらは西側では「不正」や「横領」と見なされるが、ソ連時代には「一般的」であり、抵抗のない行為であった。そして貴重な貨幣は差額の穴埋めだけに使われた。

このような状況下で、売れるものは何でも売られた。再利用しやすい金属類は売却しやすく、特に兵器は旧ソ連の友好国で需要が多かったため販売に力が注がれた。ソ連時代は資源関連企業も軍需企業も、ともに国営企業であり、１９９０年代のロシアでは、外貨の稼ぎ頭であった。

武器輸出で問題となったのが核技術の流出だった。ミサイルや核物質が横流しされたり、技術者が国外に流出すれば、核不拡散体制は崩壊してしまう。時あたかも冷戦終結で核技術者の仕事が減少し、流出の可能性が高まっていた。それは世界平和の脅威であった。

このためロシア経済の再建は、単なる経済援助レベルの問題ではなくなった。世界はロシアに対し、問題があるのは承知のうえで多大な援助を続けざるを得なかった。そしてそれは結果としてロシアの政治腐敗を悪化させたのである。

一方で経済崩壊の中、民衆はしぶとく現実に対応した。ルーブル紙幣に信用がなくなると、米国製タバコやウォッカが貨幣の代用となり、それらを交換・換金できる銀行まで出現した。治安当局も、庶民生活を考えて黙認した。もちろんそうした銀行を経営したのはマフィアである。おもての経済が機能しなくなった結果、裏の経済が出てきたのである。

ただし苦難の中にも、庶民にとってよいことはあった。政治的には１００年ぶりに自分の意志で政治家を選べる時代が来ていた。国民の姿勢の変化は政治家に影響を与え、共産党でさえ国民世論を無視できなくなった。国民が望んでいたのは、生活の安定と自尊心の回復だった。

たしかにエリツィンには力がない。西側諸国にいつも頭を下げている。共産党は彼を西側の「飼い犬」と非難したが、誰が見てもそれは間違いではない。しかし同時に、彼がそうしなければロシアが破産することも、民衆はわかっていたのである。

ロシア人はみじめであった。20世紀末が近づくにつれ、栄光あるソ連時代を懐かしみ、民主主義を嫌悪する風潮が広がった。庶民は生活の安定さえ確保できるなら、どんな政権でも許す気持ちになっていた。こうした世論に応えた唯一の人物がプーチンだった。

ロシアの混乱自体は、大統領選挙後の１９９７年には収まった。その最大の要因は、ロシアの最大の外貨獲得源である原油や資源の高騰だった。また、通貨ルーブルの下落で輸出競争力が増したことや、国際社会の援助が続いたことも大きかった。ただしこれらの多くが外部要因だった。まだまだロシアは、自力で立てない半病人だったのである。

第九章
冷戦後の世界

冷戦の勝者アメリカ――ブッシュとクリントン

これまで見てきたように、ソ連は冷戦に敗北して崩壊したのに対し、アメリカは冷戦の勝者、そして唯一の超大国としての存在感を示していた。

そのアメリカで冷戦の勝利を確定し、ドイツ統一にも大きな役割を果たしたのが、レーガン政権の副大統領であった、ジョージ・ハーバート・ウォーカー・ブッシュ（H・W・ブッシュ、のちの46代大統領の父であることから父ブッシュともいう）である。本来なら彼は、史上最も偉大な大統領と呼ばれてもおかしくなかっただろう。

しかしアメリカの政治風土では一般的に外交に対する評価は低く、しかも彼の役割は、外交機密に遮られ、すぐに公表できなかった。それが彼の評価を下げてしまい、「弱虫」というあだ名までつけられる原因となった。

彼はこうした不利を挽回するために内政、特に経済政策に取り組んだ。彼が就任した当時の最大の課題が経済問題だった。というのも、１９８０年代末になるとレーガノミクスによる好景気が一段落し、税収減で財政赤字が悪化し、老朽化した国道が修繕できないほどだったからである。救いは、海外からの資本流入によってインフレが悪化しなかったことだった。

そこで彼は、産業の重心がＩＴ・金融業などに移ったことを知ると、それに適した社会制度の確立に取り組んだ。しかしそれはすぐに効果が出るものではなく、彼の一期目には十分な成果が見えなかった。そのため1992年の大統領選挙では、戦後生まれでベビーブーム世代の若手、民主党ウィリアム(ビル)・クリントンに敗れてしまった。

父ブッシュが取り組んでいたことは、新大統領クリントンに恵みをもたらした。彼は最も重要な内政方針を工夫する必要が少なく済み、基本的に引き継ぐだけでよかったのである。数少ない課題は、その経済政策を誰に任せるかということだったが、最適な人物は、すぐにいるべきところに見つかった。それがFRBの長官アラン・グリーンスパンであった。

じつはグリーンスパンは、レーガン政権期にボルカーの後任として起用されていたのだが、ブッシュとは意見が合わず、彼の評価は低かった。しかしクリントンは彼の能力を認めて金融政策を一任し、彼もその期待に応えた。以後彼は、13年にわたってアメリカ経済の舵取り役を務め、その間、一貫してアメリカ経済は好調を維持した。金融市場関係者は、その理由の一つとして、彼が常に絶妙のタイミングで経済を調整したのだと考えた。それゆえ彼は、オーケストラの指揮者になぞらえられて「巨匠《マエストロ》」と呼ばれたのである。

グリーンスパンと協力して政府の経済政策を策定したのが財務長官ロバート・ルービンで、彼が進めたのがドル高政策である。製造業中心の時代には、ドル高は輸出には不利であったが、当時アメリカは、すでにポスト工業化時代に入っていた。ドル高政策によって、ドルの高い価値に惹かれた世界の資本が、アメリカ国債やアメリカ企業の株購入に殺到した。その結果、資本収支が黒字化し、双子の赤字の悪影響を相殺した。つまり財政赤字(借金頼みの財政)が、そう大きな問題ではなくなったのである。さらに、世界の資本が集中するアメリカ最大の証券市場ニューヨーク・ウォール街は、世界経済に与える影響力が以前にも増して高まったのである。

すでにアメリカの個人や企業は、ローンや債権という形で、借金に対する抵抗感をなくしていた。そしていまや、国家までがその仲間入りを果たす時代が来たのである。

ルービンは、財務長官の任期中にメキシコやブラジル、東南アジアやロシアの通貨危機に直面したが、副長官のローレンス・サマーズやハーバード大学教授のジェフリー・サックスらの協力で乗り切った。このためクリントンは容易に再選を達成することができた。

クリントンの2期目になると、アメリカ経済は完全に上昇軌道に乗り、大戦後2番目に長い経済成長を記録した。この時期のアメリカは経済成長と物価安定が両立し、「インフレなき経済成長」は奇跡と呼ばれた。また長年アメリカを苦しめてきた大幅な財政赤字も解消され、2000年には黒字化を達成した。

内政でクリントンが重視したのは、民主党から離れた低所得者層の支持を取り戻すことだった。彼は、低所得者層の関心が薄い「性の平等の実現」などは棚上げし、IT環境の整備や健康保険制度の導入に力を入れた。ITに関しては、高速インターネット接続網を全米に張りめぐらせる「情報ハイウェイ」構想がアル・ゴア副大統領を中心に打ち出された。資金は当然、好調な税収入からまかなわれた。

しかし健康保険制度は難物だった。もともとアメリカでは、保険制度は国の世話になる怠け者を増やすものだと思われてきた。しかしレーガノミクス以降、アメリカでは経済格差が拡大し、景気が回復しても失業が減らない「雇用なき景気回復」と呼ばれる現象が起こっていた。これは短期的には政治的な不満の増大による内政問題、長期的には貧困の再生産につながるおそれがあった。

そこでクリントンは、これを彼の妻で、彼以上に有能という評価のあるヒラリーを中心とする専門委員会に委ねた。しかし政府が価格決定に介入して利益が減るのを警戒した製薬業界や、小さな政府を理想とする共和党に猛反対され、最終的に法案は廃案に追い込まれてしまう。また、政権末期には、性的スキャンダルを暴露され、大統領の権威をおとしめたとみなされた。これは後に、彼の妻ヒラリーが大統領選挙に落選する一因となった。

外交においてクリントン政権が取り組まねばならなかったのは、冷戦後の新世界秩序の構築だった。しかしクリントン自身もそうだったが、彼の側近に外交経験が豊富な者はいなかった。結局彼の政権からは、構想らしきものを打ち出すことができなかった。そのため彼の外交上の関心は、南北アメリカ大陸や東アジアなど、伝統的に関心の強い地域に限られた。

アメリカ大陸では、ＦＴＡ（Free Trade Agreement 自由貿易協定）の締結が行われた。これについては前ブッシュ政権時代に、隣国カナダとメキシコとのあいだでＮＡＦＴＡ（North American FTA）協定を結ぶ交渉が始まっており、クリントンは成果を承認するだけだった。

しかし中南米諸国との関係には苦しんだ。この地域ではレーガン政権以来進められた新自由主義によって、限りなくＦＴＡに近い状態が成立し、賃金低下と雇用の質の悪化がもたらされていた。

ラテンアメリカは資源輸出国が多いため、70年代は資源価格高騰のおかげで好景気を享受したが、東南アジア諸国などと違い、各国はその利益を使って国家を近代化することに失敗した。しかも、その後レーガン政権がスタグフレーション対策として金利を上げると、各国の返済金利が上昇してしまった。おまけに1985年には資源価格が暴落し、状況を悪化させた。ＩＭＦは各国に金融支援を行ったが、返済できない国が続出したのは先述のとおりである。各国では失業率が上昇したが、第一次産業以外の職が少ないため、行商や出稼ぎ、ひどい場合は麻薬の密売といった仕事に就く人が増加した。そのため、アメリカの経済政策、すなわち新自由主義こそが格差の根源であるとして、反発する声が増加した。

すでに中南米地域では冷戦終結前から、現実的に貧困を解消しようと教会が政治に関与する「解放の神学」運動が起こっていた。また1979年にはニカラグアで社会主義革命が発生した。それらが1990年代以降にベネズエラのウゴ・チャベス政権など、強烈な反米姿勢を打ち出す社会主義政権が成立する背景となったのである。

北朝鮮核問題の始まり

クリントン政権の外交で最も大きな問題となったのが、北朝鮮の核問題だった。北朝鮮は東欧諸国と違い、石油危機後にソ連の勢力圏から脱していた。また1980年には指導者金日成の後継者に息子の金正日《キムジョンイル》がなることが確定し、東欧のような政治的激変が起きる可能性は低かった。一方ではイデオロギー重視の農業政策の失敗から、深刻な食糧不足が起こっていた。北朝鮮指導部にとって、国内の団結を図るために対外危機が必要だった。

北朝鮮は核兵器の原料を製造できるタイプの原子炉を持っていたが、中ソの圧力で核兵器開発を断念していた。しかし冷戦終結とソ連崩壊で、政治・経済上の後ろ盾がおぼつかなくなったため、核兵器保持の誘惑が増加した。特に政権内の危機感を高めたのは、東欧で民衆によって政権が打倒されたことや、天安門事件で中国が西側諸国から受けた圧力だった。中国は核兵器を持っているので圧力にも耐えられるだろうが、持っていない北朝鮮が、同じようにできる自信はなかったのである。

そこで北朝鮮は1994年3月に国際原子力機関ＩＡＥＡを脱退し、核兵器開発を宣言した。これに日米韓が猛反発し、一時、アメリカは北朝鮮への空爆を実施しようとした。その結果、第二次朝鮮戦争の勃発が危惧される事態となり、実際にソウルでは市民の避難が行われた。

ところがそんなタイミングで金日成が亡くなり、金正日政権に移行した。アメリカが北朝鮮にカーター元大統領を特使として派遣した結果、交渉で危機は回避され、北朝鮮に対し、日米韓3国が核兵器の原料を作れないタイプの原発を供給することを約束した。しかし北朝鮮はこれに味を占め、その後も核を交渉の武器とするようになったのである。

喪失感に苦しむイギリス

イギリスではサッチャー政権の新自由主義政策により、１９８７年には景気が回復した。失業率は低下し、貿易収支も改善された。これを背景に所得税の減税が行われ、政権の支持率はさらに高まった。サッチャー政権は、３期目を目指した総選挙でも大勝した。１９８９年にはソ連が白旗を上げ、自由主義の勝利が確定した。すべての流れが彼女への追い風になっているかと思われた。しかし、それは幻想だった。

景気が回復したイギリスの貿易相手として存在感を増してきたのは、遠くのアメリカでなく近くのヨーロッパであった。となれば、ＥＵに対する政治・経済上の対応の度合いを強めねばならないが、これにアメリカ重視派であるサッチャーが抵抗し、党内外のＥＵ重視派や経済界と対立した。さらに、冷戦の終結によってアメリカの外交の重点が、相対的にヨーロッパからアジアに移ったことで、イギリス人はアメリカから軽視されるようになったと感じた。これも親米派のサッチャーにとっては逆風となった。

彼女がつまずいたきっかけは、税制改革だった。伝統的にイギリスでは、地方税は家族ごとに課税されてきたが、社会の個人主義化に対応し、個人ごとの課税方式に変更された。これを野党は、時代錯誤の「人頭税」と批判した。これに加えて、景気が回復したのに失業者が１２０万人から減少せず、貧富の格差が増大したことが表面化した。その原因は、税制は社会の変化に対応したのに、教育内容が対応しておらず、構造的な人材不足が起こっていたからである。つまり彼女の政策の目玉の一つが誤っていたということだった。

党内外から批判が強まり、いらだちが目立つサッチャーに対し、世論も次第に冷たくなった。サッチャー自身は再選に臨む意欲があったが、周囲の反対で断念せざるをえなかった。

一方で野党の労働党は、１９９０年代に大きく変貌した。若き党首アンソニー・ブレアが党の方針を大きく変え、経済界の支持を獲得する中道化路線を打ち出したのである。労働党は１９９７年の選挙で記録的な勝利を収めた。

ブレア政権はスコットランドなどの自治権拡大要求に対し、地方議会の設置を認め、不満の一部は解消された。しかし、その後も景気が悪化するたびに自治拡大要求が起こるようになる。２０１５年にはスコットランドで、イギリスからの独立を問う国民投票が行われる事態が発生したが、政府は自治権拡大を約束することで何とか乗り切った。

対外関係では、前政権で合意された香港返還が１９９７年に完了した。さらに北アイルランド紛争の解決のため、アイルランド政府と協議を重ねた結果、１９９８年にベルファスト合意が成立し、紛争解決に向けて大きく進展した。また、アメリカとの密接な関係は維持され、のちの湾岸戦争でもアメリカと連携した。その頃がブレアの絶頂期であり、支持率もサッチャー並みに高かった。その後も２００３年のイラク戦争では、フセイン政権が大量破壊兵器を保持しているというアメリカの主張を信じて戦闘に加わった。

しかし戦後、大量破壊兵器がなかったことが判明し、戦争責任を問われることになる。その結果、2005年の総選挙で労働党は敗北する。ブレアに代わってゴードン・ブラウンが首相となったが労働党の退勢は止められず、2010年に史上最年少の首相デーヴィッド・キャメロン率いる保守党政権の誕生につながった。

イラン・イラク戦争は終わったが

中東では、10年近く続いたイラン・イラク戦争に勝利したイラクが、この地域最大の軍事大国となっていた。フセインの前には、ナセル亡きあと、アラブの盟主に名乗りを上げていたリビアの独裁者カダフィさえ、すっかりかすんでいた。勢いに乗ったフセインは、敵対するシリアに打撃を与えるため、エジプトやヨルダンと共同でレバノン内戦に介入した。

またフセインはイスラエルとソ連の友好関係を仲介した。その結果、ソ連国内からイスラエルへ多数のユダヤ系市民が移住し、その多くが入植地に住みついた。これがパレスティナ人との対立をますます悪化させた。しかし解放組織ＰＬＯはエジプトに去っており、パレスティナ人が頼りにできる存在は、イランの支持を得て設立されたシーア派武装組織ヒズボラだけとなっていた。こうした状況はパレスティナ人の絶望感を深め、それがイランから伝わった殉教思想を広め、イスラエル兵に対する無謀な攻撃を行わせたのである（第一次インティファーダ）。その運動は当初、石や火炎ビンを投げるだけの原始的な攻撃で、組織的でないため、最新兵器を持つイスラエル軍には対応しにくいものだった。

一方で戦後のフセインは難題を抱えていた。じつは、戦争中にイラクが得た支援の多くは有償援助であった。そしてその総額は600億ドルに達していた。しかし甚大な戦争被害に加え、最大の産業である石油産業も大打撃を受けたままで、財政も危機的になっていた。

そんなイラクに対し、アメリカは自国の財政再建に手一杯で、援助を渋った。援助なしではやっていけないイラクでは、食糧事情も悪化した。政府に対する不満が勝利の余韻を消し去った。フセインは危機を打開するため、OPECに石油価格の値上げを要請した。

しかしOPECの態度は戦争中と違っていた。第二次石油危機は湾岸以外の産油国には利益をもたらしていたが、湾岸諸国は輸出が十分できず、ほとんど恩恵を得られなかった。そこで湾岸諸国は終戦と同時に一斉に増産し、たちまち価格が暴落したのだった。

この暴落には別の要因もあった。じつは、第一次石油危機後、世界中で油田開発が活発化した。その中で最大級のものが、北欧の北海油田であった。その生産が本格化したのがこの頃だった。利益に目がくらんだOPECの増産は、最悪のタイミングで行われたのである。

クウェートやアラブ首長国連邦などは公然とOPECの決定を無視した。アラブの盟主サウジアラビアも、イラクが領土不可侵条約の締結を申し出るとしぶしぶ債務放棄に同意してくれたが、自国の安全保障のカギを握るアメリカに配慮して増産は続けられた。それは、米国債を買い続けた日本と同様、危機的なアメリカ財政を救うためだった。

このようにイラクにとって、少し前まで好意的だったはずの隣人たちが、いまやすべて背を向けているように思われた。国民の不満も爆発寸前だった。南部のシーア派地域や北部のクルド人地域でも反乱が続発した。フセインは怒りの矛先をどこに向けてよいかわからなくなった。

こんなとき、指導者が使う常套手段は、手近な敵に国民の目を向けさせることである。そして目の前には、自分勝手に増産を続けてイラクを苦しめているクウェートがあった。そこは60年ほど前までは自国の一部だった。

そんな中、1989年にマルタ会談で冷戦が終結し、ソ連がアメリカと歴史的な和解をした。喜びに沸く世界はイラクへの注意を怠っていた。フセインの目から中東全体を見渡せば、エジプトやヨルダンはレバノンで戦った仲間であり、対立するシリアはレバノンの泥沼に足を取られていた。彼には、いまここで行動することが、イラクの危機を解決するチャンスに思われた。こうして湾岸戦争は起こったのである。

湾岸戦争が始まった

フセインは、1990年7月に突然、クウェートがイラクの油田から石油を盗掘していると言い出し、損失補償を理由にOPECに再度原油の値上げを要求した。しかしこんな荒唐無稽な理由にもとづく要求をOPECが呑むはずがない。当然彼らはこれを拒否した。もちろんこれは、フセインにとって予想していた事態であった。

翌月の8月2日、彼は突然30万の兵にクウェート国境を越えさせ、わずか6時間ほどで全土を占領した。この手際のよさは、占領が計画的なものであったことを示していた。その動きはアメリカ軍の偵察衛星で逐一捕捉されていたが、まさかイラクが実際に行動するとは思われなかった。この出来事は、冷戦終結による世界のお祝いムードに冷水を浴びせかけた。

当然、世界はイラクを非難した。国連安全保障理事会でも、イラク軍の即時撤退が決議された。するとフセインは、驚いたことに「クウェート占領が非難されるなら、パレスティナ占領はもっと非難されるべきである。イスラエルが退去するならイラクも撤退する」と切り返し、パレスティナ問題とからめる主張をしたのである。

イスラーム教徒が、この理屈に反論することは難しい。実際、各地で戸惑いながらも支持する声が上がった。たとえばエジプトにいたPLOなども、この主張を否定できず、イラク支持を表明せざるを得なかった。このため彼らはアメリカの世論に配慮したエジプトから退去を命ぜられ、イスラエル占領下のパレスティナに戻らざるを得なかった。

いまやイラク占領下のクウェートは、サウジ国境までは目と鼻の先だった。サウジはイラクと不可侵条約を結んでいたが、フセインの考え次第では蔑ろにされ、当てになるものではなかった。世界最大の油田地帯に危機が迫っていた。

アメリカは軍事行動の準備のため、イラクの隣国サウジとトルコから基地の使用許可を得た。また国務長官は国連で武力行使の支持を得るため、何度も関係各国を訪問した。その結果、国連総会で朝鮮戦争以来の55万人という大規模な多国籍軍の派遣が決定された。ただしこれだけの規模では、戦闘準備が整うまでに早くても半年かかる。

また専門家のあいだでは、多国籍軍が本当に軍事行動をするのか、予想が割れていた。当時、アメリカの父ブッシュ大統領は、国内ではもっぱら「弱虫」という評判だった。一方でイラク軍は50万人規模と過大に見積もられ、中東地域では最強で、中国軍と同等かと思われていた。このためアメリカ国内にさえ、開戦に慎重な意見が存在した。

一方イラクのフセインの方も、予想外の事態に当惑していた。まずは、仲間になってくれると期待していたエジプトが、迷わずアメリカ側に加わったことだった。さらにクウェート占領後、数多くいる王族の誰かを捕えて併合を歓迎する声明を出させるはずだったのに、一人も捕らえられなかったことである。そして最大の誤算は、「弱虫」のはずのブッシュが、ここまで世界を戦争へと動かしたことだった。

解決の展望がない中、国連安全保障理事会では、イラクが1991年1月15日までにクウェートから撤退しないかぎり、攻撃を容認するという決議が成立した。また当時のソ連ゴルバチョフ政権の特使が、舞台裏で米・イラク間を必死に仲介した。しかしこれは失敗に終わった。こんなことは大戦後初めてのことだった。

じつはその原因は、冷戦の終結にあった。かつてのソ連なら、それなりに力があったから、硬軟織り交ぜた交渉で面子《メンツ》を立てつつ、落としどころを見出しただろう。しかし当時のソ連は崩壊目前であり、完全にアメリカ側に立っていた。そして交渉失敗の事実が明らかになったときには、すでに戦争回避のタイミングを逃していた。

そして運命の日がやって来た。攻撃開始は、予告を2日過ぎた1991年1月17日だった。出撃回数は初日だけで2000回に達した。最初にレーダー基地が破壊され、ペルシア湾内のアメリカの軍艦から巡航ミサイルが発射され、レーダーに映らないステルス戦闘機とともに、イラク領内の基地を攻撃した。多国籍軍の圧倒的な物量作戦と最新兵器の前に、イラク軍はほとんど対抗できなかった。領内の道路や通信網などのインフラが破壊され、たった1日でイラク軍の指揮系統は破壊された。

ただし、こうした状況は予想されていた。そこでイラクは、イスラエルやサウジの石油関連施設に多数のミサイルを撃ち込んだ。これでイスラエルが反撃してくれれば、湾岸戦争がパレスティナ解放戦争に発展し、アラブ諸国に手を引かせたり、アメリカを孤立させられる可能性が生まれてくる。また石油輸出が減少すれば、石油危機が起きて世界に厭戦気分を起こせる可能性がある。どう転んでも、イラクには不利にならないはずだった。

実際、イスラエルでは一時期、参戦論が浮上した。しかしアメリカはイスラエルに対し、フセインの挑発に乗らないよう強い態度で要請した。またミサイルの精度が低かったため、実際の被害も少なかった。さらにアメリカは、アラブ諸国に戦後、パレスティナ問題の解決に真剣に取り組むことを強調した。結果としてアラブ・イスラエルの世論は沈静化し、フセインの予想は外れた。

時間が経つにつれ、イラク側の被害が増大した。捕虜も数万人に達し、あまりの多さに輸送が間に合わず、戦場から収容所まで自力で歩かされた捕虜もいたほどだった。

2月に入ると、多国籍軍の地上戦の準備が完了した。総司令官はアラブ側の感情に配慮し、サウジ王族が就任した。一方、攻撃開始を察知したフセインは、クウェート国内の石油施設を爆破した。これは油井から出る煙で攻撃を妨害するためだった。しかしこの作戦は、ミサイルにGPSやレーダーが搭載される時代には、まったく効果のないものだった。

地上戦は2月24日に開始された。すでにイラク軍の補給は止まっていたから、飢えた兵士は次々と降伏した。まともに抵抗したのは、フセインが心血を注いで整備したイラク軍最強の共和国防衛隊だけだったが、それも砂嵐や暗闇の中でも相手を攻撃できるアメリカ軍の敵ではなかった。結局フセインは2日後に、クウェートからの全軍撤退を命じた。

そうなると、次の問題は、戦争の終わらせ方となる。アメリカ側は、まだ共和国防衛隊が健在なので、今後の地域の安定のためには打撃を与えておく必要があると考えていた。しかし国連決議では、今回の戦争の目的はイラク軍のクウェートからの撤退であり、フセインの打倒ではなかった。そこでアメリカ軍は、なし崩し的にイラク国内での戦闘となるよう、進軍を速めた。一方イラク側は、そうならないよう大急ぎで撤退した。あとは両軍の速度の勝負であった。

結局、逃げ足が速かったのはイラク側だった。フセインは地上戦3日後の2月27日に撤退勧告を受諾した。父ブッシュはこれ以上戦闘を継続できないと判断し、苦々しげに勝利宣言を行った。それは地上戦開始からちょうど１００時間目のことだった。

これに対しフセインは、アメリカがまだ戦争を続けることを予想していたため、突然の終戦に驚喜した。自慢のイラク陸軍はボロボロだったが、共和国防衛隊や空軍の被害は軽かった。国内の被害も、石油輸出さえ再開できれば、いつでも再生できる程度だった。

その後、イラク各地では民衆反乱が起こったが、アメリカはまったく援助せずに傍観した。そこでフセインは、アメリカ側は自分を排除することで起こる混乱を恐れていると考えた。彼は戦争では勝てなかったが、自分の地位は安泰で、完全に負けたわけではないことを確信した。

湾岸戦争は、アンバランスさが目立った戦争だった。イラク側の死者数が万をはるかに超える数だったのに、多国籍軍側はたった１５０名だけだった。それはアメリカ軍が初めて実戦に本格導入した、ＧＰＳやレーザー誘導兵器といった新兵器のおかげだった。アメリカは、その絶大な効果に喜んだ。

しかし一方で、砂嵐のせいで一機10億ドルもする偵察衛星が使えなかったり、軍の集結に半年かかったことが課題となった。そのためアメリカ政府は、衛星や飛行機より価格がはるかに安い無人機（ドローン）の開発と、コンピューター化された部隊の創設を決定した。また世界中どこでも75日以内に集結できるよう軍の再編成が進められ、日本の沖縄基地も対象となった。

湾岸戦争が原理主義を広げた

こうして湾岸戦争はフセイン政権を打倒しないままに終結した。戦後、国際社会が生物化学兵器の完全破棄を求めると、フセインは一度はしぶしぶ受諾した。国際社会は、まだフセインが核兵器を隠し持っていると疑っていたため、イラク国内の徹底的な調査を要求した。彼はこれを拒絶したが、それは保持を認めたのと同じであった。そこで国際社会は、彼が調査に協力しないかぎり、イラク産の石油輸出を禁止するなどの経済制裁を行った。フセインは地位を守るために、制裁を受け入れた。その後、制裁は10年余り続けられ、イラクの民衆を苦しめ続けた。

一方、アメリカは、アラブ諸国と交わした約束を実行した。まず1991年にイスラエルとＰＬＯの歴史的会談が実現した。その2年後の1993年には、ノルウェーの首都オスロでパレスティナ暫定自治合意（オスロ合意）が調印された。自治区という形ではあったが、パレスティナ人はようやく自前の国家を得たのである。初代パレスティナ自治政府の大統領には、ＰＬＯのアラファト議長が選ばれた。

ただしこれはよいことばかりではない。まずパレスティナ問題が半ば解決した以上、アラブ諸国はイスラエルやアメリカと敵対する理由がなくなった。そのため彼らは以後、堂々とアメリカと友好関係を結ぶようになり、国内の反対意見も無視するようになる。しかしそれは支配層の理屈であり、民衆の反米感情を無視したものだった。またパレスティナ自治区でも、戦士アラファトが行政の長として不適格であることが明らかになっていた。自治区の行政は非効率そのもので、縁故主義や腐敗が横行した。

また湾岸戦争後の中東各国では、建国以来の社会問題が表面化した。エジプトでは経済成長が鈍化したが、その原因は若年人口の増加と失業率の上昇にあった。若年人口が増大したのは、イスラエルとの和平によって軍縮が行われたためだった。軍事予算が削減されれば、税も軽減され、生活レベルが向上して幼児死亡率も減少する。除隊した兵士の家庭では一斉に子供が生まれるが、その子供たちが就業年齢に達するのも一斉であるため、その時に十分に仕事がなければ失業者が増加する。

しかしエジプト政府は、十分な仕事を作り出すのに失敗した。エジプトは外資導入に消極的だった。19世紀の植民地化以来の外資への反感を名目に、ムバラクの出身母体である軍関係者が握る利権を守ろうとしたからである。その結果、エジプト産業界は競争から守られ、非効率なままだった。それに加え、政治にうるさい若者が育たないように教育に力が注がれず、人材育成を怠った。また言論の自由がないため、腐敗の防止も不十分だった。こうした点は、「世俗化路線をとるイスラーム教国」という点で共通するマレーシアとは異なっていた。

こうした社会・経済構造の結果、エジプトは国全体のＧＤＰが伸びた割には国民1人あたりのＧＤＰが伸びなかった。それは国民が、経済発展の恩恵を受けていないことを示していた。若者の失業率は、先進国ならさまざまな社会問題が起こるレベルの倍近い20％に達し、その不満が、のちに２０１１年の「アラブの春」と呼ばれる大衆運動の背景となるのである。

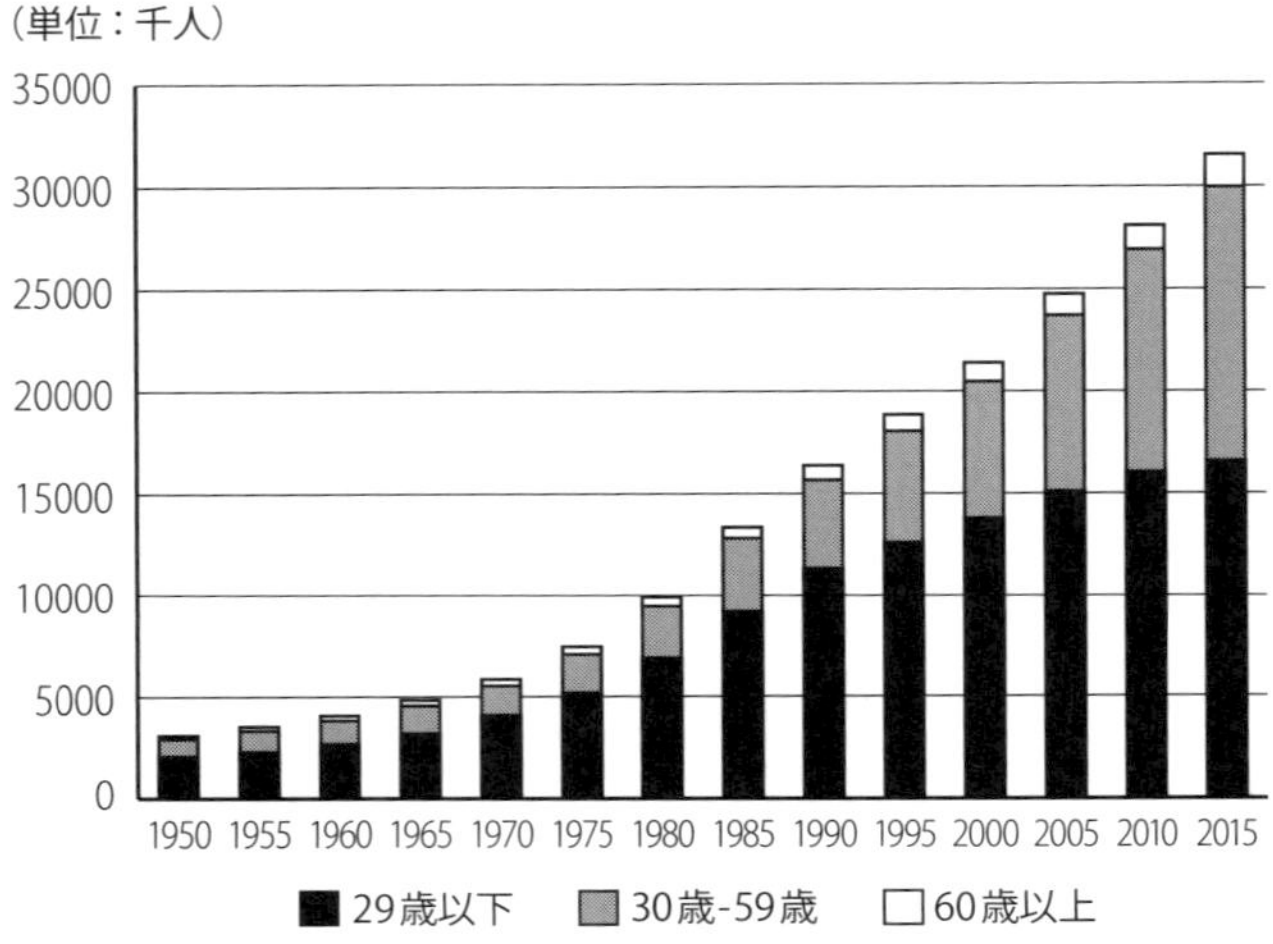

図39　サウジアラビアの年齢層別人口の推移
「国連人口統計」より

サウジアラビアはイラン・イラク戦争以後、多額の軍事費支出が続いたため、財政が悪化した。まだ国民への課税はなかったが、対策として社会保障費が削られたり公的サービスが縮小されたため、民衆の負担は増加した。さらに湾岸戦争によって、巨額の予算を投じて整備された国防軍が役に立たないことが明らかになった。王族の腐敗や堕落も、隠しようがなくなっていた。それでも王家に対する反発が表面化しなかったのは、石油収入のバラマキが維持されたことと、治安機関による締めつけがあったからだった。

しかし国民の約半分が29歳以下であり（図39）、その失業率は、エジプト同様、先進国の倍近くある。バラマキのおかげで大学進学率は高かったが、それに見合う就職口は国内には少なかった。欧米に留学する者も多かったが、彼らが学問とともに身につけてくる欧米的価値観は、サウジでは嫌悪の的になる。また彼らが帰国後に見たものは、腐敗し堕落した王族であり、アメリカ兵が我が物顔に振舞う姿だった。こうした状況を改めるには、国家を根本から変えるしかないと彼らが考えるのは自然だろう。

「変革」に立ち上がった者の中で目立ったのが、アフガニスタン帰還兵だった。彼らの多くは良家や中流家庭出身者で、欧米への留学経験者も多かった。彼らの親世代には急に豊かになった現状に満足している者が多かったが、彼らには不満が多かった。そして彼らはアフガニスタンで、理想に燃えた信仰心の強い同胞を知り、過激思想を学んでいた。その姿は、フランス革命で活躍したアメリカ独立戦争帰りの自由主義貴族や、ベトナム反戦運動に参加した「怒れる若者」たちとよく似ていた。

ビンラディンが始めた「戦争」

こうしたアフガニスタン帰りの代表が、ビンラディン財閥の子息ウサマであった。彼はアメリカを激しく憎んだ。彼らが以前アフガニスタンで結成した対ソ戦争の基金運営団体アル・カイダ(基盤)が、反米闘争の基盤となった。彼はイスラーム圏の「怒れる若者」が、強大なアメリカと闘うための送金手段を整備し、そのネットワークを使ってテロの実行資金も提供した。このネットワークには、彼らの考えに賛同する湾岸諸国からの資金が流れ込んだ。その結果、若者たちが留学先で身につけた技術を使ったテロリズムが頻発した。

ただし彼らの初期のテロは、ほとんどが失敗だった。数少ない成功例が、1993年のニューヨーク世界貿易センタービルでの爆弾テロだった。これは計画では双子ビルを両方とも倒すはずだったが、爆弾が小さすぎて6人の死者と多数の負傷者を出しただけだった。

この事件の捜査で、すぐにビンラディンの名前が浮上した。サウジでは彼の一族が直ちに絶縁を表明し、政府も国籍を抹消した。しかし彼は、すぐに国外に脱出し、支援者の助けで建設業を営みながら、各地にアフガニスタンと似た「訓練施設」を設立した。

その後、アル・カイダが関わるテロが続発した。1996年にはサウジのアメリカ軍基地、98年にはケニアとタンザニアのアメリカ大使館で自爆テロが行われた。このとき押収された文書には、アメリカ国内で航空機を乗っ取り、合衆国議事堂やホワイトハウスに突っ込ませる計画が書かれていた。彼らは、テロ事件を起こす中で、経験を積んでいった。

当時のアメリカのクリントン政権は、こうしたテロに反発し、基地と思われたスーダンの「化学工場」とアフガニスタンの訓練施設を、相次いでインド洋上の軍艦から巡航ミサイルで攻撃した。

しかしこの情報は古かったり誤ったりしていた。後でこの工場が薬品と粉ミルク製造工場であり、ビンラディンらもすでにスーダン政府が国外追放していたことが判明した。誤爆は、冷戦終結でアメリカの情報網の予算が削られ、質が低下していたことが原因だった。この対決は、世界最強の「国家」アメリカと、国土を持たない敵との戦い（非対称戦争）という、新しい時代の到来を意味していた。

その頃ビンラディンらは、旧知のタリバンが全土を掌握していたアフガニスタンに戻っていた。彼らは久しぶりに安住の地を得、新たなアメリカ攻撃計画を立てはじめたのである。

金融危機時代の到来

1980年代に新自由主義時代に入ったあと、アメリカでは多くの企業が多角化の一環として、自由化された金融部門に進出した。自由な金融市場で投機ブームが起こり、やがてそれが崩壊するのは、南海泡沫《バブル》事件を筆頭に、金融の歴史ではよく知られているが、やがてその時の痛みが忘れられて再発することもまた、よく知られている。

金融界では、金融取引の画期的な変化が始まっていた。1971年に大型コンピューターを使った電子取引専門の株式市場ナスダックが設立された。また金融取引の利益をコンピューターで確実に計算する方法が、経済学者のフィッシャー・ブラックとマイロン・ショールズによって1972年に導き出された。このことは金融の世界をコンピューターが動かすものに変えるきっかけとなった。

この頃からコンピューターや情報通信機器は、経済を時間や場所の制限から解き放ち、グローバル化・高速化・大規模化を加速させた。また情報がモノと同じか、より重要視される情報化社会が成立した。さらに、パーソナルコンピューター（パソコン）が、1990年代にマイクロソフト社のウィンドウズOSが発売されて以降、爆発的に普及した。同じ頃にインターネットの商業利用も開始され、デスク上で情報を収集したり、様々なものを売買することが可能になった。その一方で、政府の規制の及ばないサイバー世界も拡大した。

冷戦の終結も、こうした状況を加速させた。東西対立の終了によって多くの社会主義国が消滅したことで、ある程度整ったインフラを持つ国で、それなりの教育を受けた30億人が、グローバル経済に参入し、資本主義経済圏が倍増したのである。「大競争時代」の到来である。

こうした状況は金融界に追い風となった。インターネットブームが起きればIT企業株が、湾岸戦争で石油危機が起これば資源関連株が高騰した。結果的に90年代のアメリカの株価は、ほぼ一貫して上昇した。そのため経済界には、情報技術の活用が景気悪化の主因である需給の不一致を解消し、ついに不況が消滅する時代が来たという考えまで広がった。

もちろんそれは勘違いだった。たしかに情報技術は、世界規模の企業であっても在庫調整を容易にする。しかし実際に起こっていたのは在庫調整の時間差の短縮であり、消滅まではしなかったのである。また在庫調整の時間差の短縮自体は、企業にとっては歓迎すべき変化だが、一方で人間や社会システムがそれに対応できないことによる問題が発生する。情報技術は24時間動いてくれるが、人間はそうはいかないからである。

金融取引の変化は投機的な動きも加速させ、経済のバブル化現象を頻発させた。１９８０年代末にその影響で起こったのが先述した日本の不動産バブルであり、その次にバブルが発生したのが東南アジアであった。

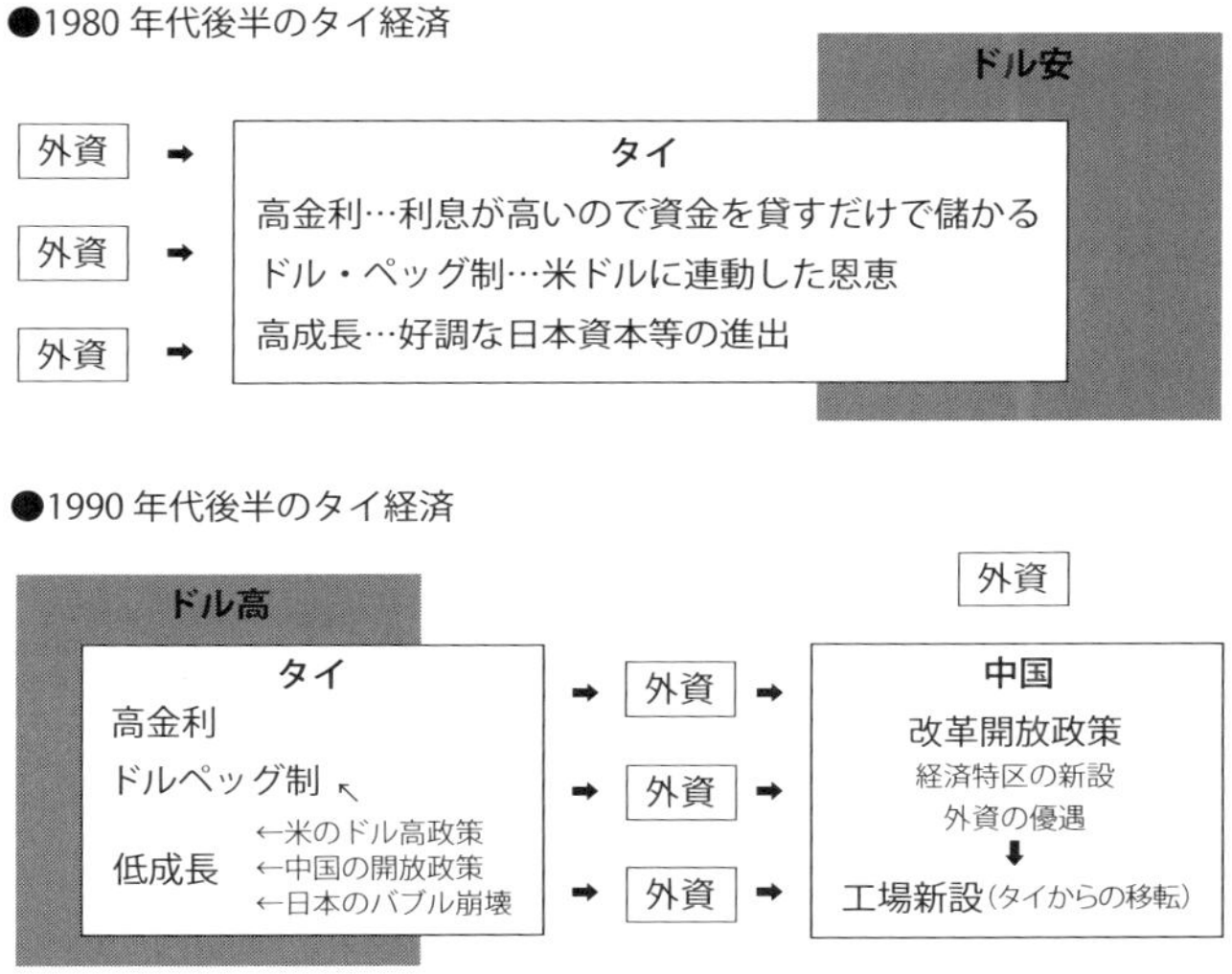

図40　タイへの投資形態の変化

アジア通貨危機

東南アジアバブルの崩壊、いわゆる「アジア通貨危機」はタイから始まった。この国は１９９０年代前半まで、ＩＭＦの勧告に従ってドルと自国通貨バーツをリンクさせるドル・ペッグ政策をとっていた。当時はドル安時代であり、通貨が安いことは輸出に有利であった。日本をはじめとする外資系企業は、タイに多くの工場を建設した。

ところが１９９０年代に中国で高度成長が始まると、それに惹かれた外資系企業がタイの工場を中国に移すようになった（図40）。また１９９５年のクリントン政権のドル高政策によって、ドルとリンクしたタイ通貨は輸出に不利となった。しかしそれでも当時は世界的に投資資金が余っている状態だったため、タイのような好景気の国が資本を集めるのには困らなかった。
しかしタイが集められた資本は短期のものが多かった。「東アジアの奇跡」をもたらした長期資本は中国へと去っていた。短期資本は逃げやすい。そんな資本しか集められなかったのは、じつはタイの成長基盤が弱っていたからだった。好景気が維持されているように見えたのは、一種のバブルだったのである。

株式市場では、実力以上に高値で取引されている会社の株を、投資家が金融会社などから貸株料を払って借り、大量に売って暴落させ、安くなったところで買い戻して利益を得る「空売り」という手法が使われる。タイの市場は、その通貨版を行うのに絶好な状況だった。

この状況に気がついたのが「ヘッジファンド」である。ヘッジファンドとは富裕な顧客の資産運用を手がけ、コンピューターと金融工学を駆使して資金の目減りを回避《ヘッジ》し、資産を増やすことを請け負う会社である。一般的に彼らの報酬は成果に応じて支払われ、損失は負担しない。そのため自社の利益は確保しやすいが、顧客からは高いノルマを要求された。

1997年5月、多くのヘッジファンドが大量の資金をレバレッジで準備し、満を持してタイを攻撃した。バーツは一気に暴落し、輸入品価格が高騰して機械部品や食品の値上げが相次いだ。しかし輸出価格は、タイのライバルであるインドネシアや中国がいるかぎり簡単には上げられない。このためタイ工業界は大打撃を被った。

タイ政府は手持ちの外貨をギリギリまで使い、全力で通貨を買い支えた。しかし攻撃者と比べ手持ち資金が2桁も少なく、とうてい勝ち目がないことが判明した。バーツはわずか半年間で、半額以下に値下がりした。タイは降参し、ドル・ペッグ制を放棄して変動相場制に移行した。外貨不足の影響はすぐに広がり、企業の倒産が激増し、倒産を免れた企業も株価低迷に苦しんだ。失業者が増大し、賃下げも広がった。外貨不足で輸出入が困難になったタイ経済は危機的になり、IMFから戦後2度も救済されるという屈辱を味わった。

ヘッジファンドの攻撃やタイの経済危機の影響は、マレーシアやフィリピン、韓国やインドネシアといった、タイと似た状況の国にも広がった。こうした国々が支援を要請した結果、IMFを中心とする支援団は、900億ドル近い金融支援を行った。アジア経済に深く関与していた日本政府も、IMFとは別に200億ドル近い支援策を表明した。またIMFは、危機の再発防止のため、各国に経済改革を要求した。しかしその内容はロシアへの支援と同様に、徹底した新自由主義的なもので、それは危機の原因であるグローバル化の影響を受けやすくなるものだった。

しかし支援された各国では、当時ロシアで何が起こっているか知っていた。国民の反発で、社会不安が増大するのは明らかだった。東南アジア諸国は開発独裁体制の国が多かったが、それはもともと社会不安を抑えるために生まれたものだった。当然、各国政府は支援策に反発する。マレーシアのマハティール首相などは、断固として改革を拒否して独自策で対応した。結果的にマレーシアのGDPは6・5%も低下したが、社会の不安定化は避けられた。

通貨危機が韓国を変えた

一方で改革を忠実に実施したのは、開発独裁体制から脱してＯＥＣＤに加盟していた韓国だった。ただし韓国経済は自由化していたが、まだ財閥の役割が大きく、輸出依存度も高かった。さらに独裁時代からの慣行で、政府の企業支援策として、企業債務に政府保証がつくことが多かった。このため企業の債務不履行が、政府の債務危機に発展してしまったのである。

危機に陥った韓国に対し、日本からは１００億ドル相当の支援策が示された。歴史問題を抱える中、韓国では国内の反発が予想されたが、目の前の厳しい現実の前に、背に腹は代えられない。そのため金大中政権は、日本文化の輸入を解禁した。たまたま前年に決定されていたサッカーワールドカップの日韓共同開催も、こうした和解の流れを後押しした。

また金大中は、北朝鮮に対して「太陽政策」を打ち出した。これはイソップ物語の「太陽と北風」のように、北風（＝北朝鮮の挑発）に負けずに太陽の光（＝対北支援）を注ぐことで、頑なな態度を和らげようとするものだった。同時にこれは、戦争をしてないのに毎年１５０億ドル近くかかる軍事費（図41）を節約するためでもあった。

韓国の改革を実際に指導したのは、ＩＭＦから派遣された、通称「占領軍」と呼ばれる人々だった。彼らは韓国に、徹底した規制緩和と競争原理を導入した。その結果、これまで国家と深く結びついていた多くの財閥が解体され、国営企業が民営化された。

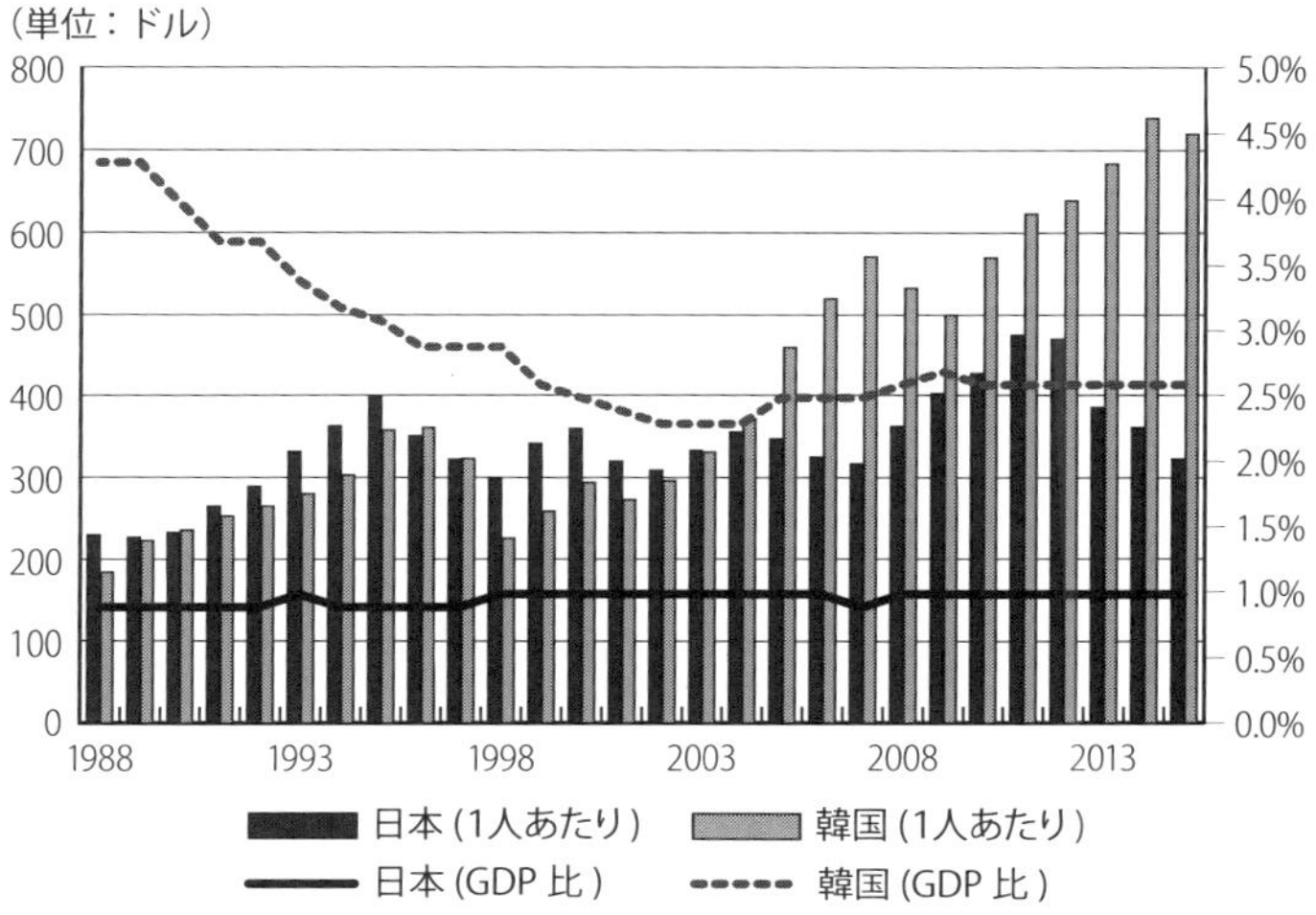

図41　日本・韓国の1人あたり国防費およびGDP比の推移
「ストックホルム国際平和研究所」より

結果として、韓国では長期雇用の安定した職が減少した。改革前の韓国では、民主化以前なら政府の圧政、それ以後も気まぐれな法解釈の変更さえ我慢すれば、国民には生活の安定が保障された。有名大学を出れば財閥系企業に就職でき、生涯安定した職が確保された。しかし改革後は大卒の就職率が、60％前後に低迷した。しかもこの数値は、日本でいうアルバイトや契約社員も含まれている（世界的にはこれが普通）。韓国でも就職浪人は嫌われるため、就職目当ての留年が増加し、入学から就職まで6～7年かかるのが普通となった。

こうした事態に対応するため、若者は猛烈な勉強と競争を強いられた。職に就ける可能性を高めようと、各家庭では幼い頃から大学入試や海外への就職をも視野に入れた教育に全力が注がれた。学校はその受け皿となり、学生は朝早くから夜まで学校で過ごし、そのあとも「自主的」な学習に参加するのが普通になった。２０１４年の韓国統計庁によると、平均学習時間は平日で8時間を超え、家に帰るのは22時過ぎで、そこからまた家庭学習が3時間続くという。英語が得意な若者が増えたこともあって海外の有名大学への留学生が増加し、入学者数で日本人学生が圧倒されることも珍しくなくなった。

そのため増えた教育費は家庭が負担した。ＯＥＣＤの２０１４年統計では、教育費は加盟国中14年連続で1位であり、家計の負担割合も日本の2倍である。学習に関するＰＩＳＡ調査で韓国は常に最上位にいるが、日本と同様、学習に喜びを感じている若者は少数である。

そんな猛烈な競争をしても、勝者は一握りでしかない。勝者は有名企業社員の地位と高収入を得るが、そこでもまた猛烈な競争が待っている。地位を維持するためには同僚や外国企業との競争に勝ち続けなければならない。ましてや敗者になれば、残るものは絶望だけである。自殺者も多く、その率はＯＥＣＤ平均の3倍近い（日本も2倍）。

こうした状況の中で、政府が恐れたのは、国民の怒りが自分たちに向かって来ることだった。怒りを和らげるには競争を緩和するしかない。しかし、それでは改革をきっかけに驚異的に競争力を増した韓国企業を敵に回すことになる。しかも国会内外には、怒れる左派と必死な右派が、建国期の独裁政権以来の強大な権限を利用しようと待ち構えている。メディアでも、所有している財閥系企業の意向が強く働くため、公正な意見が表明されにくい。

強大な権力への消極的抵抗の方法の一つに、法や制度の執行をまともに行わないことがある。しかしそれは、法や制度を私的に利用する不正や腐敗と、心理的には紙一重でしかない。韓国やインド、南アフリカなど、抵抗運動が激しかった国で腐敗がなくなりにくい原因がそこにあり、これを解消することは難しい。

こうした八方ふさがりの状況の中で、政府が国内の問題から国民の目をそらすには、それにふさわしい対象が必要である。そこで北朝鮮と日本に目が向けられることになる。しかし北朝鮮を対象にすれば、国内に親近感を持つ左派がいるため、国内対立を悪化させてしまう。そのため、対象としては歴史問題を抱える日本の方が好都合だった。そこで、金大中政権のあと、左派の盧武鉉《ノムヒョン》、右派の李《イ》明博《ミョンバク》、朴槿恵《パククネ》と、政治的な立場は違っても、歴代政権は反日政策を展開したのである。

通貨危機の他のアジア諸国への影響

通貨危機の影響は他の国にも広がった。日本はバブル崩壊後、大戦の反省から発行を禁じられていた赤字国債で歳入不足を補ってきた。しかし１９９５年には発行残高が４５０兆円を超えてＧＤＰを上回ったため、財政危機宣言を出して赤字脱却を最優先課題とした。ちょうど翌年に景気の落ち込みが一段落したと思われたため、橋本龍太郎内閣は１９９７年４月に消費税を５％に上げた。通貨危機の襲来は、そんなタイミングであった。

結果的に景気と財政は大幅に悪化した。予想では4兆円の歳入増だったはずが、3兆円近くの減収になった。そのため、さらに国債が増発され公共事業が行われたが、景気は回復せずデフレと財政赤字が続いた。2010年代には歳入の半分が赤字国債で穴埋めされ、累積債務もGDPの200%を超える事態が定着した。唯一の救いは国債の購入者のほとんどが国内企業であり、海外に富が流出しなかったことである。しかし危機感が減衰したことは、財政改革の機運を弱めてしまい、「失われた20年」という停滞が続く一因となった。

インドネシアでは、スハルト大統領の独裁体制にともなう政治の緩みが危機への対応を誤らせた。それがスハルト体制への不満と結びつき、彼は翌98年に、かつての政敵スカルノの娘メガワティ率いる反政府運動によって地位を追われた。

通貨危機が生んだプーチン政権

1998年になると、通貨危機がロシアにも波及した。ロシアはソ連解体後の経済的混乱に苦しみ、資源しか売る物がない状況だった。しかし危機による不況が、唯一の収入を激減させた。通貨ルーブルは暴落し、多数の銀行が破綻した（ルーブル危機）。海外投資家はロシアから投資資金を引き揚げ、ロシア人富裕層も資産を海外に持ち出した。

欧米からロシアへの資金援助は継続されたが、財政破綻は防げなかった。政府の機能は停止し、猛烈なインフレが市民を襲った。その影響を最も受けたのは、収入額が一定の年金生活者つまり老人たちだった。物々交換と地下経済だけが、彼らの苦境を支えていた。

しかしロシア経済は、翌年に一気に回復した。その原因はアジアやロシアから引き揚げられた資金が、不況で割安な石油に投機され、原油価格が急騰したからだった。税収は急増し、ルーブルの下落が輸出企業を救った。ロシアは投機に翻弄されたのである。

この頃エリツィンは病気がちになり、強大な権力も使われないままだった。新しい大統領が必要となったが、選ばれた人物が絶大な権力を握るのは確実だった。候補は最終的に、諜報機関のトップということ以外、無名であったウラジーミル・プーチンに決まった（写真26）。

エリツィンは１９９９年12月31日に、病気を理由に辞任した。彼の最後の演説は、苦渋と後悔に満ちたものだった。ちなみにこれは、ロシア史上初の平和的な権力委譲となった。

プーチンが取り組むべき課題は多かった。まずは税制をどうするかである。当時、政府は歳入を、関税と企業から徴収する税に頼っていた。こうした企業の多くはオリガルヒの支配下にあり、ロシアの政治・経済を牛耳っていた。しかしその利己的な姿勢があまりに露骨だったため、庶民の反発を生んでいた。

写真26 プーチン
©www.Kremlin.ru

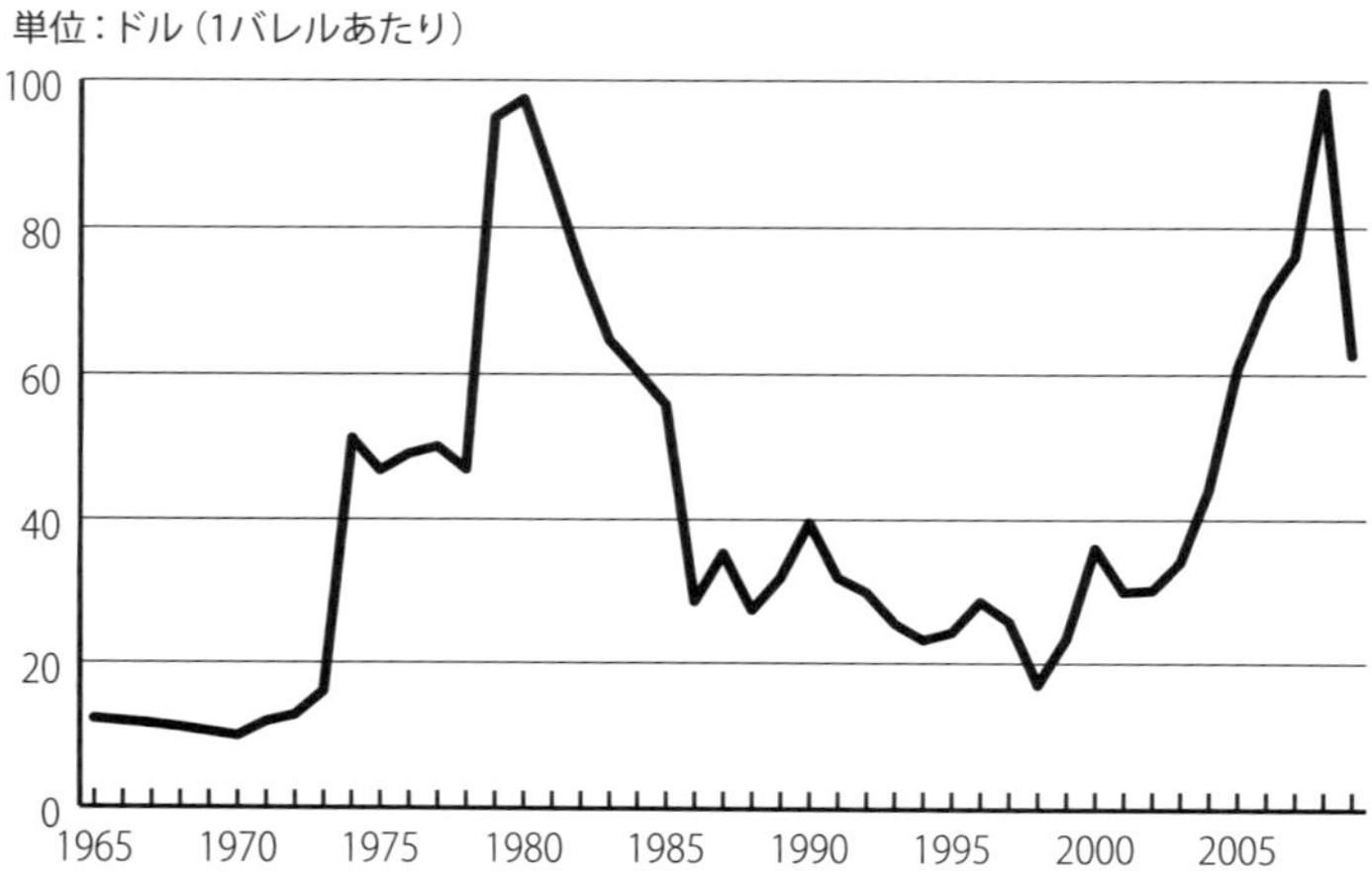

図42　原油価格の推移

「BP Staiscal Review」より

これをプーチンは政権の安定化に利用した。彼はオリガルヒを容赦なく取り締まって、国民の喝采を浴びた。そのうえで彼は取り上げた利権を、配下のシロヴィキに分配した。一方で彼は親西欧的な言動でリベラル派を味方につけ、シロヴィキと対抗させて独裁権力を振るった。そうした力の源泉は、エリツィン時代には使われなかった強力な大統領権限だった。

21世紀初めのロシアの国家・社会構造やロシア人の心性は、ソ連崩壊からこの時期までに形成された。国民の多くが欧米によってもたらされた苦難を体験し、歴史的な西欧への対抗心も相まって、反西欧的なメンタリティへと変化した。その結果、資本主義や民主主義への不信感が強まり、それがプーチンの強権支配を支持する心理につながった。

また政府が市民の納める税によって運営されるなら、そこには民主主義が育つ余地がある。しかしロシアの税収源は資源の割合が非常に大きい。そのためプーチンは、政治運営で世論を考慮する必要がない。こうした資源国家は、サウジアラビアと同様、民主主義が機能しにくい構造である。

さらに資源価格は世界経済の変動や投機の影響を受けやすく、ジェットコースターのように乱高下する（図42）。そのためロシアの財政は、ときにはアクロバット的な舵取りを強いられた。ロシア政府が不可解な行動をとる場合、資源という切り口で見ると理解できる場合が多い。

なお通貨危機は、翌年にはタイ同様にドル・ペッグ制をとっていたブラジルにも波及した。しかし、ブラジルのフェルナンド・H・カルドーゾ政権は、素早く変動相場制に移行し、乗り切った。2000年代から2010年代前半にかけては、ブラジル経済の繁栄がもたらされ、それを背景に、南米初のオリンピックがリオデジャネイロで2016年に開催された。

第十章
21世紀の世界

同時多発テロの発生

通貨危機の影響はヘッジファンド自身をも苦しめた。危機後、2年間も世界経済の混乱が続いた結果、判断を誤った一部のファンドが破綻したのである。

特に話題になったのは、アメリカのＬＴＣＭの破産だった。この会社は、ヘッジファンドが使う理論でノーベル賞を受賞した2人を顧問に据えていた。この事件で世界は、彼らが作り出したものは、生みの親さえ制御できない、怪物のようなものだと感じたのである。

しかし、２０００年代に入るとアメリカ経済は回復し、危機は沈静化したと思われた。

通貨危機を乗り切ったクリントン政権の次を決める大統領選挙は激戦だった。副大統領アル・ゴアと、共和党のジョージ・Ｗ・ブッシュ（41代ブッシュの息子、子ブッシュ）の争いは、まれに見る接戦だった。得票率ではゴアがほんの少し優勢だったが、第3のリベラル派候補が出馬したため、票が食われたゴアが敗北した。特に、決戦の場となったフロリダ州は、ブッシュの実弟が知事であり、しかも開票時に機械の不調が頻発していた。そのためブッシュは、当選の正当性に疑問が持たれる中での就任となった。

就任早々の彼を襲ったのが、２００1年9月11日（9・11）の同時多発テロ事件である。午前8時45分。ニューヨークの貿易センタービルの北棟に、ロサンゼルス行きの旅客機が衝突した（写真27）。最初、アメリカのテレビ局は大事故の発生だと思っていた。しかし現場の映像が流れはじめて数分後、世界中で数千万人の視聴者が見つめるなかで、信じられない光景が発生した。別のジェット機が双子ビルのもう一つの棟に衝突したのである。そのとき、多くの人が、「事故ではない」と直感した。

さらに30分後、人々はアメリカ国防総省本部、通称ペンタゴンに別のジェット機が突っ込んだことを知った。そしてまた35分後、さらにもう一機がワシントンに向かう途中、何らかの理由で時速580kmの速度で地面に激突したことも。衝撃的な事態はさらに続く。何が起きたのかわからない世界中の人々が呆然と見つめるテレビ画面に、双子ビルが轟音とともに崩れ落ちる様子が映し出されたのである。被害者の正確な数はいまだに不明だが、数千人に達するといわれている。

アメリカ政府はまもなく、これまでの状況証拠から、事件はアル・カイダの犯行だと発表した。その後の捜査で実行犯19人が特定され、その多くがエジプトやサウジアラビアの裕福な家庭で育ったイスラーム教徒の犯行だったと発表された。事件は、史上初の飛行機を使った自爆テロだった。さらにこれはアメリカの国土に対する史上初の攻撃と認識され、多くのアメリカ人に計り知れない心理的衝撃を与えたのである。

写真27　9・11同時多発テロ事件
©Robert.J.Fisch

実際、事件直後のテレビでは、アナウンサーの多くが衝撃に打ちのめされて話すことができず、事件映像だけが何度も流された。その後アナウンサーたちは立ち直ったが、今度は心理的な自己防衛反応からショックを攻撃的言動へと転化させ、事件を真珠湾攻撃に例える発言を繰り返した。そして真珠湾攻撃当時と同様、犯人と同じ宗教であるというだけでイスラーム教徒を敵視する風潮が広まり、各地でヘイトクライム（特定集団に対する憎悪犯罪）が続発し、外国人の入国を制限する動きをもたらした。

もちろんすべてが同じだったわけではない。真珠湾攻撃当時と違って多くの有名・無名な人々が危険な兆候を指摘し、事件とイスラーム教は無関係であることや、冷静になるよう呼びかけた。ジョン・レノンが平和を呼びかけた歌「イマジン」を流し続けた放送局もあった。しかしそんな努力も、熱狂的で「愛国的」な行動を煽る声にかき消されてしまった。事故後の世論調査では国民の3分の2が、どこかで戦争が起こることを予想していた。ではその「どこか」とはどこだったのか。

子ブッシュ大統領は、事件翌日に対テロ戦争を宣言した。彼はこの戦争を正義の戦いと位置づけ、「十字軍戦争」と表現した。彼の支持率は90％という驚異的な数字に達した。また彼は、この事件が国際社会を危機に陥れ、軍事力行使の条件を満たしたとして、国連の承認を得てアフガニスタン政府にビンラディンらの引き渡しを要求した。「どこか」とは、まずはアフガニスタンだったのである。

ただし「十字軍」という表現は、イスラーム教徒に９００年前のキリスト教徒の蛮行を連想させるものだった。またアメリカ軍が十字軍なら、聖地のあるサウジが十字軍に占領されていることにもなる。このためイスラーム世界でアメリカに対する反発が増し、冷静な対応を呼びかける声がかき消された。またタリバン政権も、これまで何度も国際社会から引き渡しを要求されてきたのと同様、拒否の態度を崩さなかった。彼らは、事件の衝撃の大きさを理解していなかったのである。

アフガニスタンでの戦争は10月に始まった。米英軍を中心とする多国籍軍が攻撃を開始し、反タリバンで結束した部族連合軍も戦闘に加わった。たまらずタリバンは2カ月後に首都を放棄し、本拠地であるパキスタンとの国境地域に撤退した。多国籍軍は勝利を宣言し、アフガニスタン新政権の樹立を援助した。

しかし新政府の実態は、以前の部族連合のままだったため、内部対立も復活した。莫大な援助も、受け皿の組織や使い道が決まらないうちに部族に使途が任され、腐敗の温床となった。民衆の不満からタリバンが勢力を回復した。やむを得ずアメリカ政府は支援を強化した。

アメリカ国内では同時多発テロの衝撃が収まると、その反動で対外活動に否定的な意見が増加した。対外活動費の削減や、兵士の安全確保の声が高まったため、開発されたばかりのドローン（無人機）が導入された。しかし当時のドローンは性能が低く、誤爆事件が増加した。それが反米気運を高めたため、ますますタリバンが勢力を回復する結果となった。

同じ頃、パキスタンでは原理主義勢力が、政教分離を主張するベナジル・ブットらを追放するよう、ムシャラフ大統領に要求した。しかし彼は、インドとの対決や核開発体制を維持するため、支援国アメリカと接点がある彼女らが必要だった。彼はこれを拒否しただけでなく、イスラエルにも接近した。そこで政教分離に反発する原理主義派が、２００７年にブットを暗殺した。しかしこのことによって親米派が団結し、翌年の総選挙で軍政側は敗北することになった。結果としてパキスタンは民政に戻ったが、原理主義勢力との対立が続いた。

また湾岸地域では、アメリカとイラクの戦争機運が再び高まっていた。湾岸戦争から12年間、国連はイラクの大量破壊兵器所持疑惑を調査したが、フセインの非協力的な姿勢で核心に触れられず、いら立ちが募っていた。一方、イラクの民衆のあいだにも、長引く経済制裁への怒りが鬱積していた。そんな中、アメリカ政府に、イラクがアル・カイダを支援しているという情報がもたらされた。そこでブッシュ政権は、イラクの大量破壊兵器所持疑惑を根拠に、国連の制止を振り切って２００３年3月19日に戦争に踏み切った（イラク戦争）。

湾岸戦争に続いて米英中心の連合軍が、長年の経済封鎖で抵抗力が弱っていたイラクを攻撃した。この戦争は、湾岸戦争以上に一方的で、ほぼ1カ月でイラクは降伏した。フセインは逃亡したが、12月に逮捕され、裁判で死刑判決を受けて3年後に処刑された。

しかしその後の調査で、これらの疑惑に根拠がなかったことが判明した。フセインも裁判で、大量破壊兵器を保持していないことで、イランに弱みを見せることを恐れていたと証言した。これは戦争の正当性に深刻な打撃を与え、米英両国で与党が政権を失う結果となった。

その後イラクでは治安が悪化したが、その理由は三つある。一つ目は、アメリカの戦後処理の失敗である。アメリカは、フセインと結びついた勢力を排除し、米軍による直接統治によってイラクを民主化しようとした。この手法は過去にも、南北戦争と対日戦争で成功した。しかし今回は、アメリカ国内世論が対外活動に消極的だったことに配慮して軍の派遣規模を減らしたため、治安維持に失敗した。また亡命イラク人集団に作らせた政権も無力であった。何より、民衆が自衛のために作った各地の組織が、宗教勢力によって組織化されて政権と対立するまでになったのは、アメリカが予想もしなかったことだった。

二つ目は、戦争があまりに短期間に終結したため共和国防衛隊やイラク国軍の兵士が武装したまま逃亡したことである。フセイン政権が湾岸戦争以後、軽火器による自衛を推奨したこともあり、800万丁ともいわれる膨大な数の武器が回収されないままとなった。

三つ目は国外から多数の義勇兵が流入し、アメリカ軍を追い出そうとしたことである。のちにその中からダーイシュ（欧米や日本での呼称はISまたはイスラーム国）が現れた。彼らはアル・カイダの支援でテロを実行した。それはかつてのイタリアの「赤い旅団」のように、政府側の人間を残虐な方法で処刑し、政府の攻撃に民衆を巻き込み、民衆の政府への反発心を自派への支持に結びつけるという高度な方法だった。彼らはさらに、インターネットを使った現代的な心理・情報宣伝戦を加味した。過去の教訓を忘れたり、現代的な戦術に不慣れなイラク占領軍は、義勇兵側の思惑に乗ってしまい、イラク統治に失敗した。

こうしてイラクの民衆は信頼できる政治勢力を見出せなかった。まず義勇兵勢力は論外だった。アメリカ軍や傀儡政権は、イラクを統治する資格や能力がなく、統治方針も迷走した。特にアメリカ軍は、湾岸戦争の時にはイラク人の反乱を支援せず傍観し、今回も民衆の代表を統治機構に入れようとはしなかった。周囲の湾岸諸国も、過去のフセインの英雄気取りにだまされ、その後の政府に冷たかった。イラクの人々は結局、宗教勢力しか頼れなかったのである。

日本の「失われた20年」

日本ではバブル崩壊後、1～2％の経済成長が恒常化した。政府は、過去に効果があった公共投資を実施したが、成果はなかった。成長の実感が伴わない景気低迷期が20年以上続き、「失われた20年」と呼ばれた。景気低迷の原因については、バブル崩壊後の対応や、社会の変化がからんだ、複合的なものだといわれている。

企業側の要因としては三つあると考えられている。一つ目はこの時期、アメリカなどの国がバブルが起こるほどＩＴ技術に投資したのに、日本ではバブル崩壊の後始末に追われて投資が不十分で、労働生産性が上がらなかったことである。他にも労働生産性が上がらなかった要因には、明治以来の教育システムが障害となって先例踏襲主義や集団主義から抜け出せず、少量多品種生産時代や情報化社会に適した人材を生む方向に変えられなかったことが挙げられる。二つ目は、企業がバブル崩壊後の対策として人件費削減を進めた結果、失業率が増えたり、労働者の収入が減って国内市場が伸び悩んだことである。三つ目は、企業が膨大な不良資産を抱え、経営破綻したり、健全経営に戻るのに時間がかかったことである。

政府側の要因は、デフレ状態であることを日本銀行がなかなか認めず、デフレ脱却に向けた明確な政策が実施されなかったことである。その結果、企業は国内の投資に積極的になれず、資金を銀行に預けるか日本国債を購入するかして、なかなか投資に回さなかった。また財政赤字も深刻化した。これは不況の長期化で税収が増えず、高齢者の増加で社会保障関係の歳出が増えたため、これを補うための赤字国債発行額が増え続け、一時は地方債を含む公債発行額が歳入全体の半分を超えた。さらに発行済みの公債残高も、２０１４年以降はＧＤＰの2倍、額にして７００兆円を超えた。つまり、日本は支出の半分を借金でまかなう国となったのである。ただし、同時期に日本の政府・企業の対外純資産も増大し、その額は３００兆円を超えた（数値はいずれも財務省発表のもの）。要するに２０１０年代の日本は、借金も貸金も世界最大級の国となったのである。

社会的な要因は、世界で最も早く少子高齢化が始まり、消費の多い若者世代が減って、消費の少ない高齢者が増えたことである。総務省の統計（２０１７年）では、１９８５年にほぼ同数だった15歳以上30歳未満の若者と60歳以上の高齢者の人口が、30年間後の２０１５年には、それぞれ33％減と63％増となった。これは先述した財政赤字の要因や、日本の内需が減少傾向になる要因の一つとなった。

また、労働環境も悪化した。バブル崩壊後に各業界を代表する大企業の破綻が相次いだため、雇用が守られるか不安になった労働者の多くは、経営側からの労働強化要求、たとえばサービス残業の強化を受け入れた。企業別労働組合も、その利害が企業と結びついていたため、これを拒否できなかっ

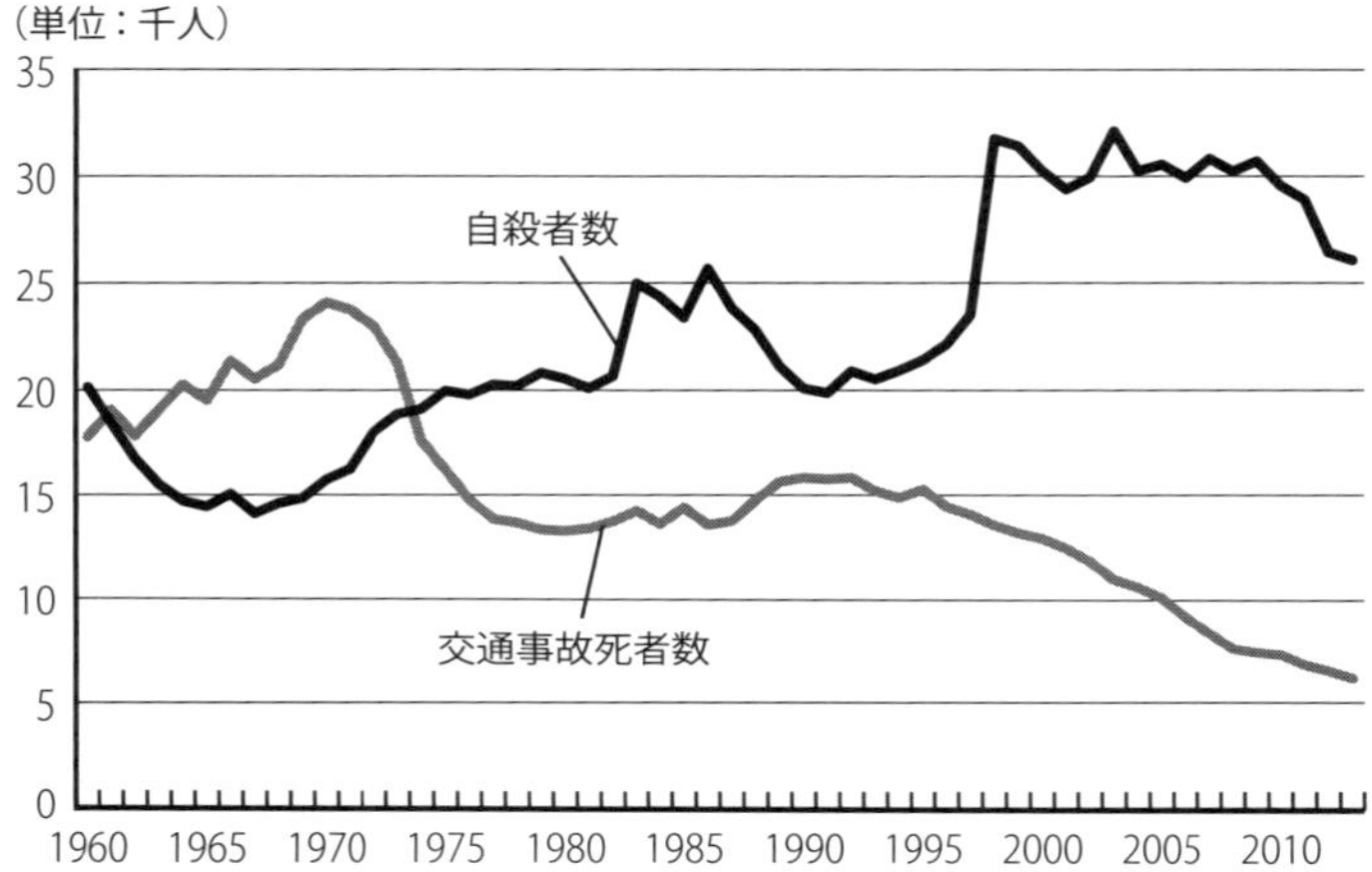

図43　日本の交通事故死者と自殺者数の推移

「OECD stat」より

た。その結果、過重労働からうつ状態になったり、自殺する労働者が増加し、自殺率は世界平均の2倍、自殺者数は交通事故死者数の3倍に達するようになった（図43）。

　これに加え、労働者間で正社員・非正規労働者の二極化が進んだ。日本の正社員は雇用が法的に保護され、アメリカのように会社の都合で解雇するのが難しい。それは先述したように、石油危機後にでき上がった慣行だった。しかし政府は80年代の新自由主義時代に、企業が労働コストを容易に調整できるよう規制を緩和した。その結果、非正規労働者の割合は１９９０年から倍増し、２０１０年代には４割近くになっている。しかも彼らに対するセーフティネットの整備や正社員との賃金格差は放置され、２０１２年のＩＬＯ（国際労働機関）の勧告も無視された。非正規労働者は、賃金や労働条件の水準が低いが、正社員も「ああなりたくなかったら、もっと働け」という理屈に引きずられ、両者は労働条件悪化の負のスパイラルに陥った。

さらに日本では、若者が労働者の具体的権利について教育される機会がほとんどない。そこで、その状況を利用する「ブラック企業」も出現した。そうした企業は労働者に対し、命令だけは過剰なのに、年功賃金や長期雇用などの福利厚生制度を整備せず、労働災害の発生も防ごうとせず、反抗的な者には自主退職を強要するなど、企業の社会的責任を果たそうとしなかった。ブラック企業は労働関連法を形だけクリアし、労働慣行の都合のよい部分だけをつまみ食いする企業である。しかも、そんな企業を取り締まろうにも、労使協調時代が長く続いた影響で生じた、監督官庁の要員不足が足を引っ張った。

この時期の報道には、日本人が将来に対する明るい展望を持ちにくくなるような話題が溢れた。「失われた20年」「少子高齢化」「過労死」「自殺」「ブラック企業」などである。そこで日本社会には、それを心理的に埋めあわせるような「日本のすごさ」を好む傾向が強まった。それが「日本の保守化・右傾化」の背景にあった。その風潮の中では、これまで多くの人が認めていた、自国の政治や歴史、文化についての建設的な批判さえ攻撃された。また、そうした現象に寄り添って、政治的・商業的に利用する現象も目立った。

生まれ変わった韓国

1988年のソウルオリンピック後、韓国の政界は前大統領全斗煥の不正発覚で大きく揺れた。しかし、当時起こった国際情勢の変化によって事件の影響は薄らいだ。1989年の冷戦終結で、ソ連や中国との国交樹立にも成功した。東欧諸国やソ連の崩壊後は、そうした国々が豊かになった韓国に接近し、北朝鮮と距離を置きはじめた。

こうした事態に韓国国民は、北朝鮮の孤立と焦りを想像し、統一のチャンスと考えた。盧泰愚大統領は北朝鮮に提案し、1991年に国連への同時加盟を実現させた。さらに韓国はIMF加盟によって先進国へ仲間入りした。国民は苦難の歴史を、過去のものと思いはじめていた。

しかし韓国の国際的な地位は上昇したが、社会構造は変わっていなかった。それは「圧縮成長」を可能にした政財界の結びつきが強く、政治の影響を受けやすい社会である。

IMF加盟も名誉なことだが、政府が意図的に経済に介入できなくなった。それでも経済がうまく回るようにするためには、途上国型の経済から脱却する必要があるが、政府と結びついた財閥系企業が抵抗すれば、改革にも限界があった。その結果、景気がよくなるにつれ輸入が増えても輸入が制限できないため、貿易赤字を穴埋めするための通貨発行が行われてインフレが悪化した。労働市場も狭いまま、失業率は高止まりした。さらに大統領の任期短縮によって改革を遂行する力が弱まったため、政財界のなれ合い体質がさらに強まった。

そんな中、盧泰愚の次をめぐる大統領選挙で、前回の選挙を争った3人の金氏が立候補した。だが穏健保守派の盧は、引退後も影響力を保持しようとした。そこで彼は、3者の対立を利用して、穏健左派の金泳三と保守派の金鐘泌《キムジョンピル》とともに新党を結成し、急進左派の金大中を排除した。国民は、かつて激しく対立した2人の金氏が盧と談笑する姿を見てあきれた。選挙自体は金泳三が圧勝し、金大中は敗れたショックで引退した。ただし投票率は、過去最低の80%ほどだった。

金泳三は国民の冷たい視線が注がれる中、過去の政権以上に民主的な姿勢を見せねばならなくなった。そのため閣僚には民間人が増やされ、不正追及も熱心に行われた。そのあおりを受けたのが盧であり、影響力保持の努力もむなしく、不正蓄財や光州事件の関与が暴かれた。さらに金泳三の息子までが収賄容疑で逮捕された。

こうしたことが続けば、当然、政治に失望する国民が増えていき、選挙のたびに投票率が低下した。新聞紙上では有権者の関心の低さや政治離れが嘆かれたが、投票率の低下は不正や腐敗から目を背ける政治家への不満の現れだった。そうした政治家の不人気さは、金大中が引退を撤回して復活宣言するほどだった。

1995年には、長年の植民地支配の象徴であった朝鮮総督府が取り壊された。いまや韓国の政権運営には、こうした派手なパフォーマンスが不可欠であった。しかし、それに隠れて構造変革は先送りされた。

1997年の大統領選挙では、与党に逆風をはね返す力はなく、金大中が当選した。彼はようやく晴れの舞台に上がることができた。しかしそこで彼を待っていたのは、建国以来最大の苦難であるアジア経済危機だった。

変貌する中国

湾岸戦争の結果は、中国政府にとって衝撃的だった。中国軍に匹敵すると評判のイラク軍が、わずか100時間で壊滅したからである。戦争直後に鄧は軍の首脳を呼び、国防費以外に独自資金を捻出して、軍備を充実させるよう命じた。このため、黙認状態だった軍関係者が経営する企業の活動は、いまや国家的使命を持つことになった。以後の中国軍の軍事行動は、資源や軍需企業の利害と関わるようになり、時には国家さえ振り回すことになっていく。

翌1991年にはソ連が崩壊し、これも中国政府に大きなショックを与えた。長年対立してきたとはいえ、社会主義の本家であり、似たような自由化を目指していたからである。

すでに党内ではペレストロイカの分析がなされ、ソ連崩壊の原因が政治の自由化だとされた。それはあらためて政府に、天安門事件時の対応が正しかったことを確信させた。ただし、これを口実に保守派の中からは、経済の自由化を止めようとする動きも生まれていた。鄧はそうした動きに釘を刺す必要があった。

このため彼は1992年の1月から、人生最後の仕事として、高齢の身を押して沿海部を巡回した。彼はソ連崩壊を例に引きながら経済発展の重要性を説き、人々に「チャンスをつかめ」と励ました。講話では、商業・保険業・観光業と並んで不動産業の発展が挙げられた。その結果、土地売買が事実上解禁されたうえ、内陸部にまでミニ経済特区が作られた。その効果は絶大で、この年の中国のGDP成長率は13％近い驚異的な数値を記録した。

また彼は、次の指導者の育成にまで気を配っていた。江沢民を中心とする最高決定機関の末席に、将来の指導者候補として自分の息子ほどの年齢の胡錦濤《こきんとう》が据えられた。

鄧は1994年頃に、すべての権限を手放した。その頃には対外関係も落ち着き、指導部の権威は安定していた。鄧が亡くなったのは1997年だったが、毛沢東のときと違ってその死は静かに受け止められた。

国営企業の民営化

ただし鄧は、国の根幹に関わる課題をやり残していた。それは税の問題、国営企業の民営化問題、農民工の問題、そして不動産問題の四つである。

まず一つ目の税について。中国の税は、まず地方政府が集めて国に一定額を納め、残った額を使うというものだった。これは税処理がわかりやすく、歴史的に租庸調制などを採用してきた中国にとっては手慣れた方法だった。

しかし改革開放策で沿海部が発展すると、内陸部との税収格差が拡大した。そのため貧しい内陸地方の政府には不満が溜まったが、豊かなはずの沿海部の政府にも不満はあった。中央政府が、後述する農民工問題対応を沿海部に一方的に押しつけたためである。

次に二つ目の国営企業の民営化について。これまで国営企業はソ連同様、失業者をなくすためとして過剰に労働者を雇い、教育や社会保障業務を代行していた。しかし民営化のためには資産や組織を分析し、国の業務を分離したり、不要な資産を処分せねばならなかった。

しかしソ連同様、企業経営や会計がわかる人材など存在しない。資産の処分も、国民が買うならまだしも、植民地にされかけた中国では外国人への売却には抵抗がある。

さらに国営企業と税には複雑な関係があった。改革開放後の国営企業の全製品に占めるシェア（市場占有率）は、一時、民間企業に押されて3割程度になり、赤字企業が3分の1を占めた。しかし彼らの納税額は政府収入の4割もあった。税の面で国営企業は政府にとって必要不可欠であり、彼らなしに政府の活動は難しかった。結局、共産党は国営企業の完全民営化を断念し、保護策の多くが継続された。

しかし部分的な自由化では、効果は限られる。中国は２００９年に輸出総額で世界一になったが、国家統計局によると、その半分以上が外国資本系企業（略して外資）のもので、数において圧倒的多数を占める国内企業の輸出貢献度は高くない。ニュース等ではよく「中国企業による輸出攻勢」という言葉が使われたが、攻勢をかけている企業の多くは、先進国の資本が入った企業であった。

外資にとって、中国は低賃金で労働者を雇え、組み立て作業などの自動化しにくい工程を任せるのに適しており、市場も巨大で利益を上げやすい国である。また外資が政府に納める税や、彼らの経済活動が中国市場にもたらす波及効果は大きい。そのため、中国では時々、排外運動や知的財産権侵害問題が起こったりするが、こうした条件がある限り、外資が中国から撤退したり、中国が外資を排除することは難しい。

また外資に匹敵する利益を上げられる国内企業は、その多くが国営企業である。中国の民間企業は資金面で不利な点がある。というのも、中国では銀行はすべて政府機関で、民間銀行は認められていない。そのため融資では常に安全性が重視され、倒産のリスクのある民間企業は敬遠される。そんな民間企業に資金を貸してくれるのは、「影の銀行」しかいない。

「影の銀行」とは、庶民を対象とする伝統的な私的金融組織と、預金の一部を流用した金融派生商品を販売している公的銀行の部門を総称したものだが、国営銀行の正規の融資より金利が高い代わりに、融資に官民の差別がなく判断も早い。この融資を頼りに運営している民間企業は多い。しかし、それができるのは、たとえばアリババ・ドット・コムの創業者ジャック・マーのように、経営者が高い能力や人脈を持っているからで、誰でもできることではない。したがって経営者に問題が起これば、すぐに会社がダメになるという弱点がある。

また先に触れた国営企業の赤字の裏には、別の側面があった。改革開放後、地方や中央の政府機関や、そこに勤める役人や警官や教師までがミニ経済特区で起業した。彼らは自己資金や公的資金の流用で、先進国で「ニッチ」と呼ばれる隙間分野で利益を上げた。その結果、国営企業が赤字にもかかわらず、その社員が経営する「政府関連企業」が儲かっていることが珍しくなかったのである。

こうした政府関連企業の経営者は、自分たちが使える特権でライバルを排除しようとする。また、たとえ経営が失敗したとしても、報道に制限がある中国では出資者が責任を問われることは少ない。中国では、こうしたモラルハザード（商道徳の欠如）が、市場をゆがめているのである。

さらに、国営企業がみな赤字なら、改革への抵抗も少なかっただろう。しかし一部の資源関係の国営企業は、石油危機以降の資源価格高騰のおかげで莫大な利益を上げられた。しかも資源は国の安全保障と関わるので、軍とのつながりが強い会社が多い。鄧が命じた使命を掲げる軍と特権的な国営企業が背後にいるかぎり、国営企業改革は簡単には進まない。それでも少しでも前に進めようとした共産党は、国営企業の経営から手を引き、経営の自由を与えて「国有企業」とした。

農民工問題

課題の三つ目は、農民工問題である。改革開放以来、農業の合理化が進んで農民の失業が増加した。さらに農村企業体でも教育や福祉制度の切り捨てが進んだ。また内陸部はインフラ整備が遅れていたため外資が進出することはなく、経済成長も遅れていた。そんな中での改革開放策で解禁された出稼ぎは、農民にとって数少ない収入源だった。

しかし出稼ぎ先の都市部で彼らを出迎えたのは、低賃金と劣悪な環境だった。この労働条件は、都市問題を悪化させる彼らを、早く追い返すためにわざと押しつけたものではない。中国では都市問題の解決は、地方政府の責任だった。しかし地方政府が税収入でまかなえる以上に農民工の流入が多かったため、彼らを受け入れる制度やインフラが整備できなかったのである。

農民工が就く職業は、建設業が多かった。それは学歴がなくても身体一つで始められるからである。しかし中国の建設業界には賃金が年末にまとめて支払われるという不思議な習慣がある。というのも、建設業界には鄧小平の南巡講話のあとにできた歴史の浅い企業が多く、自己資本が乏しい。このため建設業者は、建物ができて代金をもらうまでは、労働者の給料を満足に払えない。先進国なら銀行から融資を受けて払うこともできるだろうが、先述のように中国の銀行は、リスクのある民間企業への融資を嫌った。そのため融資してもらえない企業は、労働者に建物が売れるまでは最低限の生活費だけを払い、年末に残りを一括払いするようになったのである。ただし、約束された賃金がもらえるかどうかは、年末になるまでわからなかった。

建設業は労働者さえいれば始められ、労働者は体力さえあれば仕事があった。このため企業も労働者も、常に供給過剰気味だった。また中国には独特の戸籍制度があるため、農民工は都市では教育や福祉が受けられない。このため病気やケガの治療費は高額となり、入院すれば無収入となる。会社はこうした彼らの弱みを知っているので、賃下げや長時間労働を強制しやすくなる。さらに工事の発注者は権力を握っている政府機関が多いので、立場の弱い民間企業は代金を値切られやすい。これでは農民工の待遇は改善しない。

さらに、改革開放後の不動産価格の上昇も、建築業界を苦しめた。というのも、発注者は、すぐに建築業者に代金を払わず、いろいろ言い訳をして先延ばしにして、別の不動産に投資したほうが儲かったからである。こうした社会構造が、農民工の低賃金を常態化させた。

彼らの住環境も劣悪だった。その多くはスラム同然で、景気が悪化すれば失業者が増加して、犯罪が頻発する。当然、周辺市民は彼らに警戒の眼差しを向け、彼らも敵意には敵意で応えたため、騒動が発生する。そうした構造はアメリカの都市部の黒人問題と似ていた。

それでも農民工にとって、都市の生活は魅力だった。そこには農村にはない娯楽や刺激が溢れていたからである。特に経済特区では、電気製品が溢れ、自動車やパソコンを持つ人も珍しくない。農民工の多くは、いつかそのような生活が送れるようになると期待し、居心地が悪くても我慢した。それは18世紀ロンドンの貧民たちと同じ考え方だった。

政府の統計によると、２０１３年段階で農民工は2億７０００万人近くに達し、都市人口の半数を超えている。彼らを送り出す農家にとって、出稼ぎ収入は全収入の4割に達し、農業の合理化の原動力となっている。また若い農民工は消費意欲が旺盛で、彼らの消費活動は中国経済の柱となっている。そのため、もはやその存在をなくすことは不可能である。

中国の不動産問題

そして四つ目の、現代中国最大の課題が不動産問題である。先述のとおり、中国では南巡講話以降、都市の再開発が活発化した。流入する資本によって沿海部は発展し、上海などの大都市には近代的なビルが建ち並び、先進国と変わらない町並みが見られるようになった。

１９９７年のアジア通貨危機でも、中国が通貨の自由取引を禁止していたため影響は少なかった。しかし海外市場が深刻な打撃を受けたため、輸出は減少した。

ちょうどその頃オリンピックや万国博覧会の誘致話が持ち上がったこともあり、中国はＷＴＯ加盟を決意した。加盟は２００１年に実現し、予想どおり外資の進出がこれまで以上に増加した。北京オリンピックと上海万国博覧会の誘致も成功し、イベント需要がますます不動産価格を引き上げた。

こうした不動産ブームの背景には、地方政府の事情があった。中国では、不動産売却益は、地方政府の第2の収入源だった。中国では改革開放前までは、国が全国の土地の唯一の所有者で、改革開放後も地方政府は、国から土地を安く入手することができた。そこで開発を行って付加価値をつけて売れば莫大な利益が得られたのである。その際、住民に説明する必要はなく、売れ残っても立派な外観の町並みさえ残れば、それはそれで地方政府幹部の功績となる。また売却先が幹部の関連企業なら、個人的な利益にもなるのである。

こうした状況下で、地方政府が不動産に手を出さないほうがおかしい。２０００年代以降の地方政府の不動産収入は、少ないところで歳入の半分、多いところでは8割に達したといわれている。2010年代以降、各地に「鬼城」と呼ばれるゴーストタウンが出現した原因がここにある。

こうした不動産ブームは、不動産投機も生み出した。不動産は必ず値上がりし、含み益が出たため、多くの人は家を一軒手に入れると、それを元手に借金してもう一軒買った。不動産は富の象徴となり、都市部の女性の結婚相手の条件となるほどだった。

しかしブームに参加するためには、ある程度の元手が必要である。それを可能にしたのが、一つは先述の「影の銀行」であり、もう一つは中国社会の伝統である、宗族内の相互扶助の習慣、すなわち親や親族が一族の子孫の男子のために資金を融通する習慣だった。結果として、中国の不動産ブームは、市場原理とは別に続くのである。

ブームは新たな犯罪も生み出した。不動産の利益目当てに、暴力組織が行う「地上げ」である。これが日本で行われたときは警察や裁判所が盾となったが、中国では期待できなかった。というのも、中国には司法の独立という原則がなく、裁判所は判決を読み上げるだけの場で、弁護士も文革で弾圧されて以来不足し、それを補う制度も資金も足りていなかった。

さらに中国では、歴史的にも地方の警官や裁判官の地位は、政府幹部より低かった。判決や処分には共産党や政府の許可が必要で、逆らえば即座に罷免される。これでは党や政府の幹部を罪に問うことは難しい。

この問題は構造的である。地方政府の高級幹部は中央政府が任命する。地方からすれば、彼らは5

年ごとに人事異動でやって来て「成果」を出すと、またどこかへ異動するだけの人である。この異動は、長期駐在による腐敗が起きないようにするための伝統的な対策だったが、このような短期間では、どんなに優秀で良心的な人物でも問題の解決は難しい。このため根本的な解決は、先送りされることが多かった。特に官民の収入格差、すなわち強い権限を持つ「官」の収入が「民」と比べて低いという問題は、「官」の収入源である税収をもたらす国の徴税システムが抜本的に改善しないかぎり解決は不可能だった。数少ない解決法が、「官」の副業の黙認である。先述した各地のミニ経済特区が、そうした副業の受け皿だった。

こうして「官」に属し、少しでも目先が利く者は、親族ぐるみで本業と関係する会社を起業した。そうでない者も、庶民の無知を利用し、規定にない手数料を取ることで利益を得た。改革開放以降に目立ったのは、こうした王朝時代に行われていた慣習の復活だった。話は逸れるが、これについて少し説明しよう。

中国伝統社会の復活

秦漢以来の中国王朝の多くが、中央集権制を採用した。これは知事などの地方の高級官僚を中央から派遣し、実務は地元から選んだ官吏に任せるというものである。官吏は庶民出身が多く、人口比からして農民出身者が大半だったと思われる。統治経費は、その地域から徴収した税収から、一定の国家運営費を差し引いた額でまかなわれた。

ところが、そこには官吏の給与は含まれていない。王朝時代の中国では官吏の定期給与はないのが普通だった。彼らは地元民から行政手続きの手数料を収入にしていた。そのため支払う額によって処理順が決まり、多く払った者が優先された。これは一見すると賄賂《わいろ》と似ているが、賄賂は正規の報酬とは別に渡されるものである。ところが中国の官吏には正規の報酬はないに等しいので、賄賂とは言えない。つまりこれは、中国の官吏が、他の文化圏とは異なる考え方に基づいて得る収入であり、この伝統のしくみこそ、歴代王朝が大した経費もかけずに広大な領域を治められた秘訣であった。

こうしたしくみができあがった背景には、中国のある社会事情があった。中国は古代から、親の資産を男の兄弟が均分相続する社会であった。このため代を重ねるにつれ、1人あたりの相続額（面積）は減少する。どんなに財産が多い家でも、3～4代後には生活レベルが低下する。そのため、自然と庶民は、生活を補うために農業以外の副収入を得ようとするようになった。

元手が少なくても始められる仕事は、たとえば身体一つあればできる力仕事や、生鮮品を調理して売る屋台である。それがうまくいけば、その利益を元手に次の儲かる仕事を探すのである。転職や副業で成功するのに必要なものは、情報や知識であり、他人の成功例はすぐ参考にされた。そうした社会では、先進技術や独自性の利用は盛んだが、誰が始めたかは気にされず、そこに知的財産権が成立する余地はない。また粗悪品も出回りやすいが、消費者の選択によって、長期的には良いものが広まりやすくなる。

また、こうした社会は、情報源や協力者となる友人を重視する価値観を生み出した。「食客三千人」「刎頸《ふんけい》の友」「管鮑《かんぽう》の交わり」「桃園の誓い」など、中国史において、友情の価値が最重視される基盤がここにある。

中国では、転職や転住が成功への道と見なされる。転職の最後の目標とされたのは、最も安定した収入である税を扱う官吏であった。税は国家や地方のために使われるのだが、何にどれだけ、どのように使うかは官吏にまかされ、現実には私的にも使われた。日本でなら「公私混同」と非難される使い方も、それができるという地位、成功者の証と見なされた。こうした社会のしくみがある限り、王朝（政府）は、あまり苦労せず、優秀な人材を集めることができたのである。

また中国では、転職を好む価値観の結果として、汗水流して同じ仕事を我慢強く続けることが、無能や落ちこぼれの証と見なされてしまう。中国人は、同じ会社で長く働くと不安になる。そのため、日本のように店や会社が１００年以上続くことも少なかった。

また組織より個人に対する信頼度が強く、ルール（法）が個人の判断で左右されることも多い。個人間の関係《グァンシ》さえ築くことができれば、国籍や出身地に関係なく信頼される。自分からあいさつや贈り物などをすることは、好意や誠意を示すうえで重要であり、贈り物は関係《グァンシ》を持つ人にまんべんなく配っておく必要がある。信頼の維持のためには互いの面子《ミェンズ》を尊重する必要があり、ふだんから可能なかぎり相手の望みを叶えておくことも重要である。いつか自分が困ったときは、相手も可能なかぎり助けてくれるからである。

もちろん、誰もが事業や転職に成功できるわけではない。失敗を防いだり、事業をやり直そうとすれば、友人以外に頼るものがあったほうがよい。ところが中国社会では、一人の人間が同じ職や場所に長くとどまらないため、ヨーロッパの地域共同体や、日本の学校や職場のような、個人と国家の中間にあって「なかま」を助けてくれる共同体が生まれにくかった。このため中国では、個人間のネットワークが結びついた形の相互扶助組織が発達した。犯罪組織として有名な中国の「地下組織」も、もとはそうした互助組織が源流であった。

必要悪としての反日運動

毛が作り上げ、鄧が修正した中国は、巨大な開発独裁国家となった。その結果、中国は、常に経済発展のための自由化と一党独裁体制という二つの重いおもりを持ちながらの綱渡りを強いられた。経済の自由化は国民の豊かさにつながり、一党体制は政治を安定化する。しかしこの二つは、本質的に相容れないものである。しかも、これまで体制を変えずに綱渡りに成功した国は、シンガポールなどの小国家しかない。現在の中国がやっていることは、歴史的な挑戦である。

鄧が先富論を表明して以来、中国の経済発展は加速した。先富論は、新自由主義が喧伝した、一部の企業や富裕層がまず豊かになれば、その富の雫がしたたり落ちるように広がるという「トリクルダウン」効果を期待したものだった。そして中国経済は、20世紀後半に先進工業国からの「したたり」

の恩恵を享受した。

ところがその「したたり」は、国全体には行き渡らなかった。中国のジニ係数は、甘すぎるという批判のある国家統計局の数値でさえ、2000年に暴動が発生するといわれるレベルの0・4を超え、2008年は0・491と発表された。中国四川省の西南財経大学の独自調査からは、2010年に0・61という、とんでもない数値が出ている。

現在では、トリクルダウンの効果は限界的だといわれている。2014年に発表されたOECDやIMFの研究からは、経済格差の放置が経済成長を阻害することが知られている。実際、格差が放置されれば、社会の底辺層の不満が増して不安定化する。特に不満が高まるのは、不況時に失業者が増えたときか、経済が過熱して物価が急上昇したときである。

中国でそうした種類の暴動が最初に発生したのは、2004年だった。このときは、先述した2001年のWTO加盟によって、2003年に不動産ブームが発生し、急激に地価が上昇した。政府はこれを抑制するため、銀行に不動産融資を止めさせた。

この場合、資本主義国なら金利を上げるのが普通である。しかし当時の中国は経済が好調で、外資の進出で国際通貨取引で元が不足し、元高傾向になっていた。これは輸出に不利なので、政府は必死にドルを買って元を市場に放出し、元高をくい止めた。その背景にあったのは、元高による輸出減少は「弱い」中国経済を崩壊させるという恐怖心だった。この恐怖心は、日本でも1970年代以降、いまだに強く残る心理である。つまり中国人に強く残る不安が、最も心理的に抵抗が少ない融資停止という方法を取らせたのである。

政府による規制の結果は劇的に表れた。たちまち建設業界は不況に陥り、失業者の増大と地価の下落を引き起こした。都市では貧困層が怒り、地方政府も収入急減で不満を募らせた。中央政府は力づくで押さえ込んだが、行き場をなくした不満は、巨大なマグマとなって地下に溜まっていった。

２００４年7月、サッカーのアジアカップが内陸部の重慶市で行われた。日本チームは開会式の時点からブーイングを浴びていた。それはじつは、噴火の予兆であった。試合終了のホイッスルが鳴って中国チームの敗戦が決まった瞬間、突然不満のマグマが吹き出した。テレビ画面には、日本に対する怒りを露わにし、過激な示威行動をする中国人の様子が映し出された。翌２００５年の3月にも日韓の竹島問題が報道されると、これに呼応するように内陸部の成都市で日系百貨店が襲撃され、北京や上海でも暴動が発生した。

当時は中国政府が国内事情を隠していたため、海外では暴動が地価上昇と関係しているとは思われず、暴動が起きる理由を理解していた外国人はほとんどいなかった。理解できないことを理解しようとするとき、人は最もわかりやすい理由に飛びつくものである。結局この事件は、靖国神社参拝や教科書問題への不満からだと説明された。しかし当時の小泉首相が初めて靖国参拝を行ったのでもなく、教科書の記述もそれほど変わっていない。中国政府の抗議も恒例の形だった。どちらの問題も、中国の人々が急に激怒する状況ではなかったのである。ただし日本人がそれに慣れきって、中国社会の変化に鈍感だったことは、噴火につながった一因といえる。こうした構図は、その後も尖閣諸島問題で繰り返された。

こうしたときに中国政府がしばしば使う「歴史認識」の意味は、あまり外国人には理解されていないので説明しよう。

ソ連崩壊後に中国共産党は社会主義体制の維持に危機感を覚え、愛国主義教育を強化した。じつはそれは、100年前に中国国民党がやっていたことの再現だった。

当時、中国は、列強の圧力と国内の対立でバラバラになりかけていた。国民党は中国をまとめようとナショナリズムを利用した。ナショナリズムの物語には、誇り高く能力があるのに報われない自国民と、悪役が必要である。国民党は悪役として、「鬼子《グイズ》」（＝列強）と、「漢奸《ハンジエン》」（＝売国奴、中国人協力者）の存在を強調した。

しかし、その後の共産党による統一で、この言葉を使う必要性がなくなった。それでも中国人は自国の弱さをわかっていた。1980年代に鄧小平が開けた中国市場のドアから入ってくる外国人を、中国人は内心ビクビクしながら迎えていたのである。

しかし、1989年の天安門事件は、西側との関係を決定的に悪化させた。また冷戦終結後にソ連が消滅したため、西側にとっての中国の価値が低下した。深刻な孤立感を感じた江沢民政権は、再びナショナリズムを引っ張り出し、「鬼子」、特に日帝（＝大日本帝国）への勝利を強調した。さらに1994年の南巡講話が起こした地価高騰で、共産党統治の正当性に疑念が生じると、愛国心教育が全国規模で展開された。そこで強調されたものは、被害者意識や孤立感、屈辱感といったものだった。

これが中国の、特に若者の共感を呼んだ。愛国心教育は、その後も映画や観光業などをからめて徹底的に行われ、新たな政策の柱となった。ただし、その副作用として、特に日本に反中国感情を持つ人々を増加させた。

話を現代の「反日暴動」に戻そう。中国政府は、民衆の不満が暴動という形で噴出したことに驚いた。そして彼らの怒りは日本だけでなく、自分たちにも向いており、下手に対応すれば、その矛先が自分たちに向かって来ることに気がついた。そこで政府は、あわてて彼らに同調した。政府は国民のイメージ上の「日帝」を非難し、暴動を止めなかった。その一方で、怒りがピークを過ぎたと見ると、暴動を鎮圧した。このあたりは、1974年のインドネシア政府の対応とよく似ていた。

政府はこの事件をきっかけに、ますます愛国心教育と情報統制に力を入れた。中国に反感を持つ日本の政治家の反中発言や過去の歴史の否定発言は、政府にとってODA以上に効果があった。反政府活動家の監視や取り締まりも強化され、彼らの活動の監視や妨害のため、巨大な情報統制プログラム「金盾（通称グレートファイアーウォール）」を整備した。

民衆の不満は、時には弱者同士、つまり市民同士の争いを招くこともある。そうした争いは、開発が集中する場所で起こりやすい。争いが多発するのは1990年代には沿海部だけだったが、2000年代以降は開発が進む内陸部に広がった。ただし内陸部ではそれが、漢人農民工対ウイグル人都市住民という、民族対立の形になった。2001年に9・11同時多発テロが発生すると、まだ正体不明だったアル・カイダが恐れられた。そこで政府は同じイスラーム教徒であるウイグル人の過激派をアル・カイダの一派と決めつけて弾圧し、農民工の不満をなだめたのである。この方針の成功に味を占めた政府は、以後もウイグル人を農民工の不満のはけ口とした。

中国の中産階級と科学技術

21世紀の中国で目立つのが、中産階級の増加である。イギリスの経済誌「エコノミスト」によると、その数は2016年に2億2500万人に達した。また2014年にインターネットを日常的に使う人が6億人に達し、彼らのネット上の購買力が中国の内需を支えている。

中国は科学技術の面でも有人宇宙飛行を成功させ、スーパーコンピューターの速度世界一を達成するなどの結果を出している。21世紀半ばには、経済力でアメリカを抜くと予想する専門家も多く、その可能性は高いと思われている。

しかし中国の国内からは、多くの課題が見えてくる。まず先述したように、中国では一般的に汗水垂らして働く職業は低く見られている。また改革開放後、文革の理念である現場主義や知識重視が改められたが、これが伝統的価値観の復活の中で技能軽視と学歴重視につながった。企業も経済発展についていくのが精いっぱいで短期的利益が重視され、時間と手間がかかる技能労働者の養成は後回しにされた。結果として多くの親は、自分の子が技術職に進むことを望まなくなった。さらに中国の労働者は、収入の多い職を求めて転職を繰り返す。それがわかっているから、経営者は技術者が必要であっても、自社では養成しない。指導部には技術者出身が目立つが、それは改革開放前の遺産である。

こうして中国では、経済が発展するほど若者が技術職を敬遠する構造ができあがった。実際、都市部の労働者約3億人のうち、高度な技術者は少なく技術系の学校もそれほど多くない。いくら政府が技術大国を目指すといっても、その方向に向かう人の比率は少なくなっている。その事態を救っているのが、日本の10倍という人口の力である。

知的財産軽視の問題も解決が難しい。先述したように、中国社会は知的財産への評価が低い社会である。伝統社会とともに復活した猛烈な競争も、他人の権利など構っていられない状況を生んだのである。

外資は、初期には技術者不足を解決するための切り札と期待された。中国は彼らに、市場開放と引き換えに技術移転を期待した。もちろんそれは外資の側も了解済みで、実際多くの技術が移転された。しかし知的所有権を保護しなければならないことは理解されていなかったため、中国人が学べば学ぶほど技術は流出した。労働者の流動性の高さも、問題の一因だった。このため、外資は次第に技術移転を渋るようになった。

環境問題も深刻になりつつある。中国だけではないが、「官」は見映えのよい最新建築や良好な数値といった、権威強化や自己の利益になるものには熱心だが、そうでない環境保護には関心が薄い。また「民」を守るべき警察や司法、マスコミは力が弱すぎる。結果として持続不可能な開発が進み、希少な動植物が消えたあとにゴーストタウンが出現し、有毒物質が浄化されずに排出される。各地で乱開発が原因となった災害が多発しているが、官製メディアでは自然災害か温暖化のせいとされ、誰も責任を問われない。

ただし、これらの問題のほとんどは、多くの国が経験したもので、中国人が解決できないものではない。実際、中国政府は、日本をはじめ先進国の事例を参考にしている。たとえば電気自動車の普及については、中国は世界で最も熱心な国の一つである。ただし、肝心の電気を、温暖化ガスや有毒成分の排出が多い石炭火力発電に頼らざるをえないという問題がある。

かつて鄧小平は、改革開放が始まった頃「社会主義の目的は全国の人民を豊かにすることであり、両極分化ではない。もしわれわれの政策が両極分化をもたらしたとすれば、われわれは失敗したことになる。もし新しいブルジョワ階級を生み出したとすれば、間違った道を進んだことになる」と語っていた。いまの中国には、この言葉に頷く人は多いだろう。

リーマン・ショックの発生

1997年に起こった「アジア通貨危機」の影響が薄れるにつれ、再び世界経済は成長しはじめた。しかしBRICs（ブラジル・ロシア・インド・中国）などの新興経済国（以下、新興国）への投資の危険性が認識されたため、投資資金はアメリカに向かった。

アメリカではその資金が成長著しいインターネット関連分野に投資され、インターネット関連の仕事をするというだけの中身があやふやな企業でさえ、何億ドルもの資金を手にできた。ナスダック総合株価指数は１９９６年の１０００程度が、２０００年３月には５０００を超えた。しかし実際には多くの企業が利益を生まなかったことがわかり、２００１年にインターネットバブル（ＩＴバブルともいう）が弾けた。

20世紀末以降、バブルはこのアメリカのＩＴバブル以外でも、１９８０年代末に日本、90年代前半に中南米、90年代後半に東南アジアと、頻発した。これは、「カネ余り」現象が原因だった。「カネ余り」とは、すぐに使う当てのない資金が大量にあり、巨額の投資が行われやすい状態のことである。

アメリカをはじめとして先進国の中央銀行は、ＩＴバブル崩壊をきっかけに政策金利を引き下げた。しかしその後もなかなか景気が回復しなかったため、金利は下がり続けた。企業は低金利で借りた資金を、おもに成長著しい新興国に投資した。これに行き場を失っていた産油国のオイルマネーが加わった結果、世界的に株価や不動産価格が上昇し、金融資産が肥大化した。２０００年から２００７年までに、金融資産の増加額は１０００億ドルに達した。

世界経済の中心であるアメリカでは、この「カネ余り」をさらにバブル化する要因が加わっていた。１９９０年代に金融市場で「レバレッジ」という資金調達手法が広まった。これは梃子《てこ》（レバー）の原理のことで、梃子を使って軽い力で重い物を持ち上げるように、投資家が少ない手持ち資金を担保にして多額の資金を借り、巨額取引を行う手法であった。

１９９９年に、世界恐慌の原因となったことを理由に商業銀行と投資銀行の兼業を禁止していたグラス・スティーガル法が廃止され、両者が合併して巨額の資本を持つ金融会社が生まれた。

さらに、金融工学を使って複数の債権を組み合わせた、福袋的な金融商品であるデリバティブ（金融派生商品）が開発された。この商品は、確実に利益が見込める優良商品とそうでない商品を組み合わせた福袋的なもので、組み合わせしだいでは全体の見映えを良くでき、不良債権も隠れてしまう。その組み合わせは、冷戦終結で職を失って転職してきた元科学者たちが、複雑な計算を施して作成した。商品の価値を判断する格付け会社も、判断自体は元科学者が行った。結果的に双方の結論は一致し、その多くが高く格付けされた。また90年代以降、株価上昇が続き、ＩＴバブルも短期で終息したため、デリバティブの危険性も軽視された。「カネ余り」を背景に、金融会社がレバレッジで取引額を膨らませたり、デリバティブを扱うことは、業界の常識となった。こうした金融商品の登場は、よりいっそう投資資金を膨張させ、時にはこの資金の動きが問題を引き起こした。２００７年には、そうした資金が投機目的で穀物市場や原油市場に流入して価格が急騰し、多くの国で暴動が発生した。

金融商品の取引量や保有額は、世界的に増大した。デリバティブの保有額は、２００３年に世界中の他の金融資産の総額と同じほどになり、２００６年にはその2倍となった。

デリバティブが資産であることは間違いない。しかし現実世界の富を超えるとなると、デリバティブの富は、もはや現実のものではない（図44）。それどころか、史上最大級のバブルを意味していた。

特に異常さが目立ったのは、住宅ローンをもとにしたサブプライムローンのデリバティブだった。アメリカでは、定職があって高給取りで、債務返済が滞らない顧客のローンをプライム（優良な）ロー

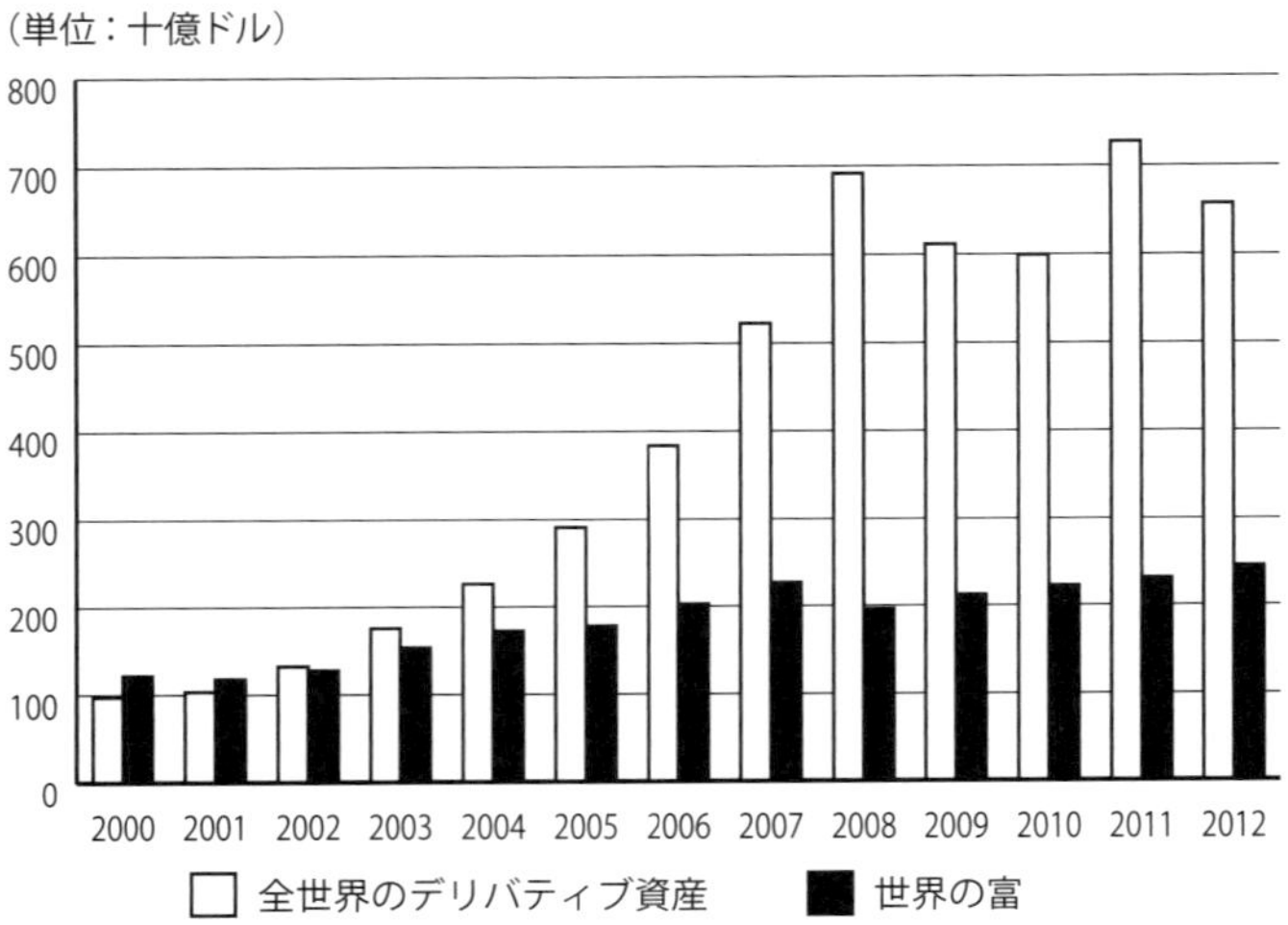

図44　世界の富とデリバティブ資産の総額の推移

「クレディ・スイス、BIS」より

ンといい、そうでない顧客のものはサブプライム（準優良）ローンと呼ばれた。デリバティブは、どんな債権でも福袋的に商品化できるが、同時多発テロ以降、アル・カイダが存在するかぎり航空機が危険と考えられ、貿易・輸送分野に関係する金融商品が売れなくなった。

これに比べて好調だったのが住宅ローンのデリバティブだった。というのも、アメリカの住宅価格は過去30年間上がり続け、住宅は最も儲かる商品だった。

しかし、住宅価格が上がり続けたということは、下がったデータがないということである。それでは、いくら頭のよい元科学者でも適正価格はわからない。このため大手金融会社の中には、サブプライムローンから手を引いたところも多かった。

そんな危険な代物に手を出したのは、デリバティブ市場への参入が遅れたリーマン・ブラザーズ社などの準大手だった。当時は金融会社が株式会社化され、経営陣は株主から利益追求の圧力をかけられていた。また実務担当者の中に成果型報酬が広まっており、儲けが出せない会社からは優秀な社員が流出していた。会社が生き残るためには、多少危険な分野にも手を出さねばならない状況だった。

こうしてアメリカの住宅市場は、次第にバブル化した。しかしいくら世界最大の経済大国とはいえ、アメリカ国内の資金だけで売買されれば、いつかはバブルも崩壊する。ところが、そうならなかったのである。

アメリカでは、2003年のイラク戦争の戦費と、子ブッシュ大統領が行った減税で、財政赤字が急増した。このため国際金融市場では、インフレ懸念からドルを売って円を買う、円高ドル安の動きが起こっていた。日本の産業界は悲鳴を上げ、日本政府は円高対策のため、2003年に30000億ドルものドル買いを行った。そのドルは米国債の購入にあてられ、結果的にアメリカ政府の資金となった。

当時は中国もアメリカとの貿易摩擦回避のため、米国債を大量に購入していた。日中から環流した資金が向かった先は、当然、最も利益が上がるデリバティブ市場だった。結果的に、崩壊するはずのアメリカ金融市場を、世界最大級の貿易黒字国2国の資金が支えたのである。それは世界恐慌前と似た状況だった。おまけに、ほとんどの国の監督官庁は当時の金融界の常識に縛られ、異常どころかデリバティブの存在にさえ気づいていなかった。

ただし気づいた者がまったくいなかったわけではなかった。すでに2005年には、新聞にバブルを警告する意見が載り、一部の格付け会社がサブプライム関連商品を低く格付けした。しかし、途端に意見を封じる動きが発生したのである。これも大恐慌前と似ていた。結果的に、破綻は予知できなかった。グリーンスパンが語ったように「バブルは、はじけてはじめてバブルだったとわかる」のである。

2008年9月、バブルがついに崩壊した。金融業界第4位のリーマン・ブラザーズをはじめ、1471もの企業が一気に破産した。リーマンの損失は日本円で約60兆円を超え、日本政府予算の3分の2に相当するほどの巨額だった。世界的にも、4000兆円を超える資産が消失し、株式市場が大暴落した。それは世界恐慌以上の規模だった（リーマン・ショック）。この年、世界経済は戦後初のマイナス成長（マイナス0・6％）を記録した。

アメリカでは、リーマンより大きな金融企業は、破綻すれば世界経済への影響が大きすぎることや、資本規模のわりに損害が少なかったこともあり、政府や日系金融機関の支援で救われた。金融企業以外でも、金融事業に深入りしていた大企業、自動車メーカーのGMやクライスラー、さらにエジソンが創設したGEなどが破産したが、アメリカ政府に救済された。こうした救済策は、当時真っ最中だった大統領選挙戦と同時期に行われた。

アメリカで新しく大統領に選ばれたのは、「イエス・ウィー・キャン（我々は変えられる）」のスローガンが支持された、史上初の非白人候補バラク・オバマであった。彼が権限を委譲された時期は、政府の危機対応の最中だった。そのため彼は、ＦＲＢのベン・バーナンキ議長と協力し、就任前からイラク戦争とリーマン・ショックの処理に取り組み、破綻企業の救済を進めた。しかし、その政策は後に批判の的となった。

リーマン・ショック後の世界

日本への影響は、アメリカ以上だった。当初、日本の産業界は、１９９０年代初頭のバブル崩壊の教訓から、ほとんどデリバティブを買っておらず、ほとんど無傷と思われた。しかし欧米諸国が軒並み不況に陥ったため輸出が急減し、ドルやユーロの値下りで円高となり、結果的に、経済への打撃が先進国中で最大になった。グローバル化の影響を見せつけられた実例だった。

しかし、日本以上に政治への打撃が大きくなったのが、ＥＵだった。ヨーロッパの銀行は、不良債権となったアメリカの金融商品の約3分の1を買っていた。そこでヨーロッパ各国の政府は、アメリカ同様、緊急に銀行から不良債権を買い上げて救済した。さらに不測の事態に備えてＥＵは、ＩＭＦと合わせて総額７５００ユーロ（約90兆円）の融資枠を準備した。当然この資金は、他の目的には使えない。しかしそもそも「不良債権」とは、実際の価値が額面より大幅に低く、中には紙切れに近いものがある。それを買うことは、その分だけ各国の資産が減ることを意味していた。ヨーロッパ各国の資産状況が健全であれば問題ないが、もしそうでなかったらどうなるのか。

そんな疑念が浮かび上がったタイミングで、ギリシアで世界を揺るがす爆弾が見つかった。この国では、リーマン・ショックから約1年後に政権交代があり、新首相が、EU加盟を果たした前政権が、GDPの14%近い巨額の財政赤字を隠していたことを暴露したのである。しかもそのごまかしには、リーマンの無謀な取引に与《くみ》したアメリカの投資銀行が関わっていた。こうしてギリシア国債という政府資産に、強烈な赤信号が点滅した。

こんなとき普通の国なら、国債の信用低下が支払い不安を生むので、国債価格が下落して金利が上がり、悲鳴を上げた企業や国民の突き上げで政府が経済改革を迫られる。しかしギリシアはEUに所属しているため単独行動ができず、他の加盟国の財政が健全なら通貨ユーロが下がらないため、単独行動をする必要もない。さらにEUには、加盟や離脱の規定はあっても、脱退させる規定はなかった。つまりEUには、経済の自動調整機能が働かず、不正を罰する手段がないのである。こうした欠陥によって、EU崩壊の恐れが現実味を帯びたことが、「欧州危機」の始まりとなった。

その後、財政危機はギリシアだけではなく、ポルトガルやスペイン、アイルランドにも広がり、他の加盟国も大なり小なりこれらの危機の影響を受けた。アイスランドなどはEU加盟国でないにもかかわらず、危機が波及して財政破綻した。不安が不安を呼ぶ中、EU経済圏第3位のイタリアまでが債務危機に陥る可能性が表面化した。万が一イタリアが破産すれば、経済が健全でEU加盟の条件を満たしている国が事実上フランスとドイツ2国だけとなり、EUの存在意義がなくなってしまう。こうしてリーマン・ショックは、EUという歴史的実験の成否を問う事態に発展したのである。

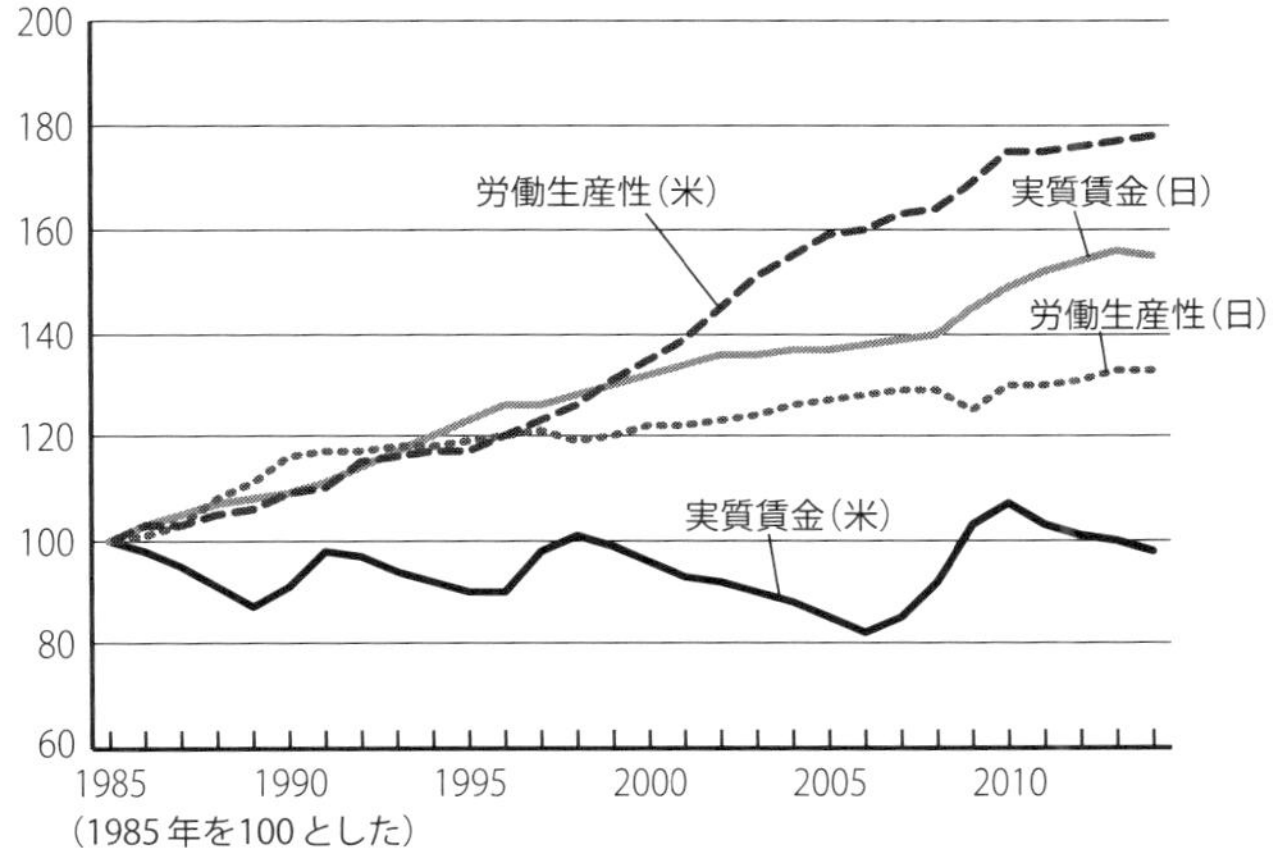

図45　日米の労働生産性と実質賃金の推移

「OECD」より

すでにアメリカは危機の渦中であり、日本も「失われた20年」で苦しんでいた。そこに「欧州危機」が加わり、先進工業国は総倒れ状態となった。

金融危機に対し、アメリカのオバマ政権が行った対策は、日本と同様の金融緩和策だった。その供給額は、2・3兆ドルもの規模になったが、効果はなかなか現れなかった。

じつはこれには、原因があった。アメリカでは、90年代から進められたIT化による会社組織の再構築がほぼ終わっていた。企業は人件費を最低限に圧縮しながら(図45)、生産性を上げ、空前の利益を得た。また大規模な投資が必要な製造業の多くは、工場を賃金の安い海外に移転し、アメリカ人の技能労働者の多くが職を失った。その結果、中流層の没落が決定的になり、内需の縮小や雇用の質の低下をもたらした。

企業も不良債権の処理に追われ、投資にまで手が回らなかった。このため、市場に放出された巨額の資金は活用されきらず、株や債権の形で富裕層の資産となったものも多かったのである。

ヨーロッパ諸国や日本でも、危機への対策は金融緩和しか見つからなかった。その結果、一時は政府が設定する貸出金利が、事実上ゼロ以下となる「ゼロ金利政策」が実施された。

こうした先進国の不振に対し、一時、新興国が存在感を示した。特に中国は、リーマン・ショックの影響で国内に社会不安が広がるのを恐れ、総額4兆元（当時のレートで52兆円）もの巨額の財政投資を実施した。これは病気の悪化を抑える注射のようなものだった。中国政府の巨額投資に世界中が喝采を送り、中国の輸入拡大を期待した。結果として、中国経済の落ち込みは短期で終わった。

ところが4兆元をどこに投資するかを国が決めたため、投資先は国有企業が中心となった。結果として非効率な国有企業が延命し、改革開放の狙いに逆行した。さらにその後、2009年の欧州経済危機で輸出が減少すると、生産力が過剰となり、非効率な国有企業の影響が強まったこともあって2010年代には経済成長が鈍化した。危機感に駆られた中国は、より一層の国民の不満を緩和する策を迫られた。

中国以外の新興国も、それぞれのやり方で経済を刺激し、景気悪化を最低限に食い止めた。しかし新興国の景気を支えた資本の多くが、先進国から逃げ出した「カネ余り」資金だったため、グローバル金融の影響がさらに増す結果となった。

ポピュリズムの時代

21世紀に入った頃から世界各地で目立ちはじめたのが、所得格差の問題とグローバル化に対する反発だった。それはアメリカの政治を大きく変えた。

もともとアメリカという国は、何もないところから、今日のような繁栄した国家を築きあげた歴史をもっている。そのため「アメリカン・ドリーム」すなわち無一文から自助努力で巨富を築いた者が尊敬されるという、独特の価値観があった。そのため富を増やすことに対する反発が少なかった。もともと富を持つ人は、経済に関する情報を得やすい立場にあるうえ、1980年代以降の金融のコンピューター化は、彼らが富を増やすのに有利な状況だった。

そんな中、リーマンショック後の処理のため、先述したように政府が超低金利で大量の資金を市場に供給した。その結果、2015年には経済の循環が回復し、景気後退が一段落したが、その一方で多くの資金が富裕層の手元に集まったのである。

貧困問題に取り組むNGOオックスファムのレポートによると、2015年の世界の富の約半分が、たった1%の超富裕者によって所有されており、そのうち約30%がアメリカ人だった。

また世界不平等研究所によると、アメリカでは1980年から30年間で、トップ1%の富裕層の収入は2・8倍に増加したが、下位50%の人々の収入はほとんど変わらなかった。これは格差が広がったことを意味している。

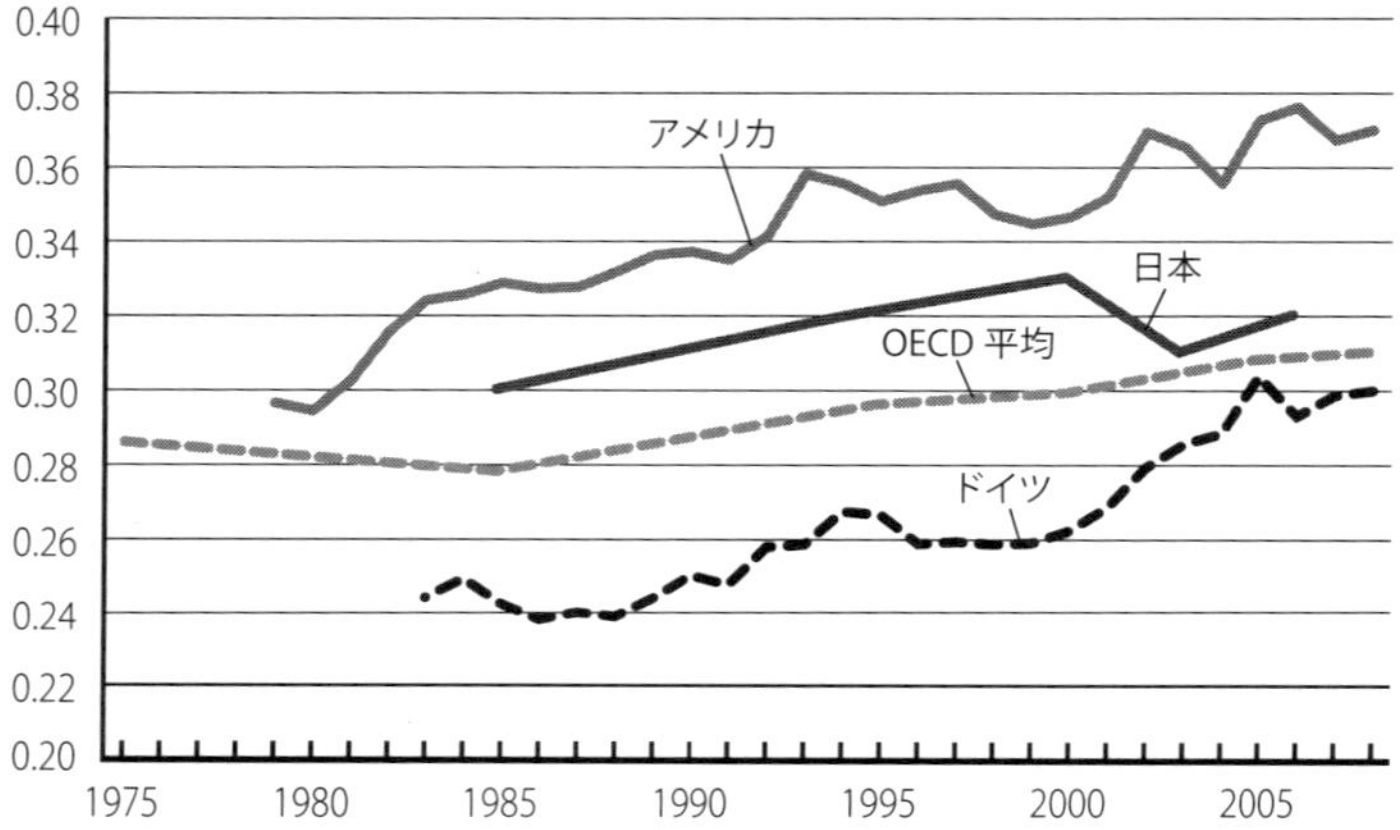

図46　OECDのジニ係数の推移

「OECD:Devided We Stand2011」より

ＯＥＣＤの所得格差の研究からは、ＯＥＣＤ諸国全体のジニ係数（推定値）が、1985年には0・28だったのが、2008年に0・31に上昇し、そのあとも上昇が続いていることがわかっている（図46）。

こうした格差拡大の原因は、一般にはグローバル化だと思われている。途上国の労働者と競わされた先進国の労働者が低賃金化し、それで利益を得た資本家との所得格差が拡大するという認識である。

しかしＯＥＣＤの所得格差の研究では、格差拡大はグローバル化が最大の原因ではなく、グローバル化に必要な情報通信技術に対応した労働者と、そうでない労働者の、情報や資金を入手する力の差が主因である可能性が高いと考えられている。

しかし格差をグローバル化が原因と見なす

認識はわかりやすいため、それを主たる原因と見なす認識が広まり、反グローバリズム運動を発生させた。それは1999年に、WTOシアトル閣僚会議の開会式が反グローバル諸団体によって中止されたことで広く知られていた。これはWTOなどの国際機関が進めようとする自由化＝グローバル化が、格差という社会的不正義を拡大させるという危機感から実施された。その根本には、グローバル化の最大の受益者である既得権益者たち、すなわち「エスタブリッシュメント」への不信感があった。

これらは、2008年のリーマン・ショック後、金融緩和による富の蓄積や破綻企業の救済が報じられた時期に各国で表面化した。アメリカではニューヨークでウォール街占拠運動が発生した。スペインではポ・デモス（我々は変えられる）党が大勢力となった。イタリアやフランス、ドイツなどでも、思想的には極左から極右まで幅広い立場の反グローバル・反エスタブリッシュメント勢力が躍進した。

特にアメリカでは、「チェンジ」を訴えて就任したオバマ大統領がリーマンショック対策として行った破綻企業の救済策は、アメリカ人の多くが尊ぶ自助努力・自己責任・公平さを重視する精神を傷つけた。またイスラーム諸国からの移民受け入れ策も雇用不安を呼び起こした。これらはグローバル化やエスタブリッシュメントに反発するティーパーティー運動を発生させた。その後の選挙では、オバマや民主党、果ては一連の救済策を支持する共和党の穏健派までが彼らの攻撃にさらされた。オバマは何とか再選を果たしたが、民主党は退潮を続けた。

そして2016年の大統領選挙戦で、最大級の衝撃が走った。当初は泡沫候補と見なされていた実業家ドナルド・トランプ共和党候補や、上院議員バーニー・サンダース民主党候補らが、本人たちも驚くほどの支持を集めた。特にトランプは、扇情的な発言を繰り返しながら、中央政界の破壊や反エスタブリッシュメント、反グローバル思想を訴えた。これに対し、オバマ政権の閣僚だったヒラリー・クリントンは、政策継承を訴えるため「変化」をほとんど口にしなかった。結果的に、アメリカの有権者の多くが「変化」を選択した。

トランプのような政治手法をポピュリズムという。彼らに共通するのは、そのほとんどが政治の本流に関わった経験がなく、聞こえは良いが、あまり現実的ではない政策を掲げているという点である。したがって有権者が支持したのは、彼らの政策というより、彼らがもたらす変化への期待感と思われる。実際、ポピュリズム勢力は、人々の情緒に訴える劇場型政治を好むことが多い。彼らは具体策を出さないので、政敵からは突つかれにくい。それが彼らの最大の強みであるが、政権獲得後には、最大の弱点となる。

こうした動きが起こるのは初めてではなく、19世紀末の帝国主義時代にもあった。ポピュリズムは、当時のアメリカにおいて、格差拡大を放置するエリートに反発して生まれた草の根からの政治運動だった。当時は多くの工業国で格差が拡大し、経済合理的な手段で成功した資本家と、それができなかった労働者の対立があった。ただし当時の労働者が、社会主義という代案を持っていたのとは、今日と最も違う点である。

こうした対立は解消が難しい。社会的に優位な立場の者が提案する経済合理的な解決策は、それが原因で不利な立場に置かれている者には、感情的に受け入れにくいからである。理性と感情では、人の行動に与える影響力は圧倒的に感情のほうが大きいので、対立の解消は失敗する。一方、ポピュリズムを利用して政権を得た勢力も、結局、合理的な解決策は打ち出せないので失敗する。どちらにしても、その被害を被るのは一般民衆である。

対立解消の失敗を選挙や民主主義の失敗とする見方、過去の例でいえば「ナチスは選挙で権力を得た」といった言説にも注意する必要がある。もともと民主主義国家における選挙制度は、どんな政治勢力に対しても中立的に作られているのが一般的である。ポピュリズム勢力は、少数であるうちは、社会問題に気づく助けとなるが、多数になったために社会問題となっている。つまり真に失敗したのは、ポピュリズムが大勢力となるほど、多数の敗者を作ってしまった経済政策なのである。

21世紀の課題

次にグローバル化の問題について考えてみよう。今日まで、多くの研究が経済のグローバル化の影響を明らかにしてきた。それによれば、グローバル化に対応するための自由貿易協定（ＦＴＡ）や経済連携協定（ＥＰＡ）などによって世界貿易は活発化し、その波及効果は途上国の雇用を増やし、多くの人を貧困層から引き上げた。世界銀行の予測では、世界の貧困層は１９９０年に約19億人もいたのが、２０１５年には7億人（10％）を切ると見込まれており、数値的には過去最良の状態となっている。さらにＵＮＤＰ（国連開発計画機構）は、２０３０年までに貧困を根絶しようという野心的な計画ＳＤＧｓ《エスディージーズ》を立てている。こうした事実は、「貿易は、双方にとって利益になる」という経済学の大原則を実証していると考えられ、グローバル化を進めるうえで最大の根拠となっている。

しかし一方でグローバル化は、賃金格差を拡大することが多い。また時には、グローバル化のせいで、流入した投機資金が飢餓を発生させたり、政治を失敗させて貧困を招いたり、グローバルな文化と民族文化の摩擦で社会不安を起こすこともある。

しかしグローバル化が益より害が多いとして否定されない限り、今後もそれは続くだろう。したがって、これからの時代に必要なことは、先進国と途上国の労働者を同じ土俵に上げて競わせることではなく、セーフティーネットとともに、誰もが高度なスキルを身につけられる機会を整備することである。特に、優れた教育の整備は、21世紀の最重要課題である。実際、ＯＥＣＤは21世紀に入ってから、ＰＩＳＡ（学習到達度）調査などを行って、認知科学（教育心理学や脳科学などを統合したものの総称）の成果を生かした新たな教育を広めようとしている。

一方で、21世紀の新たな課題も見えている。たとえば、これまで世界経済の発展を支えてきた、資源と労働人口の限界である。

一つ目の資源の問題では、現在のような消費が続くと、ほとんどの鉱物資源が、２０５０年までに商業的な採掘ができなくなる可能性があると推測されている。具体的には、鉛、亜鉛、スズ、銀、金、そしてクロムといった、基幹産業から先端産業まで、幅広く製造業で使われている資源である（図47）。

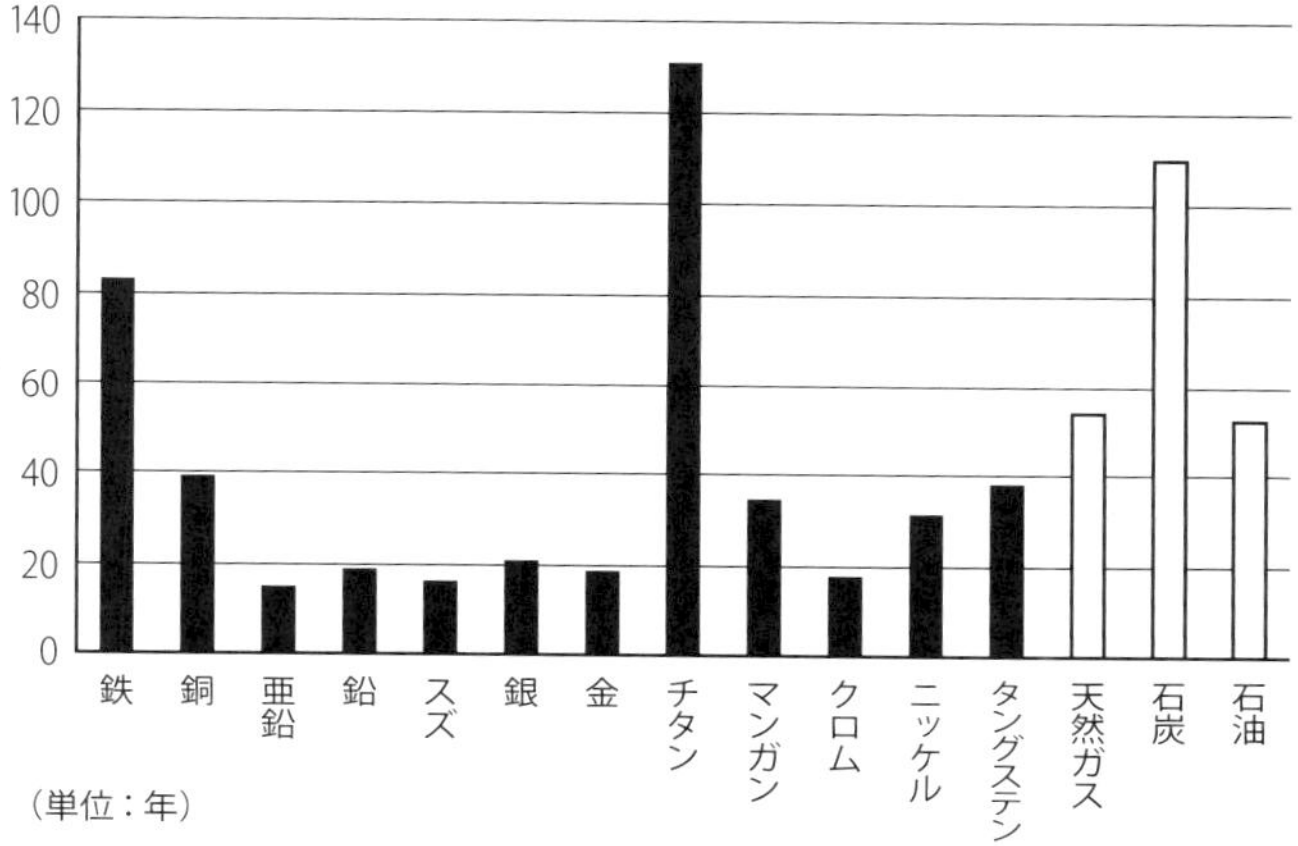

図47　主要資源の可採年数

「USGS（米国地質学会）、資源エネルギー庁 エネルギー白書」より

これは、コンピューター（ＩＣＴ）などによって発展してきた現代産業の成長や、産業のいっそうの高度化に限界が来る可能性を意味している。もちろんこれまでも、石油のように技術の進歩で新規油田が発見されて可採年数が増えた例はあり、解決される可能性もある。

二つ目の人口問題では、アメリカを除く先進国は２０１０年代に人口のピークを迎え、それ以後は人口減少と少子高齢化、すなわち労働人口の減少時代を迎えることが確実視されている（図48）。新興国は、もう少し人口増による「爆発」状態が続くが、それでも２０５０年頃にはピークを越える。しかも、新興国のほとんどは、経済が発展して社会全体に豊かさが行き渡る前に人口が減少するので、格差にともなう社会不安を抱えたまま人

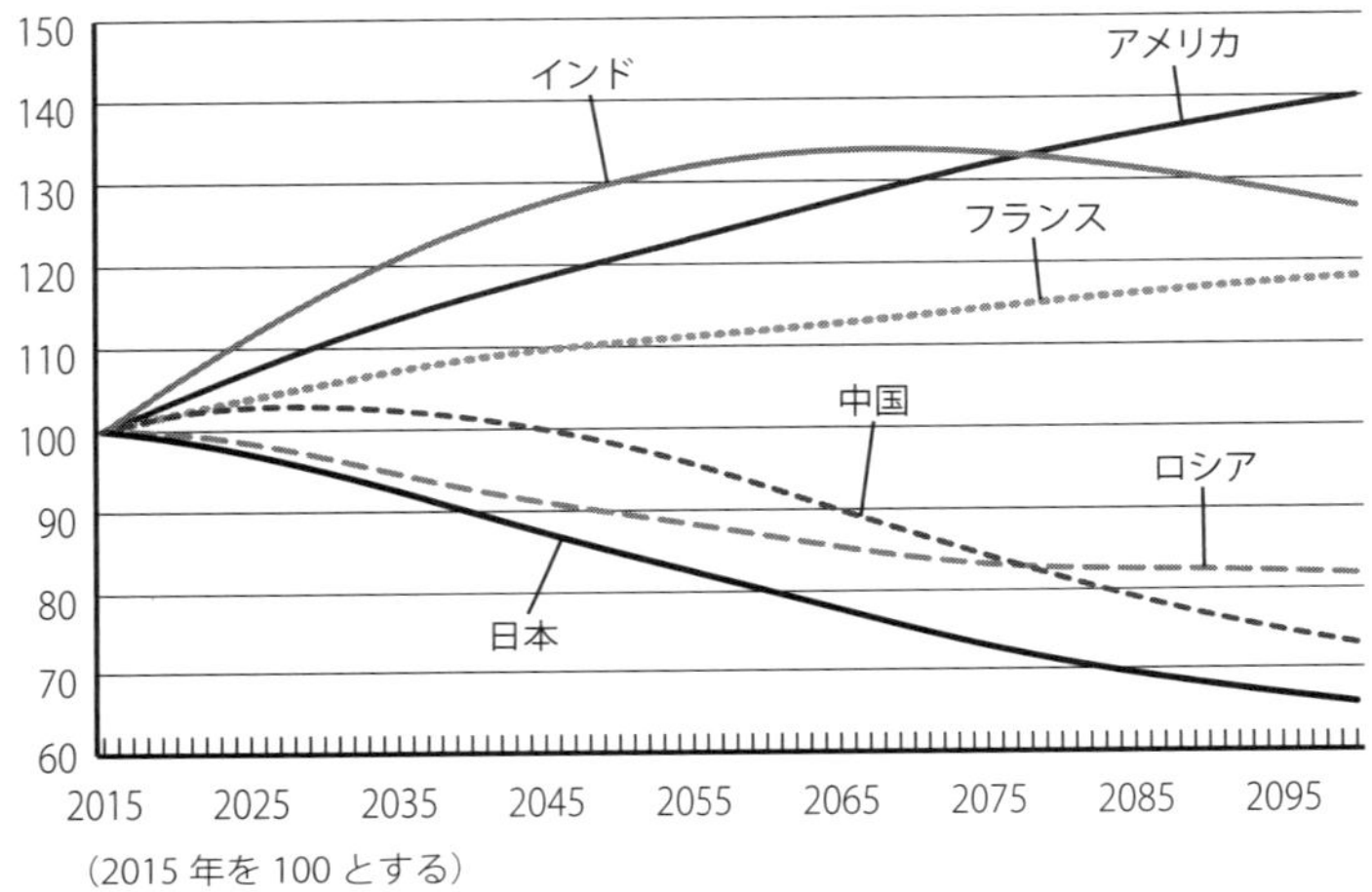

図48　2100年までの主要国の人口推移予測

「国連人口統計」より

口減少時代に突入し、社会問題が発生する可能性がある。

　これらの課題の解決は、たしかに難しい。しかし、対立と不安が頭をもたげた時代に必要なことは、不安に流されるのではなく、対立すると言われるものの本質、その特徴や歴史を見据え、それをもとに合理的・批判的に考え、解決法を考えることだろう。

　たとえば、地球の危機が叫ばれているが、危機に瀕しているとしても、それは人類であって地球ではない。宗教や文明の衝突という言説もあるが、過去にあった宗教同士の衝突は、せいぜい十字軍の時代くらいだろう。しかも十字軍当時の聖地におけるイスラーム・キリスト両教徒の対立の実態は、宗教の衝突という表現には当てはまらない。むしろ歴史的には、宗教同士の対立より宗教内部（宗派）の対立のほうが、はるかに高い頻度で起こっている。「文明の衝突」にいたっては、ジャーナリズムの一部でこそ使われているが、学問の世界では批判が多い。

他にも、現代人が自明と見なしている「国家」も、それほど歴史は長くない。ある領域に対する主権を持ち、国民という意識を持つ人々を抱えた「国家」、すなわち近代国家や国民国家は、生まれてからまだせいぜい150年あまりしかたってない。文明や民族、文化や伝統といった概念も同様で、18世紀から19世紀以降に「発明」されるまでは存在しなかったことがわかっている。

どんな国のどんな民族も、みな人類《ホモ＝サピエンス》である。人類のあいだには、生物学的な違いはない。あるのは文化の違いだけである。21世紀の世界が抱えている問題の多くには、人類の文化や歴史が関わっている。そうした問題の解決に必要なのは、それらの特性に配慮した思考法と、それらを超えた思考法だろう。もちろんそうした試みはこれまでも多数実施されてきたが不十分な成果しかもたらさなかった。その原因には、社会的要因や知識不足という要因が挙げられる。たとえばパレスティナ問題では、大国が一方だけに肩入れしがちで国際社会が解決に必要な知識、特にイスラーム教に関する知識を十分に持っていないということがわかっている。東アジアの対立の原因については、歴史的要因は比較的知られているが、社会的要因、特に中国社会の特性については、あまり知られていない。

人間は知識を基にしか思考できない。適切な思考法と知識は、問題解決の両輪である。そのうち、問題解決の思考法については、近年、認知科学がそのしくみを解明しつつあり、その政治や教育分野への応用と普及が待たれている。残る課題は解決に必要な、民族や国家レベルを超える知識の普及であろう。それには社会科学を総動員する必要があるが、中でも、これまであまり役に立つとは思われてこなかった、歴史学の役割は大きいのではないだろうか。

あとがきにかえて——「理解」について

人間は生まれてすぐには何も理解できない。しかし成長するにつれて、次第に自分の周囲から得た知識をもとに理解が可能になっていく。脳は20歳頃までは知識を蓄える能力が高い。この時期、新しい知識はすでに持っている知識と関連づけられ、知識のネットワークに蓄積されていく。この、新たな情報がネットワークの中に位置づけられることこそ「理解する」ということなのである。

しかしきちんと理解するには、いくつか条件がある。まずは知識の質である。脳が新たな知識を取り入れるときは、すでに持っている知識を足がかりにする。また、そのときに使われる知識は、内容が充分に理解できて、いつでも利用できる状態になっている必要がある。しばしば「知識は多ければ多いほど理解が深まる」と思われているが、それは正確ではない。知識は量も大事だが、質こそが最も重要なのであり、理解できていない知識がいくらあっても理解の役には立たないのである。

次に、脳が新規の知識と既知の知識とを関連づけるときに使うのが「類推」である。しかし何か新しいことを学びはじめるときに十分な知識がないと、類推を誤ることが多い。たとえば脳には「物語化」という機能がある。これは複数の情報から、自分に理解できるストーリーを作る能力である。この機能があるから、よく知った相手となら2〜3の単語だけで言いたいことが類推でき、意図が「阿《あ》吽《うん》の呼吸」で伝わるのである。しかしこれは逆に、情報が不十分だと誤った意味が形成されてしまうことを意味している。したがって教える人間や教科書は、最も重要な内容以外に、説明の中に支援的な情報や喩えを多く含める必要がある。これは数学の問題を解くときの補助線や自動車にとっての道路の白線のようなもので、「ある」と「なし」で結果は大きく違う。しかしこれまでの教育ではあまり重視されなかったものでもある。メディアからの不十分な情報で得た知識が、誤った理解を生み出すことは、すでに本文をお読みになった方にはご理解いただけるだろう。

他にも理解という現象については、「素朴理論」や好奇心についてなど、興味深い特徴があるが、興味が湧いた人は後述する参考文献や私のウェブサイト（ホームページ）を見てほしい。

最後になるが、この本ができるまでの15年間、多くの人にお世話になった。特に大阪大学の桃木至朗先生には、この本のもとになったオリジナルテキスト「世界史読本」が生まれた頃から研究会にお誘いいただき、多くの刺激や励ましの言葉をいただいた。また同じく元東京大学の三谷博先生からいただいた評価も、私の自信の源になった。追手門学院大学の東正訓先生にはいただいた心理学の知識が大きく更新されるきっかけをいただいた。和歌山大学の三品英憲先生には、錆び付いていた中国社会の構造について深く学ぶきっかけをいただいた。奈良の綿田浩孝先生や、有限会社マイプランの丹羽眞生氏には、この本が生まれる直接のきっかけをいただいた。他にも京都の印牧定彦先生には、「世界史読本」の原稿をチェックしていただき、大いに参考になった。大阪大学歴史教育研究会でよくご一緒させていただいた、後藤敦史先生、後藤誠司先生、矢部正明先生、大西信行先生、川島啓一先生などからは、会うたびに温かい励ましをいただいた。教え子たちの感想も励ましになったり、いろいろなアイデアが生まれるもとになった。他にも挙げればきりがないほど、数多くの方々からのおかげでこの本が完成した。最後に、ベレ出版社の森岳人氏には、出版のことに対して無知な私のためにいろいろ苦労をおかけしたかと思う。こうした方々に対しては、どれだけ感謝してもしきれない。この場を借りて御礼申し上げたい。

２０１８年７月　大橋康一

【参考文献】

◆歴史に関する参考文献

世界の歴史（中央公論新社）

油井大三郎・古田元夫『28第二次世界大戦から米ソ対立へ』（1998年）

猪木 武徳・高橋 進『29冷戦と経済繁栄』（1999年）

下斗米 伸夫・北岡 伸一『30新世紀の世界と日本』（1999年）

講座世界史（東京大学出版会）

歴史学研究会編『9解放の夢』（1996年）

歴史学研究会編『10第三世界の挑戦』（1996年）

歴史学研究会編『11岐路に立つ現代世界』（1996年）

新版世界各国史（山川出版社）

紀平 英作編『アメリカ史』（1999年）

和田 春樹編『ロシア史』（2002年）

川北 稔編『イギリス史』（1998年）

木村 靖二編『ドイツ史』（2001年）

福井 憲彦編『フランス史』（2001年）

川田順造編『アフリカ史』（2009年）
佐藤次高編『西アジア史Ⅰ』（2002年）
永田雄三編『西アジア史Ⅱ』（2002年）
辛島昇編『南アジア史』（2004年）
石井米雄・桜井由躬雄編『東南アジア史Ⅰ』（1999年）
池端雪浦編『東南アジア史Ⅱ』（1999年）
増田義郎編『ラテン・アメリカ史Ⅰ』（1999年）
増田義郎編『ラテン・アメリカ史Ⅱ』（2000年）
武田幸男編『朝鮮史』（2000年）
池端雪浦著『岩波講座東南アジア史9 「開発」の時代と「模索」の時代』（2002年）（岩波書店）
新庄浩二編『産業組織論』（2003年、有斐閣）
伊丹敬之・伊丹研究室『日本の繊維産業』（2001年、NTT出版）
中澤渉『なぜ日本の公教育費は少ないのか』（2014年、勁草書房）
杉原淳一・染原睦美著『誰がアパレルを殺すのか』（2017年、日経BP社）
深尾京司『「失われた20年」と日本経済』（2012年、日本経済新聞出版社）
天児慧『中国の歴史11 巨龍の胎動』（2004年、講談社）
シリーズ中国近現代史（岩波書店）

久保亨『4　社会主義への挑戦』（2011年）

高原明生・前田宏子『5　開発主義の時代へ』（2014年）

田畑光永『鄧小平の遺産』（1995年、岩波書店）

興梠一郎『中国激流　13億人のゆくえ』（2005年、岩波書店）

久保亨・高田幸男他『現代中国の歴史』（2008年、東京大学出版会）

竹内康浩『「生き方」の中国史』（2005年、岩波書店）

吉田宏一『中国専制国家と家族・社会意識』（2012年、文理閣）

旗田巍『中国村落と共同体理論』（1973年、岩波書店）

末広巌太郎編『中国農村慣行調査　第1巻』（1952年、岩波書店）

峯村健司『十三億分の一の男』（2015年、小学館）

デイヴィッド・ツェ『関係（グワンシ）』（2011年、ディスカヴァー・トゥエンティワン）

凃照彦『台湾の選択』（2000年、平凡社）

若林正丈『台湾―変容し躊躇するアイデンティティ』（2001年、筑摩書房）

興梠一郎『一国二制度下の香港』（2000年、論創社）

笹川裕史『中華人民共和国誕生の社会史』（2011年、講談社）

笹川裕史・奥村哲『銃後の中国社会』（2007年、岩波書店）

奥村哲『中国の現代史』（1999年、青木書店）

奥村哲編『変革期の基層社会　総力戦と中国・日本』（2013年、創土社）
伊藤亜人・関本照夫・船曳建夫編『現代の社会人類学1　親族と社会の構造』（1987年、東京大学出版会）
足立啓二『専制国家史論』（1998年、筑摩書房）
中国史研究会編『中国専制国家の社会と統合』（1990年、文理閣）
飯島渉、久保亨、村田雄二郎編『シリーズ20世紀中国3　グローバル化と中国』（2009年、東京大学出版会）
徐仲錫『韓国現代史60年』（2008年、明石書店）
池東旭『韓国の族閥・軍閥・財閥』（1997年、中央公論社）
平岩俊司『北朝鮮―変貌を続ける独裁国家』（2013年、中央公論新社）
韓洪九『倒れゆく韓国』（2010年、朝日新聞出版）
伊藤隆敏編『ASEANの経済発展と日本』（2004年、日本評論社）
近藤則夫編『インド民主主義体制のゆくえ』（2009年、ジェトロアジア経済研究所）
中島岳志『ナショナリズムと宗教』（2005年、春風社）
岡倉徹志『サウジアラビア現代史』（2000年、文藝春秋）
畑中美樹『オイルマネー』（2008年、講談社）
青柳かおる『ガザーリー』（2014年、山川出版社）
酒井啓子『イラク　戦争と占領』（2004年、岩波書店）
ファルハド・ホスロハヴァル『なぜ自爆攻撃なのか』（2010年、青灯社）

アリー・シャリーアティー『イスラーム再構築の思想』（1997年、大村書店）
ポール・ジョンソン『ユダヤ人の歴史　下』（1999年、徳間書店）
トニー・ジャット『ヨーロッパ戦後史』（2008年、みすず書房）
西田慎『ドイツ・エコロジー政党の誕生』（2010年、昭和堂）
白井さゆり『欧州激震』（2010年、日本経済新聞出版社）
梶川伸一『飢餓の革命』（1997年、名古屋大学出版会）
木村汎／袴田茂樹／山内聡彦『現代ロシアを見る眼』（2010年、NHK出版）
マーシャル・I・ゴールドマン『石油国家ロシア』（2010年、日本経済新聞出版社）
ドン・マントン、デイヴィッド・A・ウェルチ『キューバ危機』（2015年、中央公論新社）
河野博子『アメリカの原理主義』（2006年、集英社）
久保文明他『ティーパーティ運動の研究』（2012年、NTT出版）
西森マリー『レッドステイツの真実』（2011年、研究社）
藤本一美・末次俊之『ティーパーティ運動』（2011年、東信堂）
冷泉彰彦『アメリカは本当に「貧困大国」なのか？』（2010年、阪急コミュニケーション）
別冊環7『税とは何か』（2003年、藤原書店）
ウォーラーステイン他『1968年の世界史』（2009年、藤原書店）

◆脳科学に関する参考文献

深谷優子「局所的な連接性を修正した歴史テキストが学習に及ぼす影響」『教育心理学研究』47巻1号 78－86（1999年）
深谷優子「学習を支える多様なテキスト」『文章理解の心理学』11章　北大路書房（2001年）
深谷優子「歴史という教科の学び」『東京大学大学院教育学研究科紀要』第42巻（2002年）
深谷優子「メタディスコースが包括的なテキストの読解に与える効果」『東北大学大学院教育学研究科研究年報』第56集・第2号（2008年）
池谷裕二『記憶力を強くする』（2001年、講談社）
山鳥重『「わかる」とはどういうことか』（2002年、筑摩書房）
麻柄啓一『じょうずな勉強法』（2002年、北大路書房）
市川伸一『勉強法の科学』（2013年、岩波書店）
西林克彦『間違いだらけの学習論』（1994年、新曜社）
千野帽子『人はなぜ物語を求めるのか』（2017年、筑摩書房）
吉田甫『子どもは数をどのように理解しているのか』（1991年、新曜社）
OECD教育研究革新センター編『学びのイノベーション』（2016年、明石書店）

◆筆者ウェブサイト　http://sekaishi.org（または「世界史読本」で検索）

【写真資料の出所】

写真1 https://commons.wikimedia.org/wiki/File:Bundesarchiv_Bild_146-1994-041-07,_Dresden,_zerst?rtes_Stadtzentrum.jpg"
写真2 https://ja.wikipedia.org/wiki/毛沢東#/media/File:Mao_proclaiming_the_establishment_of_the_PRC_in_1949.jpg
写真3 https://commons.wikimedia.org/wiki/Category:Sex_Pistols#/media/File:Sex_Pistols_in_Paradiso_-_Johnny_Rotten_%26_Steve_Jones.jpg
写真4 https://commons.wikimedia.org/wiki/File:Bundesarchiv_B_145_Bild-F010324-0002,_Flughafen_K?ln-Bonn,_Adenauer,_de_Gaulle-cropped.jpg"
写真5 https://commons.wikimedia.org/wiki/File:Berlinermauer.jpg
写真6 https://simple.wikipedia.org/wiki/Aral_Sea#/media/File:Aral_Sea_1989-2008.jpg
写真7 https://commons.wikimedia.org/wiki/File:Bundesarchiv_Bild_183-F0417-0001-011,_Berlin,_VII._SED-Parteitag,_Er?ffnung.jpg"
写真8 https://commons.wikimedia.org/wiki/File:Park_Chung-hee_1963's.png
写真9 https://commons.wikimedia.org/wiki/File:Taiwan_(Republic_of_China)_1946_bank_note_-_1_old_Taiwan_dollar_(front).jpg
写真10 https://commons.wikimedia.org/wiki/File:Ky?ichi_Sawada_(1965).jpg
写真11 https://zh.wikipedia.org/wiki/File:Nasser_portrait2.jpg
写真12 https://commons.wikimedia.org/wiki/File:101st_Airborne_at_Little_Rock_Central_High.jpg?uselang=ja
写真13 https://commons.wikimedia.org/wiki/File:Muhammad_Ali_NYWTS.jpg
写真14 https://commons.wikimedia.org/wiki/File:Kanda_Quartier_latin19680621.jpg
写真15 https://commons.wikimedia.org/wiki/File:Portrait_of_Ruhollah_Khomeini_By_Mohammad_Sayyad.jpg?uselang=ja
写真16 https://commons.wikimedia.org/wiki/File:Margaret_Thatcher.png?uselang=ja
写真17 https://commons.wikimedia.org/wiki/File:Asia_Pacific_Young_Business_Conference_%26_Trade_2010_(cropped).jpg?uselang=ja
写真18 https://commons.wikimedia.org/wiki/File:Cambodia_choeung_ek_mass_graves.JPG?uselang=ja
写真19 https://commons.wikimedia.org/wiki/File:Deng_Xiaoping_1976.jpg?uselang=ja
写真20 https://commons.wikimedia.org/wiki/File:Amritsar_Golden_Temple_3.JPG?uselang=ja
写真21 https://commons.wikimedia.org/wiki/File:Osama_bin_Laden_portrait.jpg?uselang=ja
写真22 https://commons.wikimedia.org/wiki/File:Борис_Николаевич_Ельцин.jpg#/media/File.jpg
写真23 https://commons.wikimedia.org/wiki/File:Paneuro01.jpg
写真24 https://upload.wikimedia.org/wikipedia/commons/8/8a/Bundesarchiv_Bild_183-1989-1109-030%2C_Berlin%2C_Schabowski_auf_Pressekonferenz.jpg
写真25 https://commons.wikimedia.org/wiki/File:Boris_Yeltsin_19_August_1991-1.jpg
写真26 https://commons.wikimedia.org/wiki/File:Vladimir_Putin_-_2006.jpg
写真27 https://commons.wikimedia.org/wiki/File:UA_Flight_175_hits_WTC_south_tower_9-11_edit.jpeg?uselang=ja

著者紹介

大橋 康一（おおはし　こういち）

1960年、滋賀県生まれ、神戸大学文学部西洋史学科卒業。現在、高等学校教員。大学では西洋とイスラーム関係史（おもに十字軍）を研究。大学時代に本格的に歴史に関わって以来、哲学史、経済史、社会史、科学技術史と対象を広げ、他に、文化人類学、心理学（特に学習理論）を研究。現在は、長きにわたる歴史教育の経験を踏まえて、現代の分断化された知識・思考法の統合とその普及法に取り組んでいる。写真とCGが趣味。以前は写真部の顧問としても活躍。

実感《じっかん》する世界史《せかいし》 現代史《げんだいし》

2018 年 8 月 25 日　初版発行

著者　**大橋《おおはし》 康一《こういち》**

DTP・カバーデザイン　**ISSHIKI**

校閲協力　**有限会社蒼史社**

発行者　**内田 真介**

発行・発売　**ベレ出版**
〒162-0832　東京都新宿区岩戸町 12　レベッカビル
TEL.03-5225-4790 Fax.03-5225-4795
ホームページ　http://www.beret.co.jp

印刷　モリモト印刷株式会社

製本　根本製本株式会社

編集担当　森 岳人

ISBN978-4-86064-557-1 C0022